TAMATA ET L'ALLIANCE

DU MÊME AUTEUR
Chez le même éditeur

Cap Horn à la voile.
Un vagabond des Mers du Sud.
La longue route.

BERNARD MOITESSIER

TAMATA ET L'ALLIANCE

ARTHAUD

ISBN : 2-7003-1031-4
Imprimé en France

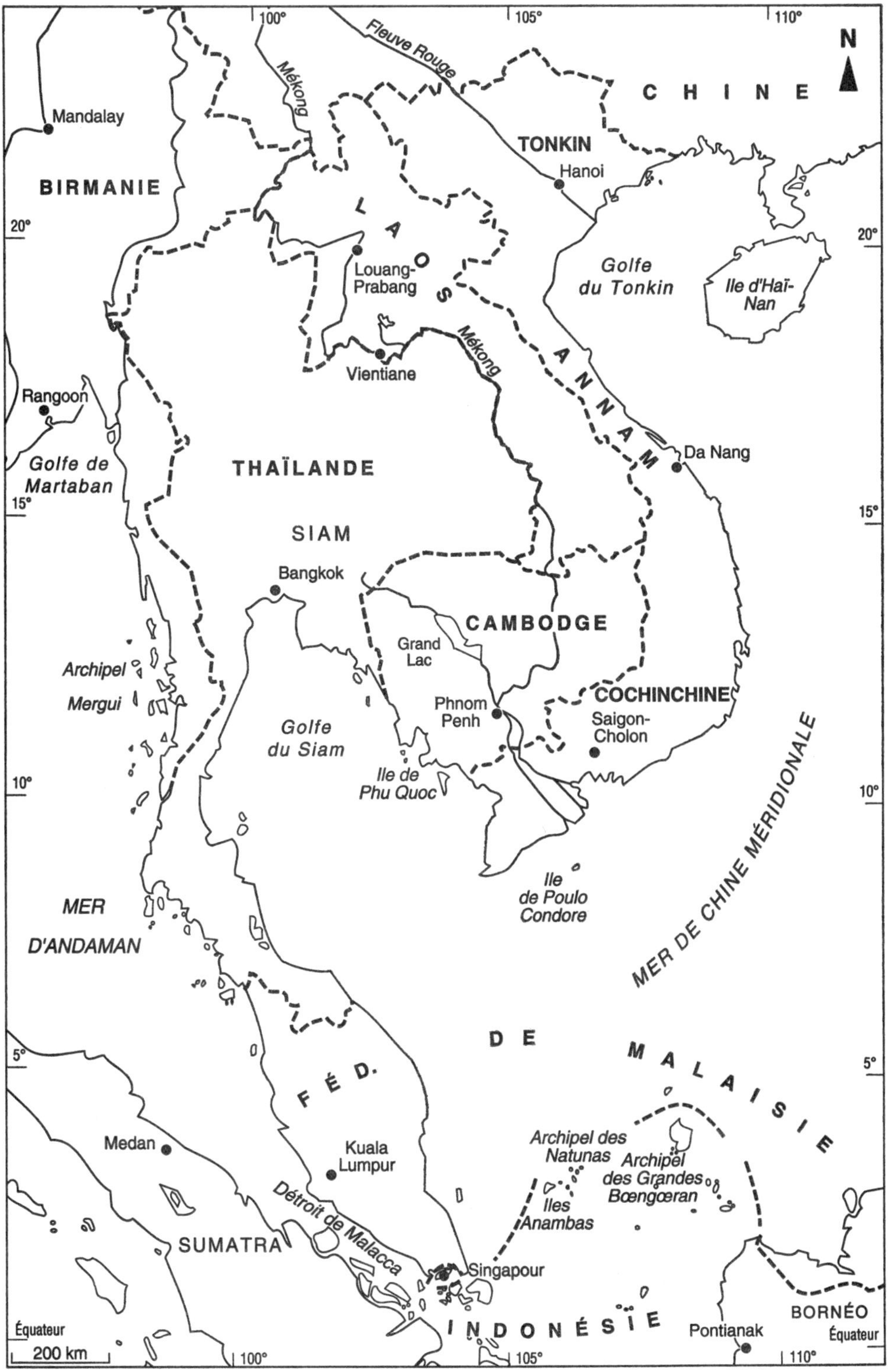

La péninsule indochinoise

CHAPITRE 1

En ce temps-là, le Viêt-nam s'appelait l'Indochine. Mes parents avaient quitté la France, jeunes mariés attirés par l'aimant des terres lointaines. Ils s'étaient d'abord embarqués pour Madagascar, mon père avec son diplôme des Hautes Études commerciales, ma mère sa palette et ses pinceaux des Beaux-Arts... et moi, sous la forme d'un embryon niché dans son ventre.

Madagascar ne les ayant pas séduits, ils voulurent aller plus loin, jusqu'au pays des rizières et des plaines de joncs qui s'étendent à perte de vue, avec ce fleuve si large qu'on se croirait au bord d'une mer, et qui féconde la terre une fois l'an aux grandes crues de la saison des pluies.

Un pays de collines et de montagnes aussi, aux forêts si vastes qu'on peut y marcher hors du temps des semaines entières dans les seuls bruits de la jungle qui parle aux sens, toute baignée de cette odeur d'humus qui vient du lointain de la vie pour entrer jusqu'au fond des entrailles.

Un pays de fées, de dragons et de dieux, avec ses pagodes partout et cette ville immense avalée par la jungle et faite tout entière de temples gigantesques. Un pays vierge dans sa nature, mais dense dans le présent et le passé d'un peuple. Pays de rêve où l'Est et l'Ouest sauraient se rencontrer peut-être, à travers une vie plus large, plus profonde et plus riche.

Mes parents ont alors continué vers l'Indochine où je suis né quelques semaines après. Ma mère et ma nourrice chinoise me chantaient les berceuses de leur pays natal, avec les mêmes dragons enfouis au plus secret des deux cultures si différentes. Mais c'étaient bien les mêmes dragons qu'il fallait apprendre à combattre.

Françou est né l'année suivante, Jacky un an après. Puis est venue Babette, de neuf ans ma cadette, enfin mon dernier frère Gilbert, quelques années plus tard. Et Assam, notre nourrice chinoise qui est notre seconde mère, restera parmi nous pendant vingt-sept ans, jusqu'à notre départ d'Indochine, ainsi que Minh, notre cuisinier, entré à la maison peu après la naissance de Jacky.

Chaque année, pendant les trois mois de vacances scolaires passées dans notre village au bord du golfe de Siam, tout près de la frontière cambodgienne, mes frères et moi retrouvons une liberté presque sans limites, une liberté des sens et du corps qui nous fera pareils aux animaux de la forêt.

Le reste du temps, c'est la grande ville, l'école, la piscine, notre maison, quelques escapades et la rue. Car peu après l'arrivée en Indochine, mon père avait repris une petite maison d'importation à Saigon.

Saigon... des sons, des odeurs, un grouillement de monde. Un monde qui marche en faisant résonner sur les trottoirs ses milliers de sandales à semelles de bois. Un monde qui porte sur l'épaule, qui tire des charrettes, des pousse-pousse, ou roule à bicyclette dans un carillon de clochettes.

Les rues sont sillonnées de tacatacs, carrioles semblables à des boîtes d'allumettes montées sur deux grandes roues cerclées de fer, jantes et rayons en bois, tirées par un petit cheval orné de son collier de grelots. Et le cocher frappe la caisse du plat de sa main pour dégager la voie.

Ici, tout se fait par un effort du corps. Les autos sont rares, on entend peu de bruits de moteur, que ce soit dans la rue ou dans les boutiques des artisans. Pourtant le bruissement de la ville est profond, il fuse dans le pullulement des marchands ambulants qui distillent une foule de parfums, relents du poisson sec venu des Grands Lacs du Cambodge, pâte de crevette de la région de Camau, *nuocmam* de Phu Quoc et de Phan Thiêt, effluves de soupe chinoise, d'épices, de gingembre, de menthe, de camphre, de durians, de gâteaux cuits dans l'huile de coco ou roulés dans du piment, odeur un peu fade des poissons vivants qu'on tripote dans les grands paniers en bambou tressé, rendus étanches par un mélange de bouse de vache et de résine.

Au retour de l'école avec mes frères, nous passons souvent par le marché. Devant un étalage, une vieille femme enfonce l'ongle de son pouce dans une goyave, pour voir si elle est à son goût. Elle remet le fruit sur la pile, en prend un autre, enfonce l'ongle dans la pulpe, une fois, deux fois, trois fois, le renifle, crache un jet de bétel, marchande interminablement, flaire une quatrième goyave avant d'y enfoncer son ongle, se décide pour celle-là... non, elle en prend une autre, enfonce encore l'ongle dans la pulpe tendre, discute le prix de sa voix pointue. Cela multiplié par cent au long des piles de fruits, dans un caquètement qui couvre tout, avec ces jets de bétel étalés sur le sol comme des étoiles de sang.

Accroupi devant son patient, un arracheur de dents lui masse la gencive à l'aide d'une pâte noire. Puis il saisit la molaire au fond de la bouche, entre le pouce et l'index, tient ferme la tête avec l'autre main, appuie de tout son corps et arrache la dent qu'il dépose dans un petit panier plein de chicots arrachés de la même manière, sans autre chose que sa pâte magique et ses doigts de fer. Il tamponne ensuite la gencive avec le bout de chiffon qui pend à sa ceinture, hache finement une pincée de feuilles tirées d'un coffret, en fait une boulette miracle et l'applique sur l'alvéole. L'autre se relève en se tenant la joue, paie une piastre et s'en va, assurant qu'il n'a plus mal.

Françou et Jacky m'appellent à grands cris. Je traverse des rangées de poulets dont les ailes ont été repliées l'une derrière l'autre comme des bras qu'on aurait tordus par une clé de judo. Les Français trouvent cruelle cette manière de traiter les poules. Je ne sais pas s'ils ont raison car elles n'ont pas l'air de souffrir et restent bien tranquilles sans pouvoir bouger. Leurs ailes ainsi coincées les empêchent de se tenir debout, et je suis presque sûr qu'elles préfèrent ça plutôt qu'une ficelle trop serrée autour des pattes. Et c'est mille fois mieux que le sort des poules en Afrique, où il paraît qu'on les vend toutes plumées d'avance et bien vivantes sur les marchés.

J'arrive à l'endroit où mes frères m'appelaient. Un groupe très bruyant commente un combat de poissons-batailleurs. Ils sont deux, longs comme le petit doigt, dans un flacon à gros goulot, et se portent des coups furieux. On dirait des éventails de poupée avec leurs nageoires immenses aux couleurs extraordinaires allant du rouge au bleu violet, arcs-en-ciel de feu. Posées par terre autour de la bouteille, les piastres des paris. Après quelques minutes de combat féroce, un poisson commence à virer au gris, puis retombe inerte au fond. Le propriétaire du perdant le retire du bocal et distribue des piastres à ceux qui ont gagné leur pari.

A la sortie du marché, nous nous arrêtons encore un long moment pour observer une scène qui nous ravit toujours autant. Un vieillard est accroupi devant une cage où pépie un petit oiseau moucheté de points rouges avec une huppe sur la tête. A côté de la cage, une planchette incrustée de caractères chinois. Quand il voit assez de mises sur les cases de la planchette, le vieux produit un sifflement avec sa langue. L'oiseau entre alors par un trou rond dans une boîte placée à un bout de la cage. Il en ressort après quelques secondes, tenant dans son bec une minuscule plaquette en bambou poli marquée d'un caractère chinois. Puis il traverse la cage en sautillant et dépose sa plaquette sur l'index de son maître, en échange d'un grain de riz. Trois fois de suite l'oiseau s'en va ainsi choisir une plaquette dans le mystère de la boîte, pour recevoir son grain de riz en récompense. Le gagnant du pari aura un horoscope, en plus de quatre ou cinq fois la mise. Le vieux met le reste dans sa ceinture à quatre boutons disposés du côté de la peau.

Un peu plus loin sur le trottoir, une grosse marchande évente le foyer de son fourneau en terre cuite. Dans la marmite posée dessus, elle fait bouillir des œufs. Trois coolies accroupis autour de la marmite dégustent l'un des mets les plus recherchés. Ce sont des œufs où le poussin est dedans, plus ou moins formé selon le goût désiré, délicieux paraît-il avec un peu de sel et de piment. Les œufs de poule coûtent deux fois plus cher que ceux de cane.

De jour comme de nuit, chaque marchand ambulant, chaque corporation, a son appel particulier, reconnaissable entre tous. Le « Cric-Crac », strident comme un chant de cigale produit par les claquettes en bambou d'un de ces marchands de soupe chinoise, les situe avec précision au coin de n'importe quelle rue. La corporation des masseurs aveugles s'annonce par une résonance bien à elle, tout comme celle des poissonniers, des arracheurs de dents, des diseurs de bonne aventure, des écrivains publics, et même de ces enfants qui vendent leurs tortues en terre glaise, ces tortues porte-bonheur, grosses comme l'ongle, avec une mouche vivante à l'intérieur pour faire bouger les pattes taillées dans un éclat de bambou.

Ainsi, de loin, à l'oreille, à travers un concert de vibrations sonores, chacun sait qui fait quoi dans cette organisation étonnante de Saigon la fourmillante.

Malgré le risque d'une bonne correction, je traîne parfois sur les bords de l'arroyo pour contempler les jonques pendant les heures de classe.

Les plus étonnantes viennent de la côte d'Annam. Seul le bordé du haut est en bois, ainsi que l'étrave et l'étambot. Tout le reste de la coque est en bambou tressé, enduit d'un mélange de bouse de vache, de résine et d'huile de bois, comme les paniers à poissons du marché. Elles arrivent ici pendant la mousson de nord-est avec un chargement de *nuoc mam* fabriqué à Phan Thiêt, et repartent vers le nord au début de la mousson de sud-ouest, bourrées de riz pour le Tonkin.

XXV. — Scènes de la rue : Marchand de Soupe, Panier au bébé

Il s'en va, toujours courant à petits pas, et s'annonçant par une claquette de bambou. « Qui veut un bol de koutiou fumant ? »

Un jour, je bavarde avec le *taï cong* d'une de ces jonques. Très étonné qu'un petit Français parle la langue du pays, et voyant à quel point j'ai envie d'aller à bord, il m'emmène dans une sorte d'énorme panier flottant. J'apprends que cette embarcation porte jusqu'à dix sacs de cent kilos de riz. Il la propulse à l'aide d'une pagaie courte et très large, avec des mouvements de godille, mais inversés, en tirant vers lui. J'admire son adresse. Ce panier est entièrement rond et il le fait avancer sans dévier du tout. Arrivés à bord, mon nouvel ami me fait visiter sa jonque. Surpris que cela puisse intéresser autant un enfant, il répond gentiment à toutes mes questions. Sa jonque peut charger cinquante tonnes de riz, et elle remonte le vent nettement mieux que tous les autres types de jonques. Il me montre comment le gigantesque gouvernail coulisse dans l'étambot, permettant de descendre le safran beaucoup plus bas que le fond du bateau. Cela sert ainsi de plan de dérive à l'arrière. Un genre de sabre en bois coulisse à l'intérieur d'une gorge creusée dans l'étrave et descend profond lui aussi pour compenser le faible tirant d'eau à l'avant. Ainsi, avec ces deux dérives dont la profondeur se règle à volonté, on obtient un équilibre parfait sous voiles. A l'approche d'une plage ou d'un arroyo, sabre et gouvernail remontent dans leur gorge, le bateau cale alors un minimum... *et moi, je donnerais n'importe quoi pour embarquer sur sa jonque, partir très loin de l'école...* mais quand je lui fais cette confidence, il me caresse la joue en disant qu'il ne peut pas se permettre d'avoir des ennuis avec la police, et il me ramène à terre après m'avoir donné une petite jonque de la côte d'Annam, taillée dans une noix de coco.

Sous les grands chapeaux coniques en feuilles de palmier d'eau, avec la base très large qui protège si bien du soleil et même un peu de la pluie, des files de coolies au torse luisant chargent et déchargent les jonques. Un va-et-vient qui ne s'arrête pas. D'énormes fardeaux se balancent aux extrémités du fléau de bambou flexible calé sur l'épaule. C'est presque en courant qu'ils montent et descendent sur l'étroit madrier sans garde-fou, portés par une danse ponctuée d'imprécations quand celui qui court devant ne va pas assez vite.

Sur le pont, les femmes enturbannées de noir et la bouche rougie par le bétel rangent les fardeaux que le coolie décroche de son fléau par un double balancement de l'épaule. Il redescend par l'autre planche, prend au passage le bâtonnet en bambou que lui tend le patron et le glisse dans sa ceinture. Il n'a pas ralenti le pas souple de sa course et les orteils de ses pieds nus sont comme des ventouses sur le madrier glissant de sueur.

Semblables aux petits éperviers marron clair qui planent dans le ciel aux aguets du poisson sur l'eau brune de l'arroyo, les sampans glissent d'une jonque à l'autre. Attentifs seulement au travail des coolies, ils espèrent un appel pour venir activer le chargement des jonques, grâce à leur faible tirant d'eau, lorsque la marée commencera de baisser. Cela fera encore des bâtonnets dans les ceintures. Plus il y en aura, meilleure sera la paye qu'on pourra dépenser la nuit dans les rues.

Quand la maison dort, il m'arrive avec mes frères de descendre l'escalier en bois sur la pointe des pieds, pour nous retrouver dehors. Là, c'est la grande liberté dans cette puissante vie nocturne de Saigon.

Autour du marché, des petits groupes d'hommes et de femmes accroupis en cercle jouent aux cartes pour de l'argent, ou à d'autres jeux de hasard où l'on voit des carreaux avec des génies, des animaux bizarres, des caractères chinois, des croix et des losanges, tout cela dessiné à même le trottoir.

Partout on lance les dés, on bat les cartes, on déplace des bâtonnets en bambou marqués de signes noirs, rouges, bleus, jaunes. Les petits tas de piastres posés par terre changent de main, les discussions éclatent, avec des injures souvent. Et je perçois dès l'enfance une sorte de violence qui transparaît en filigrane dans le souffle nocturne de Saigon.

Puis arrive le Nouvel An du calendrier lunaire. C'est la fête du Têt. Alors Saigon devient délire pendant une semaine. Les gigantesques feux d'artifice durent des nuits entières sur une foule immense qui fait déborder les rues de la ville en liesse. Semaine du Dragon de la lune neuve, ce dragon lumineux qui danse et danse au son des tam-tams, des cimbales de bronze, des milliers de pétards jaillissant de partout. Dragons pour les pauvres et dragons pour les riches. Ceux-là peuvent atteindre trente à quarante mètres, avec des grelots tout le long du corps. Et en ouvrant leur énorme bouche sous le balcon d'un commerçant prospère, ils avalent des chapelets de pétards et un paquet de piastres porte-bonheur selon la légende que nous raconte Assam.

C'est l'époque coloniale. La maison est grande, la domesticité nombreuse. En plus d'Assam et de Minh (le cuisinier), qui font partie de la famille, il y a le boy qui sert à table et nettoie l'étage, Tchu le chauffeur-mécanicien qui s'occupe de l'auto et des charrettes de livraison, une bonne souvent remplacée, et enfin le coolie-pousse.

Nous recevons cependant une éducation assez spartiate, car mes parents redoutent de voir leurs enfants s'amollir dans ce climat général de facilité apparente. Papa déteste les dos ronds et les épaules qui tombent. « Redressez-vous ! » Cette petite phrase, accompagnée d'une claque sèche sur les omoplates, je l'ai entendue souvent.

Pas de matelas pour les enfants. Nous dormons à la manière indochinoise, enveloppés d'un sarong, le corps isolé du bat-flanc de bois par une simple natte. Nous connaissons aussi le fouet, en particulier les samedis avec les zéros du carnet de notes. Mon père ne parvient pas à comprendre que ses enfants puissent être de tels cancres. « Trois générations d'intellectuels... et c'est tout ce que ça a donné ! »

Il déteste le mensonge, surtout le bluff et la triche, qu'il considère comme les deux formes les plus méprisables du mensonge. Mais si on ne mentait pas au moins un tout petit peu de temps en temps, on n'arrêterait pas de se faire rosser.

Très tôt, mon père nous apprend à savoir nous défendre. Plus vite ! Plus vite ! Plus fort ! Plus fort ! Et nos petits poings frappent dans sa main ouverte. Papa corrige le style, il rit et nous rions avec lui, heureux et fiers de nos progrès. Il nous rappelle alors la loi, à graver dans nos consciences : ne jamais chercher la bagarre, toujours essayer d'arranger les choses, mais frapper le premier à partir du moment où le règlement de comptes est inévitable. Et quand d'aventure l'un de nous revient de l'école marbré de coups, maman pose la question rituelle, mi-rieuse, mi-sérieuse, mais le plus simplement du monde : « Tu as ramené les dents? » Elle veut dire « les dents de l'autre ».

Les colères de papa nous font peur, mais nous admirons sa force. Personne à Saigon ne l'a jamais battu en nage sous l'eau, plus de deux fois et demie les trente-trois mètres de la piscine sans reprendre son souffle. Il fait l'arbre droit sans élan, en se redressant par la seule puissance des bras, et marche un peu sur les mains. Françou deviendra excellent et réussira plus tard à parcourir toute la longueur de la piscine en marchant au bord sur les mains. Je ne dépasserai jamais vingt mètres, Jacky est le moins bon. En revanche, il sera le meilleur à la carabine, tandis que je resterai toujours fidèle à mon lance-pierres et que Françou se concentrera sur la natation.

Et ma mère voudrait que nous devenions, au fil du temps, de beaux petits animaux pleins de vie et de santé, œil vif et pied agile, imprégnés des histoires merveilleuses du *Livre de la jungle* dont elle nous lit des pages le soir avant de dormir.

Pendant les petites classes, nous allons à l'école sagement tassés dans le pousse-pousse de la maison. C'est du moins ce que croient les parents. Mais sitôt atteint le premier tournant, les trois cartables restent dans le véhicule et nous parcourons les deux kilomètres restants au petit trot. Car nous voulons devenir forts comme papa, avoir son souffle et sa résistance, pour jouer au rugby et au water-polo comme lui, quand nous serons plus grands.

C'est bon de courir en écoutant vivre son corps heureux, devenir chaque fois plus ami avec lui et arriver tout en sueur à l'école. En plus, courir dans Saigon c'est comme la traversée d'un immense verger le long des maisons.

Presque toutes les rues sont bordées d'arbres fruitiers, manguiers et surtout tamariniers. Il y en a partout, la ville en est couverte, on pourrait se promener des heures en restant toujours à l'ombre d'un tamarinier. Ce sont de grands arbres dont les feuilles minuscules, semblables à celles de l'acacia et de la sensitive, donnent une ombre douce et se referment le soir comme pour dormir. Leurs gousses servent à la préparation de confitures et autres ingrédients de la cuisine asiatique. Alors, les équipes viennent avec leurs charrettes et leurs sacs, les échelles en bambou sont dressées jusqu'à la première fourche, les coolies montent aux arbres, secouent les branches. Les gousses sèches tombent en crépitant sur le trottoir et dans la rue. Tout est balayé par les femmes et mis en sacs qu'on empile sur les charrettes tirées à bras.

C'est en même temps la fête des oiseaux virevoltant et pépiant autour des cueilleurs, à la poursuite des insectes chassés de leurs cachettes. La fête aussi pour les enfants de la rue qui tirent au lance-pierres sur les oiseaux devenus moins prudents, absorbés par leur quête de nourriture.

Il y a aussi de grands parcs où nous nous entraînons au lance-pierres en visant la queue des mangues mûres pour les faire tomber de l'arbre sans abîmer le fruit. Et un jardin zoologique avec des aigrettes et des sarcelles en liberté autour d'étangs peuplés de nénuphars dont les graines deviennent des gâteaux au parfum subtil. Nous y passons parfois après l'école en fin d'après-midi, toujours courant à côté du pousse-pousse qui porte nos cartables.

Mais en général, nous courons plutôt vers la piscine où papa nous attend pour la séance de natation. Je dois avoir sept ou huit ans lorsqu'il me fait sortir un soir du bassin. J'ai nagé déjà trois mille mètres en crawl sans m'arrêter, je continue. Il craint que je ne me claque le cœur, je proteste, je veux continuer. Alors il me sort de force et m'embrasse avec plein d'amour dans ses yeux.

La maison est grande. Maison double, couverte de deux toits séparés par une petite terrasse où nous faisons de la culture physique au soleil avec notre père, avant le déjeuner.

Au rez-de-chaussée, les bureaux et entrepôts de l'entreprise paternelle. Les cours sont encombrées de barriques et de caisses de conserves. Dans des bassins, les ouvrières nettoient les bouteilles. Remplies de vin, elles sont ensuite livrées aux détaillants chinois dans les charrettes à bras de la maison. Coups de marteaux sur les caisses que l'on cloue, chocs sourds des marchandises empilées jusqu'aux plafonds par les coolies, crissement de la paille d'emballage, tintements des bouteilles, tonneaux qu'on roule et qu'on débonde à coups de maillet, ordres et réprimandes du contremaître. Ça n'arrête pas, c'est la vie de la maison.

Un escalier intérieur en colimaçon conduit à l'étage. Les pièces sont immenses et les plafonds si hauts que nos petits avions en papier y font leurs loopings et atterrissent en vol plané sans se cogner toujours sur les murs. Nous y vivons avec une partie du personnel. L'immeuble est tellement vaste que plusieurs pièces de l'étage servent de relais pour les marchandises que n'ont pu contenir les entrepôts du bas, où nous jouons aux Indiens pendant les heures de sieste.

De notre étage, un autre escalier conduit à la terrasse où une citerne alimente tous nos robinets. Papa veille à ce qu'il y ait toujours une fine couche de pétrole à la surface de cette réserve d'eau. Ainsi, les larves de moustiques porteurs du redoutable paludisme ne peuvent y vivre.

Sous les toits, de chaque côté de la terrasse, les combles. Ils sont accessibles seulement par deux petites ouvertures protégées par les toiles d'araignées, au ras de la gouttière. C'est là que nous nous faufilons pour retrouver le monde du secret, en compagnie des chauves-souris suspendues aux chevrons, semblables aux gousses des kapokiers de notre village magique, avec leurs grandes ailes repliées sur le corps et leurs yeux qui attendent plus tard pour voir.

Et tout en haut, les toits. Là, personne ne vient jamais déranger les enfants. Ce sont vraiment nos toits, le ciel au-dessus, le sommet des grands tamariniers qui tamisent les bruits de la ville comme un grand manteau de forêt, mon harmonica, la flûte de Jacky où il peut jouer d'un bout à l'autre le *Boléro* de Ravel sans se tromper d'une note, le carnet de dessin que Françou emmène toujours avec lui.

Là-haut sur les toits, c'est l'évasion vers notre village du golfe de Siam.

Jacky fabrique la voile de sa pirogue dans un vieux sac de farine obtenu à force de prières et de menaces auprès d'Assam. Sa pirogue l'attend là-bas. Pour le gouvernail, je l'aide à dénicher un bout de planche assez large dans le fouillis des vieilles caisses. Nous le taillons avec nos canifs, pendant des jours. Le gréement de ma pirogue est déjà prêt, Françou est paré lui aussi.

Depuis le retour des dernières vacances, Françou met au point la carte du village. Chaque paillote est à sa place exacte sur le chemin, avec le nom de l'ami qui l'habite. Plus loin, la plage, la mer, les îles, la forêt.

Devant ce tableau si vrai qu'on se voit déjà de retour vers notre vrai « chez nous », Jacky et moi discutons d'un détail :

– L'ancien nid de guêpes, eh bien il était plus près des tombes derrière la paillote de Derk.

Françou hésite mais déplace quand même un peu le nid. On avait réussi à le brûler avec des torches en palmes de cocotier tressées, presque sans nous faire piquer par les guêpes velues jaunes et noires avec leur tache rouge sur le dos, qui ressemble à un œil en colère.

– Ici, ton vert est un peu trop foncé, il devrait être plus clair du côté du grand jacquier sauvage au bas de la colline. Et là, le long du ruisseau où les écureuils vont boire par la liane du pistachier, il faudrait que ton vert soit plus sombre, tu ne te souviens pas?

Françou est un peu inquiet, mais pas tout à fait d'accord. Il corrigera le vert sur place, on attendra d'être retournés là-bas pour être vraiment sûrs.

Penché sagement sur son cahier gribouillé de bateaux, un enfant au dernier rang de la classe regarde par la fenêtre. Il n'entend pas un mot de ce que dit le maître, mais reconnaît sans hésiter le chant de la pie à gorge de feu, si méfiante et toujours en éveil. Et celui de la veuve noire à double queue, parfois un peu distraite quand elle se lisse les plumes trop longtemps.

Une infime nuance de la trille lui dit que l'oiseau va changer de branche, et la main de l'enfant caresse le lance-pierres caché au fond de sa poche. Car il y a la trille qui dit « je change seulement de branche », et l'autre, brève, qui dit « maintenant je m'envole ».

Et l'enfant part avec l'oiseau. Il s'envole très haut, très loin, par-delà l'immense étendue des rizières piquetées d'aigrettes blanches, après les ponts, les arroyos, les bras de Mékong, beaucoup plus loin que l'horizon, jusqu'après les collines d'où il peut contempler son village. Devant lui s'étend alors la grande plage en croissant au sable noir plein de palourdes à marée basse, avec ses deux pointes rocheuses. Au tournant du sentier de la pagode, près de la pointe de gauche, notre petite île magique accessible à la nage, toute bruyante des chants du martin-pêcheur, sa plage en miniature semée de graviers parfaits pour le lance-pierres. Là-bas, plus au large, mais à distance de pirogue encore, la deuxième île, étrange et un peu mystérieuse, que Françou a baptisée l'île du Péché Mortel. Et loin à l'horizon, toutes les autres îles. Et derrière le village, la forêt où appellent les oiseaux, les minuscules plantations de poivre vert blotties dans la petite jungle des collines, les nids de grosses guêpes velues et haïes au plus profond du cœur, les ruches d'abeilles sauvages à enfumer sans trop se presser, les serpents verts qu'il faut guetter au long des sentiers à peine visibles tracés par la vie libre et sauvage des collines. Puis l'enfant revient à la plage de son village, plage bordée de cocotiers où l'attendent sa fine pirogue cambodgienne et celles de ses frères. Plage ourlée de blanc où il suit des yeux les petits bécasseaux qui courent en zigzag comme des boulettes d'écume sur le devant des vagues, pour ne pas se mouiller les pattes. Ceux-là, presque impossible de les avoir au lance-pierres, ils n'arrêtent jamais de bouger, on ne peut pas prévoir où ils seront dans l'instant qui vient.

Il n'y a pas de forêt ni de mer à Saigon, mais nous ramenons avec nous la forêt de nos vacances, en caressant nos écureuils nains, pas plus longs que la main, rescapés du lance-pierres. Ils sont venus avec nous, entre la peau et la chemise, ils reconnaissent notre odeur. Ils sont venus avec nous de la forêt qui les a vus naître, la forêt derrière le village.

Et au lieu de travailler aux devoirs du soir, trois petits garçons qui ne font pas de bruit regardent les écureuils jouer sur les murs crépis de leur chambre d'enfants. Trésors de vie et de beauté, avec leur ventre jaune et les trois raies noires courant le long du dos gris clair aux reflets de forêt à l'aube. Avant d'aller dormir, nous tenons chacun le nôtre dans nos mains jointes comme dans un nid d'amour, en

Il porte dans sa barbiche la sagesse de la vieillesse ; dans ses lunettes la connaissance du lettré ; dans son ombrelle, la dignité et le respect que l'on doit aux gens bien nés.

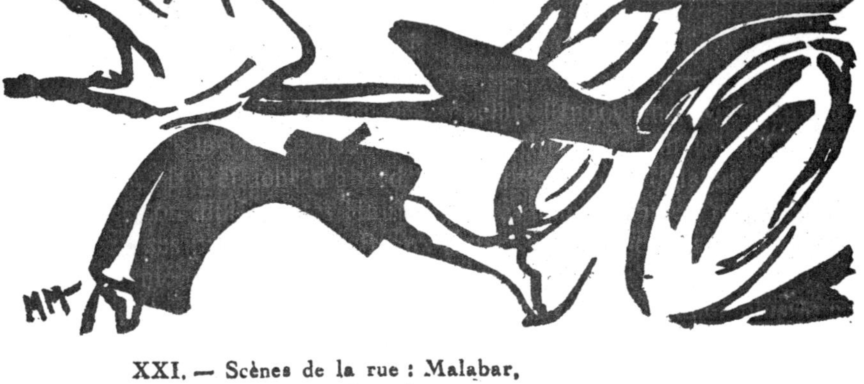

XXI. — Scènes de la rue : Malabar,
Pousse, Lettré.

l'effleurant des lèvres afin qu'il ait bien chaud et reconnaisse toujours son ami.

Puis un matin je retrouve le mien raide et froid sur mon bat-flanc de bois, étouffé entre la natte et mon corps tiède de sommeil contre lequel il était venu se blottir, tout près de son ami. Cela fait de gros sanglots dans la poitrine d'un enfant que sa mère essaie de consoler, mais qui ne veut quand même pas aller à l'école ce jour-là. Et nos trois écureuils, petites boules de poils si tendres et chaudes le soir, finiront tous de la même manière, avec beaucoup de pleurs.

A l'école, brouillard à peu près absolu. Seule la chimie parvient à me tirer un peu de mon abrutissement : on mélange le charbon en poudre avec le soufre et le salpêtre dans les bonnes proportions, et boum dans les pétards ! Et les concours de fusées ! Et le chlorate de potasse, boum-boum-boum quand on tape dessus bien sec ! La chimie, au moins, ça sert à quelque chose, un jour elle peut devenir utile !

En composition d'histoire : « La campagne d'Égypte. » Je remets une copie d'une dizaine de lignes parlant d'un pays lointain quelque part en Asie, arrosé par le Nil et semé de pyramides. Pas l'ombre d'un Napoléon. Mon père en est resté sans voix. S'il m'avait demandé de lui parler de la campagne de Russie, j'aurais sans doute répondu qu'elle est très froide en hiver et très chaude en été, avec des steppes et des traîneaux et un pont qui s'appelle la Berezina...

Une autre fois, en composition française, le sujet est « Pierre qui roule n'amasse pas mousse ». Là, les dieux sont enfin entrés par la fenêtre pour venir souffler sur mes petits doigts agiles. Je tartine une superbe rédaction développant le thème évident que plus on bouge, plus on voyage, plus on fait de choses diverses dans la vie, moins on risque alors de se laisser encrasser par les mauvaises habitudes et autres saletés qui voudraient nous coller à la peau. Et voilà encore un zéro venu s'ajouter à mon collier de zéros. Commentaires du maître : « Non seulement vous êtes un paresseux et un cancre, mais en plus un crétin et un mauvais sujet. Les garçons comme vous ne deviennent rien de bon dans la vie. De la graine d'anarchiste. »

Pour Françou et Jacky, c'est la même chose. Nous rêvons du village devant nos pupitres sans vie, nous faisons des concours pour voir lequel des trois descendra le plus d'ampoules de réverbères dans la semaine. A une époque, nous nous spécialisons dans le maniement des bombes à merde, lancées de nos toits dans la cour des voisins.

Dieu merci, pour eux, cette dernière trouvaille s'est vue assez vite calmée à coups de fouet, avec double ration pour moi l'aîné.

A la fois cancres et voyous, nous rêvons de mer et de forêt, nous rêvons de liberté, englués, mes frères et moi, dans une sorte de torpeur entrecoupée de crises où le désespoir et la révolte se tiennent par la main. Alors le lance-pierres sort de la poche et tire sur n'importe quoi pour effacer cette ville que nous refusons de laisser entrer dans nos cœurs.

Saigon est ainsi devenu le compte des mois infinis d'ennui qui nous séparent de notre village. Saigon, c'est comme si nous marchions sous un soleil de plomb tout au long d'un interminable chemin de cailloux. Et sur ce chemin-là, pas un point d'eau jusqu'au plus loin que porte le regard, à cent mille kilomètres dans toutes les directions.

J'entre bientôt dans la période la plus trouble de mon adolescence et commence à voler dans les magasins. Davantage sans doute par bravade, pour m'affirmer, que par goût réel. Car il ne me viendrait jamais à l'idée de prendre un sou dans le sac de ma mère. Mais un jour je vole un harmonica dont j'ai vraiment très envie...

– Ça fait quelque temps que je t'ai à l'œil... Remets ça où tu l'as pris et viens me rejoindre ici.

C'est un policier en civil. Je suis pâle comme un mort, glacé de honte et de peur. Jamais mon père ni ma mère ne pourront comprendre une chose aussi impensable.

Il me conduit dans un de ces petits bistrots chinois qui bordent le marché, m'indique un tabouret, prend place en face de moi et commande deux cafés au lait.

– J'étais dans le coin quand tu t'es battu à la sortie de l'école la semaine dernière. Tu as fait un beau combat, il était plus grand et plus costaud que toi.

Je suis tout petit, tassé sur mon tabouret. J'ai peur. Je ne vois pas où il veut en venir avec cette histoire de bagarre que je n'avais pas cherchée. Tout se bouscule dans mon être en détresse.

– Je t'ai vu plusieurs fois jouer au water-polo. Tu joues toujours franc-jeu, même si l'autre triche un peu sous l'eau quand l'arbitre ne peut pas le voir. Alors, pourquoi tu voles?

La gorge serrée, je ne peux rien répondre. De toute manière il n'y a rien à répondre, je me retiens seulement de pleurer. Des oiseaux chantent dans le tamarinier tout près et je revois ce beau merle noir à taches blanches au bout des ailes, que j'avais surveillé plusieurs jours sur la terrasse avec mon lance-pierres... et j'avais réussi à le descendre.

Sans élever la voix, il répète sa question : « Pourquoi tu voles ? » Je reçois à ce moment la chaleur de son regard vrillé dans le mien qui cherche à comprendre. Alors la peur s'en va.

– Que ceci reste entre nous. Je prends la grosse éponge et j'efface tout pour cette fois. Ça m'ennuierait vraiment de te savoir un jour dans une maison de correction avec un tas de voyous pour camarades.

Le cœur énorme et les yeux embués de larmes, c'est à peine si j'arrive à murmurer un « merci monsieur » qu'il balaie de la main comme on chasse une mouche.

– Remercie plutôt ton étoile. Mais les vrais mercis, c'est dans ses actes qu'on les dit, pas dans les mots de la bouche.

Il se lève et s'en va. Je reste assis longtemps encore. Je termine mon café au lait à petites lampées... puis le sien.

Les bruits et les appels du marché, ses couleurs, sa vie intense, tout cela entre en moi comme des vagues de lumière.

J'écoute les oiseaux qui se racontent des histoires dans le tamarinier. Le merle que j'avais descendu l'autre jour sur la terrasse, il s'était réveillé dans ma main, sans rien de cassé. Alors j'avais ouvert la main pour le laisser partir et je l'avais regardé s'envoler avec ses belles taches blanches au bout des ailes noires.

CHAPITRE 2

Les affaires de mon père marchent bien, sa maison de commerce bourdonne comme une ruche. Mais sa véritable grande passion, c'est l'agriculture. L'argent ramassé avec son *Ovomaltine*, ses barriques de vin et ses caisses de conserves, il le remet dans la terre.

Peu après l'arrivée en Indochine, il avait obtenu une concession de cent cinquante hectares sur les Terres Rouges des plateaux de Djiring, entre Saigon et Dalat, pour y planter des caféiers. Puis une autre, de trois cents hectares en terres alluviales sur les bords du golfe de Siam, pour y créer une rizière, près d'un petit village de pêcheurs.

C'est dans ce village que nous passons nos vacances scolaires, trois mois chaque année entre mer et forêt, et cela depuis... toujours!

Selon un ordre immuable, le départ de Saigon pour le village commence la veille au soir, avec le chargement de l'énorme Hotchkiss couleur de poussière. A peine croyable, ce qu'on peut y faire entrer! Et ce qui ne va pas dedans se retrouve ficelé sur le toit. Tout est doublé avec des lanières de chambre à air pour empêcher les cordages de se desserrer au gré des cent mille cahots de la route.

Réveil à trois heures du matin. Nous sommes debout comme des ressorts. Vite une omelette accompagnée de soupe de riz pendant que le moteur chauffe au ralenti sous la surveillance de Tchu, qui a sorti l'auto dans la rue. On termine les rangements de dernière minute et la tribu embarque : papa d'abord, puis Tchu le chauffeur, maman, Minh le cuisinier, Assam, plus une bonne choisie pas trop grosse.

Enfin c'est au tour de la marmaille, enfilée dans ce fouillis de paquets et de jambes partout. Quelques disputes territoriales entre frères, parfois une distribution de claques qu'on ne voit pas toujours venir à temps puisque le réverbère devant la maison n'a jamais

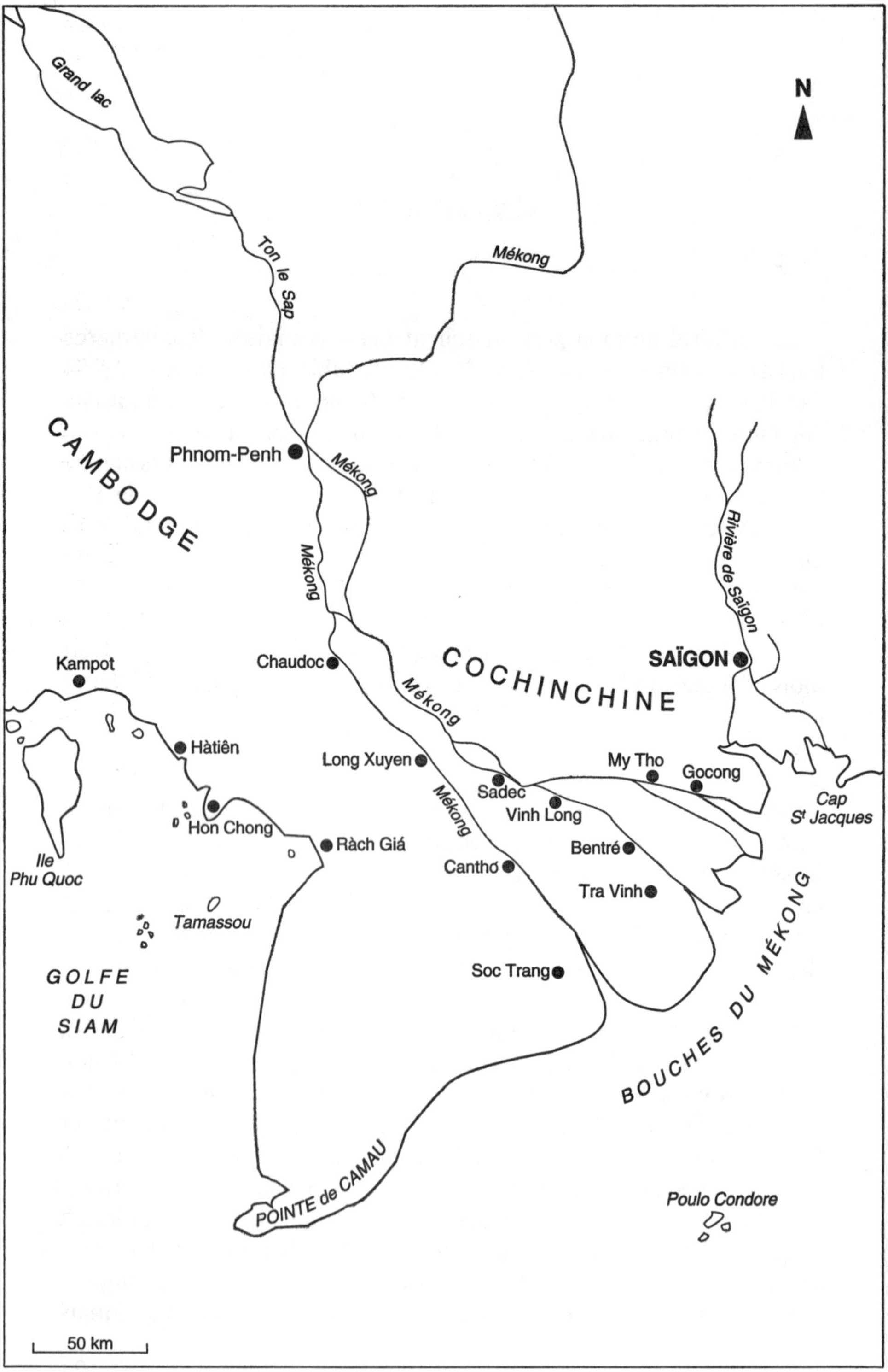

La Cochinchine

d'ampoule. On referme les portières, surtout sans les claquer (papa est déjà bien assez énervé comme ça) et l'auto démarre enfin pour ce voyage qui va durer trois jours.

Saigon disparaît d'abord dans la nuit calme. Puis Cholon, la ville jumelle, s'étire en bâillant encore dans le noir. Et bientôt nous roulons à travers les rizières qui s'éveillent au bord de la route, à perte de vue.

Papa conduit, Tchu gardant l'oreille attentive aux bruits du moteur. Maman tient Babette dans ses bras, Assam prépare le biberon de Gilbert. Minh s'est endormi, la tête appuyée sur l'épaule de la bonne qui dort aussi. Jacky caresse sa carabine à air, qu'il a réussi à sortir du coffre arrière juste avant le départ. Françou griffonne un poème sur ses genoux tandis que se déroule autour de nous la plaine tranquille de Cochinchine, tout enveloppée dans les premières lueurs de l'aube où se détache le fin plumet des aréquiers mêlés aux bosquets de bambou.

Des aréquiers comme ceux où jouaient nos écureuils morts... mais nous en ramènerons d'autres, du village : un pour moi, un pour Françou, un pour Jacky. Et c'est moi qui les aurai tous les trois avec mon lance-pierres. Parce que Françou ne tire pas assez bien et Jacky ne connaît que sa carabine; quand il tire un écureuil, c'est pour le ramasser à moitié mort avec les tripes qui sortent. Ou alors l'écureuil se sauve avec une patte qui pend. Moi, avec mon lance-pierres, j'en ai toujours au moins un de vivant sur trois de descendus.

Quand j'ai le mien, je donne le suivant à Françou en échange de cent billes d'argile pour mon lance-pierres, ce n'est vraiment pas cher. Pour Jacky, c'est quatre lézards volants contre un écureuil, ça non plus ce n'est pas cher. Peut-être qu'à partir de maintenant je devrais dire deux cents billes d'argile pour Françou et six lézards volants pour Jacky, c'est quand même difficile d'avoir un écureuil en bon état.

Le soleil monte dans le ciel et ricoche en reflets sur les rizières mouillées, sur l'eau des arroyos, sur les canaux d'irrigation, sur les mares immobiles où les buffles noirs se protègent de la chaleur en se roulant dans la vase, gardés par des enfants nus, presque des bébés. Le buffle, c'est le moteur des rizières, jamais en panne devant sa petite charrue en bois. Le buffle est lent mais la terre est patiente, disent les paysans.

De temps en temps, on en voit un qui se prépare à traverser la route et l'auto doit ralentir longtemps à l'avance. Une corde passée dans les naseaux percés au fer rouge, l'enfant remorque l'énorme bête comme si c'était un jouet. Le buffle hésite, fait quelques pas sur la route, l'enfant tire sur la corde, le buffle secoue ses grosses cornes en croissant capables d'éventrer un éléphant, avance un peu, tourne la tête vers les autres qui sont dans la mare, réfléchit lentement, hésite encore, n'en finit pas de traverser.

Mieux vaut nous arrêter assez loin avant et le laisser prendre son temps car les buffles n'aiment pas les autos. On descend se dégourdir les jambes, remettre de l'eau dans le radiateur, respirer le silence et la paix des rizières. Maman profite de ces arrêts fréquents pour jeter l'esquisse d'un croquis sur le cahier de dessins.

La tribu arrive à Mytho en fin de matinée, après un détour par Go-Cong où papa était attendu par des clients. Ces centaines de kilomètres sur la route font partie de son travail. Il profite du voyage pour prendre des commandes auprès des commerçants.

On déjeune et on repart. Un grand bac après Mytho, la route, la petite ville de Bentré, on repart vite, la route, encore un bac en compagnie d'un autocar bondé de monde avec une montagne de paniers en bambou remplis de poulets sur son toit, la route, un crochet à gauche sur Travinh avant de continuer.

C'est à peine si nous avons le temps de voir un peu à quoi ressemblent ces villes de province traversées sans souffler, à part les brefs arrêts professionnels de papa. Avec leurs rues souvent plantées de tamariniers, elles me font penser à des petits Saigon.

Le village est loin, loin, loin. Pleine de bosses et de creux, la route n'en finit pas de s'allonger devant l'auto. Il faut s'arrêter tous les quinze ou vingt kilomètres, faire le plein du radiateur qui chauffe. Tchu en profite pour ouvrir le capot, vérifier ceci ou cela. Il ajoute une rondelle sous un boulon qui faisait du bruit, retend un peu la courroie du ventilateur, ou bricole avec une pince et du fil de fer pendant que le moteur se repose. Heureusement que Tchu est là... Papa et lui se relaient au volant, mais sans Tchu l'auto ne roulerait pas longtemps.

J'aime bien Tchu. Il est à la maison depuis qu'on est tout petits et il nous aime bien aussi. Avec lui, on peut toujours avoir un bout de fil de fer quand on veut, et en plus il nous prête la pince. Il donne de l'huile neuve à Françou et Jacky pour graisser leur carabine à air, et à moi, de la bonne chambre à air pour mon lance-pierres.

Les bosquets se succèdent dans la campagne un peu monotone. L'auto roule à quarante à l'heure, toujours plus loin de Saigon. Elle roule avec ses gros pneus usés et rechapés, son moteur qui tousse quand il est fatigué, ses chambres à air rapiécées, un élastique pour maintenir l'accélérateur vers le haut, et ses ressorts pliés à l'envers qui font balang-balang dans les cahots de la route en terre battue semblable à de la tôle ondulée. Le Mékong a débordé il y a quelques semaines, passant par-dessus le barrage des digues, endommageant les routes du delta pour donner en échange un tas de bonnes choses qui font jaillir le riz de ces terres étendues à l'infini.

Vinh-Long pour un arrêt de papa, et de nouveau la route, la route, la route, les poules en zigzag devant l'auto quand on passe un village et les chiens jaunes à poil ras courant derrière nous, le soleil avec ses reflets partout, les buffles luisants de boue dans les rizières, les aigrettes blanches en longs triangles dans le ciel, les hérons d'argent solitaires, les aréquiers, les touffes de bambous, les jonques et les sampans sur le rach, les filets carrés tendus sur deux bambous en croix, les gens qui pêchent de toutes les manières imaginables dans cette eau brune où le poisson foisonne jusqu'au fond des plus petites mares.

De loin en loin, un manguier ou un tamarinier. La bonne dit que leurs mangues ne sont pas très fameuses, mais c'est mille fois mieux que pas de mangues du tout pour ceux qui vont à pied ou en charrettes à bœufs. Qui a bien pu les planter comme ça au bord de la route, à l'écart de tout village? Assam et maman pensent que ce sont les bonzes, Minh pense que c'est le hasard. Mais personne n'en sait rien à part ceux qui les ont plantés pour que tout le monde puisse en profiter.

Et l'auto court sur cet horizon de rizières et de plaines inondées qui vont de Saigon à la mer, elle court le long des digues et des canaux, avec les arroyos, les bacs, les bras de fleuves si larges qu'on ne voit pas l'autre rive.

Et le temps s'étire en nous comme l'eau du Mékong qui coule à travers l'immensité des plaines de cette Cochinchine toute parsemée de bosquets tendres, un village çà et là.

Je me demande s'il y a aussi des lézards volants dans les aréquiers de ces villages au long de la route. Ceux de notre village en sont remplis. L'ennui, c'est qu'ils sont très méfiants. Ils sont même tellement méfiants qu'ils arrivent à voir venir la pierre, et ça leur donne quelquefois le temps de vite s'abriter derrière le tronc de l'aréquier. Grâce à leur carabine à air, Françou et surtout Jacky se débrouillent mieux que moi. Mais j'en ai quand même descendu pas mal avec mon lance-pierres.

Au village, le père de Kieu donne dix sous pour chaque lézard volant qu'on lui apporte, mais il faut que la tête soit intacte, sans trace de pierre ni de plomb. Le père de Kieu, c'est le sorcier du village et tout le monde l'aime. En plus, il est vraiment gentil et il connaît beaucoup de choses, c'est le seul qui sache lire les caractères chinois.

Les lézards volants, il les enfile dans une bouteille après les avoir écrasés avec sa pierre noire, à part la tête qui doit entrer entière. C'est Kieu qui nous l'a raconté mais on n'en sait pas plus, sauf qu'avec ça, son père fabrique des remèdes pour guérir toutes les maladies, même la tuberculose.

On crève pour la deuxième fois aujourd'hui. On descend, on s'étire, on écoute le silence de la plaine. Près de ses trois buffles pas loin de l'auto, un enfant attrape des poissons-chats en se servant d'une sorte de gros entonnoir fabriqué avec des lamelles de bambou ligaturées ensemble. Il le plante au hasard dans la rizière, passe la main par l'ouverture du haut, fouille la vase de ses doigts, en sort le poisson-chat aux longues épines venimeuses et le met dans la nasse en bambou qu'il traîne derrière lui.

La roue est réparée, le voyage continue. Devant un village d'une dizaine de paillotes, deux paysannes font monter l'eau du fossé en pédalant à l'intérieur d'une noria entièrement faite en bambou. C'est comme une très grande roue avec des godets tout autour pour recueillir l'eau brune. Elle se déverse dans une canalisation, en bambou elle aussi, pour s'en aller nourrir un champ de manioc sur une butte.

Incroyable, tout ce qu'on fait en Indochine avec le bambou : amarrages aussi résistants qu'en fil de fer, pans de murs, brouettes, charrettes, échafaudages qui grimpent jusqu'au quatrième étage dans les villes, petits ponts superbes d'ingéniosité où passent des camions, et cent autres choses encore. Mais le plus extraordinaire, ce sont les jonques de mer en bambou tressé de la côte d'Annam, capables d'emmener à la voile plus de cinquante tonnes de riz entre la Cochinchine et le Tonkin. On n'en voit pas ici. Papa nous dit que les forêts de gros arbres sont rares en Annam, mais qu'il y a énormément de bambous épais, plus beaux qu'ici. C'est pour ça que les gens de là-bas construisent tous leurs bateaux en bambou.

Ne sont-ce pas plutôt ces grosses bêtes qui sont les plus attentives des gardiennes d'enfants ?

IV. — **Buffles avec leur petit gardien**

Après une nuit passée dans un hôtel chinois à Sadec, c'est de nouveau la route, d'abord vers Long Xuyen en suivant le Mékong, et enfin vers Rach Gia et le golfe de Siam.

Bientôt la route devient un peu moins mauvaise car l'auto s'éloigne du Mékong. La terre a eu le temps d'absorber le plus gros de la dernière crue, l'eau n'est donc pas montée sur la route comme dans le reste du delta. Ce soir, si tout se passe bien, nous dormirons à Rach Gia en respirant la mer. Ensuite, ce sera la dernière étape jusqu'au village, comme dans un rêve.

Un nuage de poussière, un autocar arrive, on se range. Il se gare lui aussi, à la limite du fossé, et nous fait signe. On passe doucement, en éraflant presque sa peinture. Il est bondé comme toujours. Sur son toit, une rangée de paniers en bambou tressé en forme de cylindre. Dans chacun, il y a un gros cochon vivant, enfilé pattes tendues le long du corps. Sur les cochons, une dizaine de grands cageots à larges mailles, en bambou bien entendu, et remplis de poules qui sortent la tête par les trous pour essayer de respirer.

Heureusement, il n'y a pas trop de charrettes à bœufs. C'est toujours une histoire pour les doubler. Sur les routes qui traversent la grosse jungle des Hauts Plateaux du Cambodge, elles vont en files d'une dizaine à la queue leu leu pour se tenir compagnie à cause des tigres. Là, c'est vraiment la croix et la bannière, elles sont comme collées au milieu de la route. En plus, elles sèment leurs clous en chemin et les autos n'aiment pas ça du tout.

Ici les canaux sont innombrables et les marchandises circulent presque entièrement à bord des jonques. Même au plus sec de la saison sèche, le puissant Mékong n'arrête pas de couler gros. Il vient de très loin, ce qui lui donne le temps de trouver son eau en chemin pour l'apporter ici, féconder la terre et remplir les canaux dans les moindres recoins de ce pays de plaines.

Autrefois, longtemps avant l'arrivée des Français, cette terre où roule l'auto depuis Sadec appartenait au Cambodge. Les anciens habitants en ont été chassés par les Cochinchinois, mais les pagodes cambodgiennes sont restées, nombreuses, avec leurs toits relevés vers le ciel aux extrémités, semblables aux trompes des éléphants royaux faisant la révérence. Cette architecture magique, nous explique Assam, force les mauvais génies qui se posent sur le toit à repartir d'où ils viennent sans pouvoir descendre à terre pour y tourmenter les hommes. C'est très simple : comme la pagode est belle, le *Ma Qui* vient se poser dessus au lieu de choisir une quelconque paillote; en l'apercevant là sur le toit en train de regarder la plaine pour préparer son mauvais coup, le bonze de garde frappe très fort sur le gong en bronze. Alors le *Ma Qui* terrifié court à toute vitesse le long de la crête, arrive au bout où elle se relève... et hop! le voilà catapulté vers les nuages. Françou demande comment le bonze peut voir le *Ma Qui*. Assam répond que les bonzes voient beaucoup de choses invisibles aux autres gens.

Papa nous annonce qu'après les deux mois de vacances au village, le retour se fera par le Cambodge, avec arrêt à Phnom Penh pour assister à la fête des Eaux. Nous exultons de joie. Phnom Penh est une ville de toute beauté, construite au bord d'un fleuve étonnant, le Ton-Le-Sap. Il coule six mois dans un sens et six mois dans l'autre. A la saison des pluies, le courant du Ton-Le-Sap remonte vers le Grand Lac du Cambodge, dont le niveau s'élève d'une dizaine de mètres, au point de tripler la surface de cette véritable mer intérieure déjà démesurée pendant les basses eaux (cent quarante kilomètres de long sur trente de large). Les millions de tonnes de poissons qui le peuplent sont alors libres de chercher une nouvelle nourriture dans l'immense étendue de forêt inondée. Ils y trouvent le meilleur du meilleur, grossissent vite, se multiplient, puis reviennent grouiller dans le Grand Lac à mesure que la décrue s'affirme. Là, c'est la pêche miraculeuse, les filets pleins à rompre, des poissons-chats pouvant atteindre deux mètres cinquante.

Quand revient le ciel bleu de la mousson sèche du nord-est, l'eau baisse partout dans le pays, le Grand Lac retrouve peu à peu ses rives habituelles. Ainsi les Cambodgiens ont divinisé leur fleuve qui va six mois dans un sens pour remplir le Grand Lac et donner la richesse, puis six mois dans l'autre en ramenant les jonques chargées de poisson sec.

La renverse en direction du Mékong annonce en même temps les récoltes prochaines de la saison sèche. Le Grand Bonze tranche alors une corde tendue en travers du fleuve. C'est la fête des Eaux, le départ des courses de pirogues, les danses sacrées au bord du Ton-Le-Sap, en présence du roi, devant la Pagode d'Argent où le soleil rebondit sur les murs vêtus de fines tuiles martelées dans le précieux métal. Il y a de l'or aussi, coulé en statue de Bouddha, mais il reste à l'intérieur de la pagode. C'est tout cela que nous verrons dans deux mois, au retour des vacances.

Je rêve en regardant les buffles qui labourent les rizières, et m'amuse à compter les jonques et les sampans sur le canal qui longe la route où cahote l'auto en direction du golfe de Siam. Ici, tous les bateaux sont en bois, jamais en bambou tressé comme sur la côte d'Annam. C'est parce qu'il y a beaucoup de forêts en Cochinchine, et les planches sont quand même plus solides que le bambou tressé.

Les plus grandes jonques que je regarde passer sur ce canal peuvent contenir au moins cent tonnes de riz ou de pierre à chaux dans leur gros ventre rond, avec l'eau qui leur lèche le pont. Quand elles portent du bois, je me demande comment on peut les charger si haut sans les faire basculer.

Les petites amènent plutôt de l'argile ou du bois aux briqueteries et poteries qui fument de loin en loin aux abords des villages. Elles en repartent bourrées de tuiles, de jarres, de chaudrons, de fourneaux et de bols. Dans cette Basse-Cochinchine du limon et de la glaise, les ustensiles de ménage sont faits de terre cuite.

Toutes vont à la voile quand la mousson est favorable. Sinon, l'équipage les remorque avec une corde en marchant sur la berge. Certaines viennent d'aussi loin que des Grands Lacs du Cambodge. Leur voyage peut alors durer des semaines, parfois des mois, avec les canards, les cochons, les poulets parqués sur un coin du pont, toute la famille tirant au bout de l'aussière s'il n'y a pas de vent ou quand il est contraire.

La marée les aide aussi, car le courant se renverse régulièrement sur le fleuve et dans les canaux, même très loin de la mer. A Phnom Penh, qui est à trois cents kilomètres de l'embouchure du Mékong, il y a encore cinquante centimètres de marée. Et plus d'un mètre à Saigon sur l'arroyo.

Le voyage s'est bien déroulé jusqu'à maintenant, mais nous crevons encore. Curieusement, c'est toujours à l'arrière, presque jamais devant! On se demande pourquoi! Papa nous explique ce mystère :

– Le clou est couché sur la route et il attend sa chance dans la poussière; quand la roue avant passe dessus, elle ne sent rien mais fait sauter le clou comme si c'était un gravier. Et si par bonheur pour lui il se retrouve avec la pointe en l'air au moment où la roue arrière passe dessus... tu comprends la suite. C'est la même chose avec les serpents. Si vous courez tous les trois ensemble sur un sentier de forêt et que le premier marche sur un serpent plus ou moins endormi, c'est le suivant qui se fera piquer.

C'est pour cette raison que Tchu a installé un déflecteur en caoutchouc sous le garde-boue, juste derrière les roues avant; il sert à chasser le clou sur le côté quand la roue avant le réveille et le fait sauter

III. — Le repiquage du paddy

en passant dessus. Mais ça ne marche pas toujours, on a encore crevé. Jacky demande alors pourquoi on ne clouerait pas un gros aimant juste derrière les déflecteurs de Tchu, comme ça les clous se colleraient dessus au lieu d'aller se promener partout. Papa lui caresse la tête en riant et nous offre le régal d'un concours de tir avec sa 22 long rifle avant de reprendre la route. C'est lui qui gagne, Jacky est second, Françou troisième et moi dernier à un poil près derrière lui. Je leur propose alors de les prendre tous les trois au lance-pierres sur une boîte de conserve à dix mètres, là je suis sûr de les battre. Papa rit encore et nous fait grimper dans l'auto, il est temps de se remettre en route.

J'aime bien mon père quand on part comme ça au village. Il retrouve sa gaieté, joue et plaisante avec nous, ne pose plus de questions indiscrètes sur ce qu'on fait en classe. L'école et Saigon, ça ressemble un peu trop à la guerre de Cent Ans, alors que les vacances, c'est vraiment la trêve pour un bon bout de temps.

Le moteur tourne rond, Rach Gia n'est plus très loin mais le soleil tape dur, tout le monde a un peu sommeil. Brusquement, Françou se met à hurler : « Les canards ! les canards ! » Nous trépignons pendant que Tchu range l'auto sur le bord de la route. Les canards, c'est sacré, on s'arrête toujours quand on a la chance de tomber dessus.

Sur notre gauche, toute la rizière semble bouger. Des dizaines de milliers de canards avancent serrés les uns contre les autres ; ils couvrent beaucoup plus d'un hectare, et l'immense troupeau vient vers la route. Devant, un gardien traîne sa petite pirogue sur la rizière boueuse. Sur le banc arrière, il y a un balluchon fait d'un foulard noué aux quatre coins et un fourneau en terre cuite de la taille d'un grand plat un peu ovale comme on en voit partout sur les marchés. Loin derrière, tirant aussi sa pirogue, le second gardien du troupeau agite un long bâton flexible.

En un rien de temps, la marée des canards est déjà au bord de la route, traverse, et poursuit son chemin tout droit en direction de Long-Xuyen, comme une rivière coulant dans les labours. Ils ne marchent pas, ils se précipitent en avant, fouillant la vase avec leur bec, dans un incroyable concert de flap-flap et de coin-coin. Ceux de l'arrière poussent les autres, essaient de leur monter dessus pour passer devant où il y a plus à manger, on dirait une vague qui roule. Il ne reste sûrement plus un poisson, une grenouille, un crapaud, ni le moindre insecte après leur passage. Mais la fiente laissée derrière eux fait le bonheur de la terre !

Ils commencent leur voyage très jeunes, presque à la sortie de l'œuf, et trouvent leur nourriture en chemin pour arriver adultes, toujours courant sur leurs pattes, jusqu'aux marchés de province. D'après Minh, les plus grands troupeaux naissent dans la plaine des Joncs à l'ouest de Saigon, et approvisionnent de la même manière l'énorme agglomération de Saigon-Cholon.

Sur l'horizon devant Rach Gia, nous regardons une île que les gens d'ici appellent Hon Tre (l'île aux Bambous), je ne sais pas pourquoi. Nous l'avons baptisée l'île de la Tortue et c'est bien à cela qu'elle ressemble, avec son gros dos, son cou allongé et sa petite tête au bout. L'auto est arrivée un peu tard, mais papa aura quand même le temps de visiter quelques clients avant la fermeture des boutiques. Il terminera son travail demain matin, nous partirons aussitôt après.

Rach Gia est ma ville préférée au long de ce voyage. Le marché déborde d'activité, de vie et de couleurs. Les gens ici sont plus beaux, plus souriants, plus calmes que ceux des autres villes. Maman dit que c'est grâce au mélange des races.

Cette jolie ville s'étend au bord de la mer, à l'embouchure d'un arroyo plein de jonques venues de tous les coins du golfe de Siam. Elles échangent leurs marchandises avec celles des jonques de rivière, qui repartent vers l'intérieur des terres. Là, on voit vraiment ces jonques du large, si différentes les unes des autres, tellement belles sous leurs voiles immenses, avec leur odeur d'algue, de sel et de lointain.

Rach Gia est notre dernier arrêt avant le village. Cette nuit nous dormirons ici. Demain ce sera le village.

Dès l'aube, nous ne tenons déjà plus en place. Papa revient enfin de ses visites aux clients et l'auto démarre pour son troisième et dernier jour de voyage.

La route est longue, nue, en plein soleil, farcie d'ornières et de trous. En fait de route, il s'agit plutôt d'une énorme digue d'argile construite avec le remblai du canal qui va de Rach Gia jusqu'au port de Hatien à la frontière du Cambodge. Quatre-vingts kilomètres d'un seul trait, tout droit, tout droit, tout droit. Pas un arbre, un vrai bain de chaleur et d'ennui.

– Ces voiles sur le canal représentent seulement une parcelle de la grande œuvre qui commence à réveiller la terre dans cette région, nous dit papa. Observez le paysage des deux côtés de la route pendant une demi-heure. Ensuite, vous me direz ce que vous aurez remarqué.

Il sort sa montre et regarde l'heure. Mes parents aiment assez jouer à ce genre de jeu avec nous. Mais c'est, je crois, pour qu'on s'arrête un peu de toujours bavarder.

A gauche, vers le golfe de Siam que l'auto longe à quelques kilomètres de distance, la terre a l'air triste, assez marécageuse, avec pas mal de palétuviers. Leurs racines se contentent d'eau salée et elles poussent à moitié dans l'air. On dirait des tentacules de poulpes. Ce coin-là doit être bourré de poissons à pattes! Ils respirent aussi bien dans l'eau que dehors, et ils ont l'habitude de sautiller comme des moineaux sur les racines de palétuviers en cherchant un rayon de soleil pour s'installer au chaud, leur gros œil globuleux toujours aux aguets, très difficiles à descendre au lance-pierres.

De l'autre côté du canal, à droite, la plaine est boisée de *cai tram*. C'est un arbre gros comme le bras, qui peut vivre dans l'eau saumâtre ou alunée. Il y a aussi des grands espaces de joncs, et quelques vagues cultures de riz. On voit souvent des petits canaux juste assez larges pour que deux pirogues s'y croisent. Ils débouchent dans le grand canal, avec parfois une paillote au bord.

Papa annonce enfin que la demi-heure est passée. Moi, je n'ai rien découvert de spécial. Françou et Jacky non plus. On ne voit vraiment pas où est la grande œuvre avec la terre qui se réveille. Les jonques sur le canal, oui, on comprend, ça sert à transporter les marchandises. Évidemment, ce grand canal est bien commode pendant la mousson de sud-ouest où le trafic par mer devient impraticable entre Hatien et Rach Gia. Quant au reste, c'est plutôt le désert, à part peut-être ces quelques rizières par-ci par-là, qui donnent sûrement des épis plutôt rabougris. Tout ce que j'ai pu remarquer, ce sont les buffles, à peine une quinzaine depuis tout à l'heure. Mais le miracle, on ne l'a pas trouvé.

Maman nous demande d'essayer encore un petit quart d'heure, en regardant à la fois dans le passé et le futur, avec les yeux du dedans...

Là, ça commence à devenir vraiment très compliqué! Le passé, on veut bien, il est dans les livres et un peu dans ce qu'on regarde. Mais le futur, comment est-ce qu'on peut le voir? Tu peux, toi, maman? Et les yeux du dedans, c'est quoi ce truc-là?

– Si je pose une bille sur une table et que j'incline cette table, pouvez-vous dire à l'avance ce qui va arriver?

– La bille va rouler.

– Eh bien, gros bécassons, ça s'appelle tout simplement « voir dans le futur ». Il y a des gens qui savent regarder très loin, mais nous pouvons tous voir au moins un peu le futur. Ceux qui ont décidé de bâtir ce canal voyaient beaucoup plus loin qu'un simple passage pour les jonques.

Papa nous raconte alors l'histoire de cette terre qui se réveille.

Quand Françou marchait encore à quatre pattes, cette région n'était qu'une immense cuvette d'eau saumâtre et croupissante étendue sur cinq mille kilomètres carrés. Aucun riz ne pouvait y pousser. La seule solution consistait à vider cette cuvette dans la mer.

Le gouvernement a recruté un peu partout pour dégager le chemin du futur canal. Quatre-vingts kilomètres au coupe-coupe pour les arbres, à la pioche pour dessoucher. On campait sur la terre détrempée. Moustiques, paludisme, isolement.

Deux grandes dragues suivaient, l'une partant de Hatien, l'autre de Rach Gia. Elles avançaient dix fois moins vite qu'une fourmi, à cause d'anciennes forêts de *cai tram* et de palétuviers enfouies dans la vase. L'équipe de dessouchage devait revenir constamment sur ses pas, arracher les troncs au palan, déblayer la voie.

Quatre ans plus tard, les dragues se rejoignaient, après avoir creusé ce canal large de vingt-six mètres. Pendant ce temps, d'autres dragues ouvraient des canaux perpendiculaires à celui-ci, qui débouchaient dedans.

– L'eau croupie s'en va, la terre se réveille déjà, le riz commence à naître. Avant l'arrivée des Français, il y avait un demi-million d'hectares de rizières en Cochinchine. Depuis, trois mille kilomètres de canaux ont été creusés. Grâce à cela, la surface des rizières a été multipliée par cinq.

– Les créateurs savent regarder loin, ajoute maman. Ils savent aussi que rien de grand ne peut se réaliser sans l'alliance de la pensée, de la sueur et de la foi. Elles sont toutes trois nécessaires pour que se fasse l'union de la terre et du ciel dans le cœur de l'homme.

C'est drôle, quand papa nous explique quelque chose, on comprend presque toujours au moins un peu. Mais quand c'est maman qui parle, alors là, ou bien on comprend tout du premier coup, ou bien on ne comprend absolument rien du tout.

Le voyage se poursuit dans un rêve, plus personne ne parle. Le paysage a bien changé, les collines commencent à se montrer sur la gauche. L'auto quitte le canal principal pour en longer un autre qui s'en va vers la mer. Alors les collines grossissent vite, vite, vite... on tourne à droite devant la mer, encore sept kilomètres tout plats, une côte, une descente, on tourne à gauche dans un chemin à peine assez large pour la grosse Hotchkiss, avec de l'herbe qui pousse au milieu, nos cœurs font boum-boum-boum et ça y est, c'est le village!

CHAPITRE 3

L'aube est encore loin de blanchir le ciel, et déjà nous courons dans la nuit retrouver nos copains pour choisir avec eux de quoi sera fait aujourd'hui. Couchés avec les poules, debout au chant du coq, nos aujourd'hui d'ici sont remplis à ras bord.

Sous l'auvent des paillotes, la lueur des lumignons à l'huile de coco éclaire le premier repas matinal : soupe de riz relevée de nuoc-mam au piment, avec quelques morceaux de poisson séché cuits dans un bouillon d'herbes odorantes. Si les oiseaux dorment encore, les familles sont accroupies autour de la marmite en terre cuite posée au milieu du vaste bat-flanc installé à demeure sous chaque véranda.

Le village s'étire sur plus d'un kilomètre. Une vingtaine de paillotes aux murs d'argile et toits de chaume, espacées entre les bosquets d'aréquiers tout au long de l'unique chemin de terre à double ornière tracé par les roues des charrettes et les générations de pieds nus. Masquant les cours en terre battue, un haut écran de pieux et de branches entrelacées, revêtues de palmes de cocotier, apaise les vents de la mousson. Un petit autel pas plus grand qu'un pigeonnier, chevillé sur un poteau à gauche de la paillote, honore les ancêtres et les dieux qui veillent à la paix du village.

– *An com roi chua?* As-tu mangé?

L'appel chante dans la nuit, adressé à ceux qui passent, connus ou inconnus, adultes comme enfants.

– *An com roi, cam on.* J'ai mangé, merci.

Françou s'est arrêté chez son grand copain Phuoc, juste à côté de notre maison. Il va l'emmener en pirogue à la deuxième île, dont il a commencé à dessiner la carte. Françou veut partir tôt, c'est très loin après la pointe aux Singes. Hier soir avant de nous coucher, Assam avait préparé pour eux l'habituel *ban terc*, ce boudin de riz gluant au soja sucré, ficelé dans une feuille de bananier.

Jacky entre chez Kieu, pas loin de la paillote de Phuoc. Le père de Kieu a besoin de lézards volants, Jacky partira en chercher dans les aréquiers avec Kieu et Hao, ses deux grands copains. Je suis d'accord pour que Hao se serve de ma carabine à air, en échange d'un lézard volant, Kieu prendra celle de Françou, au même prix.

Je continue seul sur ce chemin dont mes pieds nus reconnaissent les moindres détails depuis tant de saisons. Dans la poussière des bas côtés, c'est plein de petits entonnoirs creusés par les fourmilions. Nous jouons souvent à leur donner des fourmis orange, pour voir comment le fourmilion les fait glisser jusqu'au fond de son trou en les bombardant avec des grains de sable. Mais quand on leur donne des fourmis mortes, ils les jettent d'un coup sec hors de l'entonnoir.

L'aube commence à poindre. Je dépasse la paillote de Xian après la grande termitière penchée, puis celle de Sung avec son pare-vent tout neuf. Sung avait glissé en descendant d'un cocotier la semaine dernière, la peau de sa poitrine n'était qu'une affreuse plaie. Maman l'a guéri à la pommade Cadum, c'est déjà presque cicatrisé. Maman soigne tout le monde ici au village, les bobos, la dysenterie, le paludisme.

Le gong résonne déjà dans la pagode au loin, je marche vite, je suis pressé de retrouver mon copain Xaï. Quand on sera grands, on partira ensemble au Siam sur une jonque encore plus belle que celle de papa. Peut-être même qu'on ira jusqu'à Singapour. On a parlé de ça tous les deux dans la forêt en faisant nos pièges. Mais on ne le dira à personne d'autre, c'est pour nous deux seulement.

– *An com roi chua?*

Xaï se pousse un peu pour me faire une place sur le bat-flanc où je viens me réchauffer contre lui. On peut tenir nombreux sur un bat-flanc, les repas se prennent toujours là, c'est le foyer. On y dort quelquefois la nuit quand elle est calme, et c'est là qu'on se repose à l'heure de la sieste, qu'on joue aux cartes quand la pluie arrête tout, que les voisines se réunissent pour chiquer le bétel en se racontant des tas d'histoires. Le grand-père de Xaï y passe ses journées, attendant que le soleil ait baissé pour fumer ses deux pipes d'opium. Et sous le bat-flanc, un cercueil en bois noir bien lisse, le sien. Souvent il le caresse du pied. Aux dernières vacances, il y avait deux cercueils. Maintenant la grand-mère est partie, elle l'attend avec les ancêtres au fond de sa tombe derrière la paillote, après le petit champ de manioc tout près de la forêt.

La mère de Xaï me tend le bol de soupe. Elle l'avait gardée au chaud, sachant que j'allais venir comme d'habitude et que je n'aurais pas encore mangé, évidemment.

Dans la cour, le père de Xaï fait brûler un feu de fleurs de cocotier sous un chaudron en terre à moitié plein d'eau. Il jette ensuite les cendres dans le chaudron, mélange avec une baguette et ajoute de l'eau tiède, déroule son chignon et se lave les cheveux là-dedans. Ça mousse vraiment comme du savon.

Accroupis à l'ombre du grand badamier de la plage, Xaï et moi aidons Phuoc à nourrir le feu que nous avons allumé dans un trou creusé dans le sable. Phuoc est malheureux. Il devait partir en pirogue avec Françou, mais son père a besoin de lui aujourd'hui. Alors il a l'œil morne, tandis que l'extrémité d'une grosse barre de fer rougit gaiement dans le feu. Elle servira bientôt à agrandir les trous que le père de Phuoc devra percer pour cheviller ensemble les grands morceaux d'une ancre en bois.

Phuoc souffle sur la base du foyer, avec un bambou dont les nœuds intérieurs ont été brisés à l'aide d'une tige de fer pour obtenir la bonne longueur permettant de ne pas se brûler la figure. Xaï et moi le relayons souvent. D'abord, parce qu'il est notre copain. Ensuite, parce que les longues inspirations donnent facilement le vertige si l'on insiste trop longtemps sans passer le bambou au suivant.

Les flammes s'élèvent claires et dansent autour du fer, dégageant un parfum de résine qui se mélange à celui des baguettes d'encens plantées en triangle dans le sable. Phuoc a reçu l'ordre de les renouveler avant qu'elles se cousument. Ainsi le veut son père, afin que les bons génies passant dans les parages viennent s'accroupir parmi nous, observent le travail et nous donnent conseil.

A quelques pas du feu, le père de Phuoc fabrique l'ancre de son bateau. En réalité, c'est le bateau de papa. Mais on peut dire que c'est le bateau du père de Phuoc, il s'en sert tout le temps pour la pêche et le soigne à la perfection.

Le père de Phuoc veille sur *Cabriette,* notre maison, quand nous sommes à Saigon. Il entretient aussi le potager pendant notre absence, plante les haricots verts une semaine ou deux avant notre arrivée. Lui et sa famille habitent la paillote sur le terrain limitrophe du nôtre. Une paillote entourée de quatre manguiers, avec cinq touffes de bananiers à droite, plus dix aréquiers et un vieux jacquier contre le haut pare-vent qui borde le chemin devant chez eux. Je ne connais pas le vrai nom des parents de mes camarades. Assam m'a expliqué que dans les campagnes, le nom des adultes doit s'effacer des mémoires pour que le *Ma Qui*, qui est le plus méchant de tous les mauvais génies, ne puisse pas le voler. Le seul du village qui puisse porter ouvertement son nom est Baï Ma, parce qu'il vient d'une famille de mandarins.

Cela fait déjà trois jours que le père de Phuoc travaille sur son ancre. Comme toutes celles du village et du golfe de Siam en général, elle sera en bois dur, y compris le jas, avec des pattes longues et larges pour crocher aussi bien dans la vase que dans le sable. Il la taille avec sa fine hache surmontée du côté non tranchant par une longue lame en bois clair servant à la guider dans l'air, comme l'empennage d'une flèche. Les copeaux volent, semblables à des écailles de poisson. Je regarde, fasciné par les arabesques de cet outil léger comme un oiseau, tranchant comme un rasoir; on dirait un pic-vert à l'œuvre, sa jolie huppe sur la tête.

Les deux pattes et la verge terminées, il les ajuste au coupe-coupe avec autant de précision que s'il se servait d'un rabot, et les ligature provisoirement en place à l'aide d'une lanière de chambre à air. Puis il commence à percer deux trous de la grosseur du doigt, traversant l'assemblage. Le fer rouge viendra après, pour augmenter le diamètre des trous à la dimension des grosses chevilles en bois qui relieront l'ensemble.

Pour percer, il utilise un foret fabriqué à partir d'un fer à béton aplati à un bout et taillé à la lime en forme de diamant. Une sorte d'archet, fait d'une ficelle en cuir tendue sur un bambou et enroulée autour du foret, imprime à cet outil des mouvements de rotation extrêmement rapides.

Le père de Hao s'approche en s'épongeant le front du foulard à carreaux qu'il porte sur la tête pour tenir son chignon. Mon oreille avait perçu le crissement de ses pas dans le sable fin derrière moi. Il réparait le gouvernail de son bateau sur la plage, et j'écoutais ses coups de maillet, mourant d'envie d'aller m'accroupir près de lui pour le regarder travailler. Je n'osais pas, à cause de cette ombre entre nous. Une ombre aussi noire qu'un nuage de mousson.

Il répond au salut de Phuoc, mais en échange du mien et de celui de Xaï, tout juste un grognement distrait, le regard absent qui traverse sans voir. Il nous soupçonne d'avoir volé sa grosse poule beige, cette fierté que le village lui enviait. Il est très près de la vérité, pourtant ce n'est pas du tout la vérité.

Le foret et l'archet sont à lui, il les avait prêtés au père de Phuoc et vient voir comment se passe le perçage. Au village, on le considère comme le champion pour tout ce qui touche les bateaux et le travail du bois. Il suggère que le second trou ne soit pas parallèle au premier. Ainsi, quand le chevillage prendra du jeu avec le temps et la fatigue, pattes et verge resteront forcément solidaires.

Il arrange son chignon, remet son foulard et s'accroupit sur la plage. Là, il égalise le sable du plat de la main, aspire une goulée d'eau et la recrache en brouillard pour durcir la surface du sable. Puis il dessine deux croquis avec la pointe d'une brindille de cocotier. Le premier représente les pattes et la verge réunies par des chevilles parallèles. Sur l'autre croquis, les deux chevilles forment un angle.

– Comme ça, ton ancre servira encore aux fils de Phuoc. Peut-être même à ses petits-fils.

C'est lumineux... le dessin parle tout seul! Et je vois enfin pourquoi, à Saigon, le contremaître veut que les coolies de la maison clouent les caisses avec les clous de travers lorsqu'elles sont expédiées en province par la chaloupe.

Les pièces massives de bois rouge éparses autour de nous se transforment peu à peu en une ancre de toute beauté, solide et simple, renforcée par des ligatures en écorce de bambou à la jointure des chevilles et au passage du jas. Le père de Hao travaille avec nous et je sens parfois son regard posé sur ma nuque, aussi clairement que si j'avais des yeux derrière la tête. Mais la vraie vérité sur sa poule, il ne la connaîtra jamais, elle restera un secret absolu entre Xaï et moi seulement.

Sa poule, nous l'avions rencontrée par hasard sur le chemin qui conduit vers nos pièges à oiseaux. Ce sentier à peine visible longe le couvert de la forêt au bas de la colline, en passant derrière la paillote de Hao, juste au bord des tombes. Mais ce matin-là, un *con chom* (genre de grosse fouine mouchetée) nous avait précédés, laissant un petit tas de plumes bien rangées en demi-cercle autour du piège, comme une insulte. C'était une belle pie, très difficile à attraper. Et tout de suite après, nous nous faisions piquer par les grosses guêpes velues, en essayant de faire le piège du *con chom*.

Au retour, la fureur grondait encore fort dans nos cœurs et le mauvais œil, qui nous suivait à la trace depuis l'aube, en a profité pour mettre les poulets du père de Hao sur notre passage.

Sans penser à mal, sans même viser, Xaï tire au hasard dans le tas. Et la grosse poule beige prend le coup de lance-pierres en pleine tête. Elle était derrière un buisson avec ses poussins, on ne se doutait même pas qu'elle était là. Une terrible malchance, un incroyable miracle à l'envers. Moi, je l'achève vite avant qu'elle ait le temps d'ameuter le voisinage par ses claquements d'ailes contre les feuilles mortes, et Xaï double le coup pour être sûr qu'elle ne bougera plus. Et nous disparaissons à travers les lianes en emportant la poule, bien embêtés tous les deux. Mais qu'est-ce qu'on pouvait faire d'autre?

On ne pouvait quand même pas aller tranquillement voir le père de

Hao, nos lance-pierres en collier autour du cou et la poule à la main, disant qu'on l'avait trouvée comme ça, la tête éclatée derrière sa paillote. On ne pouvait pas non plus la laisser sur place, le *con chom* serait venu la prendre.

Mauvaise journée pour le père de Hao et pour sa poule. Mais c'est bon de la manger ensemble, accroupis côte à côte, Xaï et moi, devant les braises, au fond de la forêt, sous le grand pistachier sauvage qui domine la colline, un petit tas d'os bien rongés entre nos pieds. Un moustique bourdonne à mon oreille, je le chasse de la main, il part en zigzags, nous le suivons des yeux, il revient se poser sur le pied de Xaï. Lentement son ventre devient rose, puis rouge à mesure qu'il grossit. Et à l'instant où il ressort sa fine trompe pour s'envoler rempli de vie, Xaï l'écrase du bout de l'index et suce son doigt taché de sang.

Les ondes du village arrivent en bouffées jusqu'à notre refuge. Malgré la distance, nous percevons le cri-cri régulier de la meule en pierre où la grande sœur de Xian décortique le paddy qui devient riz brun au parfum de sueur. Elle accompagne le chant rauque de la meule avec son chant à elle, qui monte clair au sommet de la colline. Une autre meule chante plus loin et les deux chants se répondent à travers le village. Et partout le bruit sourd des grands mortiers de bois où les filles scandent les coups de leur pilon tout en chassant du pied les poules attirées par le grain. Alors le riz blanchit, se sépare du son ocre qui retombe en poussière et sera mélangé au tronc du bananier émincé en fines rondelles pour nourrir les cochons noirs dont le ventre traîne à terre.

Repus, nous partons à la recherche de la liane *lam nuoc*, celle qui donne à boire. On la coupe en biseau, on aspire avec la bouche collée contre, et c'est de l'eau pure, autant qu'on veut. Ensuite, nous revenons près du feu terminer la poule, elle est énorme.

Avec ses yeux tout le long du corps et ses oreilles partout, le *con chom* devrait venir cette nuit aux nouvelles, attiré par les restes. Notre piège sera du même type que nos pièges à oiseaux, mais beaucoup plus puissant.

A coups de canifs, nous ébranchons un arbrisseau d'environ trois mètres de hauteur, et le courbons à terre. Je le maintiens ainsi pendant que Xaï coupe le haut, y taille une encoche et amarre la ligne. Elle se termine par un nœud coulant à mi-hauteur de cette gaule flexible comme une canne à pêche.

Le mécanisme de déclenchement est ce qu'il y a de plus délicat à fabriquer dans ce système de piège. Nous plantons en terre un petit piquet solide, muni d'une encoche, et amarrons une chevillette sur la ligne, un peu avant le nœud coulant. Maintenue par un demi-tour contre l'encoche du piquet, la chevillette doit reposer avec sa pointe en légère friction contre une baguette placée à l'horizontale au-dessus de l'appât. Le réglage satisfaisant demande beaucoup de patience, de nombreux essais, du fignolage au canif sur la pointe de la chevillette qui n'est pas plus longue qu'une allumette.

Et voilà... ça fonctionne juste parfait, la gaule en arc de cercle se redressera comme un éclair au moindre frôlement du *con chom* venant flairer l'appât cerné par le lacet. S'il se fait prendre au cou, pas la plus petite chance pour lui de s'en tirer, nous connaîtrons le goût du *con chom* rôti. Si le nœud coulant attrape la patte, il réussira probablement à mordre la ligne, bien qu'étant suspendu. Mais dans ce cas, la sale bête voleuse de poules et d'oiseaux n'osera peut-être jamais plus s'approcher de nos pièges à oiseaux.

Pour nos lance-pierres, nous roulons des billes d'argile que nous faisons sécher à l'ombre. Elles donnent un tir nettement plus précis qu'avec des cailloux, dont le poids et la forme varient toujours un peu, même quand on les choisit bien.

L'argile blanche, nous la récoltons dans une veine secrète connue de nous deux seulement, là où le ruisseau passe près de la mare aux grenouilles. Nous la mélangeons ensuite à de l'argile brune, volée en défonçant une termitière. Les termites savent où trouver l'argile, et elle est bonne puisqu'elle sert à bâtir les murs en torchis des paillotes du village. Mais quand on la mélange à de l'argile blanche, elle devient encore meilleure pour nos lance-pierres. Nous en profitons chaque fois pour déposer au milieu de la termitière éventrée un de ces nids que les grosses fourmis orange fabriquent en cousant ensemble un bouquet de feuilles vivantes avec le fil de leur salive. Alors les fourmis sont exterminées par les énormes termites-soldats qui les coupent en deux l'une après l'autre jusqu'à la dernière, sans oublier leurs œufs maudits, et c'est très bien ainsi. Xaï et moi haïssons ces grosses fourmis imbéciles, méchantes et toujours en colère, au dard plein de jus acide, qui se laissent tomber sans raison sur notre dos quand il faut absolument nous glisser sous un de leurs nids pour aller tout droit vers l'appel d'un oiseau.

En général, je préfère chasser seul. Jacky aime sa carabine à air, et Françou s'en va vers un monde un peu à part, où se mélangent la forêt, les îles et sa pirogue. Jacky et lui ont aussi leur lance-pierres, mais ce n'est pas leur religion, comme pour moi.

Alors je chasse seul. Je le fais quelquefois avec Xaï, pour ne pas laisser tomber mon copain. Il préfère les pièges, moi la chasse. Ce que j'aime le plus chez Xaï, c'est que nous pouvons passer des journées entières dans la forêt sans ouvrir la bouche. Pourtant, nous n'arrêtons pas de nous dire des tas de choses. C'est par l'intérieur que nous nous parlons, comme si nous étions la même personne, un peu comme des frères jumeaux peut-être. Et quand je repars à Saigon à cause de l'école, nous nous écrivons au moins une fois par mois. Il me raconte les pièges, et moi, les sarcelles du jardin botanique et les ampoules de réverbères.

En plus des quelques poivrières cultivées à flanc de coteau, chacun ici au village possède un lopin de rizière dans la plaine derrière les collines. Le poivre se vend à la saison des pluies, quand la mousson de sud-ouest lève sa grosse mer, où le poisson devient inaccessible en dehors des rares accalmies. Mais le poivre rapporte peu, à cause des maladies et des oiseaux qui viennent le manger. Alors les petites surfaces de rizières dans la plaine permettent au village de remplir à peu près les marmites en terre cuite pendant le reste de l'année.

La saison des grandes pluies touche à sa fin. Les nuages sombres gorgés d'eau et pleins de vent courent encore au-dessus de nous, mais la fréquence de leur passage a diminué, laissant une place au bleu du ciel, d'où le soleil descend préparer les moissons.

De l'autre côté du village après les collines, le riz jaunit lentement, brassé de jour en jour par un vent plus léger et plus sec. La surface de la boue commence à durcir, les premières craquelures apparaissent. Bientôt les mares où pullulent les poissons-chats seront à sec. Et les poissons-chats descendront hiberner au plus profond de la vase, pour y attendre la prochaine saison des pluies.

Les craquelures deviennent innombrables. Elles se rejoignent et dessinent ensemble des milliards d'alvéoles soudées l'une contre l'autre, donnant à la terre l'aspect d'un immense rayon de miel sauvage.

L'eau se réfugie encore dans les drains au long des diguettes, mais celle qui recouvrait les champs est maintenant partie, aspirée par la terre et par le soleil. Alors les tiges du riz s'inclinent sous le poids des épis lourds de leurs grains dorés.

La récolte est expédiée en moins d'une semaine. Les gerbes battues sur place, les sacs de paddy prennent le chemin des paillotes. On emmène aussi beaucoup de paille pour réparer les toitures, plus tard.

J'entends des discussions très vives au sujet de Baï Ma. La mère de Derk et celle de Chon sont furieuses contre lui. D'après ce que j'ai compris, Baï Ma prête de l'argent pour acheter le grain des semis, et réclame ensuite une trop grosse part de la récolte. Pendant deux jours je les ai entendus crier entre eux.

Et le village se tourne de nouveau vers la mer, vers la pêche et les îles, vers l'horizon au loin.

Le vent viendra bientôt de terre, la grande étendue salée commence à se calmer à l'approche de la mousson de nord-est, qui ramène le beau temps. Sur la plage, les coups de maillet résonnent contre les coques : on calfate les jonques.

Elles attendaient au sec depuis des mois, abritées du soleil par un mince tapis de palmes étalées sur leur pont. L'air passe ainsi entre les brindilles, assurant un séchage tranquille pour ne pas laisser jouer les bordés. Et les coques ont été arrosées chaque semaine à l'eau de mer pendant la saison des pluies, afin que le sel protège leur bois parfumé de résine. Ici, le sel est le remède élémentaire contre la pourriture.

Une activité intense anime la plage autour des bateaux. Avec leurs deux yeux peints à l'avant, ils regardent venir la nouvelle saison et observent leurs maîtres qui s'affairent auprès d'eux. Le père de Phuoc me dit que le signe Yin-Yang gravé près de l'étrave où repose l'ancre est là pour inciter à la recherche de l'équilibre.

Les précieux outils disponibles dans le village circulent de l'un à l'autre, on s'échange des coups de main, on se prête ceci, on s'emprunte cela, c'est moins cher et tout va mieux ainsi. Seuls les lourds coupe-coupe restent vraiment personnels, chacun met son point d'honneur à se servir d'un coupe-coupe capable tout aussi bien de tailler un cure-dents que d'abattre un arbre.

Pour la pêche, le village a choisi une forme d'union; les cinq petites jonques groupées sous les cocotiers appartiennent aux vingt paillotes. La coutume veut qu'on dise : « le bateau du père de Chon » (ou du père de Derk, etc.) pour indiquer le nom du marin le plus expérimenté à bord. Mais le bateau lui-même est celui de plusieurs familles réunies par des liens qui s'étendent au village tout entier, quand les problèmes importants concernent la communauté. En ce moment, les seules questions importantes visent la préparation des bateaux et de la pêche. Le père de Hao est souvent sollicité pour un avis, pour une réparation en forme de casse-tête, et surtout pour des problèmes de calfatage insolubles.

Il y a quelques jours, Xaï et moi lui avons apporté la peau du *con chom.*

– C'est pour toi.

Et avec la peau bien grattée à l'intérieur, un gros paquet d'écorce de *cai tram.*

– Ça aussi c'est pour toi.

Il hésite un peu. Mais la mère de Hao voit que la peau est belle. Et le père de Hao voit tout de suite que l'écorce est exceptionnelle, choisie à la perfection, triée pour en sortir le meilleur du meilleur, épluchée en lanières souples comme de la soie. Un seul regard lui a suffi.

– C'est pour toi qu'on est allés la chercher là-bas.

Cela nous avait pris une immense journée, en partant avant l'aube, après les collines, après les rizières, très loin tout au fond de la forêt inondée qui n'en finit plus, jusque-là où poussent les plus beaux *cai tram,* là où personne ne va tellement c'est trop loin et bourré de sangsues, avec des serpents d'eau rayés en travers et très dangereux.

Et nous étions rentrés la nuit venue, morts de faim, de peur et de fatigue. Mais notre écorce est mille fois plus belle que celle de Baï Ma, qui achète la sienne chez le Chinois de Hatien pour la revendre ici avec un gros bénéfice, grâce à sa carriole et à son cheval. La nôtre est douce, chaude et légère, on dirait un oiseau dans la main.

Il en roule une poignée dans ses paumes, en fermant les yeux. Il fait brûler un bout, renifle la fumée... elle vole comme celle d'une baguette d'encens, presque aussi parfumée.

Alors le père de Hao nous a souri pour la première fois depuis bien longtemps. Il a cogné nos deux têtes l'une contre l'autre, pas trop fort, juste assez pour qu'on ait une bosse chacun. Et ses yeux disaient que la grosse poule beige était enterrée.

Depuis ce jour-là, j'accompagne le père de Hao comme son ombre sur la plage, hypnotisé par ses mains de magicien qui enfoncent la fibre de *cai tram* entre les bordés avec ses outils en bois semblables à des burins. Il les a faits lui-même et les a gorgés d'huile de *cai dau.* Il en corrige parfois le tranchant ou l'arrondi avec son coupe-coupe, selon la forme des fentes à remplir. Et quand je le regarde travailler, ses yeux presque fermés, je sais que l'eau n'entrera pas.

De temps en temps il s'arrête de cogner du maillet pour se préparer une chique de bétel, et on dirait qu'il prie. Posant la feuille de bétel bien à plat dans sa main, il étale dessus un peu de chaux pâteuse teinte en rouge, taille un morceau de noix d'arec avec son coupe-coupe, replie le tout en un petit paquet bien serré, et hop... dans la bouche. Alors il parle un peu, les yeux dans le lointain.

– Pour calfater vraiment, tu dois entrer dans la fente en même temps que la fibre, devenir toi-même la fibre du *cai tram*, avec ses yeux à elle. Si tu réussis, tu verras comment l'eau essaiera d'entrer, parce que tu auras aussi les mêmes yeux que l'eau.

Françou et Phuoc se moquent de moi derrière son dos. Ils disent que si j'étais un singe, ça ne les étonnerait pas. J'ai envie de les rosser, mais au fond je me fiche de ce qu'ils pensent. Je roule l'écorce, exactement comme veut le père de Hao, pas trop serrée, pas trop lâche, bien peignée avec mes doigts. Et j'essaie d'accompagner le père de Hao dans la fente.

Il dit qu'il connaît des vieux qui ont calfaté toute leur vie, et ne savent toujours pas empêcher l'eau d'entrer. C'est parce qu'ils n'ont jamais su entrer d'abord eux-mêmes dans la fente. Alors ils ne peuvent pas voir ce qu'ils font.

Françou et Phuoc disent que j'ai l'air d'un bonzillon tenant la sébile de son maître en robe jaune. Mais moi, je *sais* que le père de Hao ne me raconte pas de bêtises. Quand je nage très longtemps sans m'arrêter dans la piscine à Saigon, quelquefois je me vois au-dessus de moi, me regardant nager. Et plusieurs fois, je suis entré à l'intérieur de mes poumons et de mes muscles, comme si j'étais dehors et dedans à la fois pendant que je nageais toujours. Alors, si je peux faire ça en nageant, je devrais pouvoir entrer un jour dans la fente, comme fait le père de Hao. Et si j'ai l'air d'un bonzillon près de son maître, ça ne me dérange pas. Mais j'ai quand même vraiment envie de les rosser tous les deux.

A part les vieux, restés au calme dans les paillotes, on peut dire que tout le village est réuni sous les deux grands jacquiers jumeaux devant la plage au bord du chemin. Il y a presque autant de bruit qu'au marché de Saigon, mais c'est un bruit bien différent, plein de rires, de parlottes et de cris d'enfants.

Les femmes roulent sur leurs cuisses la fibre d'une plante cultivée près de Hatien, qui sert à fabriquer les filets et les lignes de pêche. Elles sont assises en cercle pour pouvoir se raconter des histoires tout en surveillant les bébés qui jouent parmi elles avec des cailloux, des morceaux de bois et des bouts de ficelle.

Depuis bientôt deux semaines, elles se retrouvent tous les jours à la même place sous les jacquiers, roulant les deux brins de la fibre contre leur cuisse, le large pantalon relevé jusqu'en haut de la jambe. Et la ficelle torsadée vient grossir lentement les énormes pelotes dont elles tiennent le pivot entre leurs doigts de pieds pour empêcher les bébés d'y mettre la pagaille.

Juste à côté, les hommes fabriquent les hameçons avec du gros fil de fer épointé au marteau, puis à la lime, sans barbillon. A Saigon, quand on a besoin de quelque chose, on l'achète chez le Chinois. Ici, on le fait avec ses mains. Ils travaillent à une vitesse incroyable, en équipes de trois ou quatre : coincé entre des clous plantés sur une planche qui sert de gabarit, le gros fil de fer est tordu d'un seul mouvement du poignet qui lui donne sa forme définitive, coupé au burin par un autre, épointé par un troisième, puis jeté dans un panier plat. Xaï et moi faisons partie de l'équipe du père de Xian, avec qui travaillent le père de Xaï et le grand frère de Phuoc. Notre rôle à Xaï et à moi consiste à ranger les hameçons sur une sorte de grande navette en bambou ouverte sur un côté. Il faut mettre exactement quarante-neuf hameçons par navette. Mais ni Xaï, ni personne d'autre, et pas même le père de Kieu, qui est pourtant le sorcier du village, ne peut m'expliquer pourquoi on n'en met pas cinquante au lieu de quarante-neuf. Ce serait vraiment plus facile à compter.

Quand ce travail sera terminé, il y aura des milliers d'hameçons pour armer les longues lignes de près d'un kilomètre. Elles seront tendues à deux coudées au-dessus du fond, avec un hameçon *sans appât* suspendu toutes les trois mains. Cela fera comme un immense rideau où viendront se crocher les raies et les requins bleus à tête plate qui fouillent la vase à la recherche des crabes et des coquillages.

Sur le chemin où les enfants fouettent leurs toupies taillées dans des bobines de fil, le grand frère de Derk actionne une roue en bois montée verticalement contre un bâton pointu. Cette roue fait tourner à toute vitesse trois petites roues, avec chacune un crochet au milieu, d'où partent trois ficelles fabriquées par le groupe des femmes. L'autre bout est amarré cent mètres plus loin sur un cocotier.

Jour après jour, la fibre venue de Hatien dans la carriole de Baï Ma se transforme ainsi peu à peu en kilomètres de grosses lignes solides. Le père de Kieu les fait tremper dans une jarre posée sur le feu, pleine d'eau salée mélangée avec du sang de cochon et trois lézards volants. Je suis surpris de le voir mettre en plus une sapèque dans la jarre. C'est une pièce de monnaie très ancienne, avec des caractères chinois gravés dessus et un trou carré au milieu. Je lui demande à quoi sert cette sapèque pour les lignes.

– Elle était dans la ceinture du grand-père de mon arrière-grand-père quand il a chaviré. Un dauphin est venu pendant qu'il allait se noyer. Il l'a fait asseoir sur son dos et l'a ramené à terre.

Xaï, à qui je répète cette histoire sur le ton de la plaisanterie, me dit qu'il ne faut pas en rire. Il me raconte qu'un an plus tard et au même jour de la lune, on avait trouvé le dauphin mort, à la pointe aux Singes, exactement entre les deux rochers où l'aïeul du père de Kieu avait mis pied à terre. C'est pour honorer le dauphin que les bonzes ont fait le petit autel en bois à cet endroit-là. Xaï me dit que la sapèque est conservée par les bonzes de la pagode. Elle sert tous les ans depuis ce temps-là dans la jarre des lignes de pêche. Comme ça, les dauphins peuvent savoir que les hameçons ne sont pas pour eux et que personne ne leur veut du mal au village. Xaï me dit aussi que le père de Kieu est le seul qui ait le droit de toucher à cette sapèque, à part le plus vieux bonze de la pagode. Et quand le père de Kieu sera mort, c'est Kieu qui fera bouillir les lignes dans la jarre avec la sapèque de ses ancêtres.

Grandes virées dans le vent du large en compagnie des pêcheurs mes maîtres, qui affrontent à mains nues les dragons de la mer et les dragons du ciel. Campements sur les îles désertes, raies énormes et requins bleus découpés en lanières séchant au vent sur des bâtons, Xaï empoisonné en goûtant la tortue malgré l'interdiction, ma peur immense auprès de mon copain en train de mourir, et le père de Kieu qui le sauve en lui faisant manger sept crabes de sable presque transparents, écrasés en bouillie avec sa pierre noire.

Année après année, la pêche aux longues lignes où il n'est point besoin d'appât, les hameçons qui jaillissent des navettes et brillent dans le soleil à la vitesse du bateau, les voiles en feuilles de latanier roulées jusqu'en haut de la vergue quand la petite jonque dort au bout de son ancre devant l'île magique.

Vents légers et vents forts, ris dans les grains en admirant le père de Phuoc, et le bateau saoulé de vent, de mer et de soleil, qui vole sur les vagues, qui vole vers les îles, qui vole vers le village et vers la forêt.

La mer et la forêt... j'ai connu dès l'enfance le formidable aimant de ces deux pôles qui me relient au village pour toujours. Et vivrais-je mille ans que mon village resterait collé à moi, c'est par lui qu'existent mes racines.

J'entends encore le gong à la pagode au loin, le chant de la grande sœur de Xian à travers le chemin, les rires des enfants, les disputes souvent, la tendresse amicale du *an com roi chua* et les contes d'Asie que nous disaient les mères en chiquant le bétel sur les bat-flanc de bois avec les dieux autour, les génies, les dragons, les prières muettes pour que la paix demeure.

Je revois au dos des paillotes les tombes de ceux qui sont partis, qu'on honore dans le parfum des fines baguettes d'encens à la lisière des lianes et du vert.

Et à partir de là commence cet autre monde qui m'a envoûté, ce monde rempli de dieux et de dragons aussi, où je regarde l'enfant qui se coule avec son lance-pierres dans les murmures de la forêt derrière le village. Tous les sens en alerte à l'affût du moindre frémissement porteur de message, il écoute les arbres lui parler le langage des oiseaux tout en haut des branches hautes. Et peu à peu, il se transforme en une danse silencieuse pour devenir un dieu de la forêt sur ses pieds nus qui ont des yeux.

Son être s'est figé, la danse est passée au fond de lui comme l'haleine des arbres. C'est par la peau qu'il écoute maintenant, ombre transparente qui joue entre les taches de clarté semées par le soleil dans le sombre de la forêt où il cherche ce quelque chose qui a forme d'absolu.

Je le vois qui approche très doucement son lance-pierres des lèvres dans un geste sacré, pour un acte sacré... et le lance-pierres devient magique à travers le souffle léger venu du plus lointain de l'âme humaine. Alors il tue sans bruit l'oiseau qu'il aime d'amour, et plus l'oiseau est beau, plus l'amour de l'enfant pour l'oiseau vole haut.

Puis l'enfant sort son canif, grave avec beaucoup de soin une encoche nouvelle sur la fourche en goyavier de son lance-pierres. Et quand il rentre le soir pour montrer l'oiseau à son père, les yeux tout lumineux des mystères de là-bas, sa mère lui rappelle de ne pas oublier le petit feu sous le manguier, en respect de la Grande Loi qui ordonne que l'Oiseau soit mangé quand on l'a tué, afin qu'aucune vie ne soit prise pour le seul plaisir et la seule raison qu'un oiseau était beau.

Plus tard, beaucoup plus tard dans la vie, ma mère devait me dire que tout cela lui faisait très mal, mais qu'elle ne voulait pas intervenir dans ma quête de l'Oiseau Enchanté qui me libérerait un jour de cet amour.

Je l'ai trouvé après bien des années, dans une île déserte du Pacifique, en chassant des crabes de rochers avec mon lance-pierres, des crabes trop rapides pour être pris à la main en nombre suffisant.

L'oiseau pêchait dans la baie près du bord de la plage, les pattes dans l'eau, hors de portée. Il ne m'avait pas vu, absorbé tout entier dans sa pêche. J'avais assez de crabes pour deux jours de nourriture et me préparais à regagner mon bateau.

Mais en le voyant si beau, l'enfant est sorti doucement de mon cœur et s'est assis tout près de moi sur les rochers. Et nous avons contemplé ensemble l'Oiseau Enchanté... car c'était bien lui, cela ne faisait maintenant aucun doute. Il fléchissait de temps en temps sur ses longues pattes d'échassier, étirait ses ailes et les arrondissait à plat sur l'eau, comme pour faire de l'ombre et mieux voir le fond, à l'abri des reflets de surface. Les plumes de ses ailes étincelaient alors d'argent, d'ocre et de bleu mêlés en perles de feu dans les diamants des jeux du soleil.

Nous sommes restés longtemps assis côte à côte l'enfant et moi, à regarder l'Oiseau en nous souvenant de la forêt derrière le village, où jamais, jamais, nous n'avions vu ni même imaginé un oiseau aussi beau.

Puis j'ai voulu rentrer à bord préparer mon repas, car le temps avait passé pour moi de tirer sur la vie sans en avoir besoin. De toute manière il était trop loin, nous étions en terrain découvert, je n'aurais eu qu'une chance sur mille, en admettant que je veuille troubler davantage la paix de ce mouillage où j'avais déjà fait un petit massacre des crabes et prélevé assez de poissons et de tortues de mer. Il était temps de reprendre le large, redevenir ami avec mon âme.

Mais l'enfant m'a souri et m'a dit qu'il fallait essayer quand même de trouver la Pierre Magique. Et son regard disait que si nous la trouvions, c'est elle qui choisirait.

Nous l'avons cherchée ensemble, j'ai dit « une pierre seulement ». C'est lui qui l'a vue le premier, en prenant tout son temps, cachée parmi des milliers d'autres dans le creux d'un rocher, roulée depuis des siècles avec son poids exact. Quand je l'ai tenue dans ma main, l'enfant a dit encore une fois que c'est elle qui choisirait. Et il m'a rappelé de l'humecter d'un peu de salive, comme autrefois dans la forêt, afin qu'elle tienne bien au cuir.

Le soleil était derrière nous, l'air était si tranquille qu'on voyait deux oiseaux, le vrai et son reflet sur l'eau immobile de la plage au loin. Et les dieux de la forêt derrière le village regardaient eux aussi sans bouger, pour ne pas infléchir le choix, ne pas intervenir.

Alors l'enfant a donné le souffle dont il avait gardé le secret au profond de son âme. La pierre a dessiné une immense parabole à travers le ciel en se cachant dans le soleil et l'Oiseau est tombé sur son reflet dans l'eau, le cou brisé, ses ailes de lumière étendues sur la mer.

Et l'enfant m'a souri d'un sourire un peu triste avant de revenir tout au chaud de mon cœur où il n'y aurait jamais plus de chasse au lance-pierres dans les forêts ni sur les plages.

CHAPITRE 4

Le gong retentit dans le souffle puissant de la jungle nocturne. Sept coups rapprochés, suivis d'un temps d'arrêt de quelques secondes. Encore sept coups suivis d'un second temps d'arrêt. Et les sept derniers coups. Aux premiers jours de mon arrivée ici, le boy devait me réveiller. Moins d'une semaine plus tard, j'ouvrais l'œil dès avant le premier signal du gong.

Allongé sur ma natte, je savoure un moment le calme de la nuit. Puis je me lève et m'asperge d'eau fraîche avant de lamper mon café au lait sur la véranda du petit pavillon que j'occupe depuis quelques mois. Il est quatre heures du matin, le soleil est encore loin.

Des profondeurs de l'ombre surgissent les coolies, par dizaines. Bientôt, près de trois cents hommes et femmes sont là, groupés pour l'appel de leurs noms. La journée de travail commence à la plantation de Long-Than.

Frais émoulu de l'école d'agriculture, une sorte de vertige me prend encore souvent, face à cette masse humaine attentive et respectueuse, accroupie en silence devant moi sous le regard sévère des redoutables *cai*. Pour faire régner la discipline pendant l'appel, les *cai* ne parlent pas. Ils ne crient pas non plus : ils hurlent au moindre gratouillis d'un doigt de pied contre une feuille morte.

Bras croisés sur la poitrine, chacun des *cai* porte sa *ca dui* [1] à la ceinture. Interdiction de s'en servir pendant l'appel. Sur les chantiers, exceptionnellement.

On attend mes ordres. J'ai dix-huit ans.

Tout autour, six cents hectares d'hévéas en saignée, plus cent cinquante hectares de jeunes arbres encore improductifs. A cela s'ajoutent plusieurs milliers d'hectares d'espaces vierges couverts de forêts où rôdent parfois les tigres. Ce domaine représente seulement une parcelle des propriétés de la S.I.P.H., dispersées un peu partout sur les terres grises et les terres rouges du Sud-Indochinois. La

1. Se prononce *cadouille :* trique, nerf de bœuf.

S.I.P.H., Société indochinoise de plantations d'hévéas, m'a embauché.

L'appel est terminé. Les équipes encadrées par les *cai* prennent le chemin de leur secteur respectif. Tout est en ordre : à peine cinq malades, du paludisme. L'infirmier indochinois leur a administré de la quinine, sous mon contrôle, sinon ils la recrachent tellement c'est amer. Et une dizaine d'éraflures aux pieds, pas graves. J'ai vérifié les bandages. Un seul coolie reste encore à l'infirmerie, un nouveau, arrivé du Tonkin la semaine dernière avec une grosse plaie suppurante à la cheville. L'os était presque atteint. Faute de sulfamides à cause des restrictions dues à la guerre en Europe, il est soigné par asticothérapie.

Cette technique étonnante a sauvé de la gangrène bon nombre de blessés pendant la guerre sino-japonaise, où les médicaments étaient inexistants : on laisse les mouches pondre sur la plaie, qui est ensuite soigneusement bandée. Alors les asticots se mettent à grouiller sous le pansement et se nourrissent des chairs putréfiées, jusqu'à la dernière parcelle, sans jamais s'attaquer aux chairs saines. Mais à ma connaissance, seule une certaine variété de mouche, la *Lucilia sericata*, produit ces asticots magiques. Et en moins de deux semaines, une plaie absolument horrible devient aussi propre qu'un miracle.

Le jour n'est pas encore levé. Je marche à grands pas sous le couvert des hévéas. Ils s'élèvent à vingt mètres de hauteur, avec un feuillage si dense qu'on ne voit aucune étoile. Dessous, c'est vraiment la nuit. Mais le sol est propre, couvert d'un mince tapis de plantes légumineuses qui enrichissent la terre en lui apportant de l'azote. Tout est bien entretenu et je peux marcher vite, guidé par les points lumineux des petites lampes à pétrole que portent les saigneurs dispersés dans la plantation.

Les hévéas doivent être saignés dans la fraîcheur, entre la fin de la nuit et le petit jour. Ainsi, le latex a le temps de s'écouler le long de la spirale creusée à la gouge autour du tronc, sans coaguler prématurément. Cette partie de la journée m'occupe habituellement deux heures, sorte de routine, un peu comme les pompes et les exercices d'assouplissement d'avant le petit déjeuner. Il faut simplement me faire voir, pour que l'on sache que je suis bien là, pouvant surgir à tout moment pour vérifier si la gouge ne creuse pas trop profond dans l'écorce, ou pas assez. Trop profond, l'arbre est blessé. Pas assez profond, le latex coule maigre. Mais je n'ai pas à m'inquiéter, les saigneurs connaissent leur métier. Cependant les femmes semblent avoir la main plus sûre.

Certaines jeunes filles, parmi elles, sont jolies. Mais je suis le Chef, le *Ong Quang*, le Grand M'sieur, malgré mes dix-huit ans. Et si le *Ong Quang* avait une aventure avec l'une d'elles, les *cai* et les coolies rieraient tout bas, la discipline tomberait vite à zéro, le travail se mettrait à boiter. Il ne me resterait alors qu'à plier bagages.

Mon directeur, le *Ong Chanh* (Très Grand M'sieur), m'avait prévenu dès le premier jour : « Ici, c'est la paluche ou la porte. » Et pour bien mettre les choses au clair, il avait ajouté : « Pas trop souvent quand même, la paluche. Parce qu'il y a du boulot et ce n'est pas en se branlant qu'on le fait galoper. »

Je l'aime bien, mon *Ong Chanh*, net, carré, un peu bourru, vraiment pas bavard. Quand il ouvre la bouche, c'est pour aller droit au but et sans mâcher ses mots. L'autre jour, il me regardait traîner un peu la patte, un bandage au genou, l'avant-bras écorché sur dix centimètres.

– Qu'est-ce que c'est?

– Dérapé avec mon vélo dans le virage des fours à charbon. Heureusement le vélo n'a rien.

– C'est malin!

– Ma mère nous disait toujours que la peau c'est pas grave, elle repousse toute seule. Tandis que les fonds de culottes c'est plus embêtant, il faut les recoudre.

– Et votre père? Il ne vous a jamais conseillé de mettre vos yeux en face des trous? Il ne vous a jamais dit, votre père, que les accidents arrivent presque toujours aux méchants et aux cons? C'est ce que disait le mien, ça m'a beaucoup aidé dans la vie à rester éveillé.

Oui, je l'aime bien. Et je crois que lui aussi, il m'aime bien. Au début, je sentais qu'il se méfiait un peu de moi, il pensait que je ne m'en sortirais pas, à mon âge, avec tout ce boulot où il faut être partout à la fois, où il faut voir l'ensemble et le détail, viser juste.

Maintenant il me fait confiance. Nous nous voyons une heure par jour en fin d'après-midi, après que les équipes sont rentrées du travail. Je monte alors dans sa petite auto toute cabossée, avec son chien, et nous faisons ensemble le tour des chantiers déserts, où flotte encore la saine odeur de sueur laissée par les coolies, mêlée au parfum de la terre qui respire dans le calme du crépuscule. Il vérifie la progression du travail, il gueule un peu parfois, pour la forme, peut-être pour s'assurer que je suis bien éveillé.

Le reste du temps, je suis seul avec mes dix-huit ans, mes *cai* et mes trois cents coolies, seul responsable de leur travail sur une surface tellement vaste que j'y parcours plus de trente kilomètres à vélo chaque jour pour tout voir, tout sentir, tout deviner, tout comprendre.

Envoyer deux équipes protéger les jeunes plantations du lot 26 contre l'envahissement sournois du *tranh*, cette herbe maudite et drue comme le crin, dont les rhizomes doivent être extirpés à la pioche puis brûlés.

Traverser les lots 43, 44 et 45 pour y contrôler la progression du sarclage par les trois équipes de femmes du *cai* Nhgi. M'assurer qu'on bine bien la terre en même temps : il faut ralentir l'évaporation, alors autant faire d'une pierre deux coups, ça coûte à peine un peu plus cher. Mais le *cai* Nghi fait toujours semblant de ne pas comprendre... il a besoin de se faire secouer un peu, celui-là.

Au passage, m'arrêter un moment à l'atelier où ce fainéant de Thai devrait avoir fini de réparer l'essieu de la charrette qui achemine le latex à l'usine. J'en profiterai pour contrôler la température des fumoirs à caoutchouc et l'approvisionnement en bois vert. Aller ensuite jeter un coup d'œil aux deux équipes chargées de l'entretien des murettes anti-érosion, trois kilomètres qui me permettront de voir par la même occasion si Hoi a soigné les hévéas malades repérés dans le lot 37.

Et de là, filer par la route des fours à charbon pour aller voir où en sont les bûcherons du *cai* Sui, qui débroussent le nouveau lot dans la forêt... mais ne pas rester trop longtemps à traîner parmi eux. La forêt opère sur moi une sorte d'envoûtement, j'ai tendance à y rêver, je dois m'en arracher, aller plutôt vers les coups de pioche et la sueur des équipes tonkinoises du *cai* Tha qui creusent les trous en plein soleil pour les nouvelles plantations. Le *cai* Tha est un sacré bon chef. Le *cai* Sui aussi. Tha fait le travail tout en force, et Sui tout en souplesse. Dommage que mes autres *cai* ne soient pas tous comme ces deux-là ! J'ai l'impression que le *cai* Tha et le *cai* Sui ne peuvent pas se sentir, qu'ils se taperaient volontiers dessus à la première occasion. Et derrière un masque de politesse glacée, je perçois toujours un peu de tension entre les Tonkinois venus du Nord sous contrat de trois ans, et les Cochinchinois sédentaires. Au Nord, on crève de faim, les ventres y sont plats. Au Sud, le riz pousse dru et le poisson abonde. C'est là toute l'histoire.

Quant à moi, j'ai de la chance d'être ici. Les grandes plantations évitent le plus possible d'embaucher les jeunes Français d'Indochine. Nous sommes regardés (avec un peu d'envie peut-être...) comme des « locaux », ces petits marioles qui n'ont jamais connu les rigueurs de la Métropole, jamais vu la neige ni le froid, tous plus ou moins fils à papa, habitués à la vie facile des colonies, pourris-gâtés par les domestiques, incapables évidemment de faire eux-mêmes leur lit.

Mais les communications maritimes avec la France étant coupées depuis la guerre, cela oblige les grandes compagnies à embaucher sur place. Et mon lit, c'est une natte, je n'ai besoin de personne pour la rouler le matin.

Vomi de tous les établissements scolaires, j'avais échoué à quinze ans à l'École pratique d'industrie de Saigon, accompagné par la bénédiction désabusée de mon père : « Puisque tu ne veux rien faire avec ta tête, travaille donc de tes mains, ça t'aidera peut-être à comprendre quelque chose. »

Chaudronnerie, forge, menuiserie, ajustage. Un bon tour d'horizon qui me servirait sûrement un jour ou l'autre. Et devant chaque établi, cette même pancarte : *le bon ouvrier a de bons outils*. Toujours est-il que je m'étais retrouvé à la porte avant même la fin de l'année... comme d'habitude.

Par miracle, la petite école d'agriculture de Bencat venait d'être créée. Située en lisière de forêt à cinquante kilomètres de Saigon et à quelques minutes d'une maison de redressement, ma nouvelle école ressemblait au paradis.

Là, pas de bonnes notes pour les bons, ni de mauvaises notes pour les mauvais. Il n'y avait pas de notes du tout, c'était aussi simple que cela. Alors nous sommes devenus tous des bons, puisqu'il n'y avait plus de peurs ni de révolte dans les ventres.

Des pelles, des pioches, un lac, un court de tennis, une piscine de vingt-cinq mètres, un terrain de sport construit par nous en un mois, une salle de classe aux pupitres neufs qui ne suaient pas l'ennui, un réfectoire et un dortoir où l'on nous fichait la paix. Et surtout, surtout, il y avait Jean Bouillère, ingénieur agronome, notre directeur. Jean Bouillère, l'âme de cette école pour cancres repentis.

Il nous conduisait droit au fondamental en nous faisant passer par des chemins à lui. Dans son cours d'agriculture générale, le phénomène mystérieux des transformations de l'azote primaire en azote assimilable par les plantes prenait la forme de conte de fées aux images tellement vivantes que nous pouvions sentir la lente métamorphose de l'azote dans le sol, et jusque dans nos corps. Comme si la terre devenait nous-mêmes. Il recréait en nous le Jardin Enchanté des micro-organismes amis des racines et des petites bêtes qui grouillent sous nos pieds quand la terre est contente. Nous n'avions plus besoin d'un microscope pour les regarder vivre, et je sentais à mon côté la présence du père de Hao venu nous aider tous à entrer dans la fente. Il mariait le ciel avec la terre, il les liait ensemble pour en faire une gerbe qui devenait lumière. Et il envoyait tout ça au fond de nous, bien profond, par ses yeux. Alors je voyais danser devant moi le caractère chinois qu'Assam dessinait avec son pinceau pour me montrer que le cœur et l'esprit sont bien la même chose et qu'on les représente par le même symbole.

A la veille de nous remettre nos diplômes, il avait posé la question :

– Maintenant que vous savez tout, dites-moi quel est le meilleur arrosage?

Toute la classe avait levé la main ensemble. Les uns criaient : « La pluie ! » Les autres : « Le Mékong ! »

– Ce n'est pas mal répondu... Mais le meilleur arrosage pour la terre, c'est d'abord la sueur de l'Homme, elle vient loin devant toutes les pluies et tous les fleuves du monde.

La sueur ne manque pas ici, où il n'y a qu'une loi, l'Action. Rien d'autre ne compte. Je suis comme engouffré avec une intensité extrême dans cette magie qu'apporte le pouvoir de mener des hommes... pour quelqu'un qui n'est même pas adulte encore. Tout en moi se résume en trois points : organisation, efficacité, rendement. Trois pivots qui brillent comme des diamants devant mes yeux.

Les trous destinés aux nouvelles plantations mesurent un mètre de côté sur un mètre de profondeur. J'en creuse toujours un de mes mains, en terrain moyen, à mesure que le travail progresse. Cela me permet d'estimer le temps et la fatigue demandés aux coolies. J'agis de même pour le binage, le sarclage, la construction des murettes anti-érosion, le débroussaillage.

Ainsi, les tâches journalières que j'exige sont raisonnables, ni trop ni pas assez. Avec mes trois ans de recul sur l'École d'industrie, je comprends maintenant que dégrossir un cube d'acier au burin, nager deux mille mètres ou creuser un trou dans la terre, tout cela fait partie de la même famille et apporte le même sentiment de plénitude, d'équilibre corps/esprit, si on en fait un jeu visant la perfection.

L'équilibre et la perfection sont pratiquement atteints, surtout entre mes creuseurs de trous venus du Tonkin et mes bûcherons de Cochinchine. Mais à mon arrivée, pendant le premier mois, avant d'être rodé, j'avais tendance à viser trop haut pour l'estimation des tâches journalières. Je disais « on y va ! » et je croyais que tout le monde allait courir avec moi... Résultat : une révolte évitée de justesse chez les creuseurs de trous.

Dieu merci, le *cai* Tha m'aime bien! Sa *ca dui* à la main, il a tout de suite zébré le plus fort et remis de l'ordre en criant aux autres qu'ils n'étaient tous qu'un ramassis de *con khi* (macaques), un paquet de larves de mouches à merde. Le *cai* Tha n'est pas grand mais ses yeux lancent des flammes quand il n'est pas content. Et plus tard ce jour-là, il est venu me parler après dîner, sa *ca dui* à la ceinture. Nul jamais n'a vu le *cai* Tha sans sa *ca dui*. Même s'il allait à la messe le dimanche, je crois bien qu'elle resterait à portée de sa main.

Ses yeux lançaient encore des flammes et il m'a dit que j'étais en train de passer la limite en imposant des tâches trop lourdes. Il m'a dit que les équipes de femmes se révolteraient bientôt sur les chantiers de sarclage/binage. Et que l'équipe des murettes anti-érosion commençait à en avoir marre aussi. Et que les saigneurs s'arrêteraient quand les autres s'arrêteraient, pour ne pas se faire tabasser par tout le monde.

Et qu'aucune *ca dui* ne changerait les choses, si je ne commençais pas par changer un peu moi-même.

Une grève générale dans une plantation de la S.I.P.H., c'est la perte de face irréparable, une affaire très sérieuse qui se termine obligatoirement par le renvoi du *Ong Quang*. Il était grand temps de mettre mes yeux en face des trous, me réveiller à la réalité. C'était vraiment tangent, mais j'ai quand même réussi à rectifier le tir, sans me ridiculiser aux yeux des coolies, grâce à l'avertissement et aux conseils du *cai* Tha, mon allié.

Maintenant le travail tourne tout à fait rond. En plus, j'ai ajouté une prime pour ceux qui voudraient dépasser leur quota de trous journaliers. Du coup, ils se sont mis à creuser plus vite qu'avant, ils font même souvent la course entre eux pendant les derniers *ban!* de la journée, ils commencent à rattraper les bûcherons qui se dépêchent eux aussi pour prouver qu'ils ne sont pas plus fainéants que les Tonkinois... Et au fond de mon cœur bouillonne une joie fantastique, un formidable sentiment d'exister au sein de cette gigantesque aventure humaine : l'Empire du Caoutchouc.

Un Empire auquel j'appartiens par toutes les fibres de mon corps, toutes les ondes de ma pensée. Un Empire qui a créé déjà trois millions d'hectares d'hévéas en Asie du Sud-Est, cent trente mille hectares en Indochine. Et ces immenses plantations arrachées à la brousse avec des camions-citernes de sueur, ces arbres à caoutchouc devenus tellement nombreux que ma vie entière ne suffirait plus pour les frôler tous de ma main en marchant de l'un à l'autre... ils sont nés d'une poignée de graines!

Une poignée de graines apportées du fond de la jungle brésilienne, voici soixante ans, par un homme qui était prêt à jouer sa peau pour transformer le monde.

Il était parti là-bas, tout seul sur l'Amazone à bord de sa pirogue, soutenu par sa foi, guidé par sa vision. Jusqu'au cœur interdit de l'immense forêt où veillaient les dragons, pour y chercher les graines de l'arbre fabuleux qui vivait là-bas seulement.

Il les avait trouvées, choisi les plus denses, celles qui ressemblaient à des agates. Il les avait cachées dans sa canne en bambou, trompant la vigilance des crocodiles de la grande finance qui déniaient à la richesse le droit d'essaimer. Et il était sorti en ramenant sa peau, sa canne et sa vision, pour partager les graines avec les autres hommes.

Et comme ça, tout seul, il avait brisé le pouvoir absolu des premiers rois de l'hévéa, vaincu les dragons qui gardaient le trésor, et permis à cette richesse d'essaimer vers d'autres terres.

Alors que Jean Bouillère nous racontait ainsi l'histoire du caoutchouc depuis son commencement, l'un de nous avait demandé le nom de cet homme parti chercher les graines qui devaient transformer le monde.

– Peu importe son nom, il appartient à la mémoire collective, le fonds commun de l'humanité. L'important, c'est de vous souvenir qu'un homme a essayé.

La poignée de graines venue d'Amazonie est arrivée à Ceylan. Là, trois ou quatre seulement ont germé, donnant des plants.

Voyant la preuve, un autre est parti à son tour pour l'Amazonie, mais avec des moyens plus efficaces. Il a ramené soixante-dix mille graines cachées dans un chargement de bambous. Quatre pour cent à peine ont germé.

Quatre pour cent, c'est faible. Mais quatre pour cent de soixante-dix mille graines, cela fait au moins mille arbres, compte tenu des morts prématurées.

Les arbres ont grandi. Ils ont donné leurs graines, des graines mieux adaptées à leur nouveau climat, des millions de graines. L'essaimage avait réussi.

Alors c'est parti comme une traînée de poudre, comme ces fusées chinoises qui giclent vers le ciel en projetant leurs étincelles dans toutes les directions : Ceylan, la Malaisie, l'Inde et la Birmanie, les îles de la Sonde, le Siam et l'Indochine... et la forêt brûlait sur des millions d'hectares.

Mais les forêts d'Asie vont jusqu'à l'infini et les blessures du feu se refermaient bientôt, couvertes d'hévéas. Et ce n'est pas fini, il faut planter, planter, planter...

La récolte du latex, c'est la routine, la respiration paisible, celle qui permet à la plantation de vivre afin que continue de s'étendre l'empire. Car le grand œuvre, c'est le débroussaillage de la jungle inculte où tombe seulement la pluie, pour y faire naître de nouvelles rangées d'hévéas.

La hache, le coupe-coupe, le feu... trente hectares conquis sur la forêt depuis mon arrivée. La pelle et la pioche suivent de tout près, quatre cents trous à l'hectare, douze mille trous déjà. Et les femmes sont là, elles plantent, plantent, plantent, dansant autour des jeunes pousses, tassant de leurs pieds nus cette terre arrosée de sueur, où les arbres grandiront beaux.

La pelle et la pioche continuent d'avancer, poussant les bûcherons plus loin dans la forêt. Mais je ne serai plus là pour planter avec eux quand reviendront les pluies de la saison prochaine. Je pédale vers Saigon, avec ma natte et mon balluchon, en regardant le ciel.

Hier soir le *cai* Tha est venu me voir afin que je lui dise pourquoi je m'en allais. Les yeux pleins de feu, les mains croisées sur sa *ca dui* pendue à la ceinture, il voulait connaître la vérité.

Je lui ai dit la vérité... mais pas toute la vérité. Je lui ai dit que mon père avait besoin de moi dans sa maison de commerce à Saigon, et aussi pour ses rizières. C'était la vérité.

Mais je ne lui ai pas parlé de cet arbre que j'avais trouvé dans la forêt en allant chasser un dimanche avec le *cai* Sui. Cet arbre qui montait jusqu'au ciel quand je l'ai regardé... et qui devenait planches... et qui devenait jonque... et qui voulait me dire que le monde est immense.

Nous avons parlé longtemps dans la nuit, le *cai* Tha et moi. Il m'a raconté les rizières du Tonkin où la vie est si dure, avec les typhons et les inondations. Il m'a parlé de la terre ici où les trous avancent si bien, où il voudrait venir se fixer plus tard avec sa famille.

Je lui ai dit que je n'oublierais jamais la terre, même si je devais travailler un peu à Saigon, même si je devais partir un jour très loin.

Je lui ai dit aussi que je n'oublierais jamais le *cai* Tha mon ami. Et il savait que c'était la vérité.

Au moment de nous séparer, il a posé sa *ca dui* devant lui et s'est agenouillé, touchant la terre de son front. Et cela voulait dire « je salue le dieu qui est en toi ».

Ma vieille natte ficelée sur le cadre, mon balluchon léger sur le porte-bagages, je pédale vers Saigon. La jungle est devenue forêt-clairière, puis rizières, diguettes et arroyos. Les petits éperviers planent haut dans le bleu, leurs yeux attentifs à tout ce qui existe, les ailes frémissantes quand ils voient un poisson. Et mon cœur, un peu lourd en pensant au *cai* Tha, explose pourtant de joie en regardant le ciel.

J'ai dix-neuf ans... et je sais maintenant que le monde est à moi.

CHAPITRE 5

Me voilà de nouveau à Saigon, sous la poigne paternelle, employé dans sa maison de commerce. Ainsi soit-il! Le monde est à moi... mais pas tout de suite.

Pour les Chinois, le fils aîné succède toujours au père dans les affaires. Ils n'auraient pas compris que je puisse rester à l'écart, même avant mon adolescence. Mon père non plus n'aurait pas admis qu'il pût en être autrement. Depuis l'âge de dix ou onze ans, je l'accompagnais chez ses clients pendant nos voyages de vacances au village. C'était la règle. Selon la coutume ancestrale du pays, j'étais en formation sous son aile. Je me faisais un peu tirer l'oreille, pour la forme, tout en éprouvant une certaine fierté à traduire pour mon père cette langue annamite que je possède depuis l'enfance, tandis qu'il prenait ses commandes en croquant des graines de pastèque.

Aux yeux des Chinois, je suis devenu peu à peu le vrai fils de la chauve-souris. Par un coup de génie, les vins de consommation courante vendus par notre maison depuis sa création portent l'étiquette d'une chauve-souris, animal porte-bonheur des campagnes d'Indochine. Et ce symbole collé sur une bouteille se lampe à petites doses dans des milliers de paillotes.

Potion magique destinée à chasser le mauvais œil, le vin *Chauve-Souris* a fait ainsi la fortune de mon père.

Le « fils de la chauve-souris » a maintenant dix-neuf ans passés. Au lieu d'un pupitre de classe poisseux d'ennui, je dispose d'un bureau bien rangé, avec des factures à vérifier, un livre de stock à tenir, des marchandises à pointer. Cependant j'ai tendance à rêver en écoutant jouer les moineaux dans les tamariniers devant mon bureau. Et je ne comprends pas très bien ce qui m'a pris la nuit dernière...

Un enfant que je connais depuis longtemps était accroupi contre moi sur le bat-flanc. Il me tenait la main, comme pour me consoler, en me racontant des histoires pleines de lumière, des histoires de liberté. J'ai entendu sonner minuit, l'enfant est parti, me laissant seul. Et mon cœur est redevenu lourd de solitude.

Alors je me suis habillé, j'ai pris mon lance-pierres et je suis sorti marcher dans les rues, au hasard, vraiment au hasard, sans penser à mal. Simplement, je me sentais rassuré en caressant le lance-pierres au fond de ma poche. Peut-être aussi espérais-je, grâce au lance-pierres, retrouver l'enfant sur mon chemin dans la nuit.

Longtemps j'ai marché sous les tamariniers, n'importe où, sans savoir où j'allais. Quand deux heures ont sonné à l'horloge de la cathédrale en haut de la rue Catinat, je suis revenu vers la maison. Un agent de police était appuyé contre un réverbère. Il ne me tournait pas tout à fait le dos, mais je crois bien qu'il dormait à moitié. J'ai avancé encore un peu, sans aucun bruit sur mes chaussures à semelles de caoutchouc. Alors l'ampoule a fait « floc », l'agent a sauté en l'air et les débris de verre sont retombés en pluie sur le trottoir, musique délicieuse à mes oreilles. Un véritable coup de maître... et le lance-pierres était déjà revenu dans ma poche.

L'agent a regardé autour de lui. La rue était déserte. Il n'y avait que lui et moi à cent mètres à la ronde. Mais il ne pouvait pas voir l'enfant qui m'accompagnait comme mon ombre. Moi, je voyais tout ce qui se passait dans la tête de l'agent, exactement comme si j'étais à l'intérieur : « C'est lui... non, c'est pas lui... si, c'est lui... non, c'est vraiment pas possible... un hanneton a dû casser l'ampoule en se cognant dessus... » Et j'ai continué tranquillement mon chemin vers la maison, en tenant la main de l'enfant au chaud dans la mienne.

Saigon... Cette ville est belle, le jour autant que la nuit, avec ses tamariniers partout, ses manguiers, ses parcs et ses oiseaux. Je me demande qui a dessiné Saigon, qui, surtout, a décidé d'y planter ces innombrables arbres fruitiers. Missionnaire venu de son froid pays au début du siècle avec une vision généreuse, mandarin de sang royal qui voyait par-delà l'horizon habituel des hommes, conseil des Sages, ou quelque conscience collective? En tout cas, il a fallu un regard puissant et des yeux grands ouverts sur le lointain pour avoir su créer cette ville-verger aux multitudes d'arbres fruitiers, donnés comme une offrande à sa population laborieuse. Il n'empêche que je ne parviens pas à aimer Saigon, à cause de son âpreté au gain, à cause de la dureté qui transparaît dans sa vie quotidienne. Je distingue trop souvent l'image de la piastre, inscrite en filigrane dans le cœur de ses rues grouillantes de vie. Elles sont pleines de couleurs, de sons, de parfums et d'odeurs... mais dans ce jardin qui pourrait être un Éden de douceur, la piastre est devenue le dieu. Et sans la piscine et le water-polo après la journée de bureau, je ne tiendrais pas longtemps ici.

Dieu que Long-Than est loin déjà! Finie la période héroïque du *cai*

Tha et du *cai* Sui. Ils se haïssaient peut-être, mais restaient unis à travers la sueur qu'ils donnaient à la terre, et nous participions ensemble à un acte créateur. Pourtant je ne regrette pas mon retour dans la grande cité soumise à d'autres lois. Là-bas, sur ma plantation cernée par la forêt, je vivais dans un isolement à peu près total, coupé du monde extérieur. Je savais qu'une carrière de planteur creuserait un fossé de plus en plus profond entre ce que je suis et ce à quoi j'aspire, encore imprécis au fond de moi, mais tissé d'espace et de liberté. Il fallait m'échapper à temps de ce piège et je n'avais donc pas hésité quand mon père m'avait demandé de venir travailler avec lui.

Des heurts parfois sévères nous opposent déjà. Il dirige son entreprise commerciale depuis bientôt vingt ans, avec ses habitudes devenues routines au fil du temps. A ses yeux, je suis resté le fiston, qu'il voudrait modeler à son image.

Certes, je sais que le monde est à moi... mais pas tout de suite. Et la patience n'étant pas ma qualité dominante, il me faudra apprendre à la cultiver, comme d'ailleurs nous tous ici dans cette Indochine en équilibre instable.

Officier de réserve, mon père avait été mobilisé dès le début de la guerre en Europe. Quand j'avais quinze ans, je l'ai vu pleurer. J'ignorais qu'un homme aussi solide que lui pût pleurer. C'était le jour où les panzers de Guderian enfonçaient l'armée française à Sedan.

Tandis que les chars d'Hitler arrivaient devant Moscou, l'aviation japonaise détruisait la flotte américaine du Pacifique en quelques heures, à Pearl Harbor. Trois jours plus tard, elle envoyait au fond le *Prince of Wales* et le *Repulse*, ces navires de guerre anglais qui tenaient le détroit de Malacca, clé de la Malaisie et des îles Néerlandaises. Tous les verrous ayant sauté, l'invincible armée japonaise avait alors déferlé sur l'Asie du Sud-Est et la Micronésie : les îles de Guam, Wake et l'archipel des Gilbert, la Malaisie, les Philippines, Java et Sumatra, le Siam et la Birmanie. Huit mois seulement après Pearl Harbor, le Japon était maître du Pacifique, de la quasi-totalité du caoutchouc mondial, et d'immenses réserves de pétrole. Les Forces alliées avaient été jetées dehors, ou remplissaient les camps de prisonniers.

Forces alliées... ne jamais employer cette expression ailleurs qu'en privé, loin des oreilles indiscrètes. Car l'armée japonaise occupe aussi l'Indochine depuis août 1940. Occupation « pacifique », appelée

« *collaboration à l'effort de guerre de l'Empire du Soleil-Levant* ». En effet, l'armistice de juin 40 entre l'Allemagne et la France a fait officiellement de l'Indochine un pays aux ordres du gouvernement de Vichy, lui-même plus ou moins allié de l'Allemagne, qui est l'alliée du Japon. En gros, c'est ainsi que je le comprends. Et comme on ne se tape pas dessus entre alliés, l'Indochine est restée jusqu'à présent hors de la boucherie qui ensanglante l'Europe, la Chine, le Pacifique et le Sud-Est asiatique.

Assam éprouve pour les « Japs » une haine viscérale. Elle nous a parlé souvent des atrocités commises en Chine, son pays natal, où la guerre sino-japonaise dure depuis plus de dix ans. Là-bas, les soldats japonais jettent vivants les conducteurs de trains dans le foyer des locomotives. C'est tellement énorme que nous n'arrivons pas à la croire. Elle assure que c'est la vérité, elle a reçu des lettres de sa famille, tous les Chinois savent que les Japonais sont mille fois pires que les chiens enragés.

A l'arrivée des troupes nippones, mes parents avaient craint un retournement des Annamites en faveur du nouvel occupant aux yeux bridés, qui se présentait en « libérateur de l'oppression colonialiste ». Mais malgré une propagande active sur « l'ordre nouveau » que l'empire du Mikado se proposait d'instaurer en Asie, la masse indochinoise n'avait pas tardé à déchanter; les Japonais aux crânes rasés sous leurs minuscules casquettes s'étaient vite révélés méprisants à l'égard du petit peuple, brutaux, grands spécialistes de la gifle à toute volée... et parfois du coup de sabre venant trancher une main pour un vol mineur. En comparaison, les Français colonialistes étaient *tu té lam* (très gentils).

Tout est donc calme ici... et pourtant, il suffirait d'une étincelle, d'un « malentendu », pour que le Japon ne fasse qu'une bouchée de notre petite armée coloniale, transformant tout ce calme de surface en un bain de sang et de larmes. Au sein de la colonie française, les instructions sont claires : tenez vos langues, pas de provocations stupides, pas de sourires narquois devant les Japonais.

Car au fil des ans, le vent a tourné, pour eux comme pour l'Allemagne. La Russie n'est pas tombée. L'Angleterre et l'Amérique non plus. Au formidable Stalingrad a succédé le débarquement de Normandie. La radio nous raconte des histoires, les journaux aussi. Mais les nouvelles filtrent malgré tout, des postes de radio clandestins existent, traqués par les services secrets japonais. Quand je travaillais encore à la plantation de Long-Than, il y a quelques mois de cela, j'avais appris que les Américains débarquaient aux Philippines après avoir reconquis Guadalcanal et les Gilbert. Deux ans avant les Philippines, la flotte japonaise s'était fait écraser à la bataille navale de Midway.

J'étais encore à l'école d'agriculture de Bencat lorsque cette nouvelle de Midway passait à la radio, enrobée de l'éternelle tarte à la crème d'un « repli stratégique ». Ni moi, ni aucun de mes camarades ne savions où se trouvait Midway. Pourtant nous avons tout de suite senti que la guerre du Pacifique amorçait ce jour-là un tournant capital.

Désormais, jusque dans la paillote la plus misérable perdue au fond de la plaine des Joncs, le peuple indochinois tout entier sait que l'armée japonaise dispersée en Asie et dans les îles du Pacifique se retrouve peu à peu rejetée à la mer par la puissance américaine. Dans les salles de cinéma, la propagande continue de montrer des documentaires où l'on peut voir de furieux combats navals, des porte-avions coulés par les *Kamikazé*, des forteresses volantes en flammes. On entend parfois des applaudissements parmi les spectateurs annamites, mais tous sont conscients que ces images datent d'autrefois. Le courage inouï des *Kamikazé* ne peut plus rien aujourd'hui. La flotte du Mikado a été effacée de la mer. Et pour chaque forteresse volante abattue, vingt ou trente sortent des usines d'Amérique.

Depuis sa mobilisation au début de la guerre, mon père partage son temps entre la caserne du 11e régiment d'infanterie coloniale à Saigon, et les activités de sa maison de commerce. Il disparaît parfois quelques jours ou une semaine, appelé pour des manœuvres avec son régiment. Je l'envie. Cela lui fait des vacances. Tandis que moi, je suis là, coincé au bureau à aligner des chiffres auxquels je ne comprends pas grand-chose.

Lui, il peut rester assis à son bureau des journées entières, totalement concentré; il y fait naître de l'argent avec de l'argent... comme on fait naître des arbres avec des graines, sueur en moins. A ses yeux, l'honnêteté vient loin en tête des qualités requises pour réussir dans les affaires. Cette qualité, je crois bien qu'elle est innée en lui; comme chez les Chinois. Avec eux, nul besoin de contrat écrit ou de signature; la parole balaie toutes les paperasses, on la respecte quoi qu'il advienne. Sinon, ce serait la honte. Et dans ce pays où le *Buon-Ban* (Achat & Vente) gravite autour des Chinois, aucune entreprise commerciale ne saurait subsister en compagnie de la honte.

Il va de soi que l'honnêteté et le respect de la parole donnée ne suffiraient pas. « Ne jamais se laisser aller à la tentation de péter plus haut que son derrière », aime dire mon père. Et « faire son bonhomme de chemin sans s'occuper de ce que pensent les autres ».

Pendant la crise économique des années trente, il avait traversé l'effroyable période des vaches maigres sans que son entreprise aille au tapis. Frais généraux réduits au minimum, il circulait alors en autocar pour visiter ses clients de province, logeant à bon marché dans les hôtels chinois grouillants de punaises. La grosse Hotchkiss, montée sur cales, attendait patiemment la fin de la tourmente. Ma mère évoque encore parfois ces années noires, où la viande ne faisait presque plus partie de nos repas, remplacée par le riz, le poisson de rivière et les légumes produits sur place. La majorité des Français venus aux colonies ont tendance à vouloir préserver leurs habitudes métropolitaines, alimentaires et autres. Mes parents avaient choisi d'adapter leur manière de vivre à celle du pays, plus saine sur bien des points et moins coûteuse aussi.

Doué d'un flair qui me laisse rêveur, mon père achète à bas prix des bouts de terrains apparemment inutilisables, là où son instinct lui dit que Saigon s'étendra. Puis il revend ces marécages un peu plus tard, au prix fort.

Humant le vent de l'Histoire, oreille tendue vers les bruits du lointain, il avait perçu le sinistre mugissement des vaches maigres qui revenaient avec l'approche de la guerre. Investissant alors la totalité de son argent en marchandises commandées de France et arrivées ici par les derniers cargos, mon père avait rempli jusqu'au plafond les entrepôts du rez-de-chaussée, une partie des bureaux, ainsi que toutes les pièces disponibles de l'étage. Même la grande pièce séparant notre salle à manger de la cuisine était bourrée de caisses d'*Ovomaltine*, de vin *Chauve-Souris* et de lait condensé; seul un étroit couloir ménagé entre ces murailles de vivres donnait accès aux fourneaux de Minh et à la chambre d'Assam.

Plus un sou ne restait à la banque après cette opération de quitte ou double. En revanche, la maison faisait penser aux greniers des pharaons de l'époque biblique... et si mon père avait vu juste, les vaches maigres deviendraient bientôt vaches grasses.

Aujourd'hui, cinq ans plus tard, l'étage est presque dégagé. Nos stocks de produits d'origine restent cependant substantiels, mais depuis le début des restrictions, mon père les écoule au compte-gouttes, toujours jumelés avec des denrées locales : pour obtenir douze boîtes de notre précieuse *Ovomaltine*, introuvable ailleurs (ou une demi-caisse de ce lait condensé devenu très rare), les commerçants chinois doivent commander en plus une dizaine de caisses d'autres marchandises locales. A eux de se débrouiller pour les écouler au détail sur les marchés de Saigon-Cholon, et surtout parmi les trotte-menu de la campagne et des petites villes de province, où nous sommes particulièrement bien placés.

Les grosses maisons d'importation de Saigon envoient en province leurs compradores chinois pour y prendre les commandes. Ces contacts restent forcément assez neutres, impersonnels dans un sens. Notre maison est une petite ou moyenne entreprise, et mon père visite lui-même depuis vingt ans ses clients de province. Ils ont traversé ensemble la grande épreuve des années trente où le ciel voulait leur tomber sur la tête. Des liens à la fois commerciaux et affectifs se sont ainsi noués entre ces familles et la nôtre. Pendant nos voyages au village deux ou trois fois l'an, les clients me tâtaient les bras en félicitant mon père : « il grandit, il grandit ! ». J'étais fasciné par l'agilité de leurs doigts comptant les liasses de billets d'une piastre. Fasciné aussi par les caractères chinois gravés sur l'enseigne de leurs boutiques; ils prenaient plaisir à me les traduire, je m'efforçais de retenir.

« Il grandit, il grandit ! »

Et me voilà sur la route à mon tour, plaçant nos marchandises auprès des commerçants chinois de province. Mon père est resté à Saigon, retenu par la caserne et le bureau. Il m'a confié l'auto, sous la bonne garde de Tchu qui veille sur elle depuis bien longtemps, recollant les morceaux, bricolant ici et là dans le moteur. Autrefois, elle roulait à l'essence. Quand la guerre est venue, l'armée japonaise a réquisitionné le carburant et elle s'est mise à rouler à l'alcool de riz, lubrifiée à l'huile de ricin. La guerre s'éternisant, les réserves de pétrole ont diminué et les Japonais ont réquisitionné l'alcool. La bonne vieille Hotchkiss roule maintenant au gazogène, un gros réservoir de charbon de bois incandescent boulonné contre l'aile gauche, trois sacs de réserve ficelés sur le toit.

Environ trente-cinq mille Japonais sont basés en Indochine, disséminés à travers le pays dans des camps situés en bordure de route. A la sortie de Cholon, Tchu et moi assistons à l'une des plus magistrales distributions de claques en série qu'il nous ait été donné de voir. Une trentaine de soldats sont alignés au garde-à-vous, un officier passe de l'un à l'autre en aboyant, et administre une énorme paire de gifles à chacun. Dans l'armée française, les fautes sont sanctionnées par un rasage de tête suivi d'un séjour en prison. Les Japonais sont plus expéditifs : vling-vlang !

Mais la guerre finira, ils rentreront bientôt chez eux. Six mois ? Un an peut-être? Non, tout de même pas un an! Malgré les claques et la discipline de fer, l'invincible armée japonaise n'en a plus pour longtemps, c'est évident.

Mytho, Bentre, Travinh, Sadec, Rach Gia... la route, les arroyos, les éperviers dans le ciel au-dessus, les aigrettes blanches posées sur le dos des buffles noirs, les villages, les aréquiers agités par le vent... Cette route parcourue si souvent depuis mon enfance, j'en connais les moindres détails sans m'en lasser jamais. Elle est belle, simplement, toute nue dans le pays, avec le vent de la saison sèche qui court sur la plaine, qui la fait vivre et onduler, semblable à une mer dorée où le riz pousse à perte de vue.

Quelle joie de retrouver ainsi la route, libre, en compagnie de Tchu. Avec ses épaules solides, son corps musclé, ses gestes précis allant droit au but et ses yeux mobiles toujours attentifs, il me fait penser à un garde du corps, comme ceux qu'on voit dans les films. Ses cheveux commencent à grisonner mais il n'a pas changé en quinze ans et sa petite moustache est toujours aussi soignée. Quand j'étais petit, Tchu m'aidait à fabriquer mes lance-pierres. C'est lui qui m'a appris comment on découpe les lanières de chambre à air dans le sens de la largeur pour qu'elles ne cassent pas, même en tirant le plus fort possible. Moi, je ne voyais pas pourquoi cela ferait une différence, puisque c'était le même caoutchouc pris dans la même chambre à air. Alors il m'avait dit d'essayer les deux façons :

– Apprends à voir les choses par toi-même, pas seulement à travers les yeux des autres.

Maintenant, j'ai bientôt vingt ans. Mais au bout de la route avec Tchu, c'est de nouveau Saigon... comme autrefois quand j'allais à l'école.

Saigon... le bureau, l'ennui, une sorte d'étouffement collant comme une glu, dont j'essaie de me libérer à la piscine, dans la violence du corps. Et la nuit sur ma natte, l'enfant vient s'accroupir contre moi pour me parler de toutes ces choses qu'il nous reste à découvrir ensemble. Alors, les images brillantes défilent dans ma tête. Des images de cette Indochine tellement vaste et mystérieuse, où je suis né, mais dont je ne connais presque rien cependant. Et je m'étiole sur un travail qui ne m'intéresse pas, prisonnier d'une ville que j'aime de moins en moins. Les tournées avec Tchu sont trop espacées; elles ne m'apportent plus rien, de toute manière, à part ces quelques miettes d'espace et de liberté vite effacées. Et ici à Saigon, ma vie s'écoule comme un robinet d'eau tiède.

Cela ne peut pas continuer ainsi, devant un bureau sans odeur où ne flottent que des images de marchandises à payer le moins cher possible pour les revendre avec un maximum de bénéfice, tandis que se referme peu à peu ce piège où j'apprends à faire de l'argent avec celui des autres.

Je regarde mon père. Il est assis à son bureau, absorbé tout entier dans une longue colonne d'additions. Le crayon court du haut en bas de la page, sans hésiter, sans ralentir. Il inscrit le chiffre au bas de la colonne, et la pointe du crayon revient aussitôt en haut de la page pour reprendre sa cadence régulière et rapide vers le bas. Puis il vérifie son addition, de bas en haut cette fois, mais le total est toujours exact au premier coup. Moi, je ne peux pas faire une addition sans compter sur mes doigts, à la vitesse de l'escargot... et quand je la vérifie, elle est presque toujours fausse.

L'heure de la fermeture des bureaux est passée depuis longtemps, je suis seul avec mon père. Il inscrit son total, le reporte en haut de la page suivante, s'étire, lève les yeux et s'aperçoit de ma présence.

– Tu n'es pas à l'entraînement de water-polo?

– Pas ce soir. Il faut que je te parle..

– Ne m'embête pas encore avec cette histoire! Je t'ai déjà dit que je ne t'augmenterai pas tant que tu n'auras pas fait au moins trois mois dans chaque service, y compris celui de la comptabilité, où tu es nul. Une augmentation, ça se mérite!

Ce n'est pas de cela que je veux lui parler. Mais comment aborder la vraie question?... Ce n'est plus d'une augmentation qu'il s'agit maintenant, j'ai fini par le comprendre. Je compte déjà mes piastres, et avec une augmentation je les compterais encore plus. Je regarde le mur, les yeux dans le lointain. Je me racle la gorge, sur le point d'ouvrir la bouche. Mon père s'est replongé dans une autre colonne d'additions. Le voilà de nouveau enfermé dans son monde, à mille années-lumière du mien.

Il faut me décider, tenter de m'expliquer, évoquer au moins ce qu'il se refusera de toute manière à comprendre. Mais moi, je l'ai compris. Et c'est de moi qu'il s'agit. Le monde est plein de gens qui rêvent en comptant leurs piastres, sans regarder ce qu'il y a de l'autre côté des piastres. Ils attendent d'en avoir davantage, encore, encore et toujours plus. Sans voir que le piège se referme lentement sur eux et sur leurs piastres. Et à force d'avoir eu peur des vaches maigres, ils finissent par se faire dévorer par les vaches grasses.

Alors, brusquement, la vanne s'ouvre en grand. Et ce n'est pas de l'eau tiède qui en sort à gros bouillons, c'est toute mon angoisse devant la perspective d'une vie sans relief, une existence de cloporte, limitée par des tonnes de marchandises et des barriques de vin montant jusqu'au plafond.

Mon père reste sans voix devant ce flot qui déferle, emportant ses espoirs de voir un jour son fils aîné prendre le relais. Il referme son livre de comptes. Il écoute enfin. Le flot continue de se répandre, plus calme maintenant, beaucoup plus vaste aussi, recouvrant les plaines et les forêts d'Asie, englobant les villages, allant jusqu'à la mer. Et je lui raconte *Kim*.

Déguisé en mendiant hindou, vivant comme un mendiant, le petit Kim du livre de Kipling était parti vagabonder à l'aventure, seul sur les routes et les chemins de l'Inde. Il voulait trouver du nouveau, frotter son esprit à d'autres esprits, comprendre le monde et devenir un homme. Je veux parcourir à mon tour les chemins et les sentiers de mon Indochine, comme l'a fait Kim dans son pays natal.

– C'est impossible, absolument impossible! Les Japonais te prendront pour un espion. Ils te feront disparaître purement et simplement.

– Je serai pieds nus, vêtu seulement d'un sarong, le corps passé à la teinture de noix d'arec. J'aurai l'air d'un genre de bonze hindou. Je m'exprimerai seulement par signes, comme les muets. Ne t'en fais pas, j'ai tout prévu, j'y pense depuis longtemps, j'y pensais déjà quand je travaillais à Long-Than.

Mon père a pâli. C'est à peine s'il peut articuler :

– Jacky ne fiche rien en classe. Françou passe son temps à écrire ses poèmes au lieu de travailler. Et voilà que toi, tu es en train de devenir fou. Ton idée, c'est de la démence... tu ne vivrais pas trois semaines avant de t'envoler pour de bon, sans laisser la moindre trace. Tu ne connais donc pas encore les Japonais? Nous sommes en temps de guerre, il ne faut pas rêver.

Je tire une chaise et m'assieds près de lui. Il est très pâle. Pour la première fois, je vois la peur sur son visage. Aucune colère, seulement la peur. Je vois aussi de l'amour dans ses yeux, comme le soir où il m'avait sorti de la piscine, à sept ou huit ans.

Les couleurs reviennent peu à peu sur ses joues. Il me regarde intensément, comme s'il me voyait pour la première fois. Je ne sais pourquoi, il me fait penser à ce policier, celui qui m'avait pris la main dans le sac en train de voler un harmonica, quand j'avais quatorze ans. Le même regard vrillé dans le mien.

– Écoute, fiston, je vais te dire un très grave secret, tu comprendras mieux. Le grand type mince que tu as vu à mon bureau la semaine dernière, c'est ton oncle André. Ce jour-là, nous noussommes rencontrés pour la deuxième fois, en quatre mois. Personne n'est au courant, à part toi maintenant. Je ne sais pas quand je le reverrai. Ni même si je le reverrai.

Oncle André! Le frère de mon père... Après un bref séjour en Indochine, il s'était installé au Maroc. J'avais contemplé des photos de lui dans l'album familial, des photos toutes jaunies. Sur l'une d'elles, il me tenait par la main. J'avais trois ou quatre ans.

– Il fait partie des Forces françaises libres. Parachuté par les Anglais. Mission de renseignements. S'il est pris par les Japonais, c'est d'abord la torture, et ensuite une balle dans la tête. Alors tu comprends, fiston, les histoires de Kim, c'est très beau, mais dans la situation actuelle, avec ces Japonais qui fouinent partout à la recherche d'espions, tu finiras vite au fond d'un trou. Et ce trou, ils te le feront creuser toi-même dans un coin de forêt avant de te liquider.

Nous restons encore un long moment ensemble, à son bureau. Mon père m'a toujours intimidé, sauf pendant ma tendre enfance où j'étais le petit garçon qu'il faisait sauter sur ses genoux avec mes frères. Puis le charme s'était envolé à mesure que nous grandissions, remplacé par ses terribles colères devant nos carnets de notes et notre indiscipline à l'école. Mais ce soir, pour la première fois depuis si longtemps, un immense élan de tendresse me porte vers lui. Pour la première fois depuis une éternité, nous communiquons, le courant passe, simple et chaud. Et dans ses yeux, une sorte d'estime.

– Travaille avec moi jusqu'à ton service militaire. Encore six mois de patience. Ce n'est pas bien long?

– Non. J'ai besoin d'y voir un peu clair d'abord. Après mon service militaire, peut-être... on verra. En attendant, je pars faire de la pêche avec Xaï, au village. Mais surtout, ne t'en fais plus pour Kim... j'ai bien compris.

Mon cœur est un arc-en-ciel, ce soir, en allant à la piscine après dîner avec Françou. Il nous arrive d'aller ainsi nager ensemble en pleine nuit, après la fermeture, en passant par-dessus la barrière, tandis que le gardien ferme les yeux. Françou est champion scolaire du cent mètres pour la Cochinchine et le Cambodge. Jusqu'à seize ans, je le battais facilement. Puis en quelques mois, il est devenu le meilleur.

Mille mètres... la cadence se maintient et je commence à distinguer la fente. Je sais que Françou est déjà dedans, il y était avant même la fin de ce premier mille mètres. Il nage comme un dieu, il nage comme ses poèmes, mêlant son souffle à l'eau qui s'écoule le long de son corps. Quand j'entrerai à mon tour, le temps n'existera plus et mon être baignera tout entier dans l'absolu, comme le sien en ce moment.

Deux mille mètres... la fente est bien là, mais j'essaie vainement d'y entrer. Pourtant je suis toujours près de Françou, cherchant l'eau loin sur l'avant pour l'amener le plus loin possible sur l'arrière... veille à l'attaque de ta main gauche, elle n'est pas encore synchronisée avec l'instant précis où ta bouche replonge dans l'eau... surveille ta respiration, juste l'air qu'il te faut... tire bien sur les bras, allonge-les à fond mais ne force pas, surtout ne force pas... la souplesse et le muscle... n'insiste pas trop sur les jambes, oublie pour le moment tes battements de pieds... reviens à la main gauche... c'est bon comme ça... oublie maintenant ta main gauche... oublie la fatigue... oublie tout... nage seulement dans ce nuage où ton corps se transforme en danse de l'eau.

Trois mille mètres... et je me glisse enfin dans la fente ! Alors Françou augmente un peu la cadence, il sait que je suivrai le rythme. Car on sait tout quand on est là où nous sommes, et je vois clairement l'essentiel de ce qui s'est passé entre mon père et moi : il fallait simplement me décider à rompre le cordon ombilical, choisir entre la sécurité de l'arbre touffu où je commençais à m'endormir comme un singe frileux, ou m'élancer à travers l'espace qui me séparait de cet arbre plus beau, plus vaste, plus loin. Choisir de rester sur ma branche confortable, au risque de ne jamais plus oser... ou vaincre ma peur du nouveau et lâcher tout pour sauter dans l'inconnu qui réveille.

Bientôt les cinq mille mètres... Françou accélère encore sur les derniers bassins. Mais je suis au plus profond de la fente, nageant corps à corps avec mon frère, enveloppé dans cet arc-en-ciel qui me dit que maintenant c'est vrai, que le monde est bien à moi et que je serai au village dans quelques jours à peine, ma vie entre mes mains.

CHAPITRE 6

Cette vie reconquise dans un éclair de lucidité m'a donné des ailes. Je songe à la grenouille d'une histoire vraie, paraît-il : on prend une grenouille qu'on met dans une casserole d'eau tiède, sans couvercle, posée sur un feu doux; la température s'élève, la grenouille ne saute pas dehors. Quand l'eau bout, elle est cuite à point, toujours bien tranquille dans sa casserole.

J'ai sauté à temps mais je reviens de loin. Et quelques jours après mes adieux au commerce paternel, à ses colonnes d'additions, à ses caisses de marchandises et à son vin *Chauve-Souris*, j'arrive au village avec des projets plein la tête.

Là, tout se déroule encore à une vitesse folle. Aidés par le père de Phuoc, Xaï et moi dénichons en trois jours notre future jonque de pêche, du côté de Hatien. Le propriétaire en demande trop cher, mais il finira bien par baisser son prix, alléché par la perspective d'un règlement au comptant. Un peu de patience.

Une semaine plus tard, Xaï et moi prenons l'autobus pour nous rendre à Rach Gia, avec une liste d'achats à effectuer. Ensuite, nous rentrons par la chaloupe, avec le matériel commandé, pour monter une coopérative avant de démarrer notre affaire de pêche.

Sous le manguier devant le quai des jonques, nous évoquons à demi-mot les événements qui nous ont conduits ici à Rach Gia. Xaï dessine dans la poussière des ronds, des croix et des carrés. Puis il efface tout du plat de la main et recommence. Cela veut dire qu'il est heureux. C'est sa première grande escapade aussi loin de la paillote qui l'a vu naître.

Moi, j'éclate de bonheur. Mais je crois bien qu'avec ce projet de coopérative, je me suis fait un ennemi au village : parce que Baï Ma est riche et qu'il possède une carriole avec le seul cheval à vingt kilomètres à la ronde, il en profite pour majorer d'une manière inacceptable le prix des matériaux indispensables à l'existence des autres. Ainsi, le fil de fer des hameçons, la fibre en vrac des lignes de pêche, les rouleaux de feuilles de latanier tressé pour les voiles, l'écorce de *cai tram* du calfatage, tout est vendu cinquante à soixante-quinze pour cent trop cher par Baï Ma.

Mes tournées commerciales avec Tchu m'ayant éclairé sur les prix beaucoup plus bas des commerçants chinois de Rach Gia, j'avais proposé au village l'idée logique de cette coopérative. Une majoration de dix pour cent sur les prix de gros suffirait pour couvrir mes frais de voyage et le transport par chaloupe sur les cent kilomètres de canal jusqu'à Hatien. De là, la charrette à bœufs du père de Derk ramènerait le tout, en une demi-journée. C'était tout simple.

Pourtant, mon offre a donné lieu à d'incroyables réticences. Baï Ma est puissant, seul à disposer d'argent liquide. Presque tous sont endettés, il prête à vingt pour cent *par mois*, une honte. Et les gens acceptent, se croyant obligés d'en passer par là.

Il leur suffirait de dire « non » une bonne fois, de se serrer la ceinture pendant quelques saisons, d'arrêter de jouer leur argent aux cartes. Mais les habitudes sont là, enracinées depuis la nuit des temps. Alors, les dettes enflent sans mesure, les intérêts continuent de courir à toute vitesse. S'ils n'y prennent garde, ils finiront par se retrouver nus comme des vers sous le talon de Baï Ma, à gratter la terre pour Baï Ma pendant la saison des pluies, à pêcher pour sa sale gueule en mousson de nord-est. C'est ce que j'essayais de leur faire comprendre... et presque toujours, j'avais l'impression de parler aux murs en torchis des paillotes. Autrefois, il y avait les esclaves. Cela n'a pas beaucoup changé.

Ainsi, j'avais frappé le tam-tam de la révolte contre Baï Ma. Et maintenant, à cause de moi (ou grâce à moi), le village est divisé en deux camps. D'un côté, la grosse majorité de ceux qui ont jugé prudent de continuer à filer doux sous la coupe de ce pirate, par crainte de représailles futures. Les plus courageux ont choisi de prendre le risque. Mais ils sont à peine une poignée : le père de Kieu, le père de Xaï, le père de Hao, le père de Chon, le père de Derk et le père de Phuoc.

Xaï continue de dessiner ses ronds et ses carrés. L'ombre du manguier s'étire dans la poussière. Nous avons terminé notre journée d'achats pour la coopérative et regardons vivre les bateaux.

Dans ce port de Rach Gia sillonné de voiles qui se racontent des tas d'histoires, flotte l'odeur des jarres de *nuoc mam* transbordées par les jonques venues de la grande île Phu Quoc. Elles repartiront bourrées de sacs de riz. D'autres arrivent de la pointe de Camau, au sud-ouest, chargées de pâte de crevette; leur odeur dépasse de très loin celle du *nuoc mam*. Les plus grandes ont longé la côte par petites étapes depuis la frontière siamoise, loin à l'Est. Sous leur gréement chinois semblable à d'immenses ailes de chauve-souris, elles amènent ici leurs billes de teck et retourneront chez elles avec de la faïencerie apportée par les jonques de rivière, ou de la chaux, du charbon de bois, du riz, du sucre de palme liquide en jarres de vingt litres. Parfois même des porcs enfilés dans leurs paniers en bambou, et qui doivent se demander comment on va pouvoir les nourrir et leur donner à boire pendant le long voyage.

La variété de ces bateaux réunis ici m'émerveillera toujours. Ils n'ont en commun que leurs voiles en feuilles de latanier tressé, cousues à longues aiguillées avec de la ficelle de coco. En quelques heures, la voile d'une jonque de cinq tonnes est taillée sur la plage, cousue, ralinguée, enverguée, et voilà, c'est prêt. Quant au reste, rien que des différences. Il suffit de parcourir vingt ou trente kilomètres de côte, parfois dix à peine, pour passer d'un type de jonques à un autre, totalement nouveau. Carènes et modes de construction prétendent s'adapter à d'infimes nuances géographiques, des nuances impossibles à percevoir. Les rivages de la Cochinchine et du golfe de Siam, modelés par les alluvions du Mékong, présentent des côtes vaseuses, peu profondes, engorgées par une masse de dépôts que rejettent les innombrables arroyos débouchant dans la mer. A part les îles, rien ne change en apparence sur des centaines de kilomètres, et l'on pourrait s'attendre à ce que tous les bateaux y soient à peu près du même type. Mais la logique de l'Orient n'est pas celle de l'Occident, les yeux d'ici ne regardent pas de la même manière que les yeux de là-bas. Dans un village de la côte, les jonques sont fines, élancées comme des panthères, avec une étrave très inclinée sur la mer loin devant... et dans le bourg voisin, pour accomplir un travail strictement identique, les bateaux ressemblent à des buffles tranquilles et un peu paresseux. C'est incompréhensible, mais il en est ainsi. Et en essayant de voir avec les yeux de mon pays natal, je crois comprendre que les innombrables génies peuplant les cieux d'Asie orchestrent tout cela, chacun d'entre eux imprégnant de sa marque les bateaux soumis à leur zone d'influence.

En trois jours, nous avons déjà réuni la majeure partie du matériel nécessaire à notre future coopérative du village. Mais pas de fil de fer pour les hameçons, le poste militaire japonais installé ici a raflé les stocks disponibles. Dans une semaine, Chin Sang en recevra par la chaloupe de Saigon et mettra de côté les dix rouleaux manquants.

En passant tout à l'heure dans sa boutique pour prendre livraison de la fibre brute destinée aux lignes de pêche, j'ai trouvé Chin Sang en grande discussion muette avec un gradé Japonais. Aucun des deux ne connaissant la langue de l'autre, ils conversaient en caractères chinois, communs aux deux cultures. L'affaire ayant été conclue ainsi à coups de pinceau sur une feuille de papier et sans ouvrir la bouche, le Japonais a fait charger sur un camion les marchandises commandées.

Quand j'étais enfant, Assam nous racontait qu'une multitude de dialectes sont employés en Chine pour la langue parlée. Ainsi, il y a très longtemps, les gens ne pouvaient pas se comprendre d'une région à l'autre de l'immense pays, puisque les langues sont différentes. Elles sont aussi différentes que l'annamite l'est du cambodgien, du siamois ou du français. Aussi différentes que le cantonnais l'est du pékinois ou du formosan.

Alors les gens ont beaucoup réfléchi, et Assam fermait un peu les yeux pour nous dire, sans faire bouger ses lèvres, comment il fallait apprendre à réfléchir. Et à force de réfléchir, les Chinois ont inventé une écriture magique. Elle est magique parce qu'elle n'a pas besoin des bruits de la bouche pour traverser le barrage des langues. Ce sont des signes qui représentent le sens des mots, et non pas les sons. Cela fait, nous disait Assam, comme une brèche dans un mur, et qui permet à toutes les langues de se rejoindre en une seule.

Depuis ce jour-là, quand un Chinois de Pékin veut communiquer avec un Chinois de Hong-Kong ou de n'importe où ailleurs, il prend un pinceau et un bout de papier pour dire tout ce qu'il veut. Et s'ils se rencontrent au coin de la rue ou en pleine campagne, sans papier ni pinceau, ils se servent de l'index pour tracer, sur la paume de leur main, des messages aussi lisibles qu'avec un pinceau et de l'encre.

Je comprends maintenant que non seulement ces idéogrammes unissent la Chine entière, mais qu'ils permettent aussi à la Chine et au Japon de communiquer, c'est vraiment la brèche dans le mur, comme nous la racontait Assam. De cela, je viens de prendre conscience en vérifiant avec Xaï le matériel destiné à notre coopérative. Demain, il l'emmènera à Hatien par la chaloupe. Moi, je dois attendre l'arrivée du fil de fer avant de retourner au village.

Je ne me plains pas de ce contretemps. Abadie prépare sa petite jonque *Titette* et me propose de l'accompagner à l'île Tamassou, distante d'une quarantaine de milles. Nous y resterons un peu plus d'une semaine et d'ici là, Chin Sang aura reçu la marchandise manquante.

Alyette, la compagne d'Abadie, passe en ce moment ses vacances à Tamassou, avec un couple d'amis. Elle gère le bungalow de Rach

Gia, sorte d'hôtel-restaurant subventionné par le gouvernement. Toutes les villes de province ont un bungalow, afin de pouvoir offrir le gîte et le couvert à bon marché aux voyageurs de passage.

Abadie représente à mes yeux l'aventure sous une forme à la fois simple et fantastique. Dans les années trente, il avait relié l'Indochine à la France dans une petite Citroën, avec un ami journaliste. Ouvrant leur route au coupe-coupe à travers les forêts de bambou qui séparent le Cambodge et le Siam, ils avaient ensuite réussi l'impossible passage des chaînes montagneuses du Tenasserim entre le Siam et la Birmanie, en démontant l'auto pour pouvoir la charger par éléments transportables sur le dos d'une dizaine d'éléphants. Et leur périple s'était terminé à Paris sur une auto réduite à un moteur, quatre roues, un châssis, une banquette et les deux carabines qui leur avaient permis de se nourrir en route.

Rach Gia ayant toujours été une escale sacrée sur la route des vacances au village, cela fait des années que je connais Abadie. Comme Tchu, il n'a pas changé avec le temps, à part ses cheveux qui se sont un peu dégarnis sur le dessus de la tête. D'un côté, il y avait mon père génétique, sportif et homme d'action que j'admirais mais craignais aussi, dont j'avais peur parfois. A l'autre bout de la balance, c'était Abadie, une sorte de guide ou de père spirituel, auprès duquel je me sens à l'aise depuis l'enfance. Et maintenant que j'ai bientôt vingt ans, que je peux mieux regarder autour de moi et que j'y vois un peu plus clair peut-être, je crois que mon père ne l'a jamais beaucoup aimé, bien que l'estimant. A ses yeux, Abadie contenait sans doute une formidable potentialité de rêve dangereux pour des rejetons aussi difficiles à tenir que Françou, Jacky et moi-même. Mon père a les pieds bien ancrés dans la terre, il regarde loin et sa vie ressemble à une partie d'échecs, jeu auquel il excelle. Les pieds d'Abadie courent plutôt sur les nuages et sa tête est dans le ciel. Né à l'île de la Réunion, il est venu très jeune en Indochine et parle l'annamite à la perfection. Il a connu aussi la boucherie de Verdun, où sont tombés nombre de ses camarades. Sa spécialité, c'était la grenade à main contre les nids de mitrailleuses. Ensuite, il a passé quelques années en Égypte, à traîner au pied des pyramides et des temples colossaux. Puis il est revenu en Indochine, où il a fait toutes sortes de métiers. Devant mon père un peu gêné, il avait traité d'abruti le maître d'école qui m'avait mis zéro pour ma rédaction du « pierre qui roule n'amasse pas mousse ». J'aime cet homme et je lui dois de m'avoir aidé à me débarrasser de quelques complexes liés à ma cancrerie scolaire quand j'avais quatorze ou quinze ans et que tout devenait noir en moi.

– Il y a l'école où l'on use ses fonds de culottes pour apprendre souvent des bêtises inutiles, sans parler des mensonges dont on a nourri des générations d'enfants, me disait un jour Abadie. Ensuite, il y a l'école de la vie, elle permet de rétablir à peu près l'ordre des choses, à condition de mettre ses yeux en face des trous, ce qui n'est pas facile. Cette école-là, tu y seras jusqu'aux environs de la quarantaine. Après, tu rencontreras peut-être sur ton chemin une autre école, mais je ne saurais dire au juste à quoi elle ressemble, je ne la perçois pas très bien moi-même.

La côte basse de Rach Gia disparaît dans le sillage. Sur la droite, l'île de la Tortue commence à rentrer la tête dans sa carapace. Abadie m'a confié la barre de *Titette*, il est allé s'étendre sur le pont à l'avant, me laissant seul avec la mer et le bateau, seul avec ma joie immense. « Après, tu rencontreras peut-être sur ton chemin une autre école, mais je ne saurais dire au juste à quoi elle ressemble. » Je me demande si ce n'est pas de cette école-là qu'avait parlé le vieux bonze de la grotte des Sapèques. La première fois que je l'avais rencontré, c'était avec Xaï, grâce à Baï Ma.

Nous avions dix ou onze ans et nous chassions le pigeon vert au lance-pierres le long de la route des rizières derrière les collines du village. Il faisait une chaleur terrible et nous étions bredouilles après trois heures de chasse.

Baï Ma, passant par là avec sa carriole à cheval, nous avait proposé une petite balade. A cette époque, on l'aimait bien tous les deux, et lui aussi nous aimait bien. Il allait à Hon Chong, à vingt-cinq kilomètres dans la direction opposée de Hatien, acheter un sac de chaux et des cocos germés. Au passage, il nous a déposés devant le sentier qui conduit à la grotte des Sapèques, près de la mer. Il nous reprendrait au retour, après ses transactions.

Le long du sentier, c'était plein de poissons à pattes qui se chauffaient au soleil sur les racines des palétuviers. Les lézards volants parviennent à voir venir la pierre, mais les poissons à pattes sont encore plus malins, ils lisent dans la pensée et bondissent comme des étincelles. Nous avions quand même réussi à en descendre un chacun, quand le vieux bonze est sorti de la grotte. On aurait dit qu'il était presque transparent tellement il était vieux. Il n'avait pas l'air fâché, il nous a seulement regardés et cela voulait dire : « Ils ne vous ont rien fait, et ils sont trop petits pour être mangés. » Ensuite il a dit qu'il y avait de la bonne eau à boire dans la grotte, si nous avions soif.

Au début je ne voyais rien, c'était tout noir là-dedans. Mais j'ai aussitôt reconnu l'odeur des crottes de chauves-souris. Ensuite, j'ai repéré les nuées de chauve-souris qui tapissaient le plafond de la grotte. Et puis, peu à peu, j'ai commencé à distinguer le grand Bouddha en pierre allongé à mi-hauteur contre la paroi de gauche, près de la petite lampe à huile et des baguettes d'encens.

Nous avions très soif. L'eau promise par le vieux bonze sortait d'une fissure de la roche aux pieds du grand Bouddha, en un mince filet qui s'en allait remplir un trou taillé dans la roche; de là, le trop-plein disparaissait à l'intérieur d'une autre fissure, puisque rien ne débordait.

Je connaissais le goût de l'eau des rizières lorsqu'il faut s'en contenter, et de celle qui tombe du ciel sur les toits de tuile ou de paille pour remplir les citernes en ciment et les jarres en terre cuite. Je connaissais aussi l'eau des ruisseaux de la forêt et des mares de la plaine où viennent boire les oiseaux. Mais jamais nous n'avions goûté à une eau aussi bonne que celle du grand Bouddha de la grotte des Sapèques.

Xaï et moi sommes revenus chaque année rendre visite au vieux bonze. Nous lui apportions des baguettes d'encens pour le Bouddha et des gâteaux de riz enveloppés dans de la feuille de bananier, préparés par Assam pour lui. La dernière fois, Xaï n'avait pas pu venir et j'étais allé seul. Je crois bien que le vieux bonze n'était pas loin de mourir et je pense que c'est de cette école évoquée par Abadie qu'il m'a parlé ce jour-là. Il a dit qu'elle s'appelle l'école du « transmettre », mais qu'avant de pouvoir y entrer, il faut être passé d'abord par l'école du « voir » et par celle du « faire ». Il avait terminé par des paroles très bizarres, en disant que ces trois écoles sont la même et qu'elles doivent marcher ensemble, sans quoi aucune d'elles ne peut exister en vrai.

L'île de la Tortue est maintenant loin sur l'arrière, les contours de l'île Tamassou se dessinent, clairs dans le crépuscule devant l'étrave de *Titette*. Je pense au vieux bonze et je ne sais pas ce qu'il voulait vraiment me dire. C'était un peu comme s'il avait caché un secret dans une petite jarre extrêmement précieuse, avant de me l'offrir bien fermée pour que je ne risque pas de perdre ce qu'il avait déposé dedans. Je n'en ai pas la clé, j'ignore si je la trouverai un jour, mais je dois m'avouer que c'est le dernier de mes soucis, j'ai tout mon temps, toute la vie devant moi. Pour le moment, la seule chose que je vois avec une grande clarté, c'est que je suis en route vers une école dont on ne m'a pas souvent parlé. Elle s'appelle l'école du « profiter de la vie » et je sais avec certitude que j'ai l'intention d'y rester le plus longtemps possible!

Abadie est descendu préparer le riz sur le fourneau à bois en terre cuite. Je tiens la barre avec mon pied et j'écoute les gargouillis du sillage. Je voudrais que cela dure l'éternité. La mer est très calme, la légère mousson de nord-est passe en chuintant à travers les milliers de jours laissés par le tressage des feuilles de latanier. Autrefois, je jugeais ces voiles d'Indochine peu efficaces, mais Abadie m'a expliqué que c'est le contraire : en passant dans ces trous minuscules répartis sur toute la surface, il se crée une dépression sous le vent de la voile ; elle est alors à la fois poussée par le vent et aspirée de l'autre côté, aux allures portantes.

C'est ma première grande évasion en mer, sans autre chose à faire que de me laisser vivre, comme à perpétuité. Me laisser vivre et caresser par ce vent tiède, me laisser porter et bercer dans le bruissement de l'eau et de l'air. La nuit est tombée, enveloppant le bateau et la mer, avec moi sur le bateau et sur la mer.

Abadie se repose à l'intérieur, il me fait confiance. J'ai choisi l'étoile la plus proche du cap à suivre, elle glissera peu à peu vers la gauche dans le ciel, il me suffira de modifier la route en ajoutant un doigt sur la droite, de loin en loin. Ainsi me l'enseignait le père de Phuoc, quand je l'accompagnais pendant les saisons de pêche au village.

Avec lui, il fallait travailler dur sous le soleil, puis ranger les centaines de hameçons sur les navettes après la pêche, alors que le bateau retournait vers l'île. Peiner ensuite jusqu'à la nuit à découper raies et requins en lanières, les faire sécher sur les galets de la plage, repartir avant l'aube poser les lignes, paupières encore collées de sommeil. Je pensais tout le temps au tour du monde d'Alain Gerbault, à Éric de Bishop sur son *Kaïmiloa*, et surtout à Monfreid louvoyant parmi contrebandiers et pêcheurs des boutres arabes de la mer Rouge. Ils se servaient tous, même Monfreid, d'une boussole de marine appelée « compas ». Je n'avais pas encore vu un vrai compas, mais un jour j'avais apporté une boussole au père de Phuoc. C'était la première fois qu'il voyait cette chose extraordinaire... une aiguille qui ne changeait jamais de direction, le plus beau cadeau que je pouvais lui offrir.

Accroupi sur la plage, il est resté la matinée entière devant cette merveille, la faisant tourner dans sa main, fasciné par ce doigt tremblotant qui pointait toujours dans le même sens, comme pour montrer quelque chose très loin derrière l'horizon.

Le reste de la journée, il n'a pas ouvert la bouche et je voyais que la boussole était complètement entrée dans sa tête, il ne pensait qu'à elle en préparant les lignes, en vérifiant que j'avais bien mis quarante-neuf hameçons dans chaque navette. Mais le lendemain avant de m'emmener à la pêche avec Jacky et Xaï, il était redevenu comme avant et m'avait rendu la boussole :

– Il faut de la lumière pour se servir la nuit de cette chose, alors tes yeux deviennent aveugles. Tandis qu'avec les étoiles, ou la direction du vent et des vagues, tu vois toujours où tu vas et tes oreilles restent ouvertes pour écouter ce que te dit la mer.

Naviguer la nuit dans ce noir apparent tout en sachant où est l'île... cette magie fait renaître en moi l'alliance avec l'univers. Les étoiles parlent, la mer parle, le vent parle, et l'île abritée dans la nuit parle aussi. Et tous, à leur manière, me disent la même chose. Mais je ne comprendrai sans doute jamais pourquoi personne au village ne veut savoir que la Grande Ourse, Cassiopée et Orion indiquent exactement la direction du nord. J'avais tenté en vain de l'expliquer, c'était inutile, c'était comme si je parlais du *Ma Qui*. Pourtant, tous là-bas connaissent ces trois constellations, elles n'ont aucun rapport avec le *Ma Qui* et elles n'ont pas changé depuis cent générations de pêcheurs.

J'ai amarré un cordage par un tour mort sur la barre, et *Titette* continue bien droit près de l'étoile choisie, en échange de réglages minimes et de conversations tenues à mi-voix entre le bateau et moi. Je suis seul sur le pont, pourtant le père de Phuoc est près de moi et je l'entends me dire clairement : « Je ne regrette pas tout le mal que j'ai pris pour faire entrer cela en toi. Et un jour, quand tu auras une boussole, les dragons de la mer auront eu le temps de devenir tes alliés. »

Lentement, pendant toute la nuit, très doucement le ciel a tourné avec ses étoiles. Je n'ai pas réveillé Abadie, il avait besoin de se reposer et je voulais rester seul avec tout le bateau pour moi, seul avec toute la mer. Et maintenant, l'île est devant, comme ma vie, bien découpée dans l'aube.

Je rêve de partir un jour sur mon bateau, très loin et seul peut-être. Très loin jusqu'aux îles que l'on voit sur les cartes anciennes, comme Alain Gerbault. Partir avec une belle jonque, qui sera juste assez grande pour offrir un abri contre le soleil et les embruns, et bien tenir la mer évidemment. Il y aura tout ce qu'il faut dedans, le fourneau en terre cuite pour faire bouillir le riz, du *nuoc mam* de Phu Quoc, c'est le meilleur du monde. Et des hameçons pour mettre quelque chose de plus dans le riz. Il y aura aussi la grande jarre d'eau ficelée à l'arrière du roof en bambou tressé recouvert de paillote, un tonneau de secours en plus à l'intérieur sur le lest en cailloux.

Alors, mon bateau contiendra le large, jusqu'à l'infini. Et l'école du « profiter de la vie », c'est en mer que je la connaîtrai.

En attendant, la seule chose que je demande au Ciel, c'est que mes yeux n'oublient jamais cette lumière à l'horizon du golfe de Siam. Ni cette brise qui me pénètre avec tendresse, toute gorgée de sa puissance au parfum d'immensité.

CHAPITRE 7

Abadie a les mains en l'air. Et je suis là, hébété près de lui, le cerveau en bouillie. Tout est allé si vite... cent à l'heure depuis hier midi.

– Lève les mains, nom de Dieu... il va te descendre!...

La voix rauque d'Abadie tranche le silence devenu danger mortel et ma torpeur s'envole d'un coup. Je lève les mains, aveuglé par la réalité de ce Japonais, à trente mètres de là, qui me tient en joue quelques secondes encore. Il abaisse un peu son arme. Je recommence à respirer. Mais il la garde pointée vers mon ventre et je sens le froid s'insinuer en moi.

Sur la berge du rach devant la paillote, les crapauds-buffles se sont tus. Une aigrette se tient toute droite, attentive, ses pattes délicates posées au bord de l'eau. Je la regarde. Deux êtres m'habitent, tous deux bien réels. L'un, immobile, les mains en l'air, enfant effrayé devant ce monde qui bascule. L'autre est parti rejoindre l'aigrette blanche sur la rive d'en face. De là-bas, il peut entendre le silence, il peut le voir et le sentir planer, semblable à l'épervier qui tourne et joue avec le ciel au-dessus de l'arroyo si calme. Et le froid quitte doucement mon ventre.

Le second Japonais déboule au pas de course. L'aigrette inquiète a dressé la tête et le froid revient me prendre dans ses tenailles. Les Japonais hurlent toujours quand ils attaquent. Ils hurlent pour se donner du courage et terrifier l'adversaire. Je vois sa baïonnette briller dans l'aube et je vois l'aigrette en même temps. Peut-être estime-t-il que je n'avais pas levé les mains assez vite, que je voulais me rebeller face à la nouvelle loi. Il continue d'approcher en courant et sans arrêter de hurler, canon du fusil pointé à l'horizontale. Et mon ventre devient de glace en regardant la baïonnette.

Celui qui me tenait en joue pousse un aboiement à figer le sang. L'autre stoppe net... dirige le canon vers la terre et s'approche lentement sur ses jambes arquées. Mon sang circule de nouveau et je parviens à ne pas sourire en pensant à une plaisanterie de Jacky : « Les Japonais passent leur enfance à chevaucher des tonneaux pour s'entraîner à l'équilibre... c'est pour ça qu'ils ont les jambes en arc de cercle. » Son collègue a mis l'arme à la bretelle, il s'approche, passe son fusil au premier, nous lie les mains. Ils allument une cigarette. Ils nous soufflent la fumée dans la figure. Ils sont en pays conquis. Ils aboient entre chaque bouffée. On dirait que les Japonais ne peuvent pas parler sans aboyer, même entre eux, même quand c'est pour se demander du feu. Les Annamites disent que le chien qui aboie ne mord pas. Ce n'est peut-être pas toujours vrai, mais pour le moment les armes sont à la bretelle et l'aigrette blanche a repris sa pêche sur la berge d'en face; tendue comme une arbalète, je la vois devenir poisson... et zip! un éclair d'argent frétille au bout de son bec. Les crapauds-buffles ont retrouvé leur sonorité de tam-tam et se répondent à nouveau parmi les touffes de joncs. La mort est partie rôder ailleurs.

Au fil des ans, j'avais grandi entouré par la guerre. Mais elle était loin, elle ne concernait pas vraiment l'Indochine qu'un miracle maintenait au large de tout ce sang versé par la folie des hommes. Hier encore, à Tamassou, en pleine paix apparente, j'écaillais les poissons du déjeuner avec Alyette, devant notre campement sur la plage. Le ciel était splendide et je regardais venir une petite jonque de pêche, joliment inclinée sous la brise. Elle ressemblait à celle que je voulais acheter avec Xaï pour la pêche aux requins. Elle avait largué ses tours de rouleau sous le vent de l'île, et mouillé son ancre en bois, près de la *Titette* où bricolait Abadie. J'entendais des échanges de voix, très animés, entre les deux bateaux. Mon oreille avait saisi plusieurs fois le mot *Nuoc-Buom* (Japonais). Alyette préparait le feu, en silence. Parfois, elle marquait un temps d'arrêt avant de casser une brindille pour ne pas laisser mourir la flamme. Le soleil brillait déjà moins fort et je commençais à percevoir l'inquiétude qui déployait ses grandes ailes sombres dans le ciel. Puis Abadie nous avait rejoints sur la plage, affreusement pâle.

– Ils ont attaqué, ça devait arriver un jour...

Nous avons tout de suite embarqué sur la *Titette*, laissant Alyette et le couple d'amis sur l'île. Notre plan consistait à nous rendre compte de la situation exacte auprès d'un vieil ami d'Abadie, riche riziculteur annamite, possesseur d'un poste de radio, qui habitait près de Rach Gia à l'embouchure d'un petit rach. La brise était bonne et nous étions arrivés chez lui vers deux heures du matin. Il semblait très effrayé par notre venue et avait confirmé les dires des pêcheurs.

– Les Japonais ont neutralisé la totalité de l'armée française d'Indochine dans la nuit d'avant-hier. Ça s'est fait d'un seul coup, sans prévenir. Ce sont eux qui parlent à Radio-Saigon.

Il nous avait appris que tous les militaires sont maintenant prisonniers ou morts. La moindre résistance a été écrasée. Les fonctionnaires et les quelques colons de la campagne autour de Rach Gia ont tous été ramassés au petit jour et regroupés au Bungalow. Leperson a été fusillé pour avoir saboté le commissariat de police avant de se rendre. Il paraît que Faucillon a été abattu quand ils sont allés le chercher sur sa concession.

La marée avait déjà baissé, *Titette* reposait sur la vase, ligne de flottaison à vingt centimètres au-dessus de l'eau. Trop tard pour repartir. Mais partir pour aller où? Récupérer Alyette et le couple à Tamassou, filer ensuite au village embarquer ma mère et mes deux jeunes frère et sœur qui sont là-bas? Et ensuite, quoi? Tourner en rond dans le golfe de Siam jusqu'à la fin de la guerre, un mois, un an? Ne rêvons pas, les Japonais n'ont pas encore perdu la guerre, ils fourmillent partout, ça se terminerait devant un poteau d'exécution, comme espions ou résistants. De toute manière, la marée ne remontera pas avant des heures et des heures, il fera grand soleil, tout le monde sera au courant, on n'ira pas loin...

– Prenez un peu de repos, vous êtes épuisés, nous aviserons plus tard.

Et dans le gris du petit jour, les deux soldats venaient nous cueillir devant la paillote de notre hôte, prévenus par leurs agents secrets qui pullulent depuis longtemps au sein de la population annamite.

Ils nous poussent vers un sampan. Nous traversons le rach. Puis ils nous escortent à pied pendant trois kilomètres le long des diguettes de rizières jusqu'à Rach Gia. Cette jolie ville que nous avions quittée la semaine dernière, éclatante de vie, est comme morte aujourd'hui, boutiques fermées, marché désert. Sur le port, les jonques elles-mêmes sont devenues silencieuses. Voiles ferlées, elles semblent attendre et écouter pour chercher à percevoir d'où reviendra le vent. Mais le vent ne changera plus pendant longtemps sans doute. Le drapeau japonais flotte avec arrogance sur la hampe du commissariat de police, sur le marché, devant la résidence de l'administrateur, sur tous les bâtiments publics. Mon cœur se serre encore plus en voyant la multitude de petits drapeaux japonais qui décorent toutes les devantures de boutiques chinoises, tous les auvents des paillotes annamites le long de l'arroyo. Surgis en une nuit, ils disent la peur et proclament l'arrivée de la Nouvelle Loi.

Escortés par nos gardes, nous marchons en silence dans cette ville figée. J'entends un mot que je ne connais pas, murmuré par un groupe de cinq ou six Annamites accroupis au bord du trottoir. Leur regard nous frôle avec mépris. Je glisse à Abadie :

– C'est quoi, « *doc lap* » ?

Le Japonais aboie aussitôt. Abadie attend un peu que l'autre se soit calmé. Puis il bouge à peine les lèvres :

– Indépendance.

Je songe à ce que me disait mon père quelques mois plus tôt : « Des événements très graves risquent de se produire vers la fin de la guerre. Les Japonais veulent à tout prix déstabiliser l'ordre colonial. Ils savent que l'Allemagne sera défaite et que leur tour viendra. Ça fera probablement un sérieux grabuge, *avant même que la guerre finisse.* » Moi, je ne voyais pas ce qui pouvait inquiéter mon père. D'accord, il a le nez creux en affaires, mais là, il se faisait vraiment des idées... Et le grabuge est arrivé en une nuit, comme un formidable coup de tonnerre dans le ciel paisible de l'Indochine.

Les deux sbires nous poussent dans l'enceinte de l'ancienne gendarmerie devenue le P.C. japonais. Interrogatoire, sans gifles ni aboiements, par le commandant de la garnison, un officier d'une trentaine d'années seulement. Nous nous attendions à tomber sur une sombre brute, mais il a donné l'ordre à la sentinelle de nous délier les mains, et invité courtoisement Abadie à s'asseoir. Ses yeux sont francs, pourtant ses manières paraissent un peu gauches, presque timides. Il enverra une jonque à Tamassou pour en ramener Alyette et le couple restés là-bas. Sur un coin de son bureau, mes yeux sont attirés par la photo d'une femme en kimono tenant la main d'un jeune homme qui ressemble à cet officier. Après plusieurs coups d'œil discrets, j'en conclus qu'il s'agit de sa mère. Je dis que la mienne est au village près de Hatien, avec mes deux plus jeunes frère et sœur âgés de sept et onze ans. Que mon père, officier à Saigon, est peut-être mort. Et que je dois retourner au village pour veiller sur ma mère et sur les deux enfants. Posé en travers du bureau, le long sabre de l'officier japonais n'a pas besoin de savoir parler pour conseiller de toujours dire bien sagement la vérité.

Mais la vérité, il la connaissait avant même de nous avoir vus. Je ne savais pas qu'Abadie avait été blessé à Verdun, pourtant nous nous connaissions depuis des années. Et lui, de but en blanc, il sait tout sur tous, il lui suffit de consulter ses fiches. Il sait que je voulais acheter une jonque pour faire de la pêche du côté de Hatien. Il sait que je suis un nageur. Il sait que mon père fait partie du 11e régiment d'infanterie coloniale. Il me dit de ne pas m'inquiéter, les pertes ont été insignifiantes à Saigon. Il rassure aussi Abadie, un de ses hommes accompagnera la jonque à Tamassou pour écarter tout risque venant de l'équipage. Et je rejoindrai ma mère dans quelques jours, par la chaloupe. Je serai même autorisé à attendre, au village, notre évacuation sur Saigon. Je n'en crois pas mes oreilles. Je reverrai Xaï, je reverrai Baï Ma. Il y a des choses très importantes que je dois absolument dire à Baï Ma. La vie est une drôle d'aventure. Ce matin j'ai failli mourir. Ensuite, j'ai bien cru que nous serions torturés. Une énorme bouffée de joie me gonfle la poitrine. Il me regarde droit dans les yeux, me sourit un bref instant. Non, il n'est pas timide. Et les Japonais ne sont pas forcément des brutes.

Après avoir rejoint les autres au Bungalow gardé par une sentinelle japonaise bon enfant, nous apprenons que personne n'est mort dans la province de Rach Gia. Les autorités françaises avaient eu le temps d'ordonner la non-résistance, seul moyen d'éviter un massacre inutile. Mais Faucillon revient de loin : les soldats venus le cueillir, accompagnés par un interprète annamite, avaient arrêté le commissaire de police Leperson, à l'aube; et discrètement, l'interprète subtilisait un revolver du commissariat. Un peu plus tard, en allant chercher Faucillon sur sa rizière, l'interprète appuyait sur la gâchette, à bout portant... et la balle est restée dans le canon. Car en attendant les Japonais, Leperson avait passé la nuit à enlever la poudre des cartouches. Il a été à deux doigts de se faire fusiller pour ce « sabotage », mais sa femme eurasienne est parvenue à fléchir le commandant japonais. Leperson s'en est tiré avec un sérieux tabassage, deux yeux au beurre noir et un bras pas mal amoché.

CHAPITRE 8

En moins d'une semaine, la petite cité a retrouvé sa vie d'avant, le trafic a repris sur le canal de Rach Gia à Hatien, les jonques vont et viennent comme autrefois. Seuls les nouveaux uniformes disent que le pouvoir a changé de main. Nous sommes autorisés à sortir du Bungalow pendant la journée, mais pas la nuit. Et il nous est recommandé de ne jamais nous éloigner des gardes japonais responsables du maintien de l'ordre.

Le Japon a proclamé l'indépendance de l'Indochine. Dieu merci, l'armée maintient une discipline de fer. Et encore Dieu merci, les Annamites ont une sainte frousse des militaires japonais qui les ont « libérés ». Ainsi l'ordre règne... du moins pour le moment. Mais je commence à m'inquiéter en ce qui concerne mon retour au village ; je ne vois pas comment ma mère pourrait regagner Saigon en toute sécurité avec deux enfants si jeunes, malgré la protection de Tchu et de Minh. Et le bruit court que l'évacuation des Français du Bungalow vers Saigon se prépare. Nous sommes tous conscients que la révolte couve depuis la proclamation de l'indépendance. Abadie est sûr que les campagnes ne bougeront pas pendant encore un certain temps. Je ne sais quoi en penser et me fais un sang d'encre pour ma mère isolée au village, à quatre-vingt-dix kilomètres d'ici.

Et puis voilà que ce matin à l'aube, la sentinelle vient me secouer dans mon lit, accompagnée de l'interprète annamite qui avait voulu tuer Faucillon : « Dépêchez-vous ! » Dehors, un soldat armé me prend en charge pour m'emmener à la chaloupe de Hatien. Je suis reconnaissant au commandant de la garnison, il a tenu parole. Quand j'ai parlé à mes camarades du Bungalow de son humanité pendant l'interrogatoire, plusieurs d'entre eux m'ont traité de naïf : « Il veut simplement préserver ses arrières, il sait que la guerre est bientôt terminée et qu'il aura des comptes à rendre quand la France aura repris le pays en main. » Moi, je crois qu'il y a des salauds partout, et des gens bien aussi. N'empêche que Leperson n'est pas passé très loin du poteau. Mais l'aurait-il vraiment fait fusiller ? J'en doute.

Je ne lâche pas mon garde d'une semelle. Près de lui, c'est la sécurité. Par contre, inutile d'être particulièrement éveillé pour sentir à quel point l'interprète représente un danger. Il marche à ma gauche, revolver à la ceinture, sa vilaine gueule d'anti-Français pleine de haine. Il pue la haine par tous les pores. J'aimerais savoir quelles humiliations il a connues autrefois de la part des Français. Peut-être aussi de celle des Japonais qui l'emploient maintenant.

Le garde embarque. Si j'ai bien compris, il m'accompagnera jusqu'au village. Là, j'attendrai de nouvelles instructions du commandant de la garnison de Hatien, pour le retour à Saigon avec ma mère et les deux petits. Je suis soulagé de voir l'interprète rester sur le quai... il aurait très bien pu m'abattre froidement sous le moindre prétexte pendant le voyage, et dire ensuite que j'avais tenté de le désarmer dans l'intention de le tuer.

La chaloupe file au ras de l'eau, bondée de paysans annamites avec leurs femmes remuantes et les enfants à la voix haut perchée qui s'interpellent de l'avant à l'arrière. Elle s'arrête ici et là, débarque des passagers, en prend de nouveaux. Poulets, canards, ballots de poisson sec, jarres de pâte de crevette et de sucre de palme, paniers de noix d'arec, effluves multiples où mes narines retrouvent avec joie les senteurs de la menthe, du gingembre et de la cannelle, tous ces parfums subtils de l'Indochine, mêlés à l'âcre odeur du charbon de bois qui alimente le ronron régulier du gazogène. Mais parfois une sourde douleur me mord la poitrine, je sens alors s'agiter au fond de moi ces ailes sombres qui planaient dans le ciel de Tamassou.

Une vieille a déjà subtilisé une poignée de charbon de bois pour frire ses beignets au piment. Cela devient une dispute animée entre elle et le chauffeur, avec des injures qui voient se lever plusieurs générations d'ancêtres dont toutes les mères n'étaient, paraît-il, qu'un ramassis de chiennes lubriques et de prostituées. Mais nul n'ignore qu'il s'agit là d'une joute oratoire, la vieille garde son charbon, le chauffeur attend sa part des beignets frits à l'huile de coco. Ainsi va l'Indochine de toujours.

Ces gens simples de la campagne me regardaient avec une certaine curiosité mêlée peut-être de dédain, au début. On se demandait sans doute comment un Français pouvait encore circuler ainsi depuis la Nouvelle Loi, même escorté par ce soldat japonais qui somnole dans un coin. Mais leur attitude ne m'est pas hostile, Abadie avait vu juste, la rizière est calme, l'inquiétude me quitte, la campagne rit de nouveau pour moi.

Après avoir vendu ses beignets, la vieille prend encore un peu de charbon, alimente son fourneau en terre cuite calé à l'abri du vent contre le tableau arrière, puise de l'eau dans le canal et commence à laver le riz du repas familial. D'autres foyers rougeoient ici et là. Le chauffeur aura peut-être des comptes à rendre plus tard pour la consommation du gazogène, mais pas de soucis à se faire en ce qui concerne son déjeuner. Moi, j'avais à peine eu le temps d'avaler un bol de café au lait avant l'embarquement, puis laissé passer stupidement l'occasion des beignets de la vieille. Je lui tends une piastre en lui demandant si elle pourrait ajouter une portion pour moi dans la marmite. Elle me regarde, stupéfaite. Je lui donne mon sourire. Elle me donne le sien. Je m'étais adressé à elle dans la forme précise due à son âge, à sa fonction dans la famille, à sa place dans la société.

On m'observe maintenant avec un réel intérêt. Les regards m'enveloppent, me jaugent, pèsent le pour et le contre. J'entends l'un d'eux qui dit à son voisin : « *Ong nai tiên Annam kha lam* » (ce monsieur parle rudement bien l'annamite). Il a parlé assez bas pour marquer le respect, assez haut pour que j'entende. Et le ton sur lequel il a fait sa remarque dit clairement que j'ai ma place parmi les trotte-menu de la campagne. Car seule la fréquentation du peuple, en profondeur, permet d'accéder à cette langue difficile (à la fois monosyllabique et polytonique) où *co co co co co* veut dire : la femme du policier a un col de héron. Mais si chacun de ces « co » n'est pas prononcé avec son accent rigoureusement exact et à sa place exacte, la phrase n'a plus aucun sens. A part quelques rares exceptions comme celle d'Abadie, un Français doit avoir joué, enfant, avec d'autres enfants du terroir pour pouvoir parler vraiment l'annamite. Alors les portes s'ouvrent, la vieille envoie son gendre me dire que le repas est prêt et qu'ils seraient flattés de me voir le partager avec eux.

Les portes s'ouvrent... mais l'un des passagers maintient la sienne fermée. Plus âgé que moi de quelques années, sa tenue et son comportement disent qu'il vient d'une famille d'Annamites éduqués. Accoudé à l'écart sur le plat-bord près de l'avant, il semble vouloir tenir ses distances avec moi. C'est un Tonkinois [1], j'en suis à peu près certain.

1. Le Viêt-Nam d'avant l'indépendance se divisait alors en trois pays : Cochinchine au sud, Annam au centre, Tonkin au nord. Les habitants s'appelaient annamites. Leur langue étant commune et leur type physique extrêmement proche, seule une assez longue fréquentation de ce peuple permet de déceler une différence entre un Cochinchinois et un Tonkinois. Le Cambodge et le Laos sont deux autres pays frontaliers, aux langues et types physiques différents. Cochinchine, Annam, Tonkin, Cambodge et Laos constituaient ensemble ce qu'on appelait l'Indochine.

Ở Saigon có một xu mỗi giấy nhỏ làm

Saigon le 6 Novembre 1943

Phước ơi

Trước kính lời thăm, Gardien, Sáu, lanh, xài, ngi, Kiều cho đặng mạnh giỏi.

Ở Saigon mưa ít, ~~mà~~ Hôm qua đi 3 ngày giời mưa nhiều Tôi ở tết Tay Không có đi Dương-Hoà

Me tôi muống hết đây. Tôi đi xe coi Bernard ở nhà nó (Long-Thanh). Nó làm ông chẹp có một tháng 300 $!!

Chiềng nào mầy gởi thơ cho tôi, mầy để ở bao thơ, một cái ốc tốt, và mầy nói mầy lượm ở đâu. Mầy để cái là tốt, tôi cam ơn mầy. Sicot mạp ít, và Mc call đi bên Amérique. Tôi muống lại Dương-Hoà nhiều lắm.

Ở bao thơ mầy để Francois Mortenier
24 Bd Charner Saigon

Ở nhà có hai con mèo nhỏ lắm, Mầy để ~~mưa~~ mũ lốn cho tôi, tôi cam ơn mầy nhiều lắm

gởi thơ mau mau

François

Ayant lavé mon bol dans le canal et remercié mes hôtes pour le repas, je me fraye un passage et viens m'accouder près de lui. Il ne m'accorde pas la moindre attention. Une sorte de timidité me retient. Le silence devient bientôt pesant.

Les enfants dorment, les parents font la sieste, la chaloupe trace son sillage régulier, dix kilomètres à l'heure. Nous sommes déjà à mi-chemin. La campagne a bien changé depuis l'époque pas si lointaine où mon père nous faisait remarquer que cette terre commençait à se réveiller. Au bord du canal, des villages ont surgi, qui n'existaient pas autrefois. Et je suis surpris par la hauteur des aréquiers, là où nulle ombre n'égayait les paillotes. J'avais pourtant parcouru chaque année cette route en auto. Mais je ne regardais pas autour de moi.

– Quel beau pays...

J'ai murmuré ces mots, me parlant à moi-même. Et aussi à son intention, pour tenter de rompre la barrière de silence qu'il veut maintenir entre nous. Il a entendu, mais ne manifeste visiblement aucune envie de faire plus ample connaissance, ses yeux perdus dans le paysage qui se déroule lentement le long du canal. Et le silence retombe, plus lourd encore.

Ce type m'intrigue. Avant le déjeuner, il conversait en caractères chinois avec mon ange gardien. Cela m'avait surpris de voir ce simple soldat japonais à grosse bouille de paysan manier une langue écrite aussi difficile. Mais j'étais encore plus étonné qu'un Annamite de ma génération en fasse autant. Si quelques vieux lettrés annamites ont conservé comme une relique les idéogrammes de leur ancienne culture, voilà longtemps que notre alphabet les a remplacés en Indochine. Sans lui, il n'y aurait jamais eu de lettres échangées entre Françou et Phuoc, entre Kieu et Jacky, entre Xaï et moi, liens d'amitié qui traversent l'espace. Grâce au *Quoc-ngu* [1], inventé au début du siècle par nos missionnaires, n'importe qui peut lire à l'âge de dix ans, donc s'instruire. Et le peuple entier (intellectuels et paysans confondus) a été immédiatement séduit par cette nouvelle forme d'écriture, tellement plus accessible que les idéogrammes chinois. C'est l'un des grands bienfaits apportés ici par la France.

– C'est vraiment un beau pays...

Je sais qu'il a bien entendu et je le sens hésiter un moment. Puis il répond dans un français presque sans accent :

– Oui, un beau pays. Mais est-ce aussi le vôtre? Peut-être rede-

1. *Quoc-ngu :* transcription phonétique de l'annamite, par l'alphabet. Les différents tons de cette langue sont représentés par des accents : aigu, grave, circonflexe, interrogatif vertical, interrogatif horizontal, ou par un point placé sous le mot, selon le ton qui correspond à chaque syllabe.

Dường Hoa le 21 11 1943. ~~44~~

Françou ơi mày ngu

françou điên làm sau mày gởi thơ cho tôi mày để giấy ở trông cái thơ nặng lắm nhà ~~gao~~ dây thép nó phạt tôi v hết 0^{đ}18. nó gởi giấy lên Dường hoà cho tôi, tôi lên Bàtiên tôi cho, nó hết 0^{đ}18, tôi lấy cái thơ đi về tôi mở coi thấy giấy nhiều quá có 2 cái bao thơ có 4 con cò có 3 tấm giấy người ta cho sáu một cái cho Sài một cái tôi một cái nhỏ làm sau tết tay mày không có lại mày hỏi cha với mẹ coi t tết tay lại ~~không~~ Dường Hoà không chúng cha mẹ lại mày to viết thơ cho gardien biết ở Dường ~~Hoà~~ ~~t~~ mùa ở Dường hoà lúa chưa chính. mày đừng để đồ ở trông bao thơ nữa coi chừng nhà dây thép nó phạt tôi mày được cái thơ này của tôi mày phải gởi thơ mau mau cho tôi biết thôi ít lời cho françous mạnh giỏi chừng nào lại mua một sợi dây vừa làm neo ghe kêu cha mày mua :) Phước

gardien kêu mua

viendrait-il vraiment beau si les Français n'étaient plus jamais là pour nous imposer leur Loi, celle des fusils et des policiers. La Loi du plus fort.

Il a parlé d'une voix posée, sans colère ni passion apparente, et sa maîtrise de la langue française me surprend. Il poursuit sur le même ton :

– Quand je songe que la France a réveillé les peuples de l'Europe avec sa Grande Révolution... Mais qu'a-t-elle fait depuis? Connaissez-vous seulement votre belle *Déclaration des droits de l'homme et du citoyen*? Je peux vous en dire par cœur les dix-sept articles.

Il me les cite l'un après l'autre, lentement, de sa voix nette, détachant bien les syllabes. Je n'en connaissais pas la première ligne. C'est tout juste si je me souviens qu'elle remonte à 1789, que des monceaux de têtes sont tombées à cette époque, celles des nobles d'abord, beaucoup d'autres ensuite.

– Ce texte solennel, vous l'avez résumé en trois mots : Liberté, Égalité, Fraternité. Trois mots qui flamboient pour nous autres. Mais pour vous les Français, ils ont perdu leur substance, ils font partie d'un passé que vous avez renié.

Sur le seuil de sa paillote au bord du canal, une femme pile du riz dans son mortier de bois. Au milieu du champ, un enfant nu sur un buffle suit son père qui laboure. La colline de Nui Trao se dessine déjà sur l'horizon devant l'étrave. Et les rizières s'entendent au loin, chaque lopin protégé par ses diguettes bien propres, bien nettes, munies des vannes en bois qui maîtrisent le drainage de cette région autrefois inculte. Le riz que j'ai mangé a été cuit avec l'eau du canal, elle n'est presque plus saumâtre. Partout la terre s'est réveillée. Et la France y est quand même pour quelque chose. Mais à quoi bon le lui rappeler? Mieux vaut me taire pour le moment.

– Vous voyez cet enfant sur le buffle, là-bas. En grandissant, il aura peine à croire qu'avant le coup de force japonais, les Annamites n'avaient pas même le droit élémentaire de circuler librement à l'intérieur des frontières de leur propre pays [1]. Dans la bouche des Français, « Liberté » n'est qu'un mot.

Je rumine longuement ce qu'il vient de me dire. Je revois l'Indochine d'autrefois, celle que je regardais dans les livres anciens. Et celle que m'ont racontée de vieux colons venus ici longtemps avant mes parents.

Si les Français n'étaient plus là, les Annamites auraient peut-être le droit de circuler à leur guise. Mais ils ne pourraient jamais le faire,

1. Frontières séparant Cochinchine, Annam et Tonkin, devenus ensemble l'actuel Viêt-Nam depuis l'indépendance.

esclaves de leurs dettes, demain comme aujourd'hui. Dix pour cent d'intérêts par mois, c'est le minimum entre Annamites. En vain la France a essayé de mettre un terme à ce fléau. « *Ca lon an ca nho. Ca nho an ca nho nua.* » (Gros poisson mange petit poisson. Petit poisson mange plus petit poisson.) Mon père ne prend pas d'intérêts, non plus que les autres riziculteurs français. Ils possèdent quatre à cinq pour cent des terres cultivées du delta. Le reste appartient aux gros propriétaires annamites qui pressurent le petit peuple et lui volent ses modestes lopins en l'acculant à la faillite, comme le fait Baï Ma au village. S'il y a de gros poissons parmi les Français d'Indochine, ils me paraissent bien moins voraces et en tout cas beaucoup moins cruels que les gros poissons annamites.

D'autre part, mon compagnon de voyage semble oublier que si les frontières étaient ouvertes entre le Nord et le Sud, ses compatriotes tonkinois déferleraient vers la Cochinchine pour coloniser d'une manière ou d'une autre les riches terres du Mékong. Elles étaient autrefois cambodgiennes; les Cochinchinois en ont chassé les Cambodgiens à coups de sabre et occupé ce grenier à leur place. Tous ces pays qui forment l'Indochine de maintenant n'arrêtaient pas de s'étriper avant l'ordre français. Peu après ma naissance, des bandes de pirates, réfugiés dans la plaine des Joncs, sévissaient encore, rançonnaient les campagnes, tuaient souvent. Si la France a pacifié ce pays par les armes, comment pouvait-elle faire autrement? Les missionnaires ont essayé l'Évangile, ça ne marchait pas. D'accord, la loi du plus fort n'est pas la plus belle, mais quand c'est la seule qui permet au peuple de vivre en paix...

– Liberté, Égalité, Fraternité... trois mots unis dans un même souffle généreux! Mais que voit-on? Tous les postes à responsabilité pour les Français, les emplois subalternes à nous. Comme des miettes. Cela, quel que soit notre niveau d'études. Je suis licencié en droit et je prépare le doctorat, tout en travaillant dans l'Administration. Mon chef direct est un ivrogne paresseux. Annamite, il ne serait même pas digne d'un emploi de planton. Mais il est français, avec un salaire mirobolant comparé au mien. Et il a tout juste le brevet élémentaire.

Dieu que cette campagne est belle sous la respiration paisible des buffles qui tirent avec patience leur petite charrue de bois, conduits par ces paysans laborieux et tenaces. Et ce type à côté de moi est sincère, je n'en doute pas. Mais il rêve debout, inconscient du fait que la moindre bribe de pouvoir accordée aux Annamites se traduit aussitôt en piastres prélevées sur le dos des trotte-menu. « *Ca lon an ca nho, ca nho an ca nho nua...* », c'est l'autre souffle de l'Indochine, un souffle fétide où la corruption des fonctionnaires indigènes dépasse l'entendement. Il a employé le mot « généreux ». Ce mot n'existe pas en annamite, du moins, pas à ma connaissance. Je connais *« tôt »* (bien), je connais *« tu tê »* (gentil), mais comment se traduit « généreux »? Sans doute par *« ngu »* (stupide). Je ne connais pas non plus la traduction de « liberté ». *« Doc lap »* veut dire « indépendance », je l'ai appris la semaine dernière. Mais comment dit-on « liberté » en annamite? Je sais que ce mot n'est pas traduisible en chinois. Abadie m'avait raconté la quête d'un de ses amis, vieux sinologue, qui cherchait le caractère chinois traduisant « liberté ». Il ne l'a pas trouvé. Alors il a posé la question à ses amis cantonnais. Ils n'ont pas trouvé. L'idéogramme le plus approchant se serait traduit par « désordre », « confusion », « anarchie ». Kipling est certain que l'Orient et l'Occident ne se rencontreront jamais. Quant à moi, mon instinct me dit que le fossé qui nous sépare n'est pas infranchissable, c'est simplement une question de patience et d'effort mutuel. Et non seulement cela vaut la peine d'essayer jusqu'au bout, mais c'est nécessaire. Si les mots « générosité » et « liberté » n'existent pas dans leur vocabulaire, c'est parce que ces concepts ne sont pas encore nés dans l'esprit de l'Asie. Mais avant de voir le jour en Europe, ces mêmes concepts n'existaient pas non plus chez nous. Il leur a fallu du temps pour effleurer nos consciences, puis s'élever lentement et prendre vie dans nos actes. Prendre vie jusqu'à un certain point évidemment...

– Pour un Français, vous n'êtes pas bavard...

– Je vous écoutais. Et je réfléchissais. Malgré toutes les apparences, je suis sûr qu'Annamites et Français peuvent et doivent se rejoindre.

– J'y ai cru avant d'entrer dans l'Administration. Maintenant, je ne sais plus vraiment où j'en suis. La France a commis tant de fautes graves en Indochine, tant d'erreurs impardonnables.

– Elle a converti près de deux cent mille hectares de forêts vierges en plantations d'hévéas. Elle a construit dix mille kilomètres de routes. Et des ponts splendides. Elle a creusé des milliers de kilomètres de canaux comme celui-ci, transformé d'immenses régions incultivables en belles terres à rizières. Ce sont des fautes? Ou des erreurs?

– La France a fait cela dans le seul but de s'enrichir. Mais quoi sur le plan moral?

– Des hôpitaux, les soins gratuits pour les plus démunis. Et avant tout, elle a mis fin à vos guerres, aux pirates, à l'insécurité. Vous trouvez que ce n'est pas moral?

– La France est venue mettre de l'ordre chez nous sans autre but que son seul profit. Ouvrez donc un peu les yeux. Et vos hôpitaux, c'est la même histoire : les gens en bonne santé travaillent mieux que les malades. La morale n'a pas grand-chose à voir dans cette affaire où la sueur d'un peuple sert à en enrichir un autre.

– Je vous regardais tracer des caractères chinois avec ce soldat japonais. Heureusement, les Annamites disposent depuis longtemps d'un alphabet accessible à tous. La France a-t-elle aussi fait cela pour son profit ?

– Voilà enfin votre argument imparable ! Sans le savoir, vous venez de toucher là un nœud essentiel. Un nœud douloureux. Je veux bien vous en parler si vous acceptez d'abord de faire abstraction du fait que vous êtes français. Ce ne sera peut-être pas facile. J'oublierai de mon côté que je suis annamite. Nous serons simplement deux êtres humains essayant de communiquer avec un esprit absolument ouvert. Cela exigera beaucoup d'attention de votre part. Sommes-nous bien d'accord ?

Il sort un carnet de sa poche et dessine un idéogramme :

– Ce caractère chinois que vous connaissez sûrement se prononce *homme* en français, *nguôi ta* en annamite, *monus* en cambodgien, *man* en anglais, *hombre* en espagnol. Pourtant, c'est le même idéogramme. Et il se prononce de mille manières différentes, dans toutes les langues du monde, sans jamais changer de forme. Parce que le chinois est la seule langue vivante qui soit universelle dans sa forme écrite. Maintenant, je vais essayer de vous donner une idée de la suite.

人 homme devient : 从 humanité.
大 grand, et 小 petit, deviennent : 大小 taille.
宀 toit, et 女 femme, deviennent : 安 paix.
女 femme, et 子 enfant, deviennent : 好 bien, bon.
心 cœur-esprit, et 小 petit, deviennent : 心小 attention.
日 soleil, et 月 lune, deviennent : 明 brillant. Ces deux caractères pris séparément expriment aussi un concept de durée : jour pour soleil, mois pour lune.

Il dessine de nouveau le soleil 日, mais avec en plus une petite virgule dessus à gauche : '日 entier. Puis il le place au-dessous du jumelage soleil-lune 明 (brillant). Et les trois réunis deviennent : 明月 comprendre.

– Ainsi, ces dix idéogrammes (homme, grand, petit, toit, femme, enfant, cœur-esprit, soleil, lune, entier) permettent d'exprimer, en plus, neuf *concepts* : humanité, taille, paix, bien, attention, jour, mois, brillant, comprendre. Tandis que dix mots transcrits par l'alphabet ne peuvent exprimer davantage ni autre chose que ces dix mots.

Hypnotisé, je contemple les symboles dessinés sur les pages du carnet. Je les sens vivre et danser en moi et je commence à percevoir le fond de ce pays où j'ai passé vingt ans sans que mes yeux se soient ouverts sur son dedans. Mon regard se contentait de balayer la surface de ce peuple, il ne pénétrait pas, il ne cherchait pas plus loin.

– Sans doute me croyez-vous très savant? Détrompez-vous. Au niveau élémentaire et suffisant qui est le mien, les caractères chinois s'apprennent sans difficulté. Cela vous surprend?

Il m'explique ce mystère. Son grand-père, un mandarin du Tonkin, avait trié les cent cinquante idéogrammes les plus utiles, parmi les milliers existants. Et il les lui avait enseignés, entre l'âge de sept et vingt ans, à raison de dix à douze par an. A peine un par mois. Sans peine et sans le distraire de ses études au lycée de Hanoi.

– Nous tous dans ce pays, Français comme Annamites, pouvions en faire autant : cent cinquante caractères chinois dont l'étude serait étalée sur une dizaine d'années, de l'école maternelle à la sortie du lycée. Cela suffit pour bien se débrouiller. Mais surtout, une porte se serait ouverte entre nos deux peuples. Je ne sais pas si vous voyez ce que je veux dire : Français et Annamites se tenant la main, nos cultures s'interpénétrant, chacune donnant à l'autre le meilleur d'elle-même. Au lieu du sens unique intellectuel imposé par vos lois.

Cette idée fantastique se fraye lentement un chemin dans mon esprit. Je la sens couler vers mon cœur, aussi limpide qu'un ruisseau de forêt. Et elle éclate alors comme le soleil et la lune qui font ensemble « brillant » et deviennent « comprendre » en y ajoutant le petit quelque chose...

– Il est indéniable que le *Quoc-ngu* représente un immense apport dans ce pays, poursuit mon compagnon. Mais la France a commis un véritable meurtre en arrachant les racines mêmes de notre culture, par la suppression radicale des caractères chinois dans l'enseignement. Un crime perpétré par orgueil et par mépris. Il suffisait de ces cent cinquante idéogrammes pour que la porte reste ouverte. La France a jugé beaucoup plus profitable de la fermer à double tour, détruisant du même coup le *Ong gia* [1] et le *Ong bai da* [2]. Elle les a remplacés par ses propres pions, une armée de notables formés à son école, dociles, couverts d'honneurs, petits rapaces qui marchent le dos courbé en regardant à terre, avec pour seul souci leurs combines et la protection de leurs privilèges. Le règne de la Honte.

Je le regarde au fond des yeux. Je n'ai vu flamme semblable que

1. *Ong gia :* vieil homme, symbole de la transmission des coutumes.

2. *Ong bai da :* forme allégorique représentant le vieil homme revêtu des sept peaux de la sagesse.

dans ceux du *cai* Tha, quand nous creusions les trous pour transformer la jungle. Du vrai sang de mandarin coule dans les veines de ce *Anh Hai* [1]. Et je sais qu'un jour il sera *Ong bai da.* Si beaucoup d'Annamites pouvaient être comme lui... si nous autres Français pouvions lui ressembler... quel pays formidable nous bâtirions ensemble!

– Je ne m'étais jamais exprimé avec un Français comme je l'ai fait aujourd'hui. Et jusqu'à ces derniers jours, même envers ceux de mon peuple, une extrême prudence de langage restait nécessaire. Vous connaissez votre Sûreté générale, sa cruauté, ses antennes dans tous les recoins de ce pays où tant de gens trahissent les leurs, pour de l'argent, pour des faveurs, des privilèges. Je me serais vite retrouvé parmi d'autres fortes têtes, au bagne de Poulo Condor. Peut-être même fusillé, comme beaucoup qui osaient réclamer la vérité. C'est tellement plus facile de supprimer les questionneurs que de répondre à leurs questions. Les Japonais s'en iront après la guerre, et les Français voudront que tout redevienne comme avant. Ce serait leur dernière erreur. Je veux croire que vous le comprenez.

Pendant un long moment, nous restons accoudés côte à côte. Je demeure muet après son formidable réquisitoire de notre système colonial. Je sais qu'il m'est reconnaissant de l'avoir laissé parler sans l'interrompre, de n'avoir pas discuté l'évidence, d'avoir écouté jusqu'au bout. Et moi, je lui suis reconnaissant pour tout ce qu'il m'a dit, pour ce qu'il m'a appris que j'ignorais encore.

La colline de Nui Trao est tout près maintenant, brillante dans le soleil qui baisse, semblable au buffle dont elle porte le nom. Un buffle colossal, debout sur cette terre créée par le Mékong pour les hommes qui veulent la travailler. Et pas loin sur la gauche du canal se dessinent les douces collines de mon village, où je dormirai ce soir.

Désormais, je saurai parler à Baï Ma. Et aussi avec les autres au village. Je suis né dans ce pays, j'y ai grandi pendant vingt ans et je veux qu'il reste le mien autant que le leur. Mais il aura fallu le coup de force japonais pour me faire ouvrir les yeux sur autre chose que mon plaisir, ma jonque avec Xaï, mes projets, mes affaires personnelles. Et mon Indochine de toujours, je la découvre aujourd'hui, grâce à ce Frère aîné qui se tient près de moi et me montre un chemin.

1. *Anh Hai :* frère aîné.

CHAPITRE 9

Nous avons quitté le village ce matin avant l'aube. J'y suis resté deux mois pleins, avec ma mère et les deux petits, sans voir un Japonais. Le père de Phuoc avait entendu parler d'une très grande bataille dans une île du Japon, et cette fois, j'étais sûr que la guerre touchait à sa fin. Puis un sergent nippon est arrivé de Hatien pour nous dire de préparer l'auto. Le temps était venu de rentrer à Saigon, par le Cambodge, à cause des ponts détruits pendant les derniers bombardements américains dans le delta du Mékong. Cela fera presque cinq cents kilomètres de route et nous sommes partis avant le lever du soleil, escortés par le sergent qui s'est assis entre Tchu et Minh.

Nous traversons Phnom Penh en fin de matinée. La vaste cité khmère est restée calme, nonchalante comme à l'accoutumée, dévouée à son roi vénéré par le peuple. Cette ville paisible étendue à l'ombre des tamariniers m'a toujours donné l'impression de se réveiller lentement d'une longue sieste, et les récents événements qui ont secoué l'Indochine n'ont modifié en rien l'attitude des Cambodgiens à notre égard. Pendant un bref arrêt près de la Pagode d'Argent au bord du Ton-Le-Sap, une femme, vêtue du sarong traditionnel et portant un panier sur la tête, nous offre une poignée de bananes séchées, avec son beau sourire. Elle ne veut rien accepter en échange. Un ami de mon père, qui avait séjourné à Tahiti avant la guerre, disait que Polynésiens et peuple khmer présentent de nombreux traits communs, même gentillesse, même sens de l'hospitalité, même douceur dans le regard.

Tandis que l'auto roule vers Saigon, mon esprit revient sans cesse au village. Le fond de l'air n'y est plus le même. Je me sens inquiet pour l'avenir. Dès mon retour de Rach Gia par la chaloupe, Xaï m'avait fait signe de le rejoindre à notre vieux pistachier en haut de la colline, où seuls les oiseaux et les écureuils pourraient entendre ce qu'il devait me dire.

L'arbrisseau du piège à *con chom* est devenu un bel arbuste, presque un arbre déjà, avec une fourche là où nous l'avions coupé pour amarrer la ligne du nœud coulant. Et en grattant de l'orteil sous les feuilles mortes, un peu plus bas que l'humus, le bois brûlé pour la poule du père de Hao s'est conservé intact sur la terre durcie par le feu, entre les trois pierres du foyer couvertes de mousse. Mais les bruits du village ont changé depuis le mois dernier. Il y manque les chants qui montaient jusqu'à nous de partout à la fois. Et les pilons de bois qui polissent le riz ne se répondent plus. Accroupis l'un contre l'autre à notre place habituelle sur la grosse racine, nous laissons venir à nous les souvenirs d'autrefois.

Après un long silence, Xaï se penche encore un peu vers moi. Et c'est comme si j'écoutais le brusque silence de la forêt, où tous les bruits s'arrêtent quand elle perçoit un danger impalpable et que la peur approche. Il parle à mi-voix d'un fusil caché dans la paillote de Baï Ma. Comment se l'est-il procuré? Mystère. Quelques semaines plus tôt, du temps de l'ancienne loi, cette arme l'aurait conduit tout droit au bagne de Poulo Condor. Mais la loi est passée de son côté. Quand Baï Ma parle, le village incline la tête en signe de soumission. Les gens le regardent comme on regarde le tigre : avec un très prudent respect.

Parti en fumée, mon vaste projet de les sortir de l'esclavage où Baï Ma cherche à les plonger pour son seul profit. Jusqu'à la fin pourtant, Baï Ma est resté courtois. Je peux même dire qu'il est resté amical. Trop de liens l'unissent à ma famille, il ne peut pas les jeter par-dessus son épaule d'une simple pichenette. Il se souvient forcément que ma mère a sauvé son fils aîné de la dysenterie quand il était enfant. Et que mon père l'a sorti d'une sale affaire avec la police de Hatien. Il porte encore les bonnes lunettes solaires que je lui avais amenées de Saigon pour ses yeux malades, il y a cinq ans de cela. Sans compter tous les menus services rendus mutuellement et qui forgent la fraternité malgré nos différences.

Mais je n'ai pas su parler à Baï Ma comme je pensais être capable de le faire après ma rencontre avec le fils de mandarin sur la chaloupe. Et maintenant, mon cœur fait un peu mal quand je regarde le futur.

Les grands cerfs-volants qui veillent d'en haut sur les récoltes ont quitté peu à peu le ciel, et les élégantes charrettes à bœufs du pays khmer ne sont plus là. Les maisons cambodgiennes montées sur pilotis et construites en planches brutes de forêt avec leurs larges ouvertures ont fait place aux paillotes annamites posées à même le sol, murs en torchis, fenêtres minuscules laissant à peine entrer la lumière. Les palmiers à sucre s'éclaircissent déjà sur les terres basses de la plaine des Joncs. La route va tout droit jusqu'à l'horizon. Le Cambodge tranquille est loin derrière l'auto.

Saigon... le choc après l'immensité paisible des campagnes. La ville a complètement changé de visage. Je l'avais quittée quelques mois plus tôt dans le calme. Elle est maintenant sillonnée de profondes tranchées creusées au bord des artères principales, et les carcasses des navires coulés par les bombes pointent leurs étraves çà et là sur l'arroyo. Mais le changement le plus douloureux se lit sur les visages souvent fermés ou méprisants de quelques Annamites. Juste après le coup de force japonais du 9 mars, qui mettait fin à la domination française, plusieurs Français avaient été molestés et parfois tués par des coolies. La nouvelle administration nippone a tout de suite mis fin à ces agissements : l'indépendance, oui, mais pas de règlements de comptes, et surtout pas de pagaille. Les Japonais ont informé la population, par voie de presse, que quiconque se rendrait coupable de ce genre d'exaction serait décapité. Depuis, la ville est redevenue tranquille. Minh et Tchu nous conseillent cependant une grande prudence. Assam tient Babette et Gilbert sous son aile, ils sortent peu et jamais loin de la maison.

Pour le moment, les Japonais tiennent donc les choses en main, dans un ordre où flotte comme un relent de terreur. Des Français soupçonnés d'avoir participé à la Résistance sont torturés à mort par la Kampetaï, cette terrible Sûreté japonaise qui n'a de comptes à rendre à personne : sa loi d'acier, de larmes et de cris d'épouvante, passe par-dessus les têtes les plus gradées de l'armée régulière. La Kampetaï a clairement averti les Français que la guerre est totale. Abadie et Alyette, Leperson et sa femme, habitent chez nous. Les Français ramenés des provinces sont logés par ceux de Saigon. Les Japonais contrôlent tout. La détention d'une arme à feu est passible de la peine de mort immédiate. Mon père est toujours prisonnier avec son régiment et nous n'avons aucune nouvelle de lui.

J'assiste à mes premiers bombardements par les forteresses volantes américaines. Les premiers pour moi, pas pour Françou et Jacky, ils étaient ici pendant mon séjour dans le calme relatif du golfe de Siam.

Les bombes larguées en tapis, à très haute altitude, visent évidemment la défense japonaise; mais il en tombe souvent sur les concentrations de paillotes annamites au bord de l'arroyo. Le journal intime de Françou est rempli de corps déchiquetés dans une bouillie de sang, de membres arrachés, de cervelles mêlées à la boue, de hurlements au milieu des paillotes qui flambent dans l'effroyable odeur de chair humaine grillée par l'incendie. Et du journal de Françou, je verrai longtemps surgir cette femme qui avance vers lui, fantôme rouge trébuchant sur ses entrailles avant de s'écrouler, serrant encore dans ses bras un bébé qui n'a plus de tête.

De l'autre côté de la terre, l'Allemagne écrasée de bombes a capitulé. Quelques semaines avant l'Allemagne, l'île d'Okinawa tombait après des combats effroyables. C'était la grande bataille dont me parlait le père de Phuoc au village. Cette île minuscule, cette parcelle du territoire nippon, est devenue un gigantesque porte-avions américain, une forteresse incoulable, imprenable désormais, à quelques minutes des grands centres nerveux de l'île mère.

Le rêve japonais d'enfoncer l'Amérique a fait place à la réalité des armes. Mais le Japon se bat de toute sa fureur. Et l'Amérique sait que l'Empire du Soleil-Levant n'a pas peur de se battre. Qu'il n'a jamais eu peur et n'aura jamais peur. Quel que soit le prix de son courage. Quel que soit le prix du sang.

Depuis Okinawa, l'Amérique sait que le Japon se battra tout au long de la chaîne des îles, blockhaus après blockhaus, grève après grève, village après village. Il se battra dans les cimetières, il se battra sous les décombres des villes pilonnées par les bombes. Il se battra mètre après mètre. Il se battra à mort. Le Japon a proclamé très haut que chaque mètre carré de la patrie serait pour les Américains un nouvel Okinawa. Et quand il y aura eu trop de morts, alors les morts du pays des Samouraïs se relèveront encore mille fois pour transmettre aux vivants le Grand Souffle qui ordonne à la Terre Sacrée de ne jamais plier le genou.

Une rumeur circule dans les rues de Saigon. Quand l'espérance et la peur se tiennent par la main, quand les sirènes hurlent pour nous jeter à plat ventre sur la terre, quand la mort frappe en aveugle et que le monde est fou, alors toutes les rumeurs sont bonnes à prendre. Dans celle-ci, il paraît que l'Amérique commence à avoir peur de voir couler ainsi le sang de sa jeunesse sur les plages du Japon hérissées de canons. Les pourparlers de paix seraient en cours pour arrêter le massacre. Elle accepterait de traiter d'égale à égale avec le Mikado, elle est en train de discuter un compromis honorable qui laissera chacun rentrer chez soi.

Mais les forteresses volantes continuent de lâcher sur Saigon leurs bombes de cinq cents kilos, sans entendre les rumeurs.

Ce matin, une nouvelle rumeur vient de naître. Au début, nous haussons les épaules, lassés de tous ces bruits menteurs. Pourtant, les forteresses volantes ne sont pas venues depuis plusieurs jours; on ne peut pas s'empêcher de tendre un peu l'oreille en direction de la rumeur nouvelle.

Vers midi, la rumeur a enflé, telle un moustique dont le ventre devient rose, puis rouge. Et avant le coucher du soleil, le moustique de ce matin prend l'aspect du grand Dragon chinois de la fête du Têt, le Dragon aux couleurs de feu, de lumières et de flammes, qui ondule pendant des heures avant de dresser son énorme bouche vers le ciel où il dévore les millions d'étincelles jaillissant des chapelets de pétards offerts par les hommes pour apaiser les dieux. Et ce Dragon-là est tellement fantastique, tellement incroyable, tellement colossal, que toute la ville se fige en retenant son souffle, comme la paillote qui attend le typhon et espère le miracle.

Le soir, je croise dans la rue un officier japonais ivre mort. Je n'avais jamais vu chose aussi impensable.

Trois jours durant, Saigon retient son souffle en regardant le Dragon qui danse. Le Dragon de la Guerre à outrance ou celui de la Paix pour toujours, nul ne le sait encore. Mais l'espoir est immense.

Trois jours durant, Saigon et toutes les villes d'Indochine regardent ainsi danser le Dragon. Toutes les villes d'Amérique aussi, et toutes celles du Japon... sauf une qui n'existe plus d'après le bruit qui gronde, mangée par le Dragon.

Et à la fin du troisième jour, la bête monstrueuse prend son vol et se transforme en *Bom Viên Tua* [1] dans un gigantesque soleil. *Bom Viên Tua*, mot nouveau de la langue annamite, mot nouveau qui bourdonne tout au long des trottoirs, à tous les coins de rues, autour de toutes les petites tables rondes et poisseuses de lait condensé où les coolie-pousse sont accroupis sur les tabourets dans les troquets chinois, aux terrasses de tous les bistrots où l'on ne voit plus un seul Japonais. Ils sont rentrés dans leurs casernes pour écouter ce que leur dit le Mikado.

1. *Bom :* fleur, ou bombe. *Bom Viên Tua :* la bombe (ou la fleur) qui tue tout.

CHAPITRE 10

Un jour, à treize ans, je quittais l'île Hon Mon Tai pour rentrer au village avec le père de Phuoc. C'était la fin d'une période de gros mauvais temps qui nous avait retenus près d'une semaine au mouillage sous le vent de l'île. Pendant ce bref passage du retour, une énorme vague avait presque rempli le bateau. Pourtant, la mousson redevenue maniable et la mer un peu calmée n'annonçaient en rien une vague aussi folle. Après une bonne heure passée à écoper, mon maître m'avait dit :

– Juste après le mauvais temps, on croit que tout est revenu dans l'ordre, et on a tendance à laisser s'endormir la vigilance. Alors, une dernière grosse vague peut surgir de nulle part et envoyer d'un coup le bateau par le fond. C'est comme ça que l'ancêtre du père de Kieu s'est fait avoir. S'il n'y avait pas eu le dauphin ce jour-là, c'était fini pour lui, comme cela a bien failli être le cas pour nous aujourd'hui.

Aujourd'hui j'ai vingt ans et je vais mourir.

Je vais mourir pour avoir oublié cette vague rencontrée avec le père de Phuoc. J'ai laissé ma vigilance s'endormir. Maintenant la vague folle est sur moi et nul dauphin au monde ne pourra me sauver de celle-là.

L'officier japonais a la main sur l'étui de son revolver et il va me tuer. C'est dans le droit fil de l'armée japonaise où une vie n'a aucune importance. La discipline doit être respectée avant tout. Je ne l'ai pas respectée. Alors il doit me tuer pour l'exemple.

Il est debout, jambes écartées sur moi. Je suis par terre, contre le ciment où il m'a lancé d'une formidable prise de judo. J'ai conservé toute ma conscience, et je vois qu'il m'accorde un souffle de temps pour m'en aller sans faire de bruit.

Ma mère est à genoux dans un coin de la cellule, près d'Alyette qui lui serre le bras. Mes deux frères, Abadie et Leperson se tiennent immobiles, debout à côté d'elles. Je vois se lever devant moi le vieux bonze de la grotte des Sapèques. Il tient dans sa main la petite jarre et la clé qu'il voulait me donner... mais j'étais trop enfant et maintenant il est tard.

J'entends le « clic » du cran de sûreté. Les yeux du Japonais sont deux fentes de glace. Ses doigts se crispent sur la crosse du revolver. Il va dégainer dans une fraction de seconde, caler son poing contre la hanche et presser la détente. Et tout sera fini dans un éclat de feu.

Je me relève dans un rêve. Mon être est devenu eau et nuage. Les pas du Japonais décroissent dans le couloir. Deux ailes d'immense lumière volent au-dessus de moi. Autour, dans la cellule, le silence est total. Je vois ma mère agenouillée à la même place près d'Alyette. Les autres n'ont pas bougé non plus, là où je les avais quittés il y a un instant à peine. Je suis entouré de fantômes et dans leurs yeux, la grande question. Ils me regardent comme on regarderait un revenant.

Abadie bouge le premier. Il s'approche de moi. Abadie, c'est plus que mon père. Abadie, c'est l'homme dont j'aurais voulu être le fils. Il effleure mon épaule de sa main, mais je repousse le geste avec tendresse. Je veux être seul. Je ne veux pas qu'on me parle. Je ne veux pas parler. Et même si je voulais, je ne pourrais pas leur dire ce que j'ai vu là-bas. Je ne saurais pas le dire. Ils croiraient que je suis devenu fou...

... Le regard du Japonais avait croisé le mien à l'instant où sa main allait dégainer. Il n'y avait plus de peur en moi, ni de haine, et de prière aucune. Nos yeux sont entrés l'un dans l'autre, il y avait dedans le plus lointain passé des hommes, j'ai vu que lui et moi, nous étions le même, avec une seule sève, la même sève pour tous, la même essence, celle de l'humanité. S'il me tuait, il se tuait aussi. Mais bien plus que cela, c'est tout l'Homme qu'il aurait effacé du monde.

Je le sais maintenant parce que nous l'avons vu ensemble dans ce même éclair. Peut-être qu'un jour j'arriverai à en parler avec Françou, il vit dans les deux mondes à la fois, tantôt ici, tantôt là-bas, on ne sait jamais où il est. Mais aujourd'hui, je veux qu'on me laisse tranquille à penser dans mon coin, je veux tout repasser en détail dans ma tête pendant que les autres se préparent pour une nouvelle nuit.

Tout avait commencé par un acte aussi intelligent que de taquiner un crocodile endormi, le ventre creux après un formidable combat d'où il serait sorti vaincu et gravement meurtri dans sa chair et dans son orgueil. Au lendemain de la deuxième *Bom Viên Tua*, avec Françou et Jacky, à l'heure de la sieste, j'avais envoyé le drapeau français sur la hampe du balcon. Abadie et Leperson se trouvaient placés devant le fait accompli.

Moins d'une heure après cet exploit imbécile, la Kampetaï était là. Sans faire de détail, elle embarquait toute la maison et nous jetait dans une cage de leur sinistre bâtiment, giflés à tour de bras et soigneusement rossés. Ils n'ont pas emmené Babette et Gilbert, trop petits pour être tenus responsables, ni la femme de Leperson, habillée en Annamite et qu'ils avaient prise pour la bonne.

Une cage de trois mètres sur trois, des barreaux en gros madriers, un plancher nu avec une tinette posée dans un coin. Défense absolue de parler, de se tenir debout ni de se coucher, sauf pour la nuit, avant la dernière distribution de gifles. Le lendemain matin, un interprète annamite aux yeux méchants nous annonçait que le colonel japonais ferait bientôt connaître sa décision, et qu'elle serait « très sévère » : nous avions insulté le Japon avec notre drapeau; nous avions également insulté le peuple du Viêt-nam, qui est indépendant et qui a son propre drapeau.

Après trois jours accroupis dans la hantise du pire, nous sortions de ce trou pour être conduits à la prison centrale de la rue Lagrandière, parmi une dizaine d'autres Français coupables de menus délits politiques liés aux récents événements. Nous avions la vie sauve. Plus de Kampetaï, plus de peur au ventre. Et finie cette soif qui nous séchait la gorge. Là-bas dans la cage, deux fois par jour pendant quelques secondes, le garde-chiourme nous faisait passer devant le nez un bol d'eau bouillante; si nous ne pouvions même pas y tremper les lèvres, cela voulait dire que nous n'avions pas vraiment soif; alors, nous étions des menteurs? Peut-être avions-nous très envie d'une bonne petite raclée? Un véritable sadique.

Ici, dans cette vaste cellule, il y a un W.C. à la turque où nous pouvons boire jusqu'à plus soif : on tire la chasse en présentant la noix de coco sous le jet, c'est tout simple. Et s'il n'y a pas de papier pour se torcher, il n'est pas interdit de se laver le derrière, des millions d'Indiens et d'Arabes savent très bien le faire.

Notre garde-chiourme est un soldat japonais. Nous l'avons baptisé « le binoclard ». Il n'est pas méchant et ne porte pas d'arme. Nous sommes autorisés à parler, à marcher dans la cellule, à nous allonger pendant la journée, et même à jouer aux cartes. Tout ce qu'il veut en échange, c'est que nous ne fassions pas de bruit.

Un début de chahut, des voix un peu trop hautes, quelques rires mal interprétés par un garde-chiourme habituellement débonnaire... et l'étincelle se transforme en brasier parce que la vigilance s'est

De la part de Maurice Albert
gendarmes de la Kempeïtaï en patrouille gros sel

endormie quand elle aurait dû rester en éveil après les leçons du passé. Le binoclard furieux a ouvert la porte d'un coup de pied, il a commencé une distribution de gifles. Je ne comprendrai jamais ce qui s'est produit dans ma tête, j'ai esquivé la gifle. Il m'a regardé, incrédule. Alors il m'a durement saisi le coude en mettant son pied derrière ma cheville pour me basculer dans une prise de judo. Si j'étais allé bien sagement à terre, je pense que l'incident se serait arrêté là. Mais là encore, j'ai fait la folie de résister. Je m'étais rebellé contre la loi de fer. Il est devenu très pâle. Il est sorti sans même refermer la porte, pour revenir quelques secondes plus tard accompagné de l'officier. La vague folle était sur moi.

J'entends pépier les moineaux sur les tamariniers derrière la lucarne. L'aube est déjà là. Mon âme est encore pleine de toute l'éternité. Mes compagnons de cellule remuent dans leur sommeil. Passer des nuits avec une ampoule électrique allumée au plafond, ce n'est pas très agréable mais on s'y habitue vite. Dormir à même le ciment n'est pas spécialement doux non plus, mais c'est le Paradis quand la vie est devant.

Une semaine passe, puis deux. Notre cellule est à sens unique; on entre mais on ne sort pas. Depuis le début de notre incarcération, de nouveaux pensionnaires arrivent presque chaque jour. Nous sommes déjà une trentaine, surtout des hommes, mais aussi quelques femmes, tous français à part un Annamite tombé ici on ne sait comment. Leperson pense que c'est un mouchard. Pour moucharder quoi? Il se pose sûrement les mêmes questions que nous. La guerre est-elle finie? Est-il vrai que deux grandes villes du Japon ont été rasées avec une seule bombe pour chacune? Il paraît que oui, mais une chose est certaine : les Japonais ont commencé à vraiment serrer la vis aussitôt après la deuxième *Bom Viên Tua*. Et la guerre n'est pas finie, contrairement à la certitude qui m'avait éclaté le cœur et fait perdre la raison quand j'étais dehors en liberté.

Nouvelle fournée de détenus français. On se serre un peu plus, on se partage du mieux possible les dix noix de coco disponibles, qui nous servent de bols pour la pitance quotidienne. Puis nous voilà bientôt quarante, malgré le départ de ma mère et des autres femmes, transférées hier matin à la prison de Phu-My pour dégorger notre cellule grouillante.

Une canonnade, pas très loin. Aucun bruit d'avions, aucun ébranlement de bombes. Ce n'est donc pas un tir de D.C.A. Alors, quoi? Que se passe-t-il? Puis des rafales de mitrailleuses, tout près. La guerre serait-elle en train de prendre une forme nouvelle? Le lendemain, la rue se met à gronder devant la prison, puis à hurler des slogans antifrançais. Ce sont les communistes, et cela devient une manifestation monstre. Les détenus enfermés dans les autres cellules répondent à la rue, toute la prison se met à hurler. Baïonnette au canon, les Japonais rétablissent l'ordre dans les cellules occupées par les Annamites.

Encore une fournée. Nous sommes près de cinquante, tassés les uns contre les autres sur quatre-vingts mètres carrés de ciment. La chasse d'eau n'arrête pas de nous donner à boire. Mais je crois que la plus grande soif que l'on puisse connaître en prison, c'est la soif d'informations, cet immense besoin de savoir ce qui se passe à l'extérieur. La privation de liberté physique me semble moins douloureuse, je peux m'évader dans ma tête, flâner le long des rues par la pensée, mais je reste un fantôme parmi les vivants, je les vois parler sans pouvoir les entendre.

Notre cellule devient plus habitable. Hier, la moitié de nos compagnons ont été libérés. Françou faisait partie du lot. Ce matin, dix autres sont relâchés. Et cet après-midi, encore six.

Un grondement d'orage approche très vite. Jacky se précipite à la lucarne. Un formidable coup de tonnerre. Jacky a eu le temps d'entrevoir la silhouette d'une forteresse volante américaine passant au ras des toits devant la prison. La D.C.A. ne tire pas. Des nuées de confettis descendent du ciel. Pendant une heure encore, l'avion dessine des cercles au-dessus de Saigon en lâchant ses tracts. La D.C.A. n'a toujours pas tiré. L'émotion nous empoigne. La nuit s'écoule, blanche, à commenter l'événement.

Et puis hop!... le dernier paquet se retrouve dehors en plein soleil, libre de rentrer à la maison. Nous filons comme des dards en rasant les murs.

L'Empire nippon avait capitulé le 15 août 1945, une semaine après la deuxième *Bom Viên Tua*. En Indochine, les Japonais n'avaient pas divulgué l'information. C'est la forteresse volante qui s'en était chargée deux semaines plus tard, en couvrant la ville de tracts alors que nous étions encore en prison.

CHAPITRE 11

31 août 1945.

Sortant tout juste de nos trois semaines de prison, c'est à peine si je reconnais cette ville où j'ai vécu tant d'années. On dirait un serpent enroulé sur lui-même, avec, dans ses écailles, des centaines de Baï Ma qui n'osent pas encore; et des centaines de petits interprètes, comme celui de Rach Gia, qui voudraient bien tuer les Français sans attendre; et toutes les autres écailles, des centaines de milliers d'écailles, masse du peuple indécis que l'inconnu effraie mais attire en même temps, peuple des trotte-menu et des laissés-pour-compte, peuple autrefois si paisible et devenu, en quelques semaines, semblable au buffle sur le point de charger.

Partout des drapeaux à étoile jaune sur fond rouge, le drapeau de l'indépendance. Les défilés se succèdent, au pas cadencé. Le mot *doc lap,* que j'avais entendu murmuré à Rach Gia pour la première fois, est maintenant hurlé par mille poitrines. Le serpent déroule ses anneaux, le buffle renifle le vent en grattant du sabot, nous sentons enfler la haine antifrançaise.

Le vieux compradore de mon père me parle aussi d'une haine plus rampante, celle du Viêt-minh communiste envers l'immense majorité de l'Intelligentsia et de la population annamite restée profrançaise. Intelligentsia et population laborieuse redoutent comme le choléra une indépendance hâtive, mal préparée, synonyme de *long som* (anarchie). Mais le Viêt-minh est là pour enrôler des fanatiques prêts à tout, qui aiguillonnent le petit peuple et savent mater les opposants. Le Viêt-minh n'est pas la voix du peuple, c'est seulement la voix du Viêt-minh, une infime minorité bien décidée à appliquer la règle d'or de toutes les dictatures en herbe : terrorisme et bourrage de crânes à outrance. Avec ça, il est sûr de lever ses troupes et de les faire marcher au pas.

Leperson lit en ce moment un bouquin sur la psychologie des foules, où l'auteur démontre que les gens pris séparément écoutent volontiers la voix de la raison, tandis qu'une masse triturée par une

poignée de meneurs bien organisés peut se transformer en bête féroce. Abadie ajoute qu'il n'y a même pas besoin de meneurs, parfois, pour en arriver là : une brindille qui a craqué dans les broussailles, un rayon de lune miroitant sur une goutte de rosée, une odeur suspecte apportée par le vent, et le troupeau pris de panique et de rage incontrôlable fonce tête baissée en écrasant tout. Leperson et Abadie sont persuadés que si les Japonais partaient du jour au lendemain en laissant tout en plan, Saigon basculerait dans le sang. A commencer par le nôtre. Et aucune arme pour nous défendre, ou tout au moins pour tirer en l'air à titre d'avertissement.

La nuit, sur ma natte, je vois les nids de fourmis rouges que je lançais avec Xaï dans les termitières défoncées. Massacre des Français par les Annamites frappant au coupe-coupe. Puis la termitière devient folle et se retourne contre elle-même pour des règlements de comptes où l'on ne voit plus rien. Massacre d'Annamites par d'autres Annamites. Assam a déjà vu plusieurs cadavres flottant sur l'arroyo. Je songe à ce que disait mon compagnon de voyage sur la chaloupe entre Rach Gia et Hatien, au sujet de ces notables qui avaient choisi le côté du plus fort... quand la France était la plus forte.

Avant notre incarcération par la Kampetaï, les Nippons tenaient tous les postes clés. Depuis, ils ont passé la main aux Annamites qui occupent maintenant la Sûreté, tous les commissariats de police, l'hôtel de ville, et même l'arsenal, avec leurs pistolets tout neufs à la ceinture. Nombre d'entre eux rêvent sûrement d'essayer leurs nouveaux joujoux sur des Français courant à toute vitesse, pas sur des cibles en carton épinglées à un mur. Mieux vaut pour nous filer doux et garder nos yeux aussi inexpressifs que possible.

Mon père et les autres militaires sont toujours prisonniers à la caserne. Les Japonais continuent de veiller à ce que l'ordre règne sur Saigon, en attendant l'arrivée de la commission d'armistice à qui ils remettront leurs armes. Mais ce matin, en écoutant les conversations au marché, Minh a entendu dire que des camions chargés de fusils et de caisses de cartouches ont pris la route de Cholon. Il paraît que cela a commencé depuis la capitulation. Les Japonais seraient donc en train d'armer le Viêt-minh. Ils haïssent pourtant les communistes. Mais ils haïssent encore plus le système colonial... du moins le nôtre puisqu'ils avaient, eux-mêmes, essayé de coloniser la Chine et tout le reste de l'Asie.

Leperson devient terriblement soucieux. Au cours de ses années passées dans la Sûreté, il a désamorcé plusieurs révoltes fomentées par les communistes. Ils n'étaient armés que de coupe-coupe et de

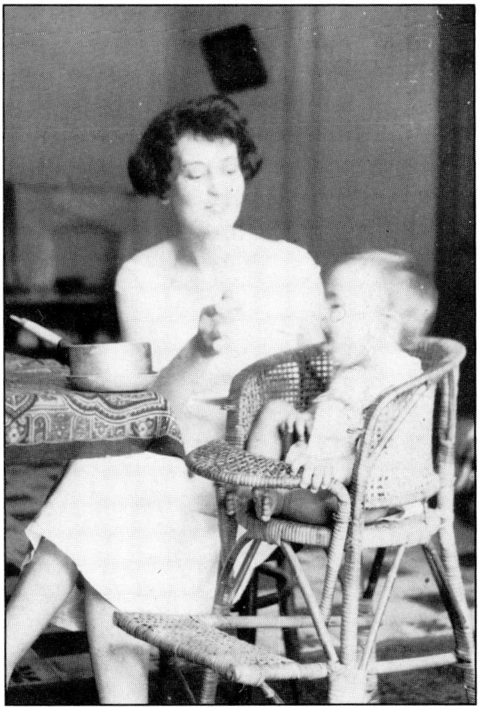

Bernard avec sa mère (1926).

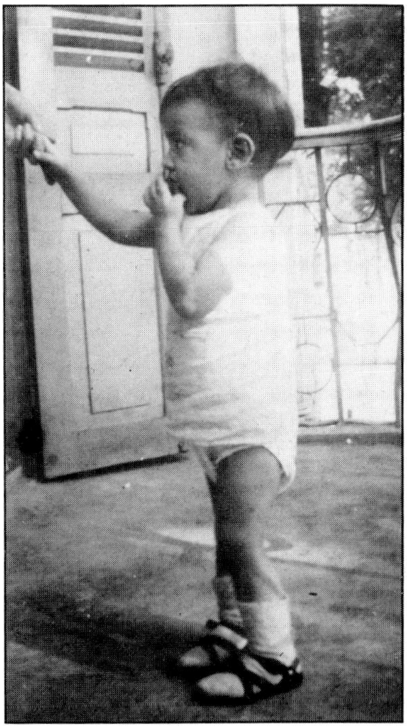

Bernard (1927).

Assam, Bernard et François (1927).

Les trois garçons
dans le « Coolie-pousse », Saigon.

François, Bernard et Jacky (1932).

Jacky, François et Bernard (1933).

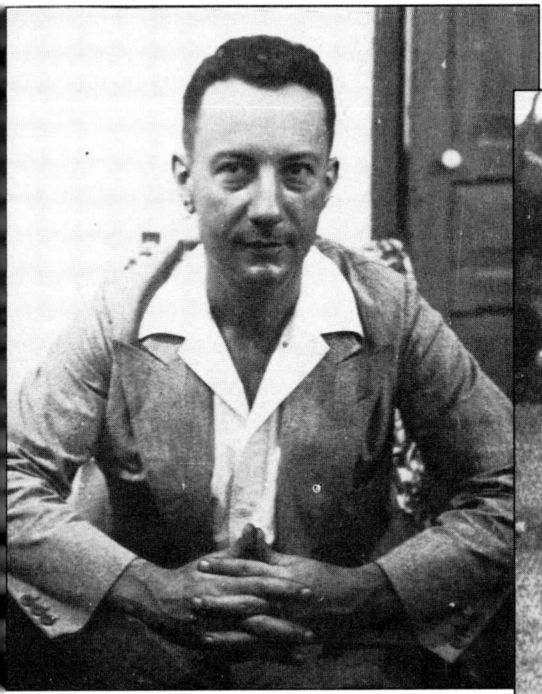

Robert Moitessier (le père), 1934.

François et Bernard (1934).

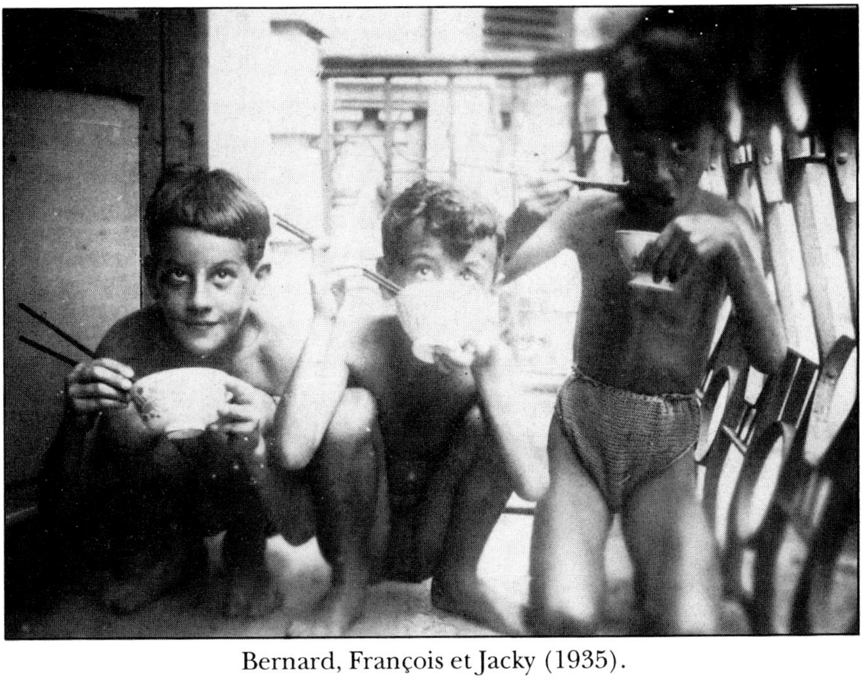

Bernard, François et Jacky (1935).

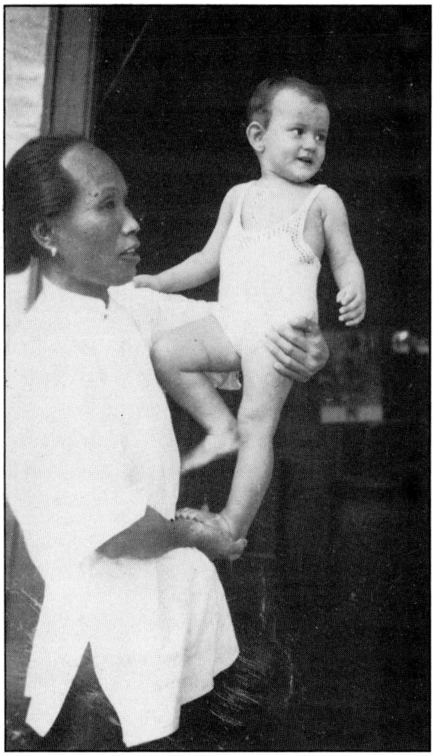
Assam et Babette (1935).

Babette avec sa mère (1936).

Robert Moitessier (1936).

François et Jacky (1937).

Ballades dans les îles voisines du village à bord du « Cerf volant », vers 1943.

Au village, vers 1936.

Cabriette, 1939
(photos ci-dessus).

Ci-contre :
en construction en 1938.

En famille, au village, en 1939.

Le chef de famille grimpant au cocotier sous l'œil narquois de ses enfants…

En vacances au village sur l'une de nos pirogues, avec deux amis Saigonais.
Babette est à l'avant, Jacky pagaille à l'arrière.
En arrière plan, la Pointe aux Singes. (1943)

Les trois fils Moitessier à dos d'éléphant dans un village du Cambodge, au retour des vacances. (1939)

Au village à la même époque.

De droite à gauche :
mon père, Gilbert,
Bernard, Babette.

Au dessus : Françou est au milieu (il était second d'Indochine au cent mètres nage libre).

A gauche : de droite à gauche, ma mère, Babette, Bernard, Jacky.

En week-end sur la plage de Long-Hai. Ma mère, à gauche avec Gilbert et des amis Saigonais.

Babette à Saigon (1940).

Babette et son père,
à Dalat (1939).

Jacky et Bernard (1940).

Famille Moitessier,
entre 1940 et 1943.

Papa mobilisé
(1941).

Maman
(1941)

Bernard
(1941)

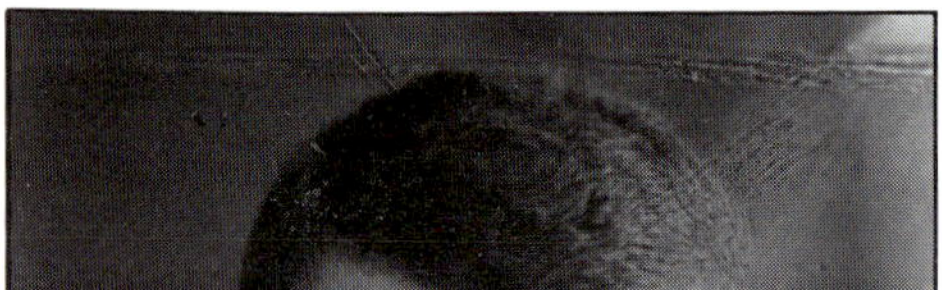

Jacky
(1941)

Françou
(1941)

La jonque de commerce de Bernard Moitessier dans le Golfe de Siam, juste après son service militaire (ci-dessus).

Le «Cerf Volant» au mouillage dans une île proche du village, en 1943 (ci-contre).

La «Marie-Thérèse» *au parfum de résine* (1952).

Carénage de Marie-Thérèse II à Durban.

Petite sortie en mer à l'île Maurice avec Marie-Thérèse II, peu avant son départ vers l'Afrique du Sud.

Bernard Moitessier sur le pont du Snark pendant les préparatifs à Saïgon (ci-dessus).

Avec Pierre Deshumeurs (à droite) pendant les essais du Snark au cap Saint-Jacques (ci-contre).

Picnique avec nos amis de Singapour à bord du Snark (ci-dessous).

Le Snark prêt à quitter Saïgon (1950).

Jean-Claude Mounier (au premier plan) et Bernard Moitessier sur le pont du Snark pendant la première semaine des préparatifs à Saïgon (1950).

… sur le quai devant le Snark (1950).

lances, parfois de quelques fusils fabriqués avec des bouts de tuyau d'eau, extrêmement dangereux pour l'utilisateur. Maintenant, ils disposeront d'armes à feu modernes et dotées d'un immense prestige aux yeux de la population. Si les troupes françaises ne se dépêchent pas d'arriver de métropole pour remettre bien vite les choses en ordre, tout le patient travail de pacification qui avait transformé l'Indochine en un pays prospère où il faisait si bon vivre devra être repris de zéro.

2 septembre.

La Commission d'armistice débarque à l'aéroport : quelques officiers américains, anglais et français. Le Viêt-minh décide alors de fêter l'indépendance de l'Indochine. Cela devient une énorme manifestation antifrançaise. Elle commence sur un boulevard Norodom noir de monde, pour se terminer le soir, place de la Cathédrale, dans la démence. Les Japonais en armes, responsables du maintien de l'ordre, n'auront pas le temps d'intervenir. Le père Tricoire est arraché de son presbytère, traîné devant la cathédrale et massacré. Six ou sept Français sont tués chez eux. D'autres sont pris en chasse dans les rues, battus, laissés pour morts ou brutalement conduits dans les locaux de la Sûreté où on leur crache encore à la figure avant de les enfermer. Aujourd'hui le serpent a dressé la tête et il a frappé d'une manière terrifiante. Sur sa peau luisante de haine, on peut voir des quantités de Baï Ma devenus communistes. Ils se multiplient comme les microbes d'une fièvre mortelle. Nous savons maintenant que notre vie est en réel danger.

12 septembre.

Les Annamites observent de loin, accroupis sur les trottoirs par petits groupes silencieux. Le marché bourdonne de bruits nouveaux, les voix y sont plus basses que d'habitude.

Les Japonais se tiennent au garde-à-vous, leurs yeux perdus dans le lointain. Ils reprendront bientôt la mer pour aller reconstruire leur pays.

Chez les Français de Saigon, c'est le délire, il y a des larmes dans nos yeux, nous n'osions plus y croire. Le général Gracey vient d'arriver avec ses troupes britanniques en uniformes verts. Ce sont presque tous des Gurkhas, un corps d'élite de l'armée des Indes. Et parmi les

Gurkhas, un contingent de soldats fait vibrer nos cœurs. Ils portent l'uniforme de l'armée britannique, mais avec, cousu en haut de la manche, un petit écusson marqué « France ». Et ils parlent français comme vous et moi, avec l'accent parisien ou celui du Midi.

Plus de défilés ni de banderoles appelant le peuple à la révolte, plus de drapeaux rouges à étoile jaune brandis par le Viêt-minh buveur de sang. Du jour au lendemain, Saigon retrouve un calme relatif, avec les rues du centre ville sillonnées d'uniformes alliés.

Nous avons peine à reconnaître notre père quand il rentre à la maison le jour même. A part ses yeux qui brillent, on dirait un squelette. Agé seulement de quarante-cinq ans, six mois de détention sous la poigne japonaise lui ont donné un terrible coup de vieux. Ils étaient plus de quatre mille prisonniers dans cette caserne du 11e R.I.C. Des punaises par myriades, une planche nue pour dormir, un bol de riz quotidien accompagné d'un bouillon de liserons d'eau. Et avec ça, un énorme pourcentage de dysentériques privés d'émétine, et de paludéens claquant des dents sans quinine ni couvertures.

Mais le coup de grâce, ils l'avaient reçu sous la forme d'un petit discours adressé par « un émissaire de la France », venu leur rendre visite le 22 août, une semaine après la reddition japonaise. Devant Abadie et Leperson complètement ébahis, mon père nous résume l'esprit de ce discours historique : « Vous dont la mission était de défendre l'Indochine, vous n'êtes en vérité qu'un ramassis de traîtres et de collaborateurs vichystes, vous avez pactisé avec l'ennemi depuis 1940. Alors, puisque vous aimez tellement les Japonais, restez donc sous leur bonne garde jusqu'à l'arrivée des vraies troupes françaises. » En fait de libération par les vraies troupes françaises, c'est le général Gracey de l'armée britannique qui a donné l'ordre aux Japonais d'ouvrir les grilles de la caserne des « traîtres », le matin même de son entrée à Saigon.

Quelques jours passent dans un équilibre précaire. Des troupes fraîches débarquent régulièrement, amenées par les avions gros-porteurs, surtout Gurkhas et Indiens de l'armée britannique. Mais les banderoles s'agitent de nouveau, des Français isolés et des Annamites profrançais sont tués par le Viêt-minh. Des coups de feu éclatent un peu partout. Françou, qui aime se faufiler dans les coins chauds sur sa bicyclette, a failli se faire descendre. Jean Conrad, un vieil ami de la famille, est enlevé un soir en rentrant de son bureau [1]. Ce ne sont plus un ou deux cadavres qu'on voit passer sur l'arroyo, mais des dizaines maintenant. Et nous éprouvons une véritable haine envers le Viêt-minh qui veut détruire cette belle Indochine.

22 septembre.

Pendant les trois derniers jours, le bâtiment de la Sûreté et presque tous les commissariats de police ont été repris par les Français, en accord avec le général Gracey. Il a décrété la loi martiale et fait saisir des journaux annamites qui poussaient le peuple à la révolte. Dans les rues, depuis plusieurs jours, des groupes de jeunes Français maltraitent des Annamites, les insultent et les brutalisent. Le massacre du père Tricoire et les tueries aveugles du 2 septembre sont encore chauds dans nos esprits, nos cœurs se sont endurcis, ils ne distinguent plus très bien maintenant les nuances entre le bien et le mal, entre le nécessaire et le nuisible. De nombreuses maisons d'artisans annamites, soupçonnés (à tort ou à raison) de connivence avec le Viêt-minh, sont perquisitionnées par des civils venus prêter la main aux militaires. Je fais souvent partie de ces groupes. Nous saccageons tout, renversons les armoires pour voir ce qu'il y a derrière, répandons sur les planchers le contenu des coffres à provisions, donnons des coups de pied dans des portes que nous pourrions ouvrir simplement en actionnant la poignée... bref, nous nous conduisons comme de parfaits vandales.

Au cours de ces journées sauvages, la petite voix intérieure essaie parfois de me dire que je suis en train de flirter avec l'un des plus sournois et des plus dangereux sommets de la connerie humaine. Je trouve plus simple de chasser la petite voix qui bourdonne comme un moustique à mon oreille. Ma mère devient furieuse en apprenant cela : « Vous trois et tous vos camarades, vous vous conduisez non seulement comme des lâches, mais aussi comme des crétins ! Vous rendez le mal en échange du mal, au lieu d'essayer l'autre chemin, il déboucherait forcément sur un peu plus de lumière pour tous, Français et Annamites. »

Et la voilà qui recommence à nous parler de son bon Dieu ! Mais s'il existait vraiment, son bon Dieu, ce ne sont pas les occasions qui lui auraient manqué de se manifester ! Ça fait deux mille ans qu'ils en parlent, de son bon Dieu... et qu'est-ce qu'on voit quand on regarde autour de soi ? Alors, merde !

1. Il a disparu pour toujours. Plus de trois cents civils français et eurasiens ont été assassinés au cours des mois de septembre et octobre 1945, sans parler d'un nombre très important d'Annamites hostiles au Viêt-minh.

23 septembre.

Jacky n'est pas rentré hier soir. Toute la nuit dernière, nous entendions des tirs de mitrailleuses et d'armes individuelles, de l'autre côté du pont de Kanh-Hoi qui traverse l'arroyo chinois à quelques centaines de mètres de chez nous. Ce matin, avec Françou et Abadie, nous nous faufilons jusque là-bas et trouvons Jacky en train de faire le coup de feu avec un mousqueton récupéré sur un blessé. C'est là qu'il avait passé la nuit, dans une tranchée défendue contre les Viêts par les marsouins de l'enseigne de vaisseau Romé, mon ancien chef des scouts marins. Lui et ses hommes ont connu les geôles japonaises en même temps que mon père.

Les coups de mousqueton claquent de tous les côtés. Je n'avais jamais vu ce regard dans les yeux de Jacky. A deux cents mètres, il vient d'étendre un Viêt qui se faufilait entre des sacs de sable. Je le supplie de me prêter son fusil, que je puisse tirer un peu moi aussi. Il me répond : « Non mais tu rigoles... tu n'avais qu'à être ici la nuit dernière au lieu de roupiller. » J'ai presque envie qu'il se ramasse une balle dans le bras, pour pouvoir tenir enfin dans mes mains son mousqueton tout chaud. Avec Abadie, je fais passer les munitions. Il me parle un peu de Verdun : « L'odeur de la poudre a quelque chose de fantastique, mais tu dois t'en méfier, elle transfigure l'homme et le rend semblable à un dieu carnivore. »

Ce soir à la maison, je regarde Jacky déguster son dîner. Hier encore, c'était mon petit frère. En l'espace d'une nuit, il est devenu mon supérieur, de très loin. Parce qu'il a tué. Je le regarde se lever de table, poser sa serviette et traverser la pièce pour aller dans sa chambre. J'ai peine à croire qu'il a seulement dix-huit ans. C'est maintenant un homme. Non, il est bien plus qu'un homme. Je peux voir le halo qui l'entoure, comme sur les images saintes du missel de ma mère.

26 septembre.

Saigon se réveille dans l'horreur. Un ouragan de folie meurtrière s'est abattu la nuit dernière sur un quartier périphérique, la cité Hérault. Un massacre d'une épouvantable cruauté, près de cent cinquante cadavres atrocement mutilés, hommes, femmes, enfants, bébés, tous français, eurasiens, ou femmes annamites mariées à des Français. Saigon a basculé dans le sang. Saigon est frappé de stupeur.

En allant voir avec Jacky, je songe à Baï Ma et à ce que me disait Xaï la nuit avant mon départ du village. Si le hasard de la naissance avait fait de Baï Ma un Saigonais, aurait-il pu tremper ses mains dans un pareil massacre, ces femmes éventrées au coupe-coupe, ces bébés saisis par les pieds et lancés contre les murs devant les mères hurlantes, cette jeune Annamite avec le sexe de son mari français cousu dans la bouche, cet ignoble carnage d'innocents qui paient pour une haine aveugle, une haine raciale et idéologique attisée par des assassins qui ont dépassé l'imaginable de la monstruosité? Si je m'étais trouvé hier soir comme un fantôme invisible dans la cité Hérault avec Baï Ma près de moi, l'aurais-je vu faire cela? Mon cœur me dit que non... ma tête me dit que oui. Et je ne sais plus lequel des deux je dois écouter, lequel des deux j'ai encore le droit de croire.

En écoutant les récits des rescapés à moitié fous qui sanglotent de terreur et de rage, en regardant leurs yeux remplis par l'épouvante, en marchant dans ces flaques de sang partout, je deviens tout entier une immense colère. Et mon cœur peut aller se faire foutre!

Il faut absolument écraser le Viêt-minh, cette infection, cette vérole dont le but évident est de détruire notre beau pays à tous. Et nous devons le faire très vite, très fort et sans pitié. Ou alors, il n'y aura bientôt plus d'Indochine pour personne.

CHAPITRE 12

Tous les militaires du 11e R.I.C. qui tiennent encore debout sont maintenant réarmés. Mon père avait regagné sa caserne trois jours à peine après sa libération. Les troupes françaises arrivent de métropole. Des unités de Gurkhas et de soldats anglais viennent en renfort, de Singapour et des Indes : six navires de guerre britanniques le 30 septembre, cinq transports de troupes le 6 octobre. Le croiseur français *Triomphant* est accueilli par nos hourras. Je rêve d'effectuer mon service militaire dans la Marine. Malheureusement, les places sont chères, à moins de m'engager pour cinq ans. Mais cinq ans de ma vie au garde-à-vous sous un morceau de toile bleu-blanc-rouge pour naviguer un peu de temps en temps à condition d'être bien sage... ça me fait reculer.

D'autres unités plus légères accostent les quais, et c'est comme si elles me faisaient signe. Même si je pouvais m'engager pour trois ans, ce serait encore trop long pour moi. Avec Abadie, je me contente d'admirer leurs gros canons, et surtout les puissantes mitrailleuses antiaériennes ultra-maniables dont elles sont équipées, véritables petits fauves capables de cracher des rafales d'obus de 20 mm dans toutes les directions.

Avant-hier, le général Leclerc nous annonçait l'arrivée imminente de ses quarante mille hommes. Aujourd'hui, voilà qu'il parle d'une trêve signée avec le Viêt-minh, pour engager des pourparlers. Leperson et Abadie sont complètement écœurés par cette nouvelle stupéfiante : pourquoi discuter avec le Viêt-minh? Comment peut-on imaginer qu'un pareil ramassis de criminels ait la moindre intention de tenir sa parole? Les métropolitains sont vraiment naïfs! Déjà, l'émissaire envoyé par la France au mois d'août pour préparer le terrain au nouveau gouverneur de l'Indochine s'était fait avoir en beauté par les représentants du Viêt-minh; non seulement il avait maintenu à l'intérieur des grilles japonaises nos quatre mille militaires qui auraient peut-être pu désamorcer à temps la bombe Viêt-minh (en tout cas empêcher les tueries du 2 septembre et l'effroyable massacre de la cité Hérault), mais en plus, au lieu de se faire éclairer par nos anciens fonctionnaires français et annamites (tous des « collabos » et des « vichystes » évidemment...), il n'avait rien trouvé de mieux que d'aller voir tout droit les représentants du Viêt-minh. Ils avaient dû se lécher les babines en voyant débarquer chez eux ce plénipotentiaire français tout blanc, tout blanc, jamais touché par le soleil de l'Indochine et qui venait leur demander conseil à eux! Après avoir raccompagné dans ses quartiers ce brillant personnage, en lui promettant tout ce qu'il voulait, le Viêt-minh s'était sûrement offert l'un de ses plus joyeux éclats de rire.

Et maintenant la trêve! Non mais sans blague... on nous prend vraiment pour des idiots! Il serait grand temps que les nouveaux dirigeants envoyés par la France arrêtent de se laisser rouler dans la farine avec les bonnes paroles du Viêt-minh. La seule bonne parole que les Viêts puissent comprendre, c'est la voix du canon et celle des mitrailleuses, c'est avec ça qu'il faut leur parler, pas avec des signatures sur du papier dont ils se torchent avant même que l'encre ait séché.

La trêve est rompue après une semaine. Le Viêt-minh prétend que nous avons tiré les premiers. Les Français disent évidemment le contraire. De toute manière, on s'en fout, cette comédie ne pouvait pas durer plus longtemps.

Leperson a repris ses fonctions dans la Sûreté. Il nous apprend que Saigon est encerclé par vingt mille Viêts, sans parler de tous les repaires où ils sévissent dans les quartiers périphériques. Ils ont décrété la grève générale et interdisent le ravitaillement de la ville.

Les *Spitfire* du général Gracey mitraillent en piqué le village de paillotes du quartier de Thu-Duc, qui grouille de Viêts. Giadinh est investi par les Gurkhas. Le quartier des paillotes de la rue de Verdun prolongée, autre repaire de Viêts, flambe de bout en bout (2 km de long sur 1 km de large) et les flammèches emportées par le vent arrivent jusqu'à la rue Catinat, en plein centre de Saigon. La zone de Phu-My et du parc à Mazout est reprise par les marsouins du 11ᵉ R.I.C., soutenus par le redoutable commando Ponchardier.

Bientôt, tous les nœuds routiers sont occupés par les mitrailleuses françaises. Nos avisos sillonnent déjà les voies fluviales, et des dizaines de *Landing Crafts* escortent les convois de jonques chargées de riz. L'étau est desserré. Nous prions pour qu'il n'y ait pas une nouvelle trêve imbécile qui permettrait aux Viêts de se réorganiser.

De nombreux Vietnamiens se sont portés volontaires pour

combattre aux côtés de l'armée française. Au cours de la semaine dernière, Abadie participait à la mise au point d'un tract que l'aviation a semé dans le ciel de tous les villages, pour appeler le peuple à l'union franco-vietnamienne. On ne dit plus « Annamites », mais « Vietnamiens ».

Avec plusieurs centaines de jeunes Français et Eurasiens de Saigon, mes deux frères et moi nous nous engageons dans le corps des G.V.L. (Groupe Volontaire de la Libération). On nous remet des armes hétéroclites, presque toutes japonaises, fusils, petits mortiers, quelques grenades.

Les Viêts ne tirent pas encore très bien, mais il paraît que des déserteurs japonais sont parfois avec eux. Kurtz, qui habite la maison mitoyenne à la nôtre, a eu les deux cuisses traversées par la même balle. Elle n'a pas touché le fémur. Gashe est ramené par les copains avec une artère tranchée à l'aine. Il s'en sort. Vidal, Claussen, Juvencelli et Bonnier auront moins de chance, ils se font descendre pour de bon. La section des G.V.L. du capitaine Leblanc tombe dans une embuscade. Ils y restent presque tous. Au cours d'une patrouille à Cholon, Françou et Jacky échappent de peu à une rafale de fusil-mitrailleur.

La guerre a vraiment commencé pour nous tous : guerre de libération de l'Indochine, une guerre où nous devons à tout prix, Français et Vietnamiens ensemble, débarrasser notre pays commun du cancer communiste représenté par le Viêt-minh.

Ma mère prétend qu'aucune guerre n'est justifiable aux yeux de la morale.

– Mais alors, questionne Abadie, fallait-il laisser Hitler dicter sa loi au monde? Et doit-on permettre au Viêt-minh de vouloir ramener l'Indochine encore plus bas que le niveau zéro?

Elle lui répond que les livres d'histoire seront bien obligés, un jour, de dire enfin la vérité sur les raisons réelles de toutes ces boucheries, au lieu de nous bourrer le crâne d'un tas de mensonges. La voilà repartie dans ses histoires de bon Dieu!

Je me lève de table et la laisse discuter avec Abadie, il est plus patient que moi...

Pendant ma première semaine aux G.V.L., je fais partie avec Françou et Jacky de la patrouille commandée par Abadie. Il n'a pas besoin de nous apprendre à tirer, les jeunes d'Indochine sont presque tous de bons tireurs. En revanche, il consacre une heure par jour à nous enseigner des tas d'astuces concernant le lancer de la grenade, arme qu'il vénère pour se sortir d'une embuscade.

Malheureusement pour nous, Abadie est bientôt muté comme conseiller à l'état-major du général Leclerc. Et j'apprends avec stupéfaction qu'il fait partie depuis très longtemps des services secrets de Cochinchine. Il est spécialiste de la secte caodaïste [1], qu'il a réussi à infiltrer, et dont il a pu étudier l'évolution antifrançaise au fil des années. Le commandant japonais de Rach Gia ne savait donc pas tout sur Abadie, et moi, encore moins.

A un retour de patrouille en début d'après-midi, le chef de la section G.V.L. m'appelle dans son bureau :

– D'après ce que me disait Abadie, il paraît que tu parles couramment le vietnamien.

– Pas aussi bien qu'un pur Vietnamien, mais bien quand même...

– Va voir la *Gazelle*, elle est à quai. Dis à l'officier de garde que tu viens de ma part. Ils ont peut-être un travail intéressant pour toi. Attends, je lui fais un mot.

Je n'en crois pas mes oreilles. Pourvu que ce soit vrai jusqu'au bout! Il reprend mes grenades et mon fusil japonais, malgré mes protestations. Cinq minutes plus tard, je gravis la passerelle, salue l'officier de garde et lui remets mon précieux papier. Il me conduit au bureau du commandant.

– J'ai besoin d'un interprète. Pouvez-vous me traduire cela?

C'est un appel du Viêt-minh à l'insurrection, je connais ce tract par cœur. Le commandant me fait ensuite traduire un paragraphe de journal vietnamien. Il vérifie à mesure sur une feuille de papier posée devant lui. Et me voilà incorporé comme matelot-interprète dans la compagnie de débarquement des fusiliers marins de la *Gazelle*, aviso de 600 tonneaux, canon de 90 sur la tourelle arrière, canon de 40 à répétition sur la plage avant, canons mitrailleurs de 20 sur les bastingages, cent vingt-cinq hommes d'équipage, tous vrais Français de France. Je suis ivre de joie!

Le second maître me conduit au poste des matelots, m'indique un casier libre, me donne une couverture, un hamac et ma gamelle. Au moment de regagner la coursive, il aperçoit trois gars tassés dans un coin :

– Garguy! Escotte! Linares! Qu'est-ce que vous foutez encore là au lieu d'être à vos postes de travail! Vous commencez à me gonfler, toujours ensemble à tirer au flanc, je vais finir par vous foutre en

1. Caodaïsme : secte fondée en 1926, mélange de diverses religions orientales, de christianisme, et de spiritisme.

cabane tous les trois! Tenez, montrez au bleu comment on grée un bois de lit.

Mes nouveaux camarades m'aident de bonne grâce. Garguy, un costaud qui rigole et plaisante sans arrêt. Linares, des muscles comme des cordes, il ressemble un peu à Françou. Escotte, des épaules de laboureur et de sacrés biceps. Mais j'apprends avec surprise qu'il n'y a pas de réelle équipe d'athlétisme sur cette unité qui compte plus de cent gars de notre âge.

– Tu sais, me répond Linares, le sport c'est plutôt pour les bourgeois qu'ont pas grand-chose à foutre, à part faire trimer les autres. Nous, en France, on n'arrête pas de bosser depuis qu'on est gamins, alors, tu comprends, quand on rentre crevés du boulot...

Il a dit ça gentiment. N'empêche qu'il me faudra naviguer avec doigté sur ce bateau. J'admire les fines épissures qui terminent les brins de mon bois de lit. C'est le fameux hamac de la Marine, grosse toile tendue entre deux bâtons et qu'on croche par des pitons aux poteaux métalliques du poste d'équipage. Ces poteaux en grand nombre sont sûrement les bienvenus en mer pour se cramponner, car ça doit tanguer dur dans ce local placé juste derrière le puits à chaînes. Outre leur fonction essentielle qui est de soutenir le plafond, je remarque au premier coup d'œil qu'ils servent aussi à immobiliser les bancs et les longues tables disposés un peu partout, c'est bien étudié, ça sert à plusieurs choses à la fois, c'est vraiment intelligent.

– Pour grimper dans ton bois de lit, me dit Escotte, tu mets un pied sur le banc, l'autre sur la table, et hop! t'es là-haut comme au Paradis, essaie voir, t'as pas l'air trop con pour un bleu.

Pas besoin d'être très malin pour savoir comment s'y prendre, je voudrais le voir grimper à un cocotier, celui-là! Mais je n'aurais pas pensé qu'un bois de lit soit aussi confortable. Le hamac d'Indochine est trop arrondi, trop souple pour qu'on puisse y passer une nuit entière sans se réveiller rempli de courbatures, il ne sert que pendant la sieste ou pour bercer le bébé. Dans le hamac de la Marine, on peut dormir presque à plat sur le dos, ou en chien de fusil, à volonté comme dans un lit, c'est une belle invention qui ne prend pas de place.

Escotte et Linares s'apprêtent à regagner le pont. Ils traînent les pieds vers l'échelle de coursive, pas du tout pressés de retrouver du travail. Garguy leur fait remarquer que c'est idiot, le clairon de la soupe va bientôt sonner. Ils reviennent aussitôt. Garguy m'aide à ranger le bois de lit dans mon casier.

– T'en fais pas pour le second maître, toujours à nous gueuler après, mais la cabane, c'était en France. Ici, elle est remplacée par les points rouges sur le livret militaire, ils seraient pas assez cons pour nous mettre au niouf, ils préfèrent qu'on aille se faire trouer la peau pour les gros colons. Qu'est-ce qu'il branle dans la vie, ton paternel?

Il a fait cette réflexion sans y mettre d'agressivité, je peux le voir en regardant ses yeux. Nous faisons simplement connaissance tous les quatre, un peu comme les chiens qui se reniflent le derrière pour savoir qui est qui et d'où vient le nouveau. Je sens que ça se passe bien, nous finirons sûrement comme dans *Les Trois Mousquetaires*...

Quelques secondes après la sonnerie du clairon, nous sommes une trentaine attablés devant notre « soupe ». Voilà des années que je n'avais pas mangé de pommes de terre, et la viande est copieuse, le pain tellement parfumé qu'on dirait du gâteau en meilleur, le boulanger du bord le fabrique lui-même avec de la vraie farine de blé. Mais le type à côté de moi prend toute la place, étale ses coudes sur la table, me pousse, fait comme si je n'existais pas. Alors je pousse aussi, j'aime bien manger tranquille. Celui-là, j'ai tout de suite repéré qu'il ne m'aimait pas, un gros costaud du genre garçon boucher qu'on voit sur les images.

– Dis-donc, toi le bounioul, raconte un peu comment tu léchais le cul des Japonais pendant que nous on se battait contre les Allemands...

Cette ordure a parlé bien haut pour être entendu de tous. Les conversations s'arrêtent net. Plus un tintement de couvert sur les gamelles en aluminium, tout le monde attend la suite... hou la la... faut mettre bien vite les choses au point, sans quoi ils me rendront tous la vie intenable sur ce bateau... et d'un revers de main, je balance à toute volée sa gamelle de patates sur le plancher. Il se lève, je suis déjà debout, une feinte du droit, un crochet du gauche à la mâchoire, je lui écrase mon poing droit sur la gueule, et le gauche repart aussi vite pour le cueillir au retour. Il n'en a pas vu arriver un seul.

Le gros porc a son compte, il s'écroule comme un accordéon. Comme disait Abadie, « vaut cent fois mieux se brouiller d'un seul coup en trente secondes avec un connard que par petits bouts sur six mois ». Et là, ça m'a pris moins de deux secondes. Bon, c'st fini, maintenant il me foutra la paix. Mais je veux que les autres aussi aient bien compris :

– Écoutez, les gars, je ne sais pas ce qu'on vous a raconté sur les Français d'Indochine, mais je peux vous dire que personne ici n'a jamais léché le cul des Japonais. Ils étaient là parce qu'ils étaient les plus forts. Si on avait fait le moindre geste pour essayer de les virer, on serait tous morts. C'est pas plus compliqué que ça et c'est facile à comprendre.

Peu après la soupe, nous quittons le quai pour descendre la rivière de Saigon en direction du cap Saint-Jacques. Vers deux heures du matin, le klaxon se met à hurler dans tout le bateau, nous arrachant à nos bois de lit : « Aux postes de combat ! » Sur la berge, près d'un village occupé par les Viêts, une patrouille française est en difficulté ; on nous parle en morse, par signaux lumineux. Rafales de 20, rafales de 40, je n'avais jamais entendu un boucan pareil, mais c'est nous qui tirons. A l'aube, embarquement d'un mort et de trois blessés parmi les marsouins que nous sommes venus dégager. Les Viêts aussi savent tirer.

Et Jacky disait vrai, le mousqueton de la Marine est une petite merveille, bien en main, facile à épauler en une fraction de seconde, avec son canon court et sa grosse ligne de mire. J'ai découvert une autre merveille, les jumelles montées sur pivot de chaque côté de la passerelle, qui permettent d'y voir dans la nuit comme si on était tout près, tellement leur grossissement et leur luminosité sont fabuleux.

La guerre est bien engagée. Nous circulons beaucoup. Je déborde d'admiration pour notre Pacha, le capitaine de vaisseau Quémard. Il manœuvre son bateau avec autant d'aisance et de précision que s'il s'agissait d'un sampan. La *Gazelle* échouée sur un banc du Mékong, le Pacha nous sort de là en faisant courir l'équipage d'un bord à l'autre, cent vingt paires de jambes, officiers compris, tous ensemble au coup de sifflet. Après une vingtaine d'aller-retour, la *Gazelle* commence à rouler comme si elle était en mer... et petit à petit, les six cents tonnes d'acier s'arrachent de la vase.

Je me sens bien parmi ces nouveaux camarades venus de si loin. C'est comme si je respirais un air totalement neuf, rempli d'une fraîcheur d'aube où la vie se réveille et s'étire. A Saigon, j'évoluais dans le cercle fermé des jeunes « fils de famille ». Chacun se connaissait de longue date, avec ses modes de pensée coulés dans un moule unique, celui de la bourgeoisie coloniale, un peu étroite d'esprit à force de tourner en rond sur les mêmes éternels sujets. Heureusement qu'il y avait les copains de sport, c'était précieux. Mais je comprends que dans l'ensemble, j'ai souffert d'une sorte d'anémie sur le plan humain, tout comme on peut souffrir d'anémie physique à cause d'une alimentation trop peu variée. Maintenant, mêlé à tous ces gars issus d'horizons très différents de celui que j'ai toujours connu, je sens mon être s'élargir dans un nouvel élan de vie mentale. Garguy était pâtissier, Linares faisait son apprentissage comme charpentier,

Escotte dans la mécanique, Boiteux dans la carrosserie, et les autres travaillaient aussi de leurs mains ou avec leur sueur. Moi, je n'ai transpiré que sur les terrains de sport et je ne sais pas faire grand-chose de mes dix doigts. Je regardais faire, je m'intéressais parfois à la manière de faire... mais je ne faisais pas vraiment moi-même. Ici, grâce à la diversité que je rencontre sur ce bateau, je pourrai apprendre des tas de choses utiles pour plus tard, passer à un autre niveau sur le plan pratique. Je décide également d'utiliser tout mon temps libre à rattraper l'énorme retard scolaire accumulé depuis l'enfance. Mes tours de quart, ces longues heures perdues dans le néant mental, s'écouleront désormais en compagnie de mes bouquins de classe. Puisque je dois passer au moins un an sous les drapeaux, peut-être même deux ans, mieux vaut agir en sorte que ce temps ne soit pas gaspillé à ronchonner contre la discipline...

Pendant les six premiers mois, la *Gazelle* sillonne les fleuves et arroyos du delta, entre Saigon et Phnom Penh. De concert avec l'armée de terre, nous reprendrons l'une après l'autre toutes les villes de province que les Viêts avaient soumises à leur loi. Je connais les régions que nous traversons, je les ai parcourues maintes fois par la route. J'ignorais cependant que ma Cochinchine se révélerait aussi nouvelle et variée, vue de la passerelle de cet aviso, ou en me faufilant au ras de l'eau, à bord du *Landing Craft* sur lequel notre compagnie de débarquement opère le plus souvent.

Pourtant les rizières sont les mêmes, ondulant sous le vent de mousson. Les villages au bord des petits rach sont là comme avant, ombragés de palmiers d'eau, de cocotiers et d'aréquiers où vivent les lézards volants. C'est mon regard qui a changé. L'Indochine était autrefois un pays en paix et je la voyais ainsi. Désormais, l'Indochine est en guerre. Nous sommes là pour la sauver du communisme. Mes yeux ne sont plus ceux d'avant.

« Aux postes de combat ! » Ce klaxon, je l'ai entendu hurler bien souvent depuis ma première nuit à bord de la *Gazelle*. A tous les coups, j'ai le ventre qui se contracte, je deviens pâle, mon cœur bat la chamade... et puis la paix revient en moi aussitôt mon mousqueton dans les mains. « Grouillez-vous ! Grouillez-vous ! » glapit le second maître. Avec mes camarades, je prends place parmi les biffins [1]

1. Biffin : terme général employé dans la Marine, pour désigner les militaires de l'armée de terre, à l'exception du corps des Parachutistes et de la Légion.

entassés dans la barge à moteur amarrée à couple. D'après les dires d'un sampanier, Chaudoc est bien défendue par les Viêts, et notre aviso vient de mouiller au milieu d'un bras du Mékong, devant cette agglomération que j'ai traversée des dizaines de fois depuis mon enfance.

Le régime du moteur de la barge augmente brusquement, les amarres sont larguées, c'est parti. La *Gazelle* reste à l'ancre, dans le lit du courant, ses canons pointés vers la terre.

« Cette fois, je crois que ça va chauffer », murmure Garguy.

J'en ai l'impression, moi aussi. Escotte et Linares hochent la tête. Nous sommes serrés l'un contre l'autre dans un coin de la cale, toujours inséparables depuis le premier jour. Les visages des biffins sont tendus. Ils se sont durement battus la semaine dernière pour reprendre Long-Xuyen, à soixante kilomètres en aval. Pendant ce temps, nous faisions des petits raids éclair dans les parages, pourchassant des Viêts insaisissables...

La berge est toute proche maintenant. Je pense à la gargotte chinoise, à droite de l'appontement, où nous nous arrêtions pour casser la croûte pendant nos voyages en auto vers le village. Une gargotte qui sentait bon les beignets frits à l'huile de coco... mais nul besoin de regarder pour savoir qu'aucun client ne la fréquente aujourd'hui.

... Le médecin du bord m'enfonce doucement un drain de tulle à travers le bras... je ne pensais pas que cela ferait aussi mal... je n'avais presque rien senti quand la balle avait frappé, juste une claque, rien de plus, vraiment zéro à côté de la douleur que j'éprouve en ce moment... c'est comme si on m'arrachait de la viande. Bon, c'est fini, il enroule une bande autour de mon bras, quelle paix maintenant...

– L'os est intact... vous avez de la chance!

Tu parles!... j'ai plutôt une veine insensée d'être encore en vie... c'est même un véritable miracle. Et les images se mettent à danser devant moi... le biffin mort sur la berge, près de l'appontement... descendu à la première rafale et il est dans la vase, recroquevillé sur son fusil... des morts, j'en avais déjà vu mais ils ne concernaient pas le fond de mes tripes, ils étaient morts ailleurs, ils étaient morts loin de mes yeux, loin de mon esprit... tandis que celui-là, c'est mon vrai premier mort... et je suis là debout comme un bloc de peur devant la monstrueuse réalité... c'est trop con de mourir comme ça... et ça pourrait être moi si j'avais débarqué en même temps que lui... hier encore il chahutait avec ses copains, il rigolait avec les filles, il regardait briller le soleil, il écoutait la vie qui chantait devant lui... et flac!... il n'est plus là, il ne sera plus jamais là, parti d'un coup pour toujours dans la boue du Mékong... et Linares me plaque à terre en criant « Tu vas te faire descendre! »... Le fusil-mitrailleur de Garguy tire en longues rafales tout contre mon oreille, je n'entends plus les balles qui frappent autour de nous, Escotte enfonce les chargeurs à mesure, le sang se remet à couler chaud et fort dans mon corps bien vivant, je tire avec les autres... la mort n'existe plus... et Boiteux sur la *Gazelle* a vu d'où ça venait, il arrose au canon de 40... les Viêts ferment leurs gueules... les biffins se déploient en éventail vers la ville, on n'entend presque plus de coups de feu, les Viêts sont en déroute... notre groupe de vingt-cinq fusiliers marins prend position au bord du fleuve, à une centaine de mètres sur la gauche du point de débarquement... un fossé entouré de buissons, facile à défendre en cas de contre-attaque très improbable. Devant nous, le long du Mékong, une allée bordée par des grands arbres de chaque côté... curieusement, ce ne sont pas des tamariniers mais des *cai dàu*, cette essence majestueuse qui donne l'huile de bois dont on enduit les jonques... et tout au bout de ces beaux arbres qui respirent la paix, à deux cents mètres, un petit monticule pas très catholique, construit avec des sacs de sable... notre officier demande un volontaire pour aller y balancer une grenade... si quelqu'un parmi nous doit y aller, j'estime que c'est à moi de le faire, l'Indochine est mon pays plus que le leur... Linares veut m'accompagner, je préfère être seul, à deux on se fait repérer... j'enlève mes godasses, on dit « bête comme ses pieds » mais ce sont les pieds chaussés qui sont bêtes, ils ne voient pas le terrain, font craquer les brindilles, les pieds nus sont beaucoup plus discrets... me voilà déjà à mi-parcours, mon mousqueton à la main, deux grenades à la ceinture... la longue rangée de *cai dàu* me permettra d'approcher jusqu'à vingt-cinq mètres du blockhaus sans être vu, impeccable pour la grenade... Garguy couvrira ma retraite avec son fusil-mitrailleur.... un coup de feu presque dans mon oreille!... ce con de Linares... il m'a suivi évidemment, c'est idiot de tirer comme ça! un deuxième coup de feu immédiatement après... je me retourne furieux pour engueuler Linares... merde il n'y a personne, c'est sur moi qu'on a tiré, de tout près... et « paf » le troisième coup de feu dans la seconde qui suit et mon bras saute sur le côté comme si on lui avait donné une claque... faut penser vite... je m'écroule sur place... il croit qu'il m'a descendu net... mais moi j'ai pigé où il est... pas besoin de l'avoir vu, il est planqué dans le petit fossé à cinq mètres sur ma gauche... Je dégoupille ma grenade, je libère la cuillère... j'attends trois bonnes secondes pour être sûr qu'il n'aura pas le temps de me la renvoyer avant qu'elle n'explose... et maintenant prends ça sur la gueule!... boum!...

je me relève, je traverse la route en deux bonds, je cours le long des arbres retrouver les copains... ils se débrouilleront sans moi pour s'occuper du blockhaus... du reste la *Gazelle* n'a qu'à régler ce problème au canon de 90.

... Garguy entre dans l'infirmerie avec Escotte et Linares. Ils m'apportent, comme une relique, le fusil du Viêt qu'ils ont trouvé mort. C'est avec ça que le gars m'a tiré dessus. Je fais semblant de les croire, ça leur fait tellement plaisir. Mais je sais qu'on ne peut pas louper un type trois fois de suite à cinq mètres avec un fusil, même si on n'a jamais tiré de sa vie. Le Viêt qui m'a flingué ne pouvait être armé que d'un revolver, c'est évident. Et il tremblait de peur, ça aussi, c'est évident. Avec un fusil, même en tremblant, il m'aurait descendu au premier coup à cette distance... par contre, on peut rater un bœuf de tout près avec un pistolet, si on ne le tient pas bien en main.

Je leur demande s'ils ont vu le Viêt mort là où j'ai lancé ma grenade, tu sais, à peu près à mi-chemin du blockhaus?

– Non, c'est pas là qu'il était, ta grenade l'a probablement laissé presque sur le carreau, et ensuite il a dû se traîner jusqu'au blockhaus avant de crever, en tenant ses tripes d'une main et son fusil de l'autre...

– Quel âge il avait, à peu près?...

– Je sais pas... trente ans, quarante ans... va savoir, pourquoi tu demandes ça?...

Mes copains croient que je souris de joie et de fierté pour avoir tué ce Viêt en combat singulier, comme un héros. Ils n'en reviendraient pas si je leur disais pourquoi je me sens tellement bien dans ma peau... Ils viennent de m'apporter la double preuve que je n'ai pas tué ce gars. Il m'a loupé trois fois de suite parce qu'il était très jeune et que sa main tremblait en tenant son revolver. Il est encore vivant, puisqu'ils n'ont trouvé qu'un seul type mort dans le blockhaus, un type nettement plus âgé et qui n'avait pas de revolver sur lui. Alors nous sommes quittes, en échange d'un peu de sang sur la manche de ma chemise.

Sur ces voies intérieures à peine ridées par le vent de nord-est, je rencontre la peur en plusieurs occasions. Et une fois la terreur effroyable devant la mort aveugle qui frappait autour de nous, au hasard, sous une pluie de balles claquant dans nos oreilles et soulevant la terre où j'essayais de m'enfoncer pour échapper au sort.

J'apprends à reconnaître aussi l'immense épanouissement qu'apporte ce Grand Jeu de la Guerre, ce jeu de l'éveil permanent dans l'être tout entier, ce jeu aigu où l'angoisse de ne plus revoir jamais le soleil ni la chaleur des copains est balayée par la fraternité brûlante de ces compagnons d'armes qui peuvent se transformer en un seul homme presque divin.

Cet Homme, quand je l'ai vu, c'est l'héroïsme pur que je contemplais pour la première fois. Ils étaient quatre et ils pleuraient en portant leur camarade sur une couverture tendue entre deux bâtons. Il s'était jeté sur la grenade lancée par le Viêt dans la chambrée où ils se retranchaient pour la nuit. Et au lieu de dix morts, il a été le seul... pour que les autres restent. Il était devant moi, son visage était calme, j'ai reconnu le dieu dans ce corps déchiqueté porté par les vivants.

Mytho... Bentre... Vinh-Long... Cantho... Chaudoc... et même Rach Gia au bord du golfe de Siam, en passant par les digues et les canaux. Nous investissons en chemin une quantité de petits villages constitués parfois de quelques paillotes à peine, cachées derrière les palmiers d'eau bordant ces rach étroits qui serpentent sur les terres basses du delta. Le Viêt-minh fourmille déjà dans le pays, rarement visible à nos yeux mais présent partout dans l'esprit de la population et parmi ces cadavres d'opposants qu'on voit flotter sur l'eau sombre des mares.

C'est une guerre d'embuscades, contre un ennemi mal armé pour le moment... mais qui semble apprendre vite. Et je découvre malgré moi le plus beau, le plus grand, le plus puissant sport de ma vie, ce jeu formidable dans lequel je suis à la fois chasseur et gibier, ce jeu où mon regard devient vivant à un point qu'il n'avait jamais atteint jusque-là.

Les paroles d'Abadie dans la tranchée de Kanh-Hoi me reviennent souvent en mémoire... « Méfie-toi de l'odeur de la poudre, elle transfigure l'homme et peut le rendre semblable à un dieu carnivore. » Une autre image flotte dans mon esprit, celle de ces petits serpents de mer que je contemplais avec le père de Phuoc, pendant nos pêches dans le golfe de Siam, lors des périodes de grands calmes où la mer semble vouloir montrer tout ce qu'elle contient de mystères. Un petit serpent annelé de noir et jaune, qui va à la même vitesse en avant aussi bien qu'en arrière, comme s'il avait une tête à chaque bout. Son venin est si puissant que la mort viendrait dans l'instant. Mais voilà... il ne mord *jamais*. Il ne *veut pas* mordre. Il ne le *peut pas*. Quelque chose l'en empêche. Quelque chose le lui interdit. On pourrait le prendre dans la main, le martyriser, tout faire pour le rendre enragé, eh bien il ne mordra quand même pas, quoi qu'on fasse pour l'y obliger.

Et moi, avec mon mousqueton, je ressemble à ce petit serpent qui va dans les deux sens et qui ne veut pas mordre. Mais lui, il n'y peut rien, il est fait comme ça, il ne pense qu'à manger, vivre et se reproduire, il ne voit pas plus loin. Moi, je sais que je suis un mort en sursis, je vois forcément le Japonais de la prison, sa main sur l'étui et ses yeux dans les miens. Je vois aussi ce Viêt qui ne m'a pas tué à Chaudoc. Il ne l'a évidemment pas fait exprès mais je suis quand même là et ne peux m'empêcher de penser à ce type, je ne peux oublier le miracle qui m'a laissé la vie. Cette vie que je dois respecter profondément... et pas seulement quand c'est de la mienne qu'il s'agit.

De toute mon âme, je devrais haïr les Viêts après ce qu'ils ont fait pendant la nuit de la cité Hérault. Pourtant, depuis Chaudoc, quand il y a un homme au bout de ma ligne de mire, je ne *peux pas* appuyer sur la gachette. Bien sûr, je tire aussi souvent que mes compagnons de combat, je tire même beaucoup mieux, je peux mettre les cinq balles de mon mousqueton dans la mouche d'une cible, à cent mètres sans appui en dix secondes. Mais quand l'occasion se présente à moi de descendre un Viêt... je bouge ma ligne de mire au dernier instant, et la balle passe à le frôler, en claquant dur à son oreille, pour qu'il ait peur seulement, comme j'ai peur souvent moi aussi. Et c'est là un secret entre moi et moi seul, aucun de mes camarades ne doit connaître ce mystère que je cache un peu comme une honte. Si je leur en parlais, même Escotte, Linares et Garguy me prendraient pour un lâche. Peut-être même pour un traître. Alors je dois enfouir au fond de moi cette sorte de tare qu'ils ne comprendraient pas, que j'ai peine à accepter, parfois.

J'ai revu Abadie à l'hôpital de Saigon. Il a reçu une balle de mitrailleuse en pleine poitrine. C'est extraordinaire qu'il n'en soit pas mort. Et il a dit une chose à laquelle je pense tout le temps maintenant : « Le fossé qui sépare l'Indochine de la France, ce n'est pas en le remplissant de cadavres que nous parviendrons à le combler. »

Depuis bientôt sept mois nous patrouillons dans le delta... et je crois de moins en moins à notre action militaire. Pendant nos brèves périodes de repos à Saigon, j'entends la radio parler de grandes victoires, de zones entières où les Viêts n'existent plus, de provinces nouvellement pacifiées. Je voudrais bien que ce soit vrai... mais je pense à l'autruche qui se cache la tête dans le sable pour ne pas accepter l'évidence, pour ne pas chercher à comprendre.

Je vois Tchu me dire, quand je découpais le caoutchouc des lance-pierres de mon enfance : « Regarde avec tes yeux, pas avec ceux des autres... »

Je vois ma vieille Assam prononçant à peu près les mêmes paroles, quand je répétais comme un perroquet ce que j'avais entendu ailleurs : « Parle toujours avec ta propre bouche, sans t'occuper des mille bouches qui chantent des mensonges »...

Parler avec ma propre bouche serait sûrement dangereux pour un simple fusilier marin qui ne peut pas tirer sur un Viêt. Je crois même que ce serait très mal vu si j'étais un général au képi constellé d'étoiles et à la poitrine bardée de décorations. Je préfère donc la boucler, en pensant au fils de mandarin sur la chaloupe de Rach Gia... « C'est tout simple de fermer les gueules, beaucoup plus simple que de répondre à leurs questions. »

Mais regarder avec mes yeux, ça je peux au moins essayer. Et quand je fais vraiment l'effort de mettre mes yeux en face des trous, qu'est-ce que je vois ? Je vais te le dire, mais tout bas... Parce que j'ai peur :

Je vois des tas de villes et de villages dont nous avons chassé les Viêts. Dans l'ensemble, nous ne tirons pas beaucoup parce qu'ils se transforment en ombres... évaporés avant l'attaque. Puis nous partons « pacifier » une autre ville, un autre village, toujours accueillis par des notables aux sourires figés sur leurs lèvres qui tremblent un peu.

Des Viêts ? Non, il n'y en a pas ici. Dans ce secteur, tout est calme. Dans les autres aussi... Et l'armée au drapeau bleu blanc rouge dépose dans chacune de ces agglomérations un groupe de militaires bien retranchés. Ceux-là, ils sauront tenir les choses en main, si les Viêts ont l'intention de venir inquiéter ces braves paysans qui ne demandent qu'à travailler leur terre dans la paix.

Cela n'empêche pas les Viêts d'être là quand ils le veulent.

Ils sont partout.

Même si on croit ne les voir nulle part.

Renifle un peu le vent. Regarde au fond des yeux. Ils sont là, parmi ces notables obséquieux. Ils sont encore là, mêlés à ces paysans d'apparence paisible qui préparent leurs embuscades avant de s'évanouir dans le mystère des rizières où les pieds nus vont en silence. Et ceux qui ne sont pas encore tout à fait Viêts le deviendront à leur tour... c'est mille fois mieux que de se retrouver les bras en croix sur un bâton au milieu d'un arroyo grouillant de poissons-chats mangeurs de cadavres.

Renifle encore le vent... mais renifle donc, au lieu de te cacher la tête dans le sable. C'est un vent nouveau qui court sur les rizières et fait trembler les feuilles de la forêt... il souffle déjà sur tout le pays, il appelle un peuple entier, il commence à soulever les âmes, c'est le vent de la Liberté. Et il dit aux Vietnamiens que c'est à eux – et à eux seuls – de régler leurs problèmes... sans nous.

Je me secoue, je referme les yeux, je chasse de mon esprit toutes ces visions mauvaises, je retrouve mes copains dans le poste des matelots, le vent peut souffler d'où il veut, ils s'en foutent, ils ne se posent pas de questions, ils se saoulent la gueule, ils vont au bordel à chaque occasion, avec eux je retrouve la paix...

Mais tout au fond de moi, tout au fond de mon cœur, quand j'ouvre à nouveau les yeux pour regarder encore dans le lointain... alors j'ai peur de me voir un jour chassé de ce pays qui est pourtant le mien, profondément le mien.

CHAPITRE 13

Mon passé d'Indochine, je l'ai pris dans mes mains, j'en ai fait une gerbe et j'y ai mis le feu. De ses cendres encore chaudes, j'ai retiré ce qui n'avait pas brûlé, le vrai, le solide, l'essentiel, petite poignée d'intangible aussi légère qu'un nuage, dure cependant comme la plus dure des pierres. J'ai soufflé sur la cendre, j'en ai balayé les dernières traces qui essayaient de s'accrocher à moi, ne conservant au fond de mon cœur que le précieux diamant libéré de sa gangue.

A Chaudoc, j'avais vingt ans. J'en ai vingt-sept maintenant, *Marie-Thérèse* déroule son premier sillage dans le golfe de Siam, le sillage du grand départ. Hier encore j'ai hésité, j'ai eu peur, très peur. Je n'avais pas pris le temps de bien me familiariser avec ma bôme à rouleau pendant les essais trop hâtifs. Un grain terrible en avait profité pour me sauter dessus au passage de l'île Phu Quoc. Je ne savais plus quoi faire, j'avais tout oublié, j'étais comme un chat tombé dans l'eau et qui s'agrippe à n'importe quoi. J'avais envie de vomir. Vomir de honte, de désespoir. Le vent soufflait comme un fou. Si j'avais pu tout effacer d'un coup, j'aurais carrément abandonné, malgré ma honte. J'ai quand même réussi à baisser les voiles avant qu'elles ne se déchirent et j'ai mouillé en catastrophe, par cinq mètres de fond. Dans ma tête, je voyais une page de Monfreid où il parlait de la cape morale que l'on doit savoir prendre quand tout va mal dans la vie... arrondir le dos, ne plus rien décider, laisser l'esprit au repos en attendant que le vent tourne. Heureusement mes deux ancres ont tenu, sans quoi je me retrouvais sur les cailloux au soir même du départ. En tout cas Monfreid m'a bien aidé, le grain avait molli à l'approche de la nuit. J'ai cuisiné mon riz avec une boîte de corned-beef et de petits pois, pris un bon café; ça allait nettement mieux. Là-haut les dieux se calmaient déjà, le ciel se remplissait d'étoiles. Elles scintillaient à peine. Le père de Phuoc m'avait appris autrefois que c'est là un signe certain de beau temps à venir, même quand le ciel semble faire encore un peu la grimace.

Pendant toute la nuit, j'ai observé les étoiles. Je pensais à ce singe cramponné à la branche, ce singe qui dansait dans mon esprit quand je nageais avec Françou au soir d'une décision capitale, ce singe frileux qui avait peur de s'élancer à travers l'espace vers un arbre plus grand, plus beau, plus loin.

Maintenant j'éclate de joie en écoutant le vent chanter dans les voiles. C'est la première fois que je pars seul, la première fois que je vais traverser la mer tout seul, la première fois que je ne verrai aucune terre, aucune île, pendant des jours et des jours, que je regarderai le soleil se lever et se coucher sur le grand rond bleu de la mer, moi tout seul au milieu avec *Marie-Thérèse*, là où toute terre visible à l'horizon ne pourra être qu'un nuage, seulement un nuage dans le lointain. Depuis que j'existe, je n'ai jamais connu ça. Avec le père de Phuoc, il y avait toujours des îles en vue et nous naviguions rarement la nuit. Sur ma grosse jonque de transport, pendant mes six mois de cabotage entre Rach Gia et le Cambodge, toujours des îles sur l'horizon. Désormais ce sera vraiment nouveau, et quand je retrouverai la terre, elle sera devenue tellement neuve qu'on y parlera une autre langue que le vietnamien, ce sera une terre avec des gens vêtus de pagnes et portant leurs charges sur la tête en adorant Allah, au lieu de gens habillés du *cai ao,* leurs ballots pendus à un fléau de bambou sur l'épaule et qui pensent à Bouddha en tenant une mitraillette pour chasser les hommes à peau blanche qui prétendent suivre la voie du Christ à travers des rafales de canon de 40 millimètres.

Mais que de temps il m'aura fallu pour réaliser mon rêve de départ vers la paix du grand large, ce rêve qui m'avait empoigné la nuit où j'emmenais la *Titette* vers l'île Tamassou alors qu'Abadie dormait sous le roof en paillote après m'avoir confié son bateau.

Je contemple la terre qui devient toute petite derrière moi... cette fois, le singe a enfin lâché sa branche pour s'élancer dans l'espace. J'écoute le vent qui chante à mes oreilles et j'éclate de bonheur. Pourtant j'ai envie de pleurer en songeant au bel arbre que je quitte. Sept années ont passé depuis l'aube où je me tenais les mains en l'air près d'Abadie, au bord de l'aroyo, avec le Japonais pointant sa baïonnette sur mon ventre. Déjà sept ans!

Mon service militaire n'a duré qu'un an, au lieu de deux. Ainsi en a décidé le ministère de la Guerre, afin de rendre sans tarder à la vie civile toutes les jeunes recrues, jugées plus utiles à la contribution du renouveau économique de l'Indochine. La « pacification » est devenue le domaine des engagés volontaires, professionnels de la gâchette et du drapeau.

Françou s'est engagé pour la durée de la guerre. Je ne le reverrai plus. Non pas parce qu'il a choisi les parachutistes, mais à cause du drame de Baï Ma. Quand il me l'a raconté, sans regret apparent, de la haine encore plein les yeux, j'ai su que nous avions vraiment perdu notre pays, c'est comme s'il avait tué son propre frère. Et ce meurtre, nous l'avons commis ensemble, l'un à travers l'autre, même si je n'étais pas avec lui ce jour-là. Je voudrais pouvoir oublier... peut-être avec la mer... avec le temps qui passe en effaçant les traces...

Jacky a filé l'an dernier. D'un seul coup il en a eu marre, il a pris ses cliques et ses claques, il a dit adieu à l'Indochine et il est parti pour la Guyane. Dans sa lettre, il me racontait les forêts de son nouveau pays, aussi belles à ses yeux que celles des Hauts Plateaux. Je sais bien qu'il cherche à s'en convaincre car il n'a pas le choix... aucune forêt au monde n'égalera jamais la grandeur des forêts d'Indochine peuplées de tigres et de cerfs, d'éléphants, de chevreuils, de bœufs sauvages, d'un grouillement d'oiseaux et de petites bêtes qui vivent dans la jungle de notre enfance, notre forêt aux mille yeux.

A Saigon, les affaires de mon père battent le plein délire des piastres, son personnel a quintuplé, les bénéfices deviennent énormes; réinvestissant dans le solide, il a acheté un entrepôt de mille mètres carrés pour soutenir ses importations de plus en plus massives grâce à la guerre d'Indochine. Et il semble persuadé que cette terre arrosée de sang restera franco-vietnamienne pendant mille ans encore...

Moi, sitôt démobilisé à vingt et un ans et demi, j'avais repris du service dans l'entreprise paternelle. Quelques semaines plus tard, je ruais déjà dans les brancards, donnais ma démission et filais dans le golfe de Siam pour y monter une affaire de cabotage à la voile entre Rach Gia et Kampot au Cambodge... ça marchait assez bien au début, mais après six mois je me voyais contraint de revendre cette belle jonque à laquelle je m'étais attaché, la Sûreté française me soupçonnant de trafic d'armes avec les Viêts, bref, je risquais un peu trop d'y laisser ma peau, c'est tellement facile dans ces temps troublés de se prendre une balle dans la nuque « par erreur »... Adieu Monfreid, adieu Gerbault, retour à l'écurie à vingt-deux ans... oui, papa, je travaillerai bien, je ne ferai plus l'idiot, je te le promets, tu verras... je laisse à mon père le temps d'oublier mes exploits maritimes pour lui arracher six mois de congé en Europe à demi-salaire... auberges de jeunesse, Côte d'Azur, Italie, Angleterre, tout en vélo et en stop quand les camions peuvent prendre mon vélo... je vais d'éblouissement en éblouissement... paysages, atmosphère, découverte de ce monde totalement nouveau, griserie des rencontres avec les jeunes de ma génération, tout m'émerveille... et puis Paris, le grand choc!... moi l'ignare je m'engloutis dans la culture française, théâtre, cinémas, musées, concerts, Quartier latin, j'écoute bouche bée les conversations d'étudiants dans les cafés... je vais enfin savoir, je vais enfin comprendre... je me goinfre de culture, abondance, surabondance, vertige... voilà que je commence à me sentir pris de nausées... attention... brusque méfiance envers ces artifices de l'esprit parisien qui décortique avec brio une patte de mouche dans un flot de paroles... beaucoup de mots; beaucoup de mots... fais gaffe, petit père... ne te laisse pas embarquer dans ces éclairs merveilleux qui dissimulent probablement un monde froid et inhospitalier... retour à la campagne avec mon vélo et mon sac à dos, là je retrouverai peut-être mes lointaines racines dans la France profonde... mais pourquoi ces clôtures autour des jardinets, je n'y avais pas prêté attention en arrivant il y a six mois... les gens auraient-ils peur de leurs voisins?... et pourquoi seulement des platanes au bord des routes et sur les places publiques de ces petits villages que je traverse maintenant avec des yeux nouveaux... on aurait très bien pu y mélanger aussi des châtaigniers, des noyers, des pruniers, puisqu'on a bien planté tamariniers et manguiers en Indochine... allez, sale pouilleux, rentre dans ton trou, retourne là d'où tu viens, va retrouver ton pays de sauvages, tu ne comprendras jamais rien à celui de tes ancêtres... Marie-Thérèse à bord du paquebot qui me ramène à Saigon... Marie-Thérèse aux cheveux d'or... Marie-Thérèse regarde les étoiles avec moi... Marie-Thérèse appuie tendrement ses douces mains sur ma poitrine inquiète... Marie-Thérèse premier amour... Marie-Thérèse fiançailles à Saigon, j'ai bientôt vingt-trois ans... un rescapé me raconte le massacre du convoi de Dalat au kilomètre 113, deux cents morts, soixante camions incendiés... attentats à la grenade dans les restaurants et cinémas... Marie-Thérèse déçue par la peur qui me ronge maintenant de me retrouver enchaîné avec femme et enfants dans cette Indochine de violence que je ne reconnais déjà plus après mon séjour en Europe... l'angoisse me torture, je me conduis peut-être comme un salaud, rupture de mes fiançailles, mais Marie-Thérèse restera dans mon cœur... Abadie se fait descendre par les services secrets du Viêt-minh, et moi je suis un miraculé pour la troisième fois, je devrais être couché près de lui à la morgue avec deux balles dans la tête comme lui, mais le Grand Livre m'a encore laissé la vie sauve, comme le jour du Japonais à la prison puis à Chaudoc avec le Viêt... au bureau je m'enfonce dans le travail, mon père me croit enfin passionné par les affaires... je me passionne seulement pour les langues, je me lève tous les jours à trois heures du matin pour étudier l'anglais, l'espagnol, le russe, les caractères chinois... je sais qu'il me faudra quitter ce pays de fric, d'aveugles et de fous, je sais qu'un jour le monde devra s'ouvrir en grand s'il ne veut pas crever de connerie, et l'étude des langues me semble le plus bel atout pour favoriser l'osmose des esprits à travers les frontières... cependant je sais bien que les bonnes intentions ne mènent nulle part, à moins d'être cristallisées par la détermination, cet atout maître sans lequel rien ne peut se faire. Alors chaque soir avant de m'endormir je répète à mi-voix cent fois de suite : « J'ai une volonté de fer, je surmonte tous les obstacles et je réalise tout ce que je veux », ça remplace les « Notre Père » et les « Je vous salue Marie » du temps où j'y croyais encore... je n'ai pas fait de latin mais je connais « *Mens sana in corpore sano* », un esprit sain dans un corps sain... Je recherche l'équilibre parfait entre mon travail, le sport et l'étude des langues, l'équilibre entre la pensée, la sueur et la foi... et depuis deux ans que je m'accroche à cette discipline en attaquant mes journées à trois heures du matin pour les finir le soir à neuf heures, ma vie est devenue comme un cercle aux contours de plus en plus nets, avec, au milieu, dans le centre du centre, cette Volonté qui me maintient debout et me nourrit d'aisance, de force et de clarté, cette Volonté qui me transforme peu à peu en poussant de l'intérieur.

Puis, d'un seul coup, devant mes yeux éblouis, j'ai vu se présenter l'échappée du *Snark*. C'était à prendre ou à laisser. J'ai dit merde à mes bouquins, merde à la piscine, merde à mon bureau. J'avais bientôt vingt-six ans.

Ainsi nous sommes partis Deshumeurs et moi, chevauchant notre coursier du miracle en direction du vaste monde qui nous ouvrait les yeux sur l'immensité de la vie... et le *Snark* nous donnait le souffle, nous donnait tout avec la joie de découvrir; jusqu'au jour où il avait annoncé ne plus pouvoir donner davantage. Alors il y avait eu ce retour obligatoire à Saigon, cravachant le vieux bateau qui hésitait sur les vagues, pour atteindre la côte avant de couler bas.

En revoyant Saigon après avoir connu le vent du large, ce vent qui souffle en liberté d'un horizon à l'autre, il n'était plus question de me fourvoyer une fois encore dans les toiles d'araignée de la boîte paternelle. J'ai réussi à vendre les dernières actions que je détenais dans sa maison, Deshumeurs m'a fait cadeau de la totalité du matériel récupérable sur le *Snark* (voiles, ancres, chaînes, cordages, poulies, sextant, compas, cartes, vivres restantes, il m'a tout laissé pour que je puisse recréer le miracle) et j'ai filé à Kampot, en quête de mon nouveau bateau.

A Kampot, j'ai été accueilli par le père de Xian. Il avait quitté le village pour émigrer de l'autre côté de la frontière, au Cambodge. Là, on pouvait vivre sans trop risquer de se faire flinguer par les uns ou tailler en morceaux au coupe-coupe par les autres. Il m'a aidé à dénicher ma petite jonque de neuf mètres vingt-cinq par trois mètres quinze de large, que j'ai baptisée *Marie-Thérèse.* J'habitais dans sa paillote au bord de la rivière, pas loin de la mer, à deux pas du bourg. Pour moi, un immense bonheur, comme si je revenais au village.

Le père de Xian a travaillé dur avec moi pour mettre *Marie-Thérèse* en état. De temps en temps, il me donnait des nouvelles de là-bas, par petites touches très légères, très délicates, pour que je n'aie pas de chagrin.

Mais pendant ces quatre semaines de préparation intensive et d'hospitalité au grand cœur, ni lui ni la mère de Xian n'ont évoqué Baï Ma et Françou une seule fois.

Pas même à demi-mot.

Pas même en parabole.

Nous savions que Françou et Baï Ma... c'était trop sérieux. La moindre allusion aurait forcément attiré le *Ma Qui.* Peut-être même était-il caché dans ce grain qui m'avait terrifié hier soir et bloqué près de la pointe de Phu Quoc.

J'ai relevé mes deux ancres ce matin avant l'aube. Le temps était beau et cette fois j'ai quitté pour de vrai mon pays natal... enfin le Grand Départ! Dans la cale de *Marie-Thérèse* lestée de pierres, dans ses voiles gonflées par le vent, dans sa coque aux odeurs de forêt, j'emmène mon village tout au fond de mon cœur. Et je sais que l'Alliance aussi est avec moi.

Pour la première fois de ma vie, je suis libre, vraiment libre. Toutes mes libertés d'avant n'étaient que petites libertés enveloppées dans un carcan de conditions, libertés passagères, souvent intenses mais soumises toujours à la question du temps et à celle des autres.

A présent, nul compte à rendre, je ne dépends plus de personne. Je peux aller en Malaisie ou à Bornéo, je n'ai qu'à choisir, je peux même tirer à pile ou face pour que ce soit plus simple. De Malaisie, je pourrai continuer vers Madagascar si Singapour ne me plaît pas. Je peux même essayer de rejoindre Jacky en Guyane. Je suis le maître de ma vie sur ces ailes nouvelles qui me portent si haut que parfois le vertige me prend.

Dans le sillage, encore visible à l'horizon, le trait bleu pâle de la grande île Phu Quoc disparaît lentement dans la mer. Plus loin, derrière Phu Quoc, mon Indochine que je quitte pour toujours... peut-être. Un « peut-être » qui ne contient ni vraie promesse ni vrai refus. Un « peut-être » rempli de questions et peuplé d'âmes errantes qui veulent que l'on se souvienne, qui exigent que le passé ne s'efface pas complètement, pour pouvoir servir un jour à faire éclore plus d'amitié, de tolérance, et de générosité entre les hommes, entre les peuples.

Quelle paix, en mer, seul avec mon bateau qui court sur l'eau calme vers la Malaisie, poussé au vent arrière par la mousson de nord-est. J'ai enfin trouvé le bon réglage pour la barre, le cap est rectiligne, c'est formidable de pouvoir me reposer, faire la cuisine, lézarder sur le pont en contemplant la mer, rêver avec *Marie-Thérèse* qui m'emmène vers les mystères de l'inconnu.

Je suis vivant, bien vivant, et je songe à la mort d'Abadie, qui devait être aussi la mienne. Pendant six mois, je passais tous mes week-ends auprès de lui et d'Alyette. Puis juste une fois, un dimanche, un entraînement de water-polo en nocturne pour un match important m'avait appelé à la piscine. C'est cette nuit-là qu'avait choisie le sort pour envoyer les services secrets du Viêt-minh abattre Abadie, Alyette et un ami de passage (ils n'ont pas achevé Alyette). Le lendemain, devant Abadie à la morgue, j'ai compris que le temps était venu pour moi de songer sérieusement à quitter ce pays.

Le soleil brille là-haut dans le ciel, le vent de nord-est caresse *Marie-Thérèse* en faisant chantonner la bordure de grand-voile, c'est comme si elle vivait. Et je crois bien qu'elle vit vraiment, tout comme vit mon bateau... Mais que de morts je vois surgir encore dans l'écume du sillage...

Linares est mort...

Le père de Phuoc est mort...

Le père de Hao est mort...

Xaï est mort...

Derck est mort...

Xian est mort...

Abadie est mort...

Baï Ma et Françou sont morts...

Tous morts dans une guerre commencée depuis que l'homme est homme, une guerre imbécile qui a éclaté avant même que nous ne soyions sortis de nos cavernes. Sur le *Snark* avec Deshumeurs, nous avions conclu une fois pour toutes que cela fait partie des calamités contre lesquelles personne ne peut rien, comme les typhons, la sécheresse et les inondations. Maintenant que j'ai bientôt vingt-sept ans et que je suis seul avec moi-même pour en débattre, je ne parviens plus à accepter l'idée que la guerre soit une fatalité sans appel. Ma mère affirmait que c'est avant tout la France et l'Angleterre qui ont fabriqué Hitler, et non pas le seul peuple allemand, comme on veut nous le faire croire. Elle évoquait le Sermon sur la Montagne, où le Christ a prononcé des mots qui auraient évité l'éclosion de cette monstruosité si nous avions des oreilles pour entendre. Abadie hochait la tête, mais je commence à entrevoir que ma mère est moins aveugle que je ne le pensais.

Quarante millions de morts « officiels », rien que pour la Seconde Guerre mondiale, presque la population de la France, presque celle de l'Indochine. J'essaie d'imaginer quarante millions de tombes creusées l'une après l'autre... alors je vois un cimetière mille fois plus étendu que le cercle d'horizon où joue *Marie-Thérèse* dans le vent et les blanches vagues du golfe de Siam. Tous morts au nom de grands drapeaux et d'hymnes nationaux aux couleurs flamboyantes, que je ne pourrai jamais plus regarder ni entendre sans que me prenne l'envie de vomir sur ces symboles de mensonge, de sang, d'orgueil et de bêtise.

Les fantômes contemplent *Marie-Thérèse* bien vivante qui court heureuse et libre vers la presqu'île de Malacca.

Les fantômes s'en vont dans le sillage.

Et ils reviennent pour me dire de ne jamais oublier.

CHAPITRE 14

Six jours à peine ! Les dieux ont béni *Marie-Thérèse* pour son premier voyage dans le golfe de Siam. Pas un seul jour de calme plat, une mousson régulière, peu de grains et pas méchants, juste ce qu'il fallait pour me donner l'occasion de bien prendre mon bateau en main. Six jours seul en mer, c'est comme si je nageais dans l'éternité, une éternité de joie et d'harmonie. Et ce matin, illuminée par les premiers rayons du soleil levant, en plein sur l'étrave... la Malaisie !

Étreint par l'émotion de mon premier atterrissage en solitaire, je contemple la longue chaîne montagneuse qui pâlit à mesure que monte le soleil. Je ne parviens pas à en détacher mes yeux, comme hypnotisé par cette terre nouvelle sortie de l'horizon là où je l'attendais. Cette fois, j'ai tiré dans le mille au premier coup, et je donnerais cher pour partager la magie de cet instant avec Deshumeurs, mon vieux copain du *Snark*. Je revois notre premier atterrissage. C'était neuf ou dix mois plus tôt, une semaine après le départ d'Indochine, en route vers le détroit de Malacca et Singapour. Et c'était à l'aube, comme aujourd'hui. Deshumeurs trépignait sur le pont du *Snark*, on l'aurait cru électrisé...

– Je te jure que c'est la terre ! Mais viens donc voir, au lieu de rigoler ! Je te dis que c'est elle !

Pas question de bouger, je ne suis pas de quart en ce moment, je tiens à déguster tranquillement mon café au lait. Si on devait sauter en l'air chaque fois qu'on voit un nuage à l'horizon...

Pourtant, Deshumeurs a dit vrai, c'est bien la terre, très loin sur la droite du *Snark*. Si loin que je n'y comprends plus rien. Je grimpe au mât. Là, je comprends de moins en moins... car il y a une deuxième terre, sur notre gauche cette fois, à peine visible mais bien réelle cependant. Mystère absolu. La terre ne peut se trouver que droit devant nous, et nous ne devrions pas l'atteindre avant au moins quatre ou cinq jours encore. Même si le *Snark* avait marché beaucoup plus vite que prévu d'après l'estime, on ne pourrait pas voir une terre à droite et une autre à gauche, séparées par une telle distance,

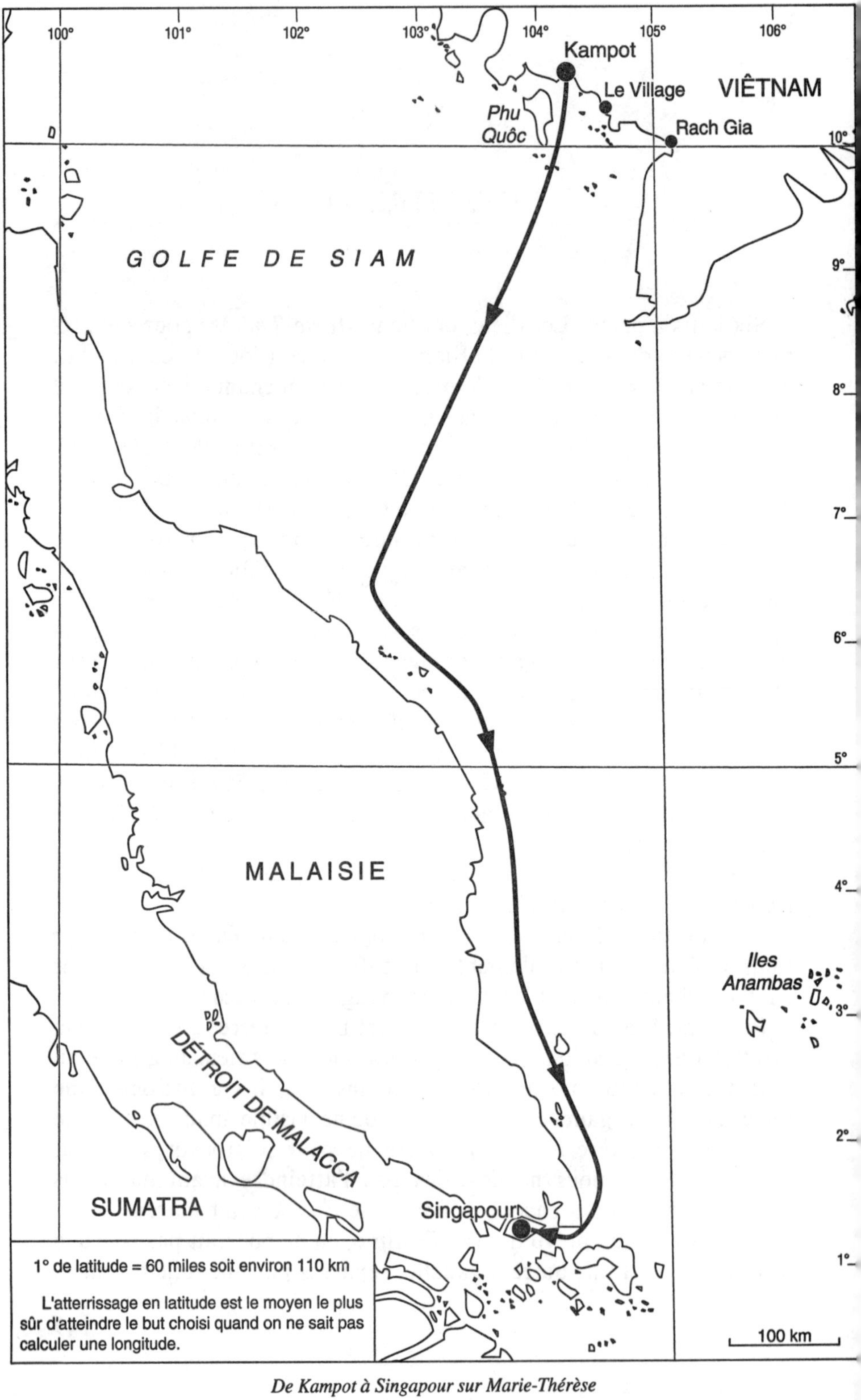

De Kampot à Singapour sur Marie-Thérèse

puisque le détroit de Malacca mesure à peine quelques milles de large. Bref, nous sommes complètement paumés, quelque part dans le golfe de Siam, entre l'Indochine et Dieu seul sait où. Quant à notre sextant, autant offrir un compas [1] à des singes : ils le contempleraient un moment avec des yeux ronds, ils le tritureraient dans tous les sens, il leur viendrait probablement l'idée géniale d'en casser la vitre à l'aide d'un caillou pour goûter le liquide, puis ils oublieraient bien vite cet objet bizarre dans un buisson.

– Dis donc, vieux frère, j'ai l'impression que cette fois notre instinct nous pose un sacré problème...

– Et comment tu crois qu'il a fait, Christophe Colomb, quand il a vu la terre pour la première fois? Il a commencé par payer un coup à boire à l'équipage, alors on va commencer par là. Ensuite, on fait comme lui, on s'approche, on se cherche une jolie petite baie tranquille pour mouiller l'ancre, et on rencontrera bien un sauvage pour nous dire où nous sommes.

Ce qu'il y a de formidable avec Deshumeurs, c'est qu'il ne se fait jamais de soucis; quand c'est mauvais il retourne le truc dans l'autre sens... ça devient bon dans la foulée. Nous optons pour la terre de droite, aperçue la première, et qui nous évite un empannage dans cette mousson assez fraîche.

Vent de travers maintenant, un ris dans la grand-voile, le *Snark* fonce en crachant l'écume. La côte grandit, s'allonge, change de couleur, prend l'aspect d'une muraille bleu foncé, presque hostile, qui nous barre la route. Puis, très vite, à mesure que nous approchons, la voilà qui se métamorphose à vue d'œil pour devenir le rêve de tous les marins du monde. Et en début d'après-midi, nous courons sur une mer aussi plate que la main, tirant des bords à travers un dédale de petites îles d'où ne monte aucune fumée, une vraie nuée d'îles désertes, toutes vertes et remplies de chants d'oiseaux. Le Paradis.

Un Paradis où nous nous creusons quand même un peu la tête. De deux choses l'une : ou bien ces îles mystérieuses font partie des Anambas, ou alors il s'agit des Natuna. D'après notre carte d'ensemble du golfe de Siam, les deux archipels sont espacés d'une cinquantaine de milles, à peu près sur la même latitude. Mais comment diable avons-nous réussi un coup aussi fumant, avec une pareille erreur dans notre cap? Car même sans tenir compte de la déclinaison du compas – qui est minime – le *Snark* aurait dû laisser les Anambas très loin sur la gauche, invisibles sous l'horizon. Au fond, l'explication de cette énigme est sans doute assez simple si l'on

1. Compas : boussole de marine emplie d'un liquide à base d'alcool afin de ralentir les mouvements de l'aiguille aimantée.

veut bien admettre que notre bon vieux *Snark* navigue sous le commandement de deux macaques, tous deux capitaines, guidés par une étoile extrêmement brillante. Je soupçonne aussi le *Snark* d'être un peu capitaine à ses heures et de n'en faire qu'à sa tête chaque fois que l'un de nous rêvasse ou ronfle pendant son quart...

Quoi qu'il en soit, je n'ai jamais connu pareille joie. Et je sais que nous ne la retrouverons jamais avec une telle intensité. Bien sûr, nous en connaîtrons d'autres, mais comme celle-là, remplie à ras bord de ce parfum originel, impossible, c'est du Christophe Colomb à l'état pur que nous respirons en ce moment. La seule différence, c'est qu'il se croyait arrivé aux Indes ou en Chine, alors que nous, on se doutait quand même un peu que le *Snark* était encore dans le golfe de Siam, à trois cents milles au nord du détroit de Malacca où Singapour attendait à bras ouverts les deux hardis navigateurs. Mais à part ce détail mineur, c'était vraiment du Christophe Colomb, la même découverte intégrale, avec cette onde de chaleur qui nous dilatait la poitrine au point de nous soulever au-dessus de nous-mêmes, prêts à nous envoler vers notre étoile pour aller l'embrasser. Et je songeais avec effroi que cet immense cadeau avait failli ne jamais nous être donné. La réussite ou l'échec tiennent parfois à un fil, un choix, un éclair de raison ou de stupidité.

C'était l'avant-veille du départ d'Indochine, dans la baie du cap Saint-Jacques où nous mettions la main aux derniers préparatifs, travaillant comme deux boules de nerfs, physiquement épuisés. Deshumeurs, en tête de mât, une grosse pince à la main, assurait une manille. Un faux mouvement, et flac!... la pince tombe sur le pont en me passant au ras du nez. Je hurle :

– Con!...

Il descend du mât comme une flèche, blanc de colère :

– Ce coup-là, on règle ça à la châtaigne si tu n'es pas un dégonflé!

Deshumeurs a des tas de qualités, rien ne lui fait peur, il a une foi totale dans cette aventure et je ne connais personne capable comme lui de se mouiller jusqu'au cou pour un copain. En revanche, son épiderme est d'une extrême sensibilité, un rien l'écorche vif, c'est tout juste si je ne devrais pas porter des gants de soie pour lui demander de me passer la scie ou le marteau. Pour lui, la courtoisie n'est pas seulement une qualité, c'est une nécessité. Moi, je suis exactement son contraire, tout en angles rugueux, un cuir de rhinocéros, on pourrait me traiter de con dix fois dans la même phrase, ce n'est pas ça qui me ferait broncher. Un peu plus cons ou un peu moins cons, nous le sommes tous sur cette terre, sans quoi le monde irait beaucoup mieux. Par contre, passer pour un dégonflé aux yeux de Deshumeurs, je n'aimais pas ça du tout. Mais là, il y avait un problème extrêmement sérieux dont tout le reste dépendrait. Heureusement je l'avais vu à temps!

– Écoute, vieux, si on en arrive à se foutre sur la gueule à la veille du départ, après avoir trimé ensemble comme on l'a fait, après avoir tout mis dans ce bateau, nos tripes, notre esprit, nos rêves jusqu'à la dernière goutte, alors merde, c'est qu'on est vraiment trop cons toi et moi. Et maintenant, si tu veux vraiment la bagarre, le *Snark* ne m'intéresse plus, je laisse tout tomber et je rentre bosser à Saigon, tant pis pour la casse, à toi de choisir...

... Et au lieu de nous battre, nous étions là, complètement éclatés dans cette poussière d'îles. Tandis que je tenais la barre avec mon pied pour bien veiller aux récifs, Deshumeurs dans un coin du cockpit étudiait la carte des Anambas et celle des Natunas.

– Ce sont les Anambas! Regarde: depuis deux heures qu'on vadrouille dans ce labyrinthe, si c'était les Natunas on aurait vu au moins une île très grosse avec quelques petites autour. Alors qu'ici, il y en a une flopée, rien que des petites. On est vraiment des chefs!

Pendant près d'une semaine, nous sommes restés là sans aucune envie de repartir. Le *Snark* dormait comme un canard, la tête sous l'aile, au milieu d'un nid bleu et vert entouré de coraux semblables à des fleurs, tout au fond d'une crique minuscule terminée par une plage de galets bordée de cocotiers. A son premier plongeon, Deshumeurs a jailli de l'eau avec de grandes éclaboussures et je l'ai cru attaqué par un requin. Non, ce n'était pas un requin et il criait: « C'est beau! c'est beau! Viens voir comme c'est beau! Le corail! Les poissons! Ils viennent me regarder tout près! Tu n'as pas idée comme c'est beau! » Et je crois qu'il s'est mis à pleurer, cachant sa tête dans l'eau, par pudeur, à cause de ma peau de rhinocéros... Mais non, vieux frère, je ne me serais pas moqué, moi aussi j'ai pleuré en découvrant le monde sous-marin avec mes premières lunettes japonaises en celluloïde, à quatorze ans.

Quelques jours plus tard, un pêcheur arrivé de nulle part vient mouiller près du *Snark*. Nous crions « Anambas? » avec un grand geste circulaire et un immense point d'interrogation dans les yeux. Et l'homme à la peau brune vêtu d'un pagne rempli de couleurs a répondu « *ya!* Anambas! » en nous donnant un grand sourire dans ses yeux. Deshumeurs lui lance un bout. L'homme comprend du premier coup, amarre le cordage au pied du mât et je hale pendant qu'il donne du mou à son mouillage. Le bateau est bientôt à couple. Un bijou de petit bateau, cinq mètres de long, grée houari, drisses de foc et de grand-voile faisant office de haubans, poulies ciselées comme

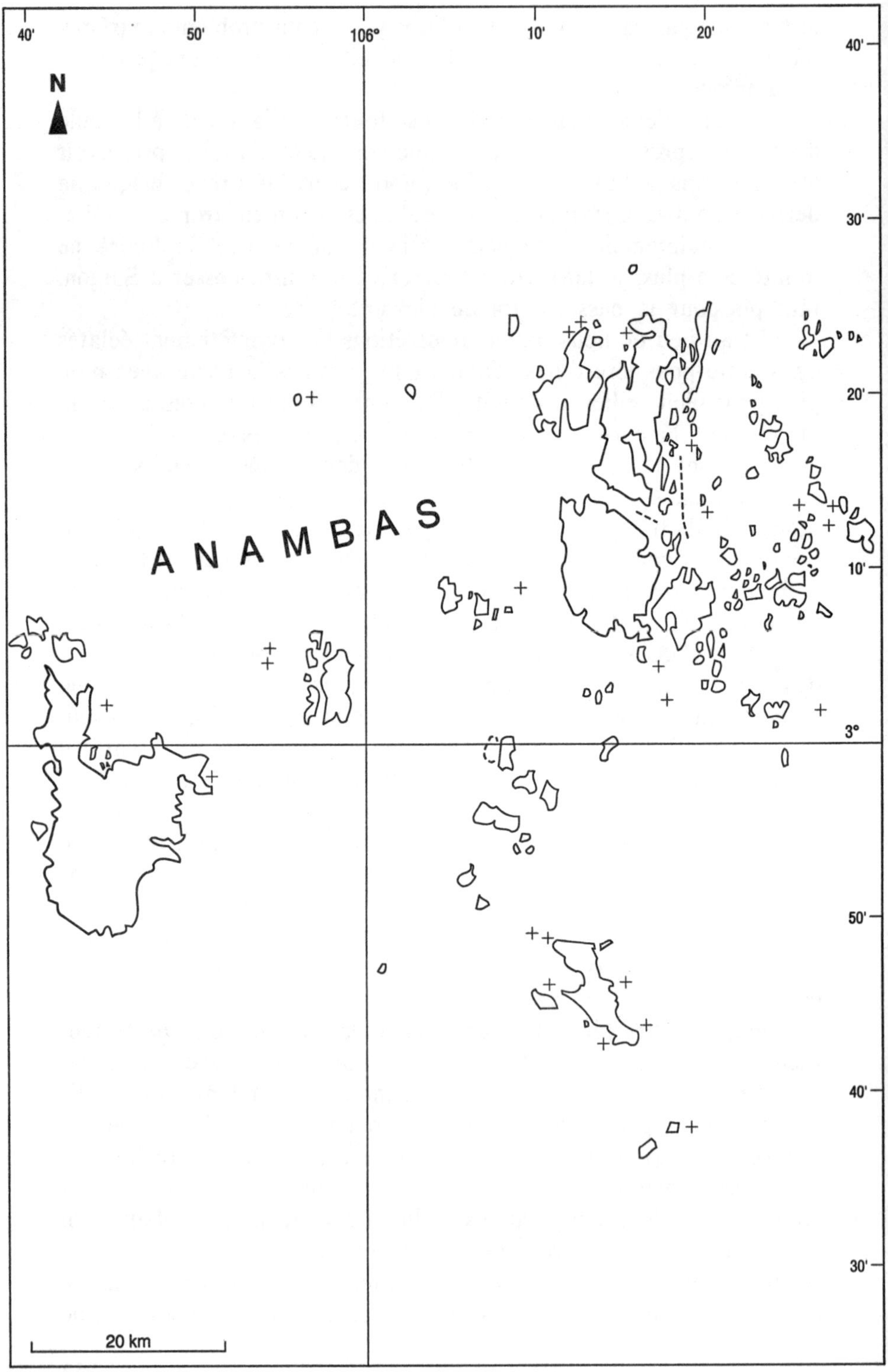

Les Iles Anambas

des œuvres d'art, en simples blocs de bois dur frappés d'une estrope en cordage, avec un trou bien lisse au milieu pour le passage de la drisse.

Nous disons « café », et il descend avec nous dans la cabine. Il hume son café, goûte une gorgée, ferme les yeux et dit « *bagousse* ». Nous lui offrons une boîte d'*Ovomaltine* et il dit « *Terimakassy* ». Voilà que nous savons déjà dire « bon » et « merci » en malais. Puis nous étalons la carte des Anambas dans le cockpit, afin qu'il nous dise dans quelle île nous sommes. Il regarde la carte et ne comprend pas. Alors nous posons l'index sur chacune des îles portant un nom, en articulant aussi bien que possible, avec, toujours, la question dans nos yeux. Chaque fois il répond « *tida* » en secouant la tête. Et nous pouvons voir qu'il fait un immense effort pour essayer de comprendre ce que nous lui voulons. Mais c'est toujours « *tida* ».

A la fin, mon doigt s'est posé sur une petite île cachée dans un coin de la carte, Deshumeurs a dit « Poulo Soley?... » et l'homme a sauté en l'air en criant « *ya! ya!* Poulo Soley! *ini* Poulo Soley! » et il montrait la plage de galets avec les cocotiers inclinés dessus. Son visage s'était transfiguré.

Ini Poulo Soley!... c'était plus beau que tout l'or des Incas.

Oui, nous étions des chefs. Le *Snark* aussi était un chef et s'il nous en a fait voir parfois de toutes les couleurs, remercions-le à genoux de nous avoir sortis de bien des coups tordus. Et avec *Marie-Thérèse*, non seulement je suis un chef, mais je suis en train de devenir un vrai Grand Chef puisque je sais maintenant me servir du sextant pour trouver ma latitude à midi, je connais le nom de cette montagne laissée sur tribord, je n'ai pas besoin d'aller mouiller dans une crique pour demander au pêcheur comment elle s'appelle. Il ne me reste qu'à longer la côte à bonne distance pour embouquer le détroit de Malacca dans quelques jours! Le détroit de Malacca, puis l'océan Indien... puis l'autre bout du monde. Et je ferai d'abord escale à Singapour, pour écrire à Deshumeurs. Je songe à sa joie quand il recevra ma lettre lui racontant cette étape capitale réussie presque sans une bavure.

Quels progrès depuis le *Snark*! Mais sans lui, sans ce bateau de tous les miracles, il n'y aurait jamais eu de *Marie-Thérèse* aujourd'hui.

Le *Snark*... je me revois chez mon père, il y a moins d'un an de cela, plongé dans un problème insoluble : le livre des stocks annonçait

35 caisses d'*Ovomaltine*, or il y en avait 37 en magasin. J'avais soigneusement vérifié les chiffres indiqués dans le livre, et recompté trois fois les caisses en magasin, toujours le même résultat, c'était à n'y rien comprendre. Après tout quelle importance?... deux caisses en trop ici, deux caisses en moins là-bas, mon père ne s'en trouverait ni plus ni moins riche, et moi, de toute manière, je serais à la piscine une heure plus tard pour l'entraînement de water-polo. Et ensuite, dodo à neuf heures pile, après avoir révisé mon chinois.

– J'ai le bateau. Tu viens voir?

Mounier était debout devant mon bureau. Venu en Indochine avec le corps expéditionnaire, il s'était fait démobiliser sur place. Nous avions le même âge. Depuis la mort d'Abadie, nous nous rencontrions assez régulièrement pendant les week-ends pour parler bateaux, mer, voyage, *départ*. Mais avec le temps, c'était devenu un peu comme ces conversations d'ivrognes qui ne mènent nulle part.

– Un vrai bateau de type européen, construit à Bornéo d'après ce que j'ai compris. Coup de chance inouï : mille piastres. J'ai sauté dessus les yeux fermés. J'ai l'acte de propriété dans la poche. Et je l'ai baptisé *Snark*, comme celui de Jack London.

Malgré ses longues jambes, Mounier devait accélérer la cadence pour ne pas se laisser distancer sur les quatre cents mètres qui nous séparaient du *Snark*. Alors... une énorme vague a déferlé sur moi, pour m'emporter dans une cascade éblouissante de lumière et d'étincelles. Le monde était là devant mes yeux, tout entier contenu dans ce bateau amarré à quai sur la rivière de Saigon près de la pointe des Blagueurs. Ce bateau de douze mètres qui allait m'emmener je ne sais où. Très loin en tout cas.

Notre accord était conclu en quelques minutes : Mounier était capitaine, responsable de la caisse commune et de toutes les décisions concernant les préparatifs. Il versait les mille cinq cents piastres qui lui restaient, et moi, les cinq mille quatre cents piastres de mon compte en banque. Et bientôt le grand large!

En attendant, il y avait beaucoup à faire sur le *Snark*. Quand Mounier s'en était rendu acquéreur, il ne restait que la coque et les mâts. Le bateau avait été saisi par la douane, pour contrebande. Les cinq hommes d'équipage avaient été rapatriés, mais entre-temps, ils avaient tout vendu aux Chinois : ancres, voiles, cordages, poulies, bômes, vergues, ridoirs... plus rien à bord! Mais ce n'était pas un problème pour deux gars bien décidés et disposant d'un minimum d'argent.

J'écoutais le son de mon maillet à calfat. Il résonnait aussi clair que celui de Nguyen, l'ouvrier débauché de l'arsenal pour la durée des travaux sur le *Snark*. Sur le pont à l'avant, la poudre de résine destinée au masticage mijote dans l'huile de *cai dâu* aux senteurs de mer. Encore trois jours de boulot et ce serait terminé pour le roof, la pluie ne passerait plus à travers. Ensuite, nous nous attaquerions au pont, une bonne semaine au minimum. Et après ça, tout le calfatage de la coque. Là, il nous faudrait monter sur slip, embaucher une équipe de professionnels. Je m'étais déjà renseigné, la facture serait salée mais nous avions de quoi payer. Et le *Snark* larguerait les amarres dans quatre semaines au plus tard, avec des voiles neuves et des vivres pour deux ans.

Sur le pont à l'arrière, Mounier travaillait en fredonnant. Il a été formé en France par un maître charpentier de marine dont il m'a souvent parlé avec dévotion, et j'admirais son adresse à construire le cockpit du *Snark*. Cependant je ne pouvais m'empêcher de ressentir une vague inquiétude en voyant ces belles planches en *cai sao*, ces boîtes de vis en bronze presque introuvables, payées une fortune. La petite voix intérieure me disait que le capitaine aurait mieux fait de donner la priorité absolue au gréement et à la voilure pendant que je m'occupais du calfatage. Pour moi, un bateau se résume avant tout en trois points : coque et pont étanches, mâts qui tiennent bien debout, gouvernail solidement accroché. Là-dessus on installe des voiles, on fait le plein d'eau, on embarque une bonne provision de riz, du *nuoc mam* et des hameçons, on ajoute quelques caisses de conserves pas trop chères, et on largue les amarres vite fait. Et si on voulait vraiment un cockpit, on pourrait toujours s'en occuper dans le prochain port. Après tout, le *Snark* navigue depuis un demi-siècle sans cockpit, il pouvait très bien continuer quelques mois encore, sans qu'on perde notre temps à du « pas nécessaire ».

Bientôt deux semaines. Hier, je n'ai pas vu Mounier. Ni avant-hier. Il était parti acheter la toile à voile.

– Tu ne voudrais quand même pas qu'on navigue avec des voiles en feuilles de latanier comme sur les jonques, non?

Là, j'étais bien d'accord, mieux valait des voiles en bon gros tissu de chaise longue, qui nous dureraient des années. Et j'avais proposé à Mounier de les faire coudre à la machine par Assam.

– Je lui en ai parlé, le prix qu'elle demande est très raisonnable, ça ira vite, on fera gaffe aux grains pendant la première traversée, et plus tard, à Singapour ou ailleurs, on reprend tout à la main avec du bon fil ciré bien costaud. Qu'est-ce que tu en penses?

Il a demandé à réfléchir... et il est revenu, sans toile à voile mais avec un sextant neuf et les cartes de détail couvrant la moitié du globe : mer de Chine, îles de la Sonde, Pacifique, océan Indien, Australie, tout au grand complet, jusqu'à la moindre crique et au plus petit atoll perdu dans le grand bleu de la mappemonde. Entre le sextant et les cinquante kilos de cartes, la facture était terrifiante. Moi qui croyais naïvement que nous partirions le nez en l'air avec le strict minimum, quitte à décalquer les autres cartes en cours de route sur des cargos rencontrés dans les ports. Et nous aurions bien fini par nous procurer aussi un sextant d'occasion; peut-être même un sextant-cadeau... on ne sait jamais!

Dès le début de la troisième semaine, la panique avait commencé à me mordre le ventre. Je venais tout juste de terminer le calfatage du pont avec Nguyen. A part l'achat du tissu, rien n'a été entrepris pour les voiles. Mounier avait encore disparu pendant le week-end et il rappliquait tout fier avec sa Winchester entièrement chromée, culasse et pièces mobiles incluses... huit cents piastres parties en fumée! « Comme ça, tu comprends, elle ne rouillera pas avec l'air salin, c'est plein de pirates là où on va naviguer, faut une arme sur laquelle on puisse vraiment compter. » Moi, je comptais les malheureuses piastres qui nous restaient. Quant à l'air salin, ce ne serait pas pour demain...

Pourtant, Mounier est infiniment plus compétent et qualifié que moi pour le travail manuel et dans l'art de gréer un bateau de ce type. Il avait enfin installé les haubans, avec des ligatures splendides, en remplaçant les ridoirs par des « caps de mouton », tout cela très vite, très solide, sans la moindre hésitation, en deux jours à peine. Et son cockpit, je dois le reconnaître, c'était un travail de professionnel. Mais ensuite, il s'est mis à fabriquer une caisse en teck armée de ferrures, pour y ranger les cartes, alors que le tissu des voiles était à côté de lui et qu'il parlait depuis une semaine de les tailler. Il oubliait que pour tailler une grand-voile aurique, on doit d'abord en prendre les mesures, et pour ça, commencer par fabriquer et installer la vergue et la bôme. J'avais proposé la solution évidente, rapide et quasi gratuite : des perches en *cai tram*, ça traînait dans tous les chantiers, c'est d'une solidité à toute épreuve, on les couperait à la bonne longueur, et bim boum, nous aurions eu la vergue et les deux bômes en une heure. Et avec une journée de plus à bosser comme des dingues, le gréement pouvait être mis en place, Mounier n'aurait plus qu'à prendre les mesures pour tailler *enfin* les voiles et les faire coudre par Assam pendant qu'on monterait le bateau sur slip pour quitter au plus vite ce pays qui sentait le cadavre. Et ce serait tout simple.

Ce serait tout *simple*... mais chaque fois que j'avais le malheur de prononcer ce mot, il se raidissait. La vergue et les bômes, il voulait les débiter à l'herminette, dans d'énormes madriers apportés sur une charrette tellement ils pesaient lourd.

– Tu sais au moins pourquoi une bôme doit être très lourde? C'est pour qu'elle ne risque pas de se dresser en l'air dans les empannages. Ton *cai tram* est une rigolade, cent fois trop léger, ça va peut-être pour tes boeniouls du golfe de Siam, mais moi, je ne veux pas de cette saloperie sur mon bateau!

Il déraillait complètement... n'importe quel moussaillon sait border l'écoute pour empêcher la bôme de se relever dans un virement de bord vent arrière; et une bôme inutilement lourde provoquerait tôt ou tard une avarie de gréement pendant un empannage involontaire. Mais le bouquet, c'est son idée d'un lest réparti en petites caisses que nous porterions sur le pont au grand largue et au vent arrière... afin d'atténuer le roulis.

Eh oui... il avait lu des tas de bouquins, il me parlait de Slocum, Voss, Pidgeon, dont j'entendais les noms pour la première fois. Il affirmait que Gerbault et Bishop (je les ai lus) n'arrivent pas à la cheville de ces trois grands maîtres. C'était peut-être vrai, je n'en savais rien, mais je comprenais que lui, en tout cas, il n'avait jamais navigué, son expérience maritime était entièrement livresque et il avait tout mélangé dans sa tête. Et moi, je pataugeais dans tout ça. La coque prenait l'eau de manière alarmante. Le *Snark* devait absolument monter sur slip. Il nous restait juste assez d'argent pour faire face à cette dépense imparable. Je me croyais capable de calfater pour avoir regardé faire le père de Hao avec ses mains magiques. Mais quelques jours plus tôt, quand était tombée cette énorme pluie, le pont et le roof fuyaient là où j'avais bourré mon étoupe. En voyant ça, Nguyen nous avait quittés, il en avait marre de me voir jouer au petit patron alors que je suis seulement un macaque.

Eh bien d'accord, je suis un macaque! Après tout, ce n'est pas rédhibitoire, Éric de Bishop et Gerbault ne savaient pas grand-chose eux non plus avant de se lancer. *Mais ils sont partis quand même... et ils ont appris en route.*

Si seulement nous avions largué des amarres, tout se serait arrangé entre Mounier et moi, il pouvait m'enseigner des tas de choses, j'étais mûr pour apprendre, et lui, il y verrait vite beaucoup plus clair, des tas d'évidences lui sauteraient aux yeux, après seulement quelques jours de mer; le lest resterait bien sage à fond de cale comme sur tous les bateaux du monde, et ses énormes bômes – qui n'étaient pas encore commencées – il aurait pris de lui-même l'initiative de les ramener à des proportions raisonnables, à Singapour ou dans un mouillage peinard d'Indonésie. Mais le vrai problème était ailleurs : *le capitaine ne partirait jamais... parce qu'il n'avait pas vraiment envie de partir.* Le voyage du *Snark*, il le vivait dans sa tête, devant ses cartes, en rêvant d'horizons et d'atolls qu'il ne verrait jamais.

Dieu merci, le *Snark* est loin dans le passé. Et je suis devenu un homme libre. Depuis cinq jours et cinq nuits, la côte malaise défile lentement sur tribord. La grosse jonque chinoise qui était ce matin dans le sillage de *Marie-Thérèse* nous a dépassés à l'heure où je faisais tangenter le soleil sur l'horizon à midi, pour un dernier contrôle de latitude avant Singapour.

La mousson de nord-est tire à sa fin. Il ne faudra pas traîner à Singapour si je veux profiter de ce vent favorable pour crocher l'alizé de l'océan Indien avant l'arrivée de la mousson de sud-ouest qui commencera à souffler dans quatre ou cinq semaines. Trois jours d'escale suffiront pour revoir quelques amis, faire le plein d'eau, une longue lettre à Deshumeurs, et hop! hisser de nouveau les voiles, longer Sumatra à bonne distance pour sortir du détroit de Malacca et entrer dans l'océan Indien. Et là... piquer tout droit au sud avec ce qui restera de mousson du nord-est pour aller attraper l'alizé qui m'emmènera d'une traite jusqu'à Madagascar! L'alizé enchanteur de mon adolescence quand je lisais la vie du *Firecrest*, du *Phu-Po* et du *Kaïmiloa* [1], ces bateaux fabuleux qui nourrissaient mes rêves. Et il n'y aura pas d'escale à partir de Singapour, rien que la mer, la mer, la mer!

C'est seulement mon treizième jour de mer sans escale depuis le départ d'Indochine. Et je commence à prendre conscience de l'immense trésor que m'apportera la solitude. Enfin le temps de me retrouver avec moi-même, le temps de contempler ce qui m'entoure. Avant, c'était le tourbillon : service militaire, travail chez mon père, Europe à toute vitesse, retour en Indochine, études acharnées sans perdre une minute, préparatifs du *Snark* qui gicle vers l'horizon comme une fusée, suivi d'un retour frisant le naufrage, et enfin le formidable éclair des quatre semaines précédant le départ de Kampot. Durant toutes ces années, je n'ai pas arrêté de courir en regardant à la fois devant et derrière, comme si j'étais traqué par le temps. Même pendant la période de ma jonque de transport entre Rach Gia et le Cambodge, où j'avais bien l'intention de me la couler douce, j'ai trouvé le moyen de vivre encore sur des charbons ardents. Et mainte-

1. *Firecrest* : bateau d'Alain Gerbault. *Phu-Po* : jonque chinoise avec laquelle Éric de Bishop et son compagnon Tatibouet ont effectué la traversée d'Asie à Hawaï, où leur bateau a été jeté à la côte. Ils ont alors construit *Kaïmiloa*, un catamaran à liaisons flexibles, qu'ils ont conduit d'Honolulu en France, presque sans escale, par le cap de Bonne-Espérance.

nant, le grand calme en moi depuis treize jours, ce calme que je peux savourer, ce calme où le passé remonte tout doucement à la surface, par bribes et morceaux qui s'assemblent pour former comme des dessins dans la mer.

Le soleil va bientôt se coucher, il est déjà derrière les collines sur la droite. Je vois le visage de Mounier parmi les petits nuages de la mousson de nord-est qui courent légers dans le rose du ciel. Qu'est-il devenu? Je n'ai pas été toujours très juste envers lui. C'est vrai qu'il rêvait debout en regardant ses cartes... pourtant sans Mounier, sans le rêve de Mounier, le *Snark* ne serait jamais parti. Pour la simple raison qu'il n'y aurait jamais eu de *Snark*. Et sans le *Snark*, pas de *Marie-Thérèse* aujourd'hui. Et sans Deshumeurs, pas de *Snark* non plus, ni de *Marie-Thérèse* sous voile en ce moment vers le détroit de Malacca. C'est étrange, à quel point les deux bateaux sont imbriqués l'un dans l'autre... et voilà que je me retrouve avec Xaï, peu après son empoisonnement par la tortue [1]. Le père de Kieu – le sorcier du village – l'avait sauvé de justesse, grâce à sa pierre noire avec laquelle il avait écrasé les sept minuscules crabes de sable, si difficiles à trouver car tous devaient avoir des pinces de la même taille. Une fois guéri, Xaï remet son lance-pierres en collier autour du cou, je fais de même, et nous marchons d'une traite jusqu'à Hon-Chong pour apporter un présent au vieux bonze de la grotte des Sapèques. Là, Xaï lui demande de nous expliquer le symbole du « yin » et du « yang », visible partout, dans les pagodes, sur l'étrave des jonques de pêche, devant les petits bols remplis de sable où l'on pique les baguettes d'encens pour honorer les ancêtres, ce symbole du « yin » et du « yang » dont on dit qu'il représente l'équilibre.

Le vieux bonze a posé sur nos épaules d'enfants ses mains légères comme des plumes :

– Prenez un oiseau noir et un oiseau blanc. L'un s'appelle « yin » et l'autre « yang ». Et vous croyez tenir « yin » et « yang » dans vos mains. En réalité, il ne peut y avoir ni « ying » ni « yang », s'il n'y a pas en plus une troisième chose : l'air. Sans l'air pour appuyer leurs ailes, nul de ces deux oiseaux ne pourrait exister, ils ne seraient qu'une illusion d'oiseaux. Plus tard en grandissant, vous apprendrez à remplacer « air » par « esprit », pourtant l'histoire sera la même.

Mounier n'était pas oiseau. Mais il était l'esprit qui a permis au

1. Le caret, petite tortue de mer, fournit l'écaille précieuse utilisée en joaillerie. Le dictionnaire assure que cette tortue est comestible... mais le caret du golfe de Siam est parfois violemment toxique, en particulier dans la région de Hà-Tiên, où ses écailles sont d'une grande beauté.

Snark de prendre son essor pour se transformer un peu plus tard en *Marie-Thérèse*. Le vieux bonze a rejoint depuis longtemps le monde des ancêtres, et c'est ici, tout près de Singapour, si loin de l'Indochine, quinze ans après la grotte des Sapèques, que remonte à la surface cette parcelle de souvenir venue des profondeurs du passé... et elle s'emboîte avec précision dans les courbures d'autres images plus récentes pour former ensemble, dans un coin du Grand Puzzle, un petit tableau où je peux voir le *Snark*, trois garçons de vingt-cinq ans qui regardent *Marie-Thérèse*, et tout en arrière-plan, le vieux bonze racontant à des enfants l'histoire de deux oiseaux portés par un esprit.

La grosse jonque chinoise qui nous avait doublés vers midi n'est plus qu'un point sur l'horizon. Dans le lointain, à un doigt sur la droite de l'étrave, je distingue déjà l'entrée du détroit de Malacca. Quand la nuit viendra, quand elle sera devenue bien noire, apparaîtra l'immense halo des lumières de Singapour, ce halo qui nous avait stupéfiés Deshumeurs et moi, en le voyant devant le *Snark*, deux jours après les Anambas. On aurait cru que dix mille projecteurs cachés sous l'horizon éclairaient le ciel pour nous dire « Bravo, les Charlots, c'est bien là... cette fois vous avez tiré en plein dedans! ». Mais le *Snark* était encore loin, très loin, et à l'aube... pfuit!... plus que des terres inconnues partout autour de nous, à gauche, à droite, devant, derrière. Et tout au long d'une journée qui n'en finissait plus, nous avons zigzagué d'un bord à l'autre de ce mystère, à la recherche de la ville engloutie, promenés par des courants de marée incroyables et des souffles d'air à peine suffisants pour gonfler un peu les voiles. Puis la nuit était revenue, avec l'immense halo, et nous sommes entrés dans le port au petit matin, comme des chefs!

Deshumeurs... Je l'avais rencontré par hasard chez une vague relation à qui je rendais une visite de politesse. Tiré à quatre épingles, pantalon en rayonne au pli impeccable, chemise en soie avec ses initiales brodées sur la pochette, une grosse chevalière au doigt et des souliers vernis très étroits, rien ne m'avait attiré chez ce personnage un peu guindé au langage précieux; c'est tout juste si nous avions échangé quelques mots, et j'avais saisi la première occasion pour écourter ma visite, pressé de retrouver mes camarades de sport à la piscine.

Et j'ai failli rire à notre deuxième rencontre, quelques mois plus tard, sur le quai, quand je l'ai vu en contemplation devant le *Snark*. Si l'on m'avait dit ce jour-là qu'il représenterait l'oiseau rare, que nous serions l'un pour l'autre le complément indispensable, j'aurais cru entendre une bonne plaisanterie! Non seulement il n'avait jamais navigué, mais il n'avait pas même regardé un bateau de sa vie. Pour-

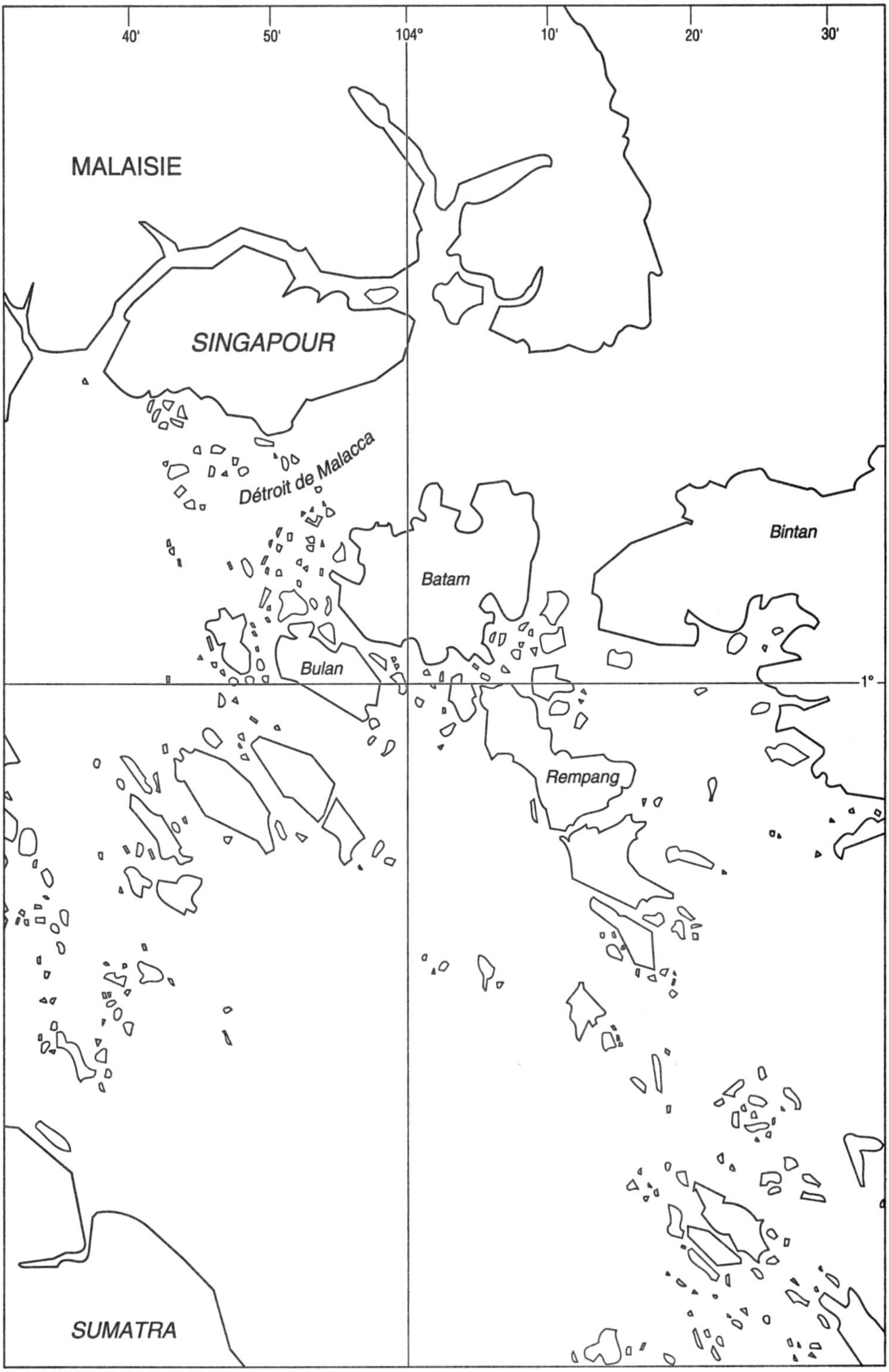

Approches de Singapour

tant, quand il a entendu parler de nos projets à travers les potins de Saigon – « Vous savez, cette barcasse avec les deux cinglés qui parlent d'aller faire le tour du monde, quelle rigolade ! » – il est venu voir. Sur les dix mille Français de Saigon, il est le seul qui soit venu voir de près... et pas seulement avec ses yeux.

Alors la vague géante avait déferlé sur lui comme elle avait éclaté en moi. Et il avait sorti vingt mille piastres de sa poche, une somme énorme... accompagnée de trois conditions *sine qua non* : d'abord, c'est lui qui tiendrait la caisse. Ensuite, si une quatrième personne voulait se joindre à cette aventure et qu'elle ne plaise pas à l'un de nous, celui-ci aurait droit de veto absolu. Enfin, nous devions jurer sur l'honneur que si l'un de nous trois décidait d'abandonner, avant ou après le départ, pour quelque raison que ce soit, le *Snark* reviendrait automatiquement et sans discussion à celui ou à ceux qui continueraient. Inutile de légaliser notre accord avec un tas de signatures officielles, notre parole suffisait.

Tout redevenait vrai. Les cartes respireraient enfin l'air salin. Mounier ne pouvait plus reculer. Ses atolls, il les verrait en grandeur nature. Deshumeurs... le feu dont nous avions besoin.

Nous étions nés en avril de la même année, à quatre jours d'intervalle. Venu avec le corps expéditionnaire, comme Mounier, il a vite reniflé le vent. Après avoir été démobilisé en métropole, il est revenu à Saigon pour monter une petite affaire commerciale. Et il ne rêvait pas. Du moins, pas à la manière de Mounier. Ni à la mienne. A moi, il avait fallu trois semaines pour comprendre à quel niveau se situait le problème. Deshumeurs l'avait déjà flairé avant même de sortir ses vingt mille piastres. Et en moins de deux jours, il y voyait aussi clair qu'un aigle. Dès lors, le problème a commencé à se dénouer, une succession de petits miracles en a engendré un gros. Comment les choses se sont-elles passées au juste, je ne le saurai jamais. Car pour cela, il aurait fallu que je puisse entrer dans la tête de Mounier. Toujours est-il qu'une semaine après l'entrée en lice de l'oiseau rare porteur d'espoir, Mounier laissait tout tomber. Deshumeurs et moi héritions du *Snark*.

Stupéfaction. Éblouissement. C'est à mon tour de jouer dans une liberté totale. Et pourtant... peur insidieuse. La peur de l'inconnu. Tant que Mounier était dans le circuit, je me sentais en quelque sorte sécurisé par ses compétences indiscutables. Certes, il présentait d'énormes lacunes sur le plan marin... mais ce n'étaient que broutilles, j'aurais facilement compensé, nous aurions fait comme l'aveugle et le paralytique, l'un portant l'autre, avec Deshumeurs à nos côtés pour déblayer la route à coups de piastres. Et voilà que du

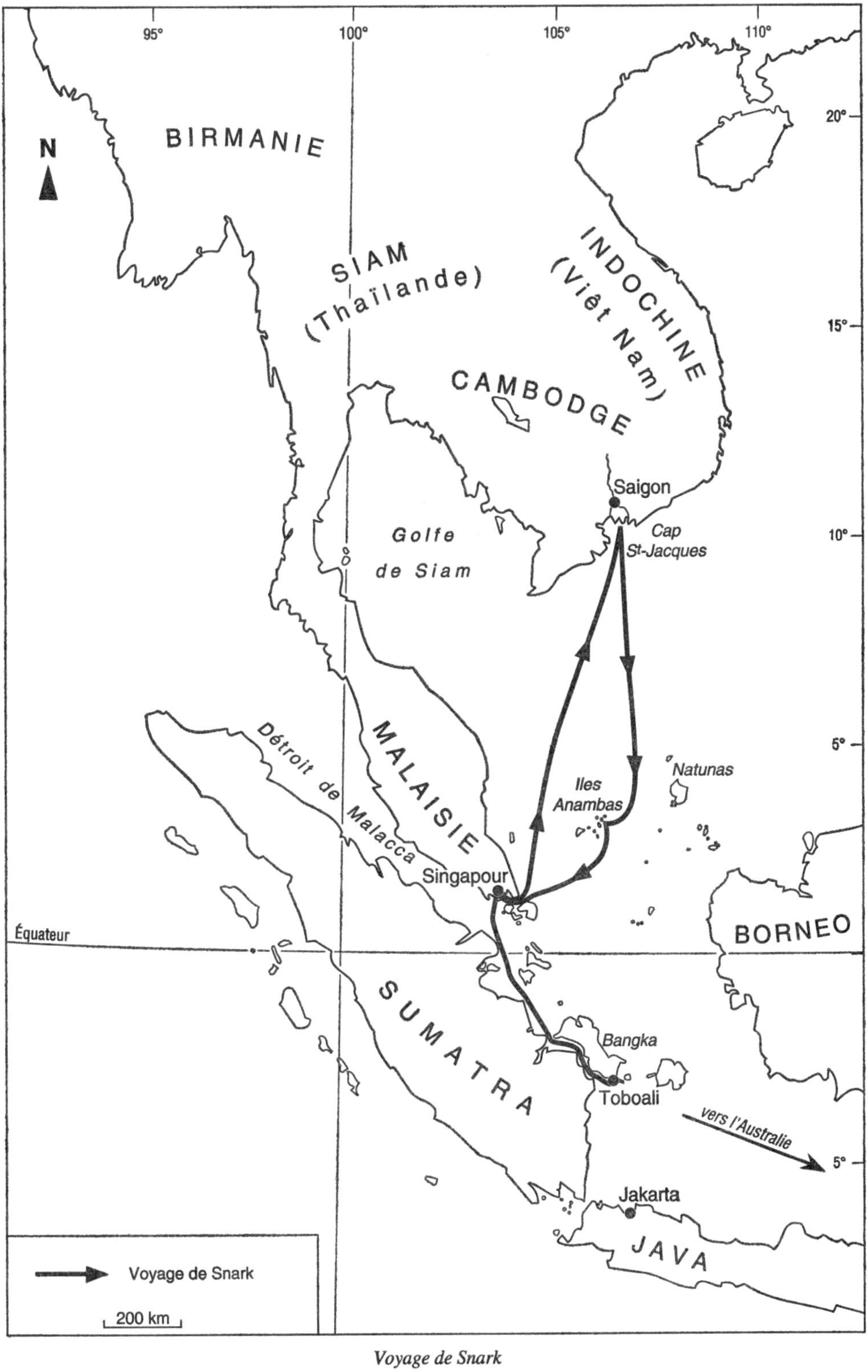

Voyage de Snark

jour au lendemain, la Grande Aventure se dressait devant moi, redoutable comme une question posée par les dieux : « Sauras-tu faire de ton rêve une réalité?... »

Car il me fallait maintenant regarder les choses en face : Deshumeurs avait beau me prendre pour un ténor... je n'étais capitaine qu'à bord de ma pirogue. Et mon « expérience maritime » se limitait à de brèves campagnes de pêche avec le père de Phuoc autour des îles avoisinant le village, puis à quelques mois de navigation côtière sur ma jonque de commerce, cinq ans plus tôt. Dans tout cela, mon rôle se cantonnait à celui d'un matelot.

L'aveugle et le paralytique, c'est Deshumeurs et moi qui allions jouer à ce jeu-là. Dieu merci, il ne le savait pas encore et me faisait une confiance absolue. Il fallait que je me dépêche de prendre du galon...

– Tu ne pourras jamais réparer ce moteur si tu n'es pas mécanicien, me disait Tchu quand j'étais enfant. Mais si tu ne commences pas d'abord par réparer le moteur, tu ne pourras jamais devenir mécanicien.

Le *Snark*... je me revois préparant le départ avec Deshumeurs, travaillant ensemble comme des piles électriques. Jamais nous n'avions foncé à une telle cadence, on aurait dit un film en dessins animés où deux bons dieux hindous ayant dix bras chacun se seraient lancés dans la construction d'un temple à trois étages. Dès le lendemain du retrait de Mounier, le bateau montait sur slip pour être calfaté en vitesse. Nguyen est revenu travailler avec nous. C'est étonnant à quel point une situation peut se renverser. Nos yeux d'illuminés font briller ceux des autres. Un ancien Terneuvas devenu vieux fonctionnaire dans un bureau poussiéreux du service des Affaires Maritimes voit revivre en nous sa jeunesse, il délègue ses trois meilleurs ouvriers spécialisés dans la confection des tauds, pour coudre et ralinguer nos voiles. Notre rêve se propageait comme un feu de brousse dans le cœur d'autres personnes, cette aventure devenait aussi la leur, ils poussaient maintenant avec nous... et l'amiral Graziani a envoyé son chef de cabinet dire que tout était réglé pour le remorquage si nous étions prêts à cinq heures pile du matin dans une semaine jour pour jour... c'était presque la panique, une panique rayonnante, puissante comme un bulldozer... Bômes et vergues en *cai tram* parées en une nuit blanche, ferrures et colliers vissés en place... et le vieux Terneuvas rajeuni de vingt ans dirige les deux « macaques » sur des objectifs précis : installer les poulies en tête de mât, passer les drisses dans la foulée, couper à la longueur avec un mètre de plus, surlier d'instinct les extrémités, enverguer les voiles, préparer les écoutes, ne pas gaspiller un temps précieux en hésitations, toi tu fais ça, moi je fais ça, et nous étions lancés, Deshumeurs et moi, dans une course de vitesse qui était aussi un cross-country par la même occasion... trois cents kilos de riz mélangé à de la cendre contre les charançons [1] puis conditionné en bidons de vingt litres bien étanches, vingt fûts de cinquante litres de pétrole qui serviraient – avec le riz – de monnaie d'échange pendant le voyage, deux jarres de *nuoc mam*, des masses de conserves en boîtes, des rouleaux de cordages, de l'étoupe à calfat pour les réparations, ancres, chaînes, aussières de mouillage en fibre de coco, on embarque tout en vrac, à la charrette, on rangerait plus tard, quand on aurait le temps, au cap Saint-Jacques, devant l'horizon... et les copains remuaient ciel et terre pour dénicher trois fûts métalliques de deux cents litres, grattaient, rinçaient, badigeonnaient l'intérieur de ciment, on les coinçait bien dans les fonds, avant de les remplir d'eau potable... enfin le bout du tunnel est presque en vue, encore quelques bricoles à trouver chez les Chinois pour les rayer sur la liste, maintenir la cadence, surtout ne pas s'arrêter pour souffler sans quoi on s'écroulera tous les deux, foncer ensemble, l'un soutenant l'autre dans les cahots, tenir le coup, ne pas mollir... non, on ne va pas commencer à s'engueuler, c'est la dernière ligne droite, on va se la payer à l'arraché... soixante-douze heures à grands coups de Maxiton, sans dormir une minute, tout vérifier une dernière fois dans le gréement, déblayer le pont, installer une ancre à poste avec l'aussière bien lovée et retournée prête à filer, les drisses au pied du mât sur leurs cabillots... regarde comme le *Snark* est devenu beau, on n'aurait jamais cru ça possible, ranger un peu dans la cabine, un bon café brûlant dans les mains qui réchauffe le cœur, vieux frère on a gagné, l'aube va bientôt se lever, on a réussi à ne pas s'engueuler une seule fois, là aussi on a gagné ensemble, tout est paré pour le départ, l'amiral Graziani a confirmé que ce sera dans une heure.

Et trois semaines après le jour où la grande vague déferlait sur Deshumeurs, six semaines après le soir où elle me prenait dans ses rouleaux alors que je contemplais cette épave pour la première fois... le *Snark* déboulait la rivière de Saigon à dix nœuds, remorqué par un dragueur de mines qui nous larguait cent kilomètres plus loin devant

1. Ce truc vietnamien apparenté aux remèdes de bonnes femmes s'est révélé totalement inefficace contre les charançons. Par la suite, j'ai appris une méthode infaillible et sans danger : remplir le bidon de riz, y déposer un tampon imbibé d'alcool à quatre-vingt-dix degrés, puis fermer le récipient. Les vapeurs d'alcool éliminent tous les charançons ainsi que leurs œufs.

la baie du cap Saint-Jacques, hébétés de fatigue, tout juste capables de reconnaître l'avant et l'arrière, sonnés, presque K.O. l'un et l'autre.

Le *Snark* n'est plus qu'un souvenir lointain. Singapour est loin aussi. *Marie-Thérèse* déroule son sillage dans l'océan Indien, à plus de mille milles des côtes de Sumatra. Je regarde derrière moi. Je n'ose y croire. Le soleil flamboie dans le ciel, rebondit sur les bulles du sillage, lance des étincelles sur le dos des longues houles paisibles, puissantes, bien installées chez elles. La houle vient enfin du sud-est!... Et je respire à pleins poumons ce vent nouveau, léger comme un rêve, qui devrait permettre à mon joli bateau de gagner quelques degrés de plus en latitude vers le sud de l'équateur. Si cette brise miraculeuse voulait tenir encore un ou deux jours... cela nous laisserait le temps d'aller nous réfugier bien au chaud dans le cœur de l'alizé, où la mousson ne pourra plus venir nous dénicher.

La mousson... *Marie-Thérèse* y a laissé des plumes. Pas trop, cependant. Elle continue d'étirer son sillage vers le sud, sous foc et artimon. La grand-voile est morte il y a trois jours. Cela va poser un problème. Je ne veux pas m'en préoccuper aujourd'hui. C'est tellement merveilleux de vivre dans le présent, si loin du long cauchemar que j'ai connu ces derniers temps.

Je redescends à l'intérieur, allume le Primus et remplis la bouilloire pour un troisième café. La flamme tousse un peu. Voilà bien longtemps que je n'avais pas eu besoin de protéger le réchaud des courants d'air. C'est la première fois, depuis une éternité, que le panneau avant peut rester ouvert. L'âcre odeur de moisissure dans laquelle je marinais depuis des semaines a déjà presque disparu. Dehors, le mince matelas cambodgien et ma couverture en coton se gorgent d'air et de soleil entre les haubans de l'artimon.

Accroupi sur le vaste bat-flanc qui occupe toute la largeur de la cabine, une moque de café brûlant dans les mains, trois baguettes d'encens plantées devant lui pour remercier les dieux, le Grand Chef contemple la carte de l'océan Indien, poisseuse de sel comme un torchon, crayonnée d'un enchevêtrement de zigzags à peine lisibles... sillon sans fin tracé dans la mer, dans les vagues, jour après jour, pendant un mois et demi.

La mousson de sud-ouest m'était tombée dessus dès la sortie du détroit de Malacca, peu après la trop longue escale de Singapour. Nourri, logé, choyé par mes amis, je n'avais pas vu passer le temps.

J'étais donc reparti un peu tard, la mousson s'était inversée avec une armée de *Ma Qui* cachés dans ses grains féroces. Et durant six semaines, *Marie-Thérèse* et moi avions lutté ensemble comme un seul être fait de bois, de cordages, de voiles et de chair, tirant des bords presque plats pour gagner en latitude vers le sud, vers l'alizé de l'océan Indien. C'était comme si on voulait percer un mur en briques avec les mains. Il ne fallait plus penser à rien, si ce n'est à creuser, creuser, creuser. Heureusement, ce vent furieux n'avait aucune intelligence, il modifiait sa direction de cinq à dix degrés toutes les nuits; nous en profitions alors pour prendre le bord favorable en nous glissant dans l'obscurité.

Pendant quarante-neuf jours et quarante-neuf nuits nous avons joué ainsi au chat et à la souris contre les Dragons de la mousson dans un chaos de vagues hargneuses, grandes bouches pleines de bave et de dents pointues qui voulaient notre peau. Nous avons creusé ensemble ce mur de vents, de pluies horizontales et de mers coléreuses, mille après mille, en direction du sud pour y chercher justice et protection auprès de l'alizé – ce souffle clair des longues chevauchées océanes aux écoutes filées en grand.

Quatrième café de la matinée. Le puissant parfum des baguettes d'encens brûlant dans la cabine pénètre mon esprit, m'emmène au loin. Et je revois la formidable et dernière colère de la mousson, il y a trois jours de cela, au crépuscule, sous un ciel chargé de menaces comme à l'habitude. Plongé dans une sorte d'hypnose, une main sur la drisse de grand-voile, j'hésitais à prendre encore quelques tours de rouleau. Sans préavis, le grain blanc a tonné dans un éclair, avec une soudaineté et une violence inouïes, couchant presque le bateau en l'espace d'une seconde ou deux. J'ai entendu les grosses pierres du lest commencer à riper dans les fonds... J'étais trop loin de l'écoute pour avoir le temps de la filer en catastrophe, c'était la fin du grand voyage... et d'un seul coup les mâts se sont redressés dans les hurlements du vent, la grand-voile venait d'exploser, lambeaux de tissus volant comme plumes d'oiseau-mouche atteint de plein fouet par un coup de lance-pierres, *Marie-Thérèse* avait échappé d'extrême justesse au chavirage, en échange d'une voile majeure. Il n'en restait que la ralingue mais j'étais devenu deux fois vivant, empli d'une certitude nouvelle qui dilatait mon être. Dressé devant le mât, devant la mer, je contemplais avec les yeux d'un revenant et un amour tout neuf mon beau bateau qui poursuivait sa route dans la nuit sous foc et artimon, à la même vitesse. Puis le vent s'est infléchi peu à peu à l'ouest au cours de la nuit, en mollissant. Pour la première fois depuis l'entrée de l'océan Indien, *Marie-Thérèse* courait plein sud, écoutes légèrement choquées. Et au petit matin, calme plat, un peu de soleil perçant des nuages paresseux. Après les dures épreuves infligées par la mousson, c'était comme si je voyais s'entrouvrir la porte du paradis.

Voilà deux jours maintenant que la brise tient au sud-est, douce comme une main de fée. Deux jours qu'un léger roulis bercé de bruissements amis a remplacé le tangage fou des semaines passées. Deux jours de pont sec sans une éclaboussure. J'ose enfin prononcer le nom de ce vent nouveau, l'alizé, qui fait courir la longue houle d'est et joue avec le soleil et les petits nuages arrondis, tendres comme un duvet. Je les regarde glisser dans le ciel bleu, sans se presser, oiseaux migrateurs portés sur leurs ailes blanches irisées de lumière. Finies les lourdes nuées semblables à d'immenses chauves-souris carnivores aux ailes noires chargées d'enfer et de déluges qui recouvraient le monde il y a quelques jours à peine. J'ai le sentiment que tout est devenu nouveau autour de moi.

Même *Marie-Thérèse* me semble transformée, forte de cette liberté dont elle m'emplit comme un nuage bleu. Le bateau, c'est formidable. Au départ d'Indochine, je croyais me rendre à Madagascar pour m'y établir, *Marie-Thérèse* n'étant qu'un outil pour m'aider à atteindre ce nouveau pays. Je croyais qu'une fois arrivé là-bas, je chercherais à revendre mon bateau... pour être libre de mes mouvements! Puis à Singapour, je me suis lié d'amitié avec Oncle James, un vieil Anglais apparemment riche, établi aux Seychelles. Apprenant que j'allais à Madagascar pour chercher du travail, il a décrété que ce serait beaucoup plus simple dans ses îles, où il se faisait fort de m'en trouver très vite, bien payé. Après tout, pourquoi pas? Et il m'a confié une petite table ronde, en bois noir, richement ouvragée, que je lui amènerais aux Seychelles. Elle passait juste par le panneau de la cabine et j'ai pu lui trouver une place tranquille dans le poste avant, contre l'étrave où elle ne gênerait pas. Alors, en route pour les Seychelles au lieu de Madagascar, et ensuite on verra!

Le bateau, c'est la liberté, pas seulement le moyen d'atteindre un but, comme je le croyais il n'y a pas si longtemps. Petite maison spartiate que j'emmène avec moi et qui m'emporte où je veux dans le monde, *Marie-Thérèse* représente maintenant la riche solitude des grands espaces où le passé et le futur se confondent pour devenir l'instant présent dans le chant de la mer.

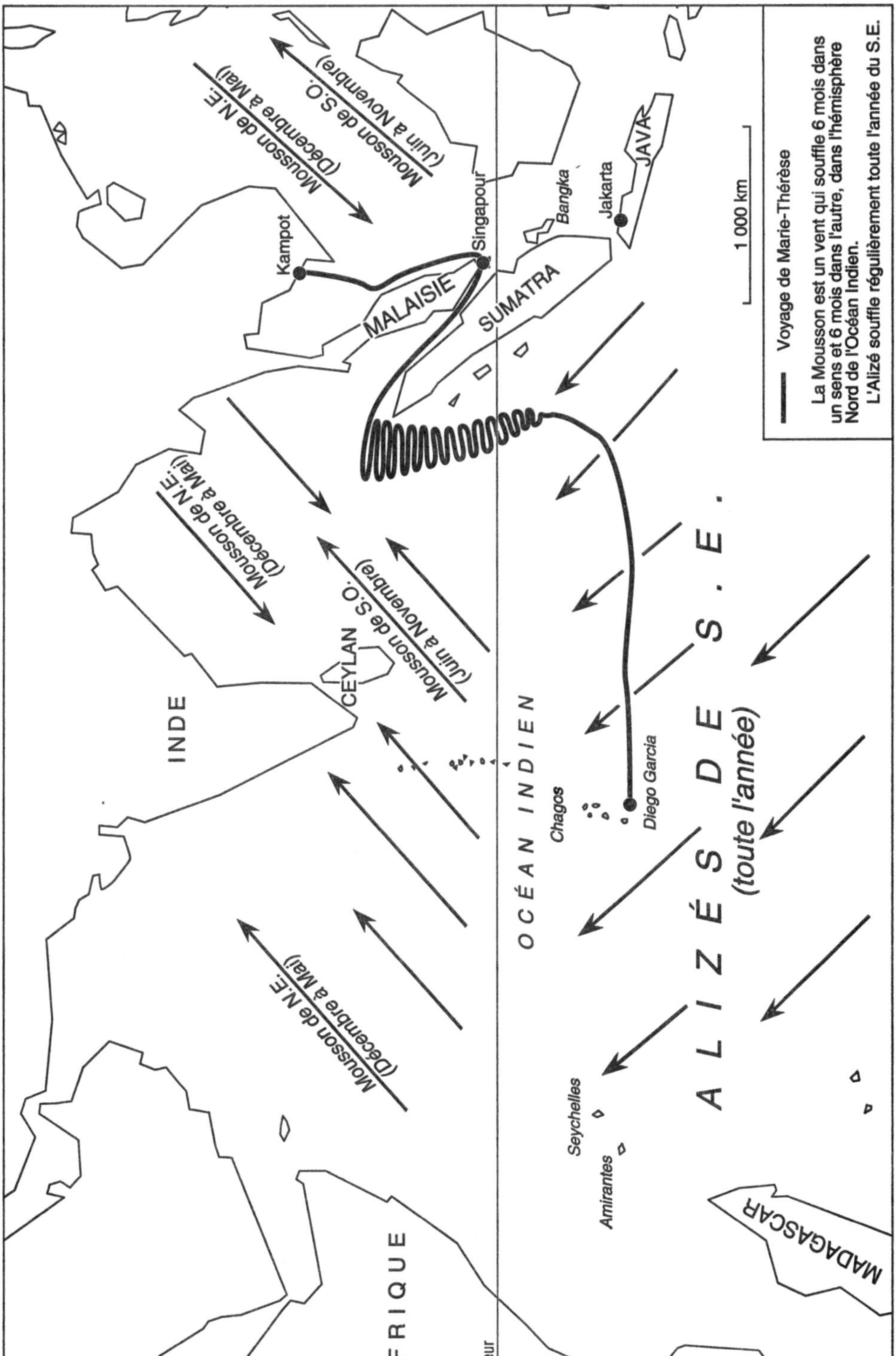

Voyage de Marie-Thérèse

Mon être tout entier ruisselle de bonheur. J'ai terminé vers midi le long travail commencé hier dans la cabine pour recouper la voile de secours, que j'avais récupérée sur le *Snark*. Je l'ai enverguée il y a quelques minutes, à la place de celle que j'ai perdue dans la mousson. Et le Grand Chef transporté par la joie regarde *Marie-Thérèse* complètement guérie qui dévale les vagues. Les plumes de l'oiseau-mouche sont toutes recollées, la mousson est déjà loin derrière, presque effacée de ma mémoire.

Le pont embaume la résine d'Orient chauffée par le soleil. J'écoute les histoires merveilleuses que raconte la mer chantant le long du bord. Où serions-nous, Deshumeurs et moi, en ce moment, si nous avions persisté dans notre rêve de gagner malgré tout l'Australie par la route de l'océan Indien, avec le vieux *Snark* complètement pourri?... Même en attendant six mois de plus à Singapour le retour des vents favorables de nord-est, l'aventure se serait terminée dans le ventre d'un requin. C'est déjà un exploit d'avoir réussi à ramener notre bateau en Indochine sans couler dans le golfe de Siam. Vers la fin du voyage, il prenait au moins deux tonnes d'eau en vingt-quatre heures. Peut-être trois. Peut-être quatre. Et c'est au seau que nous devions étaler pendant les deux derniers jours!

Courant dans l'alizé sous la grand-voile du *Snark*, l'entoilage de son roof garanti par un large rectangle prélevé dans l'artimon du *Snark* et cloué sur la cabine puis enduit de résine, avec le foc et la trinquette du *Snark* en réserve sur le lest, avec les deux ancres du *Snark* toujours parées près de l'étrave depuis Singapour, avec le compas, le sextant et les cartes du *Snark* bien à l'abri de la cabine, *Marie-Thérèse* emmène tout le *Snark* dans son sillage. Et j'ai l'impression de sentir à mes côtés la chaude présence de Deshumeurs.

– Je te fais un café, vieux frère?...

J'ai parlé seul. Je ferme les yeux. L'alizé me répond en chuintant dans le gréement. Il a beaucoup forci ces derniers jours. Pour la mer et les bateaux, le père de Phuoc a été mon maître. Pour la ville et pour les gens, Deshumeurs a laissé en moi son empreinte. Je revois l'arrivée du *Snark* à Singapour, notre longue escale là-bas... à peine l'ancre était-elle mouillée qu'un journaliste venait nous rendre visite à bord pour solliciter une interview. Puis un autre de ses confrères, quelques minutes plus tard. A croire qu'ils ont des antennes pour faire ce métier. Photos en première page, longs articles truffés de tempêtes et d'aventures époustouflantes sur le périple du *Snark* et le curriculum vitae des deux hardis navigateurs. Non seulement les journalistes ont des antennes, mais parfois des ailes aussi. Sous leurs plumes alertes, c'est tout juste si Deshumeurs n'a pas été dépeint comme un magnat de la finance ayant largué ses dix téléphones pour réaliser le rêve de son enfance en compagnie d'un ancien pirate du golfe de Siam.

Deux gars pleins d'étincelles, en route pour le tour du monde à bord d'une coque de noix, portent en eux les germes magiques auxquels aspirent les hommes pour alimenter leur besoin de merveilleux; un petit coup de pouce journalistique là-dessus... et ça part dans les étoiles. C'était presque l'histoire du Chat Botté où deux pouilleux se métamorphosent en princes de sang à l'occasion d'un énorme coup de bluff. Dans la rue, on se retournait sur notre passage, on nous souriait, les portes s'ouvraient toutes grandes, invitations et réceptions se succédaient à un rythme accéléré, ça faisait boule de neige, nous n'avions plus une minute creuse, on s'arrachait les deux phénomènes, nous devenions la coqueluche de Singapour sur notre tapis volant.

Deshumeurs survolait ce conte de fées avec le regard aigu d'un grand fauve chassant dans la forêt. Moi le timide, moi le muet de nature, je lui emboîtais le pas, stupéfié par son aplomb, béat d'admiration devant une telle aisance. Serait-il largué en caleçon de bain au milieu d'une place publique en pays étranger, qu'en moins d'un mois on le verrait rouler en Mercedes. Dans le sillage de ce maître, je commençais à entrevoir la formidable puissance d'évocation que notre contact imposait sur les esprits.

Une auréole magnétique baigne les saints, mais aussi les fakirs et autres marchands d'Illusion, force le respect des foules, attire sur eux comme par miracle les cadeaux venus du Ciel. Un voilier au parfum d'aventures et d'horizons lointains dégage une sorte de halo qui, s'il est épaulé par un coup d'œil juste et des réflexes rapides, donne accès tout droit à la caverne d'Ali Baba. De cela, j'avais eu vaguement conscience lors des préparatifs à Saigon. Mais depuis que nous avions traversé la vaste mer, notre halo devenait dix fois plus efficace. Communauté française, Anglais du yacht-club, secrétaires du consulat de France, autorités portuaires, c'est fou à quel point on nous aimait... une ancre de vingt kilos ici, une longueur de chaîne là-bas, trois caisses de vivres et un compas venus tout seuls dans le cockpit... je songeais à ces « prêtresses-danseuses » de la Grèce ancienne que le peuple nourrissait de petits présents pour s'attirer les faveurs de l'Olympe... elles pratiquaient en fait le plus vieux métier du monde, ce métier qui donne la joie et la consolation, ce métier qui manquait à mes cordes et pour lequel j'étais encore une « débutante »... mais une débutante assurément douée.

Et les petits présents continuaient d'affluer à bord, en échange du plaisir et du rêve que nous donnions aux autres. A ce rythme, le *Snark* aurait pu faire le tour du monde sans bourse délier.

Et le temps passait à l'ancre, fabuleux.

Au départ d'Indochine avec le *Snark*, l'appel de l'immense Australie agissait tel un aimant sur nos esprits et dans nos cœurs. Cocotiers aux palmes bruissantes sous les vents alizés, champs de cannes à sucre et plages de sable blanc à perte de vue, barrière de corail étirée sur vingt degrés de latitude et peuplée de poissons tropicaux aux couleurs de colibris, neiges et glaces de Tasmanie, espaces sans limites des grands déserts du centre... c'est dans cette île-continent protégée par des milliers et des milliers de kilomètres d'Océan que nous voulions émigrer. Loin des folies et des violences de l'Asie. Très au large du ronron et des petitesses de l'Europe bavarde. Et le *Snark* représentait à nos yeux non seulement un but en soi, mais aussi le moyen idéal d'atteindre cet Eldorado dans le plein sens de notre vie. Puis d'y choisir, avec tout le temps devant nous, la région qui nous conviendrait, au sein de ce peuple jeune, vigoureux, le regard tourné sur des valeurs fondamentales.

A partir de Singapour, deux routes s'offraient au *Snark* pour atteindre notre but, deux mille milles derrière l'horizon : ou bien le grand large de l'océan Indien dans la splendeur d'une étrave labourant la mer pendant des semaines sous le soleil et les étoiles, ou alors une navigation côtière enrichie d'escales pleines de contacts humains, tout au long de la chaîne des îles de la Sonde.

Entre le chant de ces deux sirènes très différentes mais séduisantes l'une comme l'autre, notre cœur balançait. Mon compagnon regardait plutôt en direction de l'Indonésie, et moi, vers l'océan Indien. Cependant la raison avait aussi son mot à dire. Malgré son calfatage complet à Saigon (qui a révélé une carène mangée par les tarets, sans parler de plusieurs membrures pourries dans les fonds et au niveau du pont), le *Snark* faisait déjà cent litres d'eau par jour en arrivant à Singapour. C'était un peu beaucoup et cela n'allait pas en diminuant. Un vieux bateau est un vieux bateau, il ne faut pas trop lui demander. D'autre part, notre ignorance totale dans l'art de la navigation astronomique rendait le grand large de l'océan Indien un peu intimidant.

– Tu sais, on a toutes les cartes, et la mer de Java en s'arrêtant partout où ça nous plaira, ça doit être assez chouette aussi...

Mais pour cela, nous devions d'abord obtenir du gouvernement de

Djakarta la permission de passer dans les eaux indonésiennes. Lettre aux autorités de la capitale administrative. Pas de réponse. Re-lettre. Le consulat de France appuie notre demande. Toujours rien dans le courrier. Le temps passe. Télégramme. Aucun effet. Djakarta reste sourde-muette. Pas un signe. Ni oui, ni non.

Deux mois avaient coulé depuis notre arrivée. A jouer les Phénix dans le tourbillon de Singapour, nous avions beaucoup trop attendu. La mousson favorable de nord-est en était à son dernier soupir. Elle allait bientôt s'inverser. Il fallait nous décider.

– Après tout, qu'est-ce qu'on risque? Si la police indonésienne nous demande notre visa, on lui dira qu'on va justement le chercher à Djakarta.

– De toute manière, on n'a pas d'autre choix. Ou bien on lève l'ancre, ou alors on reste ici à pourrir jusqu'au Jugement dernier.

Et moins de deux semaines plus tard, ayant gagné deux cent cinquante milles au louvoyage contre un début de mousson de sud-ouest entrecoupée de calmes, et débarqué plusieurs fois dans la grande île Bangka pour visiter des villages perdus au milieu de la brousse, nous nous faisions arraisonner par une vedette indonésienne armée de canons de 20 mm. Ça grouillait d'uniformes et de souliers cloutés à bord du *Snark*. « *Bania soussa! Bania soussa!* » (très mauvais).

– Pourquoi naviguez-vous dans nos mers sans autorisation? Vous prétendez aller en Australie, mais vos passeports n'indiquent aucun visa pour l'Australie. Et vous n'avez aucun titre de propriété légal concernant ce bateau. Quelle preuve pouvez-vous nous fournir qu'il vous appartient? Pourquoi avez-vous débarqué plusieurs fois avec un fusil? Vous dites que vous aviez peur des panthères?... Est-ce à cause des panthères que Mounier vous a quittés? Où est-il caché? Vous affirmez que Mounier n'est jamais venu avec vous, ce papier dit le contraire. Où est-il?

Mounier... quelle histoire à dormir debout! A Saigon, le lendemain du jour où Deshumeurs se présentait pour partir avec nous sur le *Snark*, j'avais rendu visite à l'amiral Graziani pour lui demander un « Sésame ouvre-toi ». Et j'étais ressorti de son bureau en serrant sur mon cœur une précieuse lettre officielle signée de sa main, priant les autorités civiles et militaires de prêter aide et assistance à Jean-Claude Mounier, Pierre Deshumeurs et Bernard Moitessier, pendant l'expédition du *Snark*. Après le désistement de Mounier, je ne m'étais pas soucié de déranger notre mentor une seconde fois pour lui faire modifier sa lettre de recommandation. Maintenant, le capitaine indonésien brandit comme preuve de notre culpabilité cette lettre confisquée avec nos passeports.

« *Bania soussa, bania soussa* »... les deux Princes Charmants de Singapour tombent de haut. Nous redevenons simples pouilleux, et les menottes de la police se profilent à l'horizon. Le *Snark* est pris en remorque, avec deux hommes armés sur le pont et trois autres qui entreprennent une fouille complète du bateau. Et nous voilà bientôt le long d'un quai, devant le petit village de Toboali, au sud-ouest de l'île Bangka, plus bien loin du détroit des Mille Iles qui s'ouvre sur la mer de Java. Grâce à ce remorquage assez brutal, le *Snark* a progressé d'une vingtaine de milles en droite ligne vers l'Australie, contre le vent du sud. Mais à part ce gain non négligeable, les choses se corsent à nouveau en fin d'après-midi quand nous nous retrouvons dans le bureau du commissaire entouré de ses sbires. Il y a même un gros ponte chamarré de galons, accouru tout exprès de Pangkalpinang (chef-lieu de la province) pour tirer cette histoire au clair.

– Où est Mounier? Où est-il caché?

C'est une idée fixe... ils sont persuadés d'avoir mis la main sur des agitateurs envoyés par la France. Mounier est évidemment le chef de l'expédition. Il a débarqué quelque part sur la grande île Bangka pour prendre contact avec un groupe de rebelles, avec pour mission de déstabiliser le gouvernement indonésien tout juste libéré du colonialisme. Ce n'est pas plus compliqué que ça, et nous ouvrons des yeux ronds devant une telle énormité.

Le nom de Deshumeurs étant cité en second sur la lettre de l'amiral, la police le considère comme mon supérieur hiérarchique dans cette affaire d'espionnage qui touche à la sécurité intérieure de l'Indonésie. C'est d'autant plus vraisemblable que Deshumeurs fait penser à un intellectuel, avec ses allures de grand seigneur, ses pieds fins, ses mains aux ongles soignés et sa maîtrise de l'anglais... probablement un colonel. Moi, j'ai plutôt l'apparence d'un brave type à peu près inculte, à en juger par ma réserve, mon débraillé naturel, mes mains semblables à des battoirs et mes pieds aplatis en raquettes de ping-pong bien adaptés tous terrains. De plus, mon élocution en anglais est très inférieure à celle de mon camarade, presque du baragouinage en comparaison. Je comprends à peu près tout, je peux suivre une conversation, mais j'ai du mal à m'exprimer dans cette langue. Si j'étais sergent dans les services secrets, ce serait bien le bout du monde...

– Où est Mounier?

Deshumeurs s'apprête à répondre patiemment pour la énième fois mais le commissaire lui coupe la chique d'un geste de la main. C'est à moi que l'officier de Pangkalpinang s'adresse. Il répète sa question :

– Où est Mounier?

– *Makan anghiem...*

Makan : manger. *Anghiem :* air, brise. *Makan anghiem :* manger l'air, goûter la brise, flâner. *Makan anghiem,* la plus belle image de cette langue indonésienne dont je suis tombé amoureux et que je fréquente passionnément depuis les Anambas. Avec *makan anghiem,* j'offre à ce militaire un bouquet de fleurs sauvages aux pétales lumineux de rosée dans la fraîcheur du petit jour. Et *makan anghiem* embrasse dans ses quatre syllabes toutes les explications exigées par cette assemblée d'uniformes imbibés de paranoïa. Si l'un d'eux possède le moindre don télépathique, il entendra clairement résonner au fond de son cœur les choses toutes simples que je ne sais pas dire avec ma bouche maladroite... « Vous comprenez, mon camarade et moi on se promène tranquillement le nez en l'air, on respire la brise de terre et la brise de mer, on visite le grand jardin de la planète pour notre bon plaisir et pour celui des autres. Et on veut continuer comme ça le plus longtemps possible, loin des canons de 20 mm, des fusils à répétition, des grenades, des revolvers pendus à la ceinture et des uniformes en général : parce que tout ça, voyez-vous, on en a plus que par-dessus la tête et c'est à cause de ces choses-là qu'on a filé d'Indochine et qu'on n'a pas l'intention de faire demi-tour ni de rester moisir ici. »

Tout cela, je l'avais exprimé d'un trait, par la pensée, dans mon *makan anghiem.* Mais ils ne semblent pas très sensibles à la clarté de ce message. Deshumeurs prend aussitôt le relais :

– Messieurs, soyons sérieux : si nous étions là pour une mission secrète, pensez-vous que ce serait avec un bateau en mauvais état, sans moteur, sans poste de T.S.F. et sans armes à part ce vieux fusil de chasse à un coup ? Croyez-vous que nous aurions écrit à votre gouvernement, avec l'appui du consulat de France et copie de cette correspondance à notre ambassade à Jakarta ? Quant à Mounier, laissez-moi rire ! Nous sommes restés près de deux mois à Singapour, tout le monde nous connaît là-bas et personne n'y a vu Mounier. Prenez donc vos renseignements. Je vous l'ai dit cent fois déjà mais j'ai l'impression de parler à des sourds qui ne veulent même pas réfléchir.

Je lis la stupeur sur tous les visages. Je commence à connaître mon camarade, j'ai eu maintes occasions de le voir à l'ouvrage, mais ce coup-là il me met K.O. !... « Je vous l'ai déjà dit cent fois mais vous semblez ne pas vouloir écouter, ni même réfléchir »... c'est tellement énorme que je n'en crois pas mes oreilles, il a osé répéter ça tranquillement, en les regardant jusqu'au fond des yeux. Pas un n'a bronché ! Vieux frère, tu m'offres aujourd'hui la plus extraordinaire démonstration de ton pouvoir, tu me fais songer à Kaa, le grand python du livre de Kipling, Kaa aux écailles miroitantes et que nul dans la jungle ne pouvait rencontrer sans être hypnotisé.

Il enchaîne avant de leur laisser le temps de se ressaisir. J'apprends alors avec stupeur que nous sommes écrivains! Les fées penchées sur son berceau l'ont doué d'un culot formidable et d'un talent oratoire qui aurait pu faire de lui un avocat des grandes causes. Ni lui ni moi n'avons jamais écrit une ligne, ni même envisagé d'écrire un jour. Rien dans les mains, rien dans les poches, nous sommes l'Illusion. Pourtant à l'écouter, n'importe qui dans cette pièce – y compris moi – serait prêt à jurer que nous passons le plus clair de notre vie une plume à la main, penchés sur du papier en remuant de nobles pensées. Et ça sonne juste, ça coule de sa bouche comme un ruisseau d'eau pure courant dans la forêt. Il parle de notre livre comme s'il existait déjà. Il le fait vivre avec les résonances d'un magicien habillé de lumière et contant une histoire de Mooglie à un groupe d'enfants pressés autour de lui. Ses mots deviennent images, il pétrit des formes diffuses comme on travaille la glaise, et la glaise devient vérité. Il dit que l'écriture est un art sacré, un présent des dieux accordé à de rares élus. Il dit que c'est un cadeau royal aux ailes étincelantes, un cadeau dangereux aussi, porteur du bien ou du mal, selon le choix de celui qui le détient. Où est-il allé chercher ça? Un oiseau bleu venu tout droit de là-haut entrerait-il par la fenêtre pour se poser sur son épaule et chanter avec lui, je n'en serais pas surpris. Il y a un « moi » cloué sur place, empoigné par cette musique dont je perçois la force fabuleuse à travers l'éblouissante envolée de mon compagnon. L'autre « moi », totalement éveillé, contemple une forteresse représentant la Loi... et je vois le mur basculer devant un homme tout seul qui joue de sa flûte enchantée.

Un raclement de pieds m'arrache de ma transe. La séance est levée. La cause est entendue. Nous naviguons à la voile parce que cela nous plaît. Nous voyageons pour apprendre à ouvrir les yeux et dire un jour aux autres ce que nous aurons vu sur les chemins du vaste monde.

Traînés ici comme des gueux ce matin, nous ressortons du commissariat la tête haute, auréolés de mystère. Les visages sourient avec respect. Un respect où peut se lire une prudence salutaire. Deshumeurs leur a donné la certitude que nous tenons entre nos mains la menace d'une flamme toujours libre, cette flamme majestueuse mais redoutable aussi qu'est l'écriture. Autrement dit, à vous de choisir, messieurs : la foudre qui peut frapper un jour... ou bien le joli feu de bois autour duquel on se fait des amis?

D'accord, ça frise le chantage déguisé en nobles sentiments, mais que voulez-vous, messieurs, nous devons cacher notre jeu car nous sommes deux rigolos de passage, bien décidés à prendre du bon temps dans cette « école du profiter de la vie » que nous avons choisie. Alors, vous comprenez, nous devons nous défendre avec nos propres armes contre la masse des « bien-pensants » bardés de lois qui ne sont pas les nôtres.

Les autorités de Bangka ont envoyé nos passeports au gouvernement central de Jakarta. Le commissaire de Toboali a chaudement appuyé notre demande. Il ne doute pas que nous recevrons bientôt la permission de poursuivre notre voyage vers l'Australie par la mer de Java.

La vie est formidable, on part sans savoir où l'on va, on arrive quelque part... et boum ! on se retrouve en plein milieu du Paradis ! Anambas, Singapour, Toboali, on pourrait croire que ça n'a aucun rapport, et pourtant c'est pareil, le Paradis. Même le commissaire de police est Paradis. Il nous aime et envoie deux fois par jour son petit garçon nous apporter la gamelle de *makan* : riz, légumes en sauce épicée, poisson ou poulet haché à la citronnelle.

Les seuls moments qui ne ressemblent pas toujours au Paradis, c'est quand le *Snark* navigue. Parce qu'il y a deux capitaines rarement d'accord sur le meilleur cap à suivre. Les Chinois disent que pour un armateur, le plus sûr moyen d'envoyer sa jonque sur les récifs est de la confier à deux *taï cong*. Jusqu'à présent le *Snark* a réussi à s'en sortir, bien qu'il ait vu parfois l'enfer d'assez près. Mais une fois l'ancre mouillée, où que ce soit, c'est de nouveau le Paradis. Peut-être même encore plus à Toboali qu'à Singapour.

Toboali... village paisible où chacun vit en sarong et marche pieds nus, où le *makan anghiem* enrobe l'atmosphère comme un cocon de tendresse après la journée de labeur. Quel peuple hospitalier, toujours content d'appeler le nouveau venu à franchir le seuil de sa jolie case construite sur pilotis.

« *Selemat hari !* » Bonjour ! On nous fait signe d'entrer. Nous essuyons nos pieds avant de nous engager sur l'étroite échelle en troncs d'aréquier. L'intérieur est presque nu, le plancher fait de bambous fendus en deux puis ligaturés les uns contre les autres. Nattes à motifs géométriques de couleurs vives disposées çà et là. Pas de meubles. Propreté méticuleuse. Miettes et déchets des repas tombent directement par les ajours du plancher. Poulets et canards s'en chargent sous la maison. La cuisine est dehors, à même la terre battue. Ce pays étant musulman, on ne voit pas de porcs.

« *Minoum café?* » Il est servi dans des bols, copieusement sucré au lait condensé. Comme à Singapour, on veut tout savoir de ceux qui viennent de loin. « Comment vivent les gens dans le pays d'où vous êtes partis? Vous naviguez à deux seulement sur votre bateau! Vous n'avez pas peur? » Et les yeux interrogent, avides d'histoires étonnantes qui feraient éclater les limites de l'esprit. Le monde est plein d'idées reçues; si nous étions restés baigner dans notre jus à Saigon, nous en serions encore à croire que le musulman méprise l'Infidèle, refuse le contact. Autrefois les troubadours se promenaient sans souci du lendemain, assurés d'être fêtés, nourris, choyés tout au long du chemin, en échange d'un peu de merveilleux. Je leur joue de l'harmonica, je fabrique des lance-pierres pour les gosses, on se comprend avec les yeux, Deshumeurs raconte en phrases courtes, gestes, sourires et silences qui parlent.

Les deux mois passés à Singapour nous avaient déjà permis d'assimiler bon nombre de mots usuels. L'indonésien et le malais sont quasiment la même langue. *Ya :* oui. *Tida :* non. *Orang :* homme. *Prongpoeng :* femme. *Anak :* enfant. *Saya :* moi. *Kamu :* toi. *Hari :* jour. *Mata hari :* soleil (œil du jour). *Malam :* nuit. *Awan :* nuages. *Vian :* pluie. *Bitchara :* parler. *Mengherti :* comprendre. *Bessar :* grand. *Ketchil :* petit. *Bagousse :* bien, bon, gentil. *Soussa :* mauvais, dangereux. *Apa? :* quoi? *Ini :* ceci, cela, ça. *Di mana? :* où ça? *Djiao :* loin. *Dekat :* près. *Djalan :* marcher. *Bessoc :* demain. *Kemarin :* hier. *Makan :* manger. *Minoum :* boire. *Panas :* chaud. *Digin :* froid. *Cepat :* vite. *Pelan :* lentement, doucement. *Api :* feu. *Massak :* faire cuire. *Nassi :* riz. *Ayam :* poulet. *Ité :* canard. *Thlor :* œuf. *Ican :* poisson. *Soussou* : lait. *Goula :* sucre. *Soussou goula :* lait condensé. *Roco :* cigarette. *Minoum roco :* fumer. *Ruma :* maison. *Dessa :* village. *Poulo :* île. *Kapal :* cargo, navire. *Prao :* bateau à voile. *Russak :* cassé, abîmé. *Memperbaïc :* réparer. *Cayou :* bois. *Batou :* récif, rochers, cailloux... j'ajoute « mangue », « papaye », « pamplemousse », « citron », « fini », « encore », « assez », « voile », « mât », « gouvernail », « étoupe », « calfater », « vagues », « courant », « requin »... et le carnet qui ne me quitte pas depuis Singapour continue de se couvrir de mots nouveaux glanés au fil des rencontres.

A la maison commune où se réunissent les hommes après le coucher du soleil, nous commençons à saisir au vol des bribes d'informations données par le gros poste de T.S.F... « Tiens, il y a eu un incendie à tel ou tel endroit... là-bas c'est une inondation... ailleurs on parle d'une bonne récolte de riz... » Les villageois sont ravis par nos progrès, plusieurs voudraient nous aider à construire une case sur un bout de terrain devant la plage pour que nous restions longtemps parmi eux. La colonisation hollandaise, encore toute récente, semble n'avoir laissé nulle trace de rancœur dans son sillage. La libération s'est peut-être opérée sans trop de massacres de part et d'autre? Ici le Blanc est traité en frère.

Déjà trois semaines. Nos passeports munis des visas ne sont pas encore revenus. Jakarta n'est pas pressé. Nous ne le sommes pas davantage. L'Administration est une chose, avec sa manie des paperasses et des complications. Le peuple est tout autre chose. Et nous remercions le ciel d'avoir si bien arrangé nos affaires en nous amenant ici. Outre l'accueil plus qu'amical de la population, ce séjour forcé à Toboali nous donne l'occasion inespérée d'entreprendre un calfatage complet du *Snark*; il prend l'eau à un rythme presque alarmant depuis le départ de Singapour. Nous profitons des marées pour lui refaire une jeunesse... mais pas seulement des marées.

La caverne d'Ali Baba est à cent mètres du quai. Nous l'avions repérée dès le premier jour. C'est l'atelier de l'entreprise gouvernementale qui exploite une mine d'étain dans la région. Le gardien est un vieux. Lui aussi aime jouer de l'harmonica pendant la sieste. Je lui apprends « La Paloma », « Le petit vin blanc », « Marinella »... et quand je l'ai bien bercé avec mon harmonica, un grand sourire de Deshumeurs accompagné d'un joyeux *selamat hari*! fait s'entrebâiller la porte de la caverne. Un fois dedans, les Pieds Nickelés qui sommeillent en nous se réveillent : étoupe et mastic, fer plat de 5 mm dont nous fabriquons des cadènes supplémentaires afin de répartir la traction des mâts sur la coque, gros fil de fer galvanisé que nous torsadons l'un contre l'autre pour les transformer en haubans, un paquet de vis et de tire-fond, quelques boulons à tête ronde qui vont sûrement servir un jour, dix mètres de cordage manille tout neuf 12 mm pour remplacer l'écoute babord du foc, bon, ça ira pour aujourd'hui, attends, encore un paquet d'étoupe, c'est fou ce que le *Snark* en avale... et la prochaine fois on tâchera d'embarquer ce pot de goudron pour repeindre la coque. Mais ne vous inquiétez pas, gentils notables de Toboali, nous savons nous contenter de modestes bijoux pour notre bateau, vous voyez bien que nos doigts ne sont pas crochus et vous savez comme nous que les petits cadeaux entretiennent l'amitié, non?

Voilà bientôt deux mois que nous sévissons à Toboali. Nous n'y avons pas perdu notre temps. Nous avons entièrement recalfaté le *Snark*, de la quille au plat-bord, en profitant de toutes les marées favorables. Six semaines de calfatage presque journalier, sans parler d'autres travaux visant à renforcer l'ensemble. Maintenant nous sommes prêts, comme deux oiseaux migrateurs occupés à se lisser les plumes et à grappiller encore quelques bonnes choses de-ci de-là avant de reprendre leur envol. Nous n'attendons plus que nos visas.

Le commissaire contemple le *Snark* tout joli avec sa coque luisante de goudron frais, ornée de nouvelles ferrures et de haubans neufs que nous avons fabriqués avec du bon gros fil de fer. En tant que policier, il ne peut ignorer d'où viennent ces merveilles, y compris les tire-fond qui tiennent les huit cadènes sorties de la caverne d'Ali Baba, ainsi que tout le reste. Quand je sens qu'il a la mine un peu grave et qu'il risque de dire quelque chose là-dessus, je lui donne un sourire aussi grand que le soleil. C'est fou comme un sourire bien placé au bon moment peut faire fondre les cœurs, même chez un policier. Alors il nous aime de nouveau comme avant, et son petit garçon n'est jamais en retard pour nous apporter le *makan.*

Mais chaque fois que le commissaire passe sur le quai à la pleine mer, il nous voit en train de pomper. C'est à n'y rien comprendre. Le *Snark* continue à faire de l'eau comme un panier, beaucoup plus que le jour où nous l'avons amarré à ce quai la première fois. Peut-être avions-nous un penchant à trop tordre l'étoupe? Ou bien l'enfoncions-nous tellement dur et tellement fort que les bordés à moitié pourris éclataient à mesure? Et comme par hasard, le commissaire est presque toujours là, à nous regarder pomper quand la mer est haute.

Le commissaire nous regarde pomper. Nous avons le sentiment que ça lui pose un problème. Après tout, c'est peut-être normal. Quand on voit Laurel et Hardy teintés de Pieds Nickelés se préparer à hisser les voiles pour s'en aller vers l'Australie en pompant quatre à cinq fois par jour un bateau branlant, ça peut évidemment poser un problème de conscience chez ceux qui restent à terre, bien au sec.

Le commissaire nous a convoqués ce matin dans son bureau. Il a commencé à nous parler de son problème de conscience. Deshumeurs lui a bien vite coupé la parole en disant que ce n'était pas un problème pour nous qui n'avons pas peur de pomper. Pendant que Deshumeurs mettait ainsi les choses au clair, je hochais la tête de haut en bas et de bas en haut pour préciser au commissaire que j'étais bien d'accord avec mon camarade.

Le commissaire a voulu recommencer à parler mais je lui ai coupé la parole à mon tour. Je lui ai dit que tout ce chemin parcouru côte à côte depuis l'Indochine nous avait fondus l'un dans l'autre comme le cuivre et l'étain qui deviennent le bronze. Le commissaire a eu l'air tout surpris de m'entendre prononcer autant de mots à la fois. Peut-être me croyait-il presque muet, capable de dire seulement *makan anghiem*, fabriquer des lance-pierres pour les gosses et jouer de l'harmonica.

Après ça, nous l'avons laissé devant son problème et sommes vite rentrés à bord parce que le *makan* serait bientôt prêt, et qu'il fallait aussi pomper avant que la mer soit trop haute.

Le commissaire n'a pas voulu nous laisser poursuivre en direction de l'Australie. Il a dit que l'Australie est à mille six cents milles de Toboali, tout au bout de la mer de Java où grouillent les requins. Il a préféré que les Pieds Nickelés, Laurel et Hardy et les deux Charlots que tout le monde aime beaucoup s'en aillent couler ailleurs, en sécurité. Il nous a rendu nos passeports. A la page réservée au visa, il y avait écrit à l'encre rouge : « Pas autorisés à débarquer en Indonésie. »

Et le commissaire a fait venir une vedette militaire qui nous a remorqués presque sans s'arrêter, pendant trois cents milles jusqu'à Singapour. Là, au moins, le *Snark* pourrait couler tranquille dans un bon port, près de notre consulat.

Nous sommes restés un peu à Singapour, le temps de réfléchir et de préparer très soigneusement la prochaine étape, qui aurait lieu en haute mer... presque six cents milles d'un seul jet. Et nous avons réussi à ramener le *Snark* sans couler tout à fait jusqu'à Saigon d'où nous étions partis six mois plus tôt.

Là, nous avons fait le point. Ce que j'avais dit un jour au commissaire à Toboali était bien vrai. Tout ce chemin de misères et de joies parcouru ensemble avait fait surgir dans chacun le meilleur de lui-même. Nous étions devenus en quelque sorte le double l'un de l'autre. Mais nous devions maintenant choisir séparément la suite.

Deshumeurs a décidé de se remettre aux affaires pour y gagner de quoi construire un vrai bateau. Il voulait aussi une caisse de bord capable de tenir les vaches maigres à longueur de gaffe pendant un certain temps.

Moi, j'ai traîné quatre longues semaines à Saigon. Je cherchais preneur pour les quelques actions que je détenais encore dans la boîte paternelle. Ce problème réglé, je suis reparti deux mois plus tard avec *Marie-Thérèse*, sans un radis en poche. Et tant pis pour les vaches maigres, je les accommoderais au riz et au *nuoc mam*. Quand au reste, je ferais confiance au bon Dieu qui a toujours pris soin de ses petits oiseaux qui chantent dans le ciel.

Marie-Thérèse court dans l'alizé vers les îles Seychelles. Le Grand Chef les regarde sur la carte, à l'autre bout de l'océan Indien. Et *Marie-Thérèse* ne fait pas une goutte d'eau, à peine trente ou quarante litres par jour. Pour qui a connu le *Snark*, ça s'appelle pas une goutte. Pourtant, elle revient de loin.

Elle revient de loin... moi aussi. Pendant l'escale de Singapour, elle avait failli couler à l'ancre, comme ça, en plein milieu du yacht-club. La voie d'eau s'est déclarée une nuit où je dormais chez des amis. Quand je l'avais retrouvée ainsi le lendemain matin, l'eau presque au ras du pont et les touques de riz qui barbotaient à l'intérieur, c'était comme si j'allais mourir. J'ai vidé au seau pendant des heures et des heures. Puis je l'ai remorquée à l'aide du dinghy pour l'échouer. Là, j'étais comme mort. Pas de fatigue mais de désespoir. Il n'y avait plus aucune solution. C'était trop à la fois. J'étais foutu, sans argent, sans ressort, devant cette épave. Accroupi sur la vase, la tête dans les mains, je n'avais même pas envie de pleurer, j'avais seulement envie de m'endormir et de ne plus me réveiller.

J'ai senti sa main se poser sur mon épaule. C'était Orner, un shipchandler de Singapour. Je le connaissais un peu. Il m'a dit : « Pompe toute la nuit pendant que la marée remonte. Je serai là demain matin quand elle commencera de baisser. Ne pense plus à rien, pompe, je me charge du reste. »

J'avais pompé toute la nuit. Quand la marée a commencé de baisser vers quatre heures du matin, il était là avec dix calfateurs chinois équipés jusqu'aux dents et trois apprentis qui roulaient l'étoupe, préparaient le mastic et s'occupaient des lampes. Ils ont commencé à travailler pendant que la mer continuait de baisser. Au début, ils calfataient les bordés du haut, de l'eau à la ceinture, éclairés par les lampes à carbure pendues à des bâtons plantés autour du bateau. Quand la mer a été tout à fait basse, le soleil brillait en grand, calfatage terminé. Et avant que la mer ne remonte, tout était réglé, y compris la pose du mastic, mélangé de ciment pour adhérer aux bordés humides et durcir ensuite sous l'eau. Et quand la mer a été haute, il m'a aidé à remettre *Marie-Thérèse* à sa place au mouillage. Là, il m'a dit une chose étonnante.

Il m'a dit que ce qu'il avait fait pour moi, il l'avait reçu d'un autre, dans des circonstances où il ne voyait plus la lumière d'un espoir, comme moi la veille. Il m'a dit que je ne lui devais donc rien, mais qu'il ne faudrait pas oublier de rendre, un jour, sans hésiter une seconde, quand le moment serait venu. Ensuite il est parti en me laissant devant ce miracle.

Depuis, chaque fois que j'y pense, je peux voir que c'était un vrai miracle.

Un miracle très différent de celui qui avait dévié les trois balles du Viêt à Chaudoc.

Différent de celui qui m'avait retenu à la piscine la nuit où Abadie est mort.

Différent de celui qui avait fait exploser la grand-voile pendant le dernier grain de la mousson, en me sauvant la vie.

Car ces miracles n'avaient pas vraiment de sens, on pouvait aussi bien les appeler « miracle » que « hasard », ou « chance ».

Tandis que celui-là, c'était un vrai miracle, créé par la fusion d'un acte et d'une conscience. Et un miracle a forcément un sens qui ne peut pas être le hasard ni la chance.

Cela fait bientôt deux mois et demi que *Marie-Thérèse* a quitté Singapour. Le dernier point précis porté sur la carte remonte à quarante jours, par cinq degrés de latitude nord, encore en pleine mousson. J'avais alors aperçu avec stupeur les montagnes de Sumatra se détachant dans une éclaircie. Les zigzags du louvoyage contre la mousson avaient rendu mon estime totalement délirante. Je me croyais deux cents milles plus loin à l'ouest, je n'étais qu'à vingt ou trente milles de la côte. J'ai vite piqué au large pour m'éloigner une bonne fois de ce dangereux voisinage.

Tout cela est bien loin derrière, à plus de mille milles peut-être. Voilà maintenant deux semaines que *Marie-Thérèse* court plein ouest dans l'alizé, sur le huitième parallèle sud. Mais je n'ai même pas la possibilité de connaître à peu près sa vitesse en chronométrant le passage des bulles d'écume sur la longueur du bateau, mon réveille-matin à trotteuse étant mort depuis longtemps. Mon estime devient de plus en plus incertaine à mesure que le sillage s'allonge. A part la connaissance précise de ma latitude chaque jour à midi grâce au sextant, j'ignore où nous sommes dans cette immensité.

Je sais seulement que devant l'étrave, à une trentaine de milles au nord de ce huitième parallèle que nous longeons ainsi en aveugle, se cachent les Chagos. C'est un immense banc peu profond, étalé comme une araignée sur près de cent quatre-vingts milles en latitude, quatre vingt-dix milles en longitude : hauts-fonds parcourus de courants imprévisibles où la mer déferle sûrement très fort par endroits, récifs tapis à quelques mètres sous l'eau, petites îles basses dissimulées par-ci par-là au ras des vagues... la carte de détail me fait songer à un marécage grouillant de crocodiles. Seul l'atoll Diego Garcia, à l'extrême sud des Chagos, pourrait être aperçu à dix ou douze milles, de jour et par beau temps. La nuit, n'en parlons pas. Et je suis incapable de dire si *Marie-Thérèse* en est à cent milles ou à trois cents. Ou à cinq cents. Ou à cinquante.

Le Grand Chef a beaucoup réfléchi.

Sans chronomètre, sans radio, sans rien qui puisse permettre de calculer une longitude, je devrais quand même réussir à placer *Marie-Thérèse* sur la carte de l'océan Indien, avec une précision de vingt ou trente milles près. Pour cela, il me faut courir plein ouest sur la latitude 7° 45′. Cette tactique me fera passer en sécurité à dix-huit milles dans le sud de Diego Garcia. Les oiseaux de mer qui peuplent l'atoll m'avertiront au passage. Je les verrai forcément pêcher très nombreux autour du bateau.

Ensuite, je maintiendrai le cap à l'ouest pendant au moins quarante-huit heures pour être sûr d'avoir paré l'ensemble du banc. Puis je piquerai plein nord jusqu'à la latitude des Seychelles (4° 30′ sud). Là, il ne me restera plus qu'à suivre tranquillement ce parallèle pendant sept ou huit cents milles jusqu'aux Seychelles, îles hautes, visibles de très loin, qui ne causeront aucun problème d'atterrissage en latitude.

Trois jours ont passé. Le Grand Chef se sent envahi par le doute. Des oiseaux, j'en ai vu continuellement depuis l'alizé. Même à plus de mille milles de Sumatra. Tous les jours, presque sans exception. Parfois il y en avait peu, et d'autres jours beaucoup.

Où dorment-ils, je n'en sais rien. Peut-être dans le ciel. Peut-être sur la mer. En tout cas pas dans leur nid. Hier, j'en voyais au moins une trentaine. Aujourd'hui, pas plus de dix ou douze. Et demain, combien? Et après-demain? Et dans une semaine?

Je suis maintenant presque certain que les oiseaux de mer ne m'avertiront pas au passage de Diego Garcia.

La petite voix insiste: « Abandonne les Seychelles, pique vers Madagascar où la mer est libre de dangers, avec des montagnes visibles de loin pour un atterrissage parfait en latitude. »

Le problème, c'est que je n'ai plus le choix. A cause de cette table ronde en bois noir, bien calée dans le poste avant. Je dois l'apporter à

Oncle James, qui l'attend à Mahé des Seychelles. Quand je l'ai vue arriver à bord la veille du départ, la petite voix criait « attention, attention, tu es en train de perdre ta liberté ». Mais Oncle James était si gentil que j'ai eu peur de lui faire de la peine, il tenait tellement à cette œuvre d'art, trop lourde pour partir avec lui dans l'avion. Et je sentais aussi qu'il m'aimait beaucoup. Un jour il m'a laissé entendre que je lui rappelais le fils qu'il aurait voulu avoir. Mon père ne m'avait jamais dit ça. Si je pouvais lui amener sa précieuse table aux Seychelles, il deviendrait mon protecteur. Quand on est fauché, quand on n'a rien, quand on n'est pas doué comme Deshumeurs pour les affaires et qu'on n'est pas non plus un fanatique du travail, alors il faut trouver un protecteur. Un proverbe vietnamien dit qu'une minute de protection rapporte plus qu'une vie de labeur. Et la petite voix continuait de crier « attention! attention! » pendant que j'amarrais la jolie table en bois d'ébène dans le poste avant, à la veille du départ de Singapour. Mais si on devait tenir compte de toutes les petites voix qui nous serinent dans les oreilles, la vie deviendrait bien monotone.

N'empêche que maintenant, je donnerais cher pour que ce boulet ne soit pas à bord.

J'ai trouvé la solution du problème. Oncle James aura sa jolie table, j'aurai mon protecteur. Alors j'ai vu l'enfant debout entre la carte et moi. Il a dit que mon cœur n'était plus comme avant et que je risquais de perdre l'Alliance. Mais j'ai autre chose à faire que d'écouter ses histoires, et j'ai dit à l'enfant d'aller jouer ailleurs.

J'ai soigneusement étudié la carte et j'ai rectifié un peu le cap vers le nord. C'est sûrement la tactique qu'auraient choisie les grands navigateurs d'autrefois pour trouver leur longitude à l'époque où les chronomètres n'existaient pas. Je vais faire comme eux. Oncle James sera fier de moi. Deshumeurs aussi, quand il recevra ma lettre des Seychelles. Je vais remonter d'un degré en latitude, jusqu'au septième parallèle. Là, je reprendrai mon cap plein ouest, en me cramponnant bien à ma nouvelle latitude. Cela fera passer *Marie-Thérèse* dans un chenal de trente milles de large, entre le nord de Diego Garcia et un groupe de six petites îles à ras de l'eau, mais bien indiquées sur la carte de détail. Alors le calme relatif de la mer sous le vent de Diego Garcia me donnera ma position, même de nuit. Si je passe de jour, j'aurai en plus une chance d'apercevoir le sommet des cocotiers qui boisent ce grand atoll.

Et après ce coup de maître, le Grand Chef n'aura plus qu'à faire route sur les Seychelles, comme dans le plan initial.

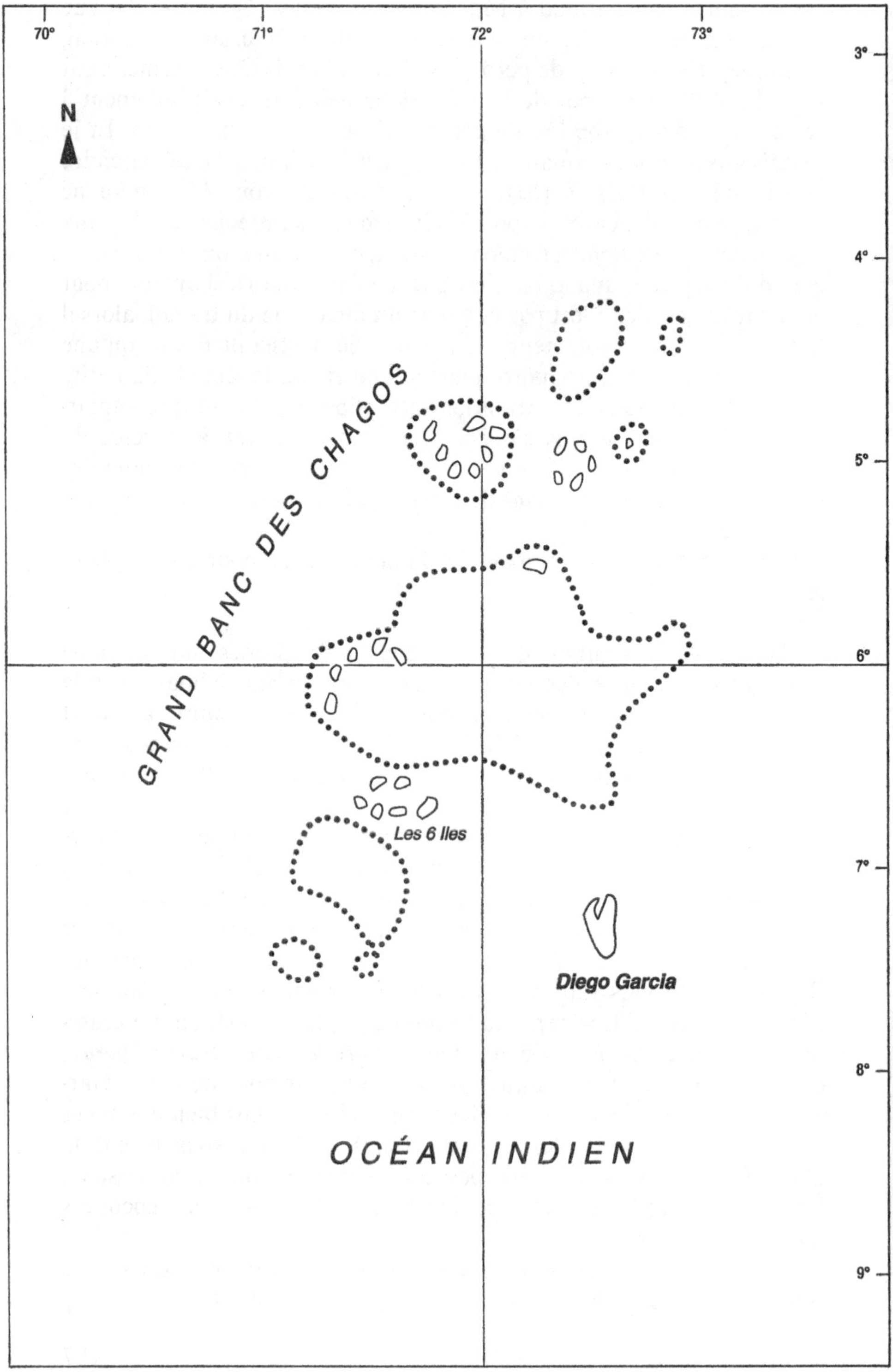

Diego Garcia

Il était une fois un Corbeau qui regardait un Aigle Royal enlever dans ses serres un agneau né de la veille. Alors le Corbeau a dit : « Je vais en faire autant. » Il a choisi le plus gros mouton du troupeau, s'est jeté dessus, et a si bien emmêlé ses pattes dans l'épaisse toison qu'il n'a pu se sauver quand est venu le berger. Il s'est retrouvé dans une cage, avec tout le temps devant lui pour méditer sur l'histoire du Corbeau qui voulait jouer à l'Aigle.

Et il n'y a plus de Grand Chef. Il n'y a jamais eu de Grand Chef. Il y a seulement un pauvre type qui sanglote en regardant sa belle *Marie-Thérèse* éventrée en pleine nuit sur le corail de Diego Garcia.

Allons, ne pleure pas comme ça ! C'est la vie, avec ses hauts et ses bas, tu devrais le savoir. Ouvre donc les yeux, regarde autour de toi. Tu vois, ce gros monsieur très riche, là-bas ? Essuie tes larmes et fais risette, montre-lui tes jolies gambettes cachées sous tes haillons, c'est lui qui va t'offrir cadeau la quille de ton prochain bateau.

Mais qu'est-ce que j'entends là ? La petite pute en haillons ne veut pas faire un joli sourire au gros monsieur très riche ? Elle dit qu'elle ne veut pas se laisser apprivoiser, même pas un peu ? Elle a peur de perdre sa liberté ? Mais de quelle liberté parles-tu ? Il te faut un bateau, c'est ça la liberté pour ceux de ton espèce, pas autre chose que ça !

Et ce sera aussi leur liberté à eux. Tout ce qu'ils souhaitent au fond de leur cœur, c'est de réaliser leur rêve, à travers toi. Mais il y a une règle du jeu. Alors fais risette au gros monsieur très riche, et aux autres aussi. C'est la règle du jeu. Allons, ne fais pas la mijaurée, montre-leur tes jolies gambettes, donne-leur un sourire aussi grand que le soleil, tu sais très bien que ça ouvre les cœurs et les porte-monnaie. En plus, ça fait plaisir à tout le monde, tu l'avais parfaitement compris à Singapour et à Toboali. Alors pourquoi pas ici ?

Voilà... la gentille petite pute n'est pas complètement idiote, elle commence à se laisser apprivoiser tout en restant un peu sauvage pour augmenter son charme, elle est vraiment douée, la petite pute, elle a tout compris, elle a déjà retrouvé son éclatant sourire de Singapour et de Toboali... tu vois, ce n'était pas trop difficile !

Trois ans ont glissé comme un rêve depuis Diego Garcia. Dans ce rêve, beaucoup de sueur, de pensées, de sacrifices, pour retrouver la mer. Et maintenant je peux hurler ma joie sur le pont de *Marie-Thérèse II*, en route pour l'Afrique du Sud et pour le bout du monde, seul à bord de mon joli bateau.

J'emmène dans mon cœur toute la tendresse de l'île Maurice où j'ai passé ces trois années qui m'ont remis sur mes pattes. Avec la quille de quatre cents kilos cadeau... les boulons cadeau... les clous cadeau... les ferrures cadeau... les membrures taillées dans une belle souche de bois noir cadeau... les deux mâts cadeau... les voiles cadeau... les planches du bordé en grande partie cadeau... le sextant et le chronomètre cadeau. Je ne crois pas qu'il existe au monde un peuple plus généreux. Des grands seigneurs aux mains ouvertes pour donner leur amitié. Beaucoup, beaucoup d'amitié. Ils m'ont appris aussi à faire le point complet par le soleil, latitude et longitude.

Marie-Thérèse II court sur la longue houle de l'océan Indien, vers Durban. Elle n'est pas tout à fait terminée. Moi non plus, je ne suis pas tout à fait terminé. Il me reste encore beaucoup à apprendre. Le point aux étoiles, par exemple. Mais ce sera pour plus tard, quand l'occasion se présentera.

C'est la même chose pour *Marie-Thérèse II*. Si j'avais attendu que mon bateau soit paré à cent pour cent, je risquais fort de ne jamais lever l'ancre. Parce que j'aurais passé un temps fou au mouillage, à bricoler des bêtises pas nécessaires en les croyant indispensables pour naviguer.

J'ai trente ans et je fais le point. Pas seulement avec le sextant et le chronomètre. J'ai trente ans et je fais le point de ma vie en contemplant le ciel. Il me dit que j'ai su préserver l'Alliance et que tout restera bien, tant que je la garderai.

L'enfant est venu s'accroupir près de moi dans le cockpit. Très loin encore devant l'étrave, c'est Durban. Plus loin après, beaucoup plus loin, le redoutable cap de Bonne-Espérance. Nous écoutons la mer courir le long du bord. Né des embruns et du soleil, un arc-en-ciel joue sous le vent de l'étrave. Et l'alizé fredonne dans le gréement pour nous donner la chanson du vent qui s'est uni aux voiles.

Je comprends maintenant le langage de toutes ces musiques. Elles disent que je suis citoyen du plus beau pays au monde. Un pays aux lois dures mais simples cependant, qui ne triche jamais, immense et sans frontières, où la vie s'écoule au présent.

Et elles me rappellent de ne point oublier que dans ce pays sans limite, dans ce pays de vent, de lumière et de paix, il n'y a de Grand Chef que la Mer.

CHAPITRE 15

Vingt années ont passé depuis le départ de l'île Maurice. Autour de moi le vaste Pacifique aux milliers d'îles, Tahiti huit jours derrière le sillage. Toutes les autres îles se situent entre deux jours de mer et plusieurs semaines, où que l'on aille vers l'horizon. Toutes sauf une. Et j'admire le tendre reflet du lagon de nacre qui colore la base d'un cumulus de beau temps, encore assez loin devant l'étrave car la brise est faible aujourd'hui. Si le vent veut bien se lever, j'embouquerai la passe en début d'après-midi.

Ce matin la Goélette Blanche [1] est venue me dire bonjour en voletant au-dessus des mâts de *Joshua*. Elle m'annonçait l'atoll à moins de vingt milles. Je le savais déjà, les étoiles et mon sextant l'avaient dit avant l'aube. Mais pour lui faire plaisir, j'ai fait semblant d'être un peu perdu et l'ai remerciée pour son message de bienvenue apporté de si loin sur ses ailes légères.

Non, je ne suis pas perdu en mer. C'est au fond de moi qu'il y a un sérieux problème de navigation. Et je viens faire le point à Suvarov parce que cet atoll est magique. Nul autre lieu au monde ne m'offrirait autant de paix pour tout revoir tranquillement, sortir de mon cœur les images accumulées pendant ces vingt dernières années, en trier l'essentiel, les ranger en ordre dans le grand album où resteront encore bien des pages à remplir...

... Je regarde *Marie-Thérèse II* entrer à Durban, venant de l'île Maurice. Fier petit voilier. Un chavirage sévère dans le canal de Mozambique, tout est trempé à l'intérieur mais pas de casse dans le gréement ni sur le pont.

Arrivé sans un sou dans ce grand port d'Afrique du Sud, j'y ai travaillé dur : charpentier de marine ! Je n'étais pas plus charpentier que polytechnicien. Ayant participé à plein temps comme apprenti à la construction de mon bateau, je savais raboter, percer un trou, scier à

1. La Goélette Blanche (*Fairy Tern* en anglais) est le *seul* oiseau de mer qui ne s'éloigne jamais à plus de quinze ou vingt milles de la côte ou de son île. Son nom scientifique est : *Gygis alba rothschildi.*

l'équerre et enfoncer un clou sans le tordre. Mes talents n'allaient pas beaucoup plus loin. Heureusement qu'à cette époque-là, les vrais charpentiers de marine ne couraient pas les rues à Durban, les patrons devaient se contenter de ce qui leur tombait sous la main.

J'ai transpiré un an dans ce chantier pour ramasser des sous. Et pendant les week-ends, la sueur et les sous allaient à mon bateau. Ainsi, *Marie-Thérèse II*, venue de l'horizon tout juste navigante, s'est métamorphosée comme une chrysalide : un bout-dehors... un foc neuf... une grand-voile Marconi en remplacement de l'ancienne voile aurique... toutes les cadènes de haubans démontées et galvanisées à chaud... une dalle de ciment armée de grenaille pour en finir avec l'ancien lest constitué par de vieilles chaînes de navires bloquées par la rouille... une bonne couchette et des placards dans la cabine devenue enfin confortable... une plaque de Plexiglas bombée à chaud sur le capot, et des petites fenêtres autour pour pouvoir éventuellement barrer de l'intérieur avec visibilité sur tout l'horizon.

Simultanément, un autre bateau se préparait à découvrir le monde. C'était *Wanda*, d'Henry Wakelam. Quand on a la chance de croiser le chemin d'un gars de ce calibre, on s'arrange pour ne pas le quitter trop tôt. Deux ans nous avons fait route ensemble. Son cerveau fonctionne avec la rapidité du boulier chinois qui donne la solution instantanée à mesure que l'on inscrit les nombres. Hallucinant. En plus de ça, une incroyable énergie, épaulée par un génie de la débrouille et du bricolage de haut niveau. Les poubelles constituaient notre principale source en matériel, parfois en vivres. Un jour, nous avons sorti d'un tas de déchets un bel os de gigot où adhérait encore un peu de viande verdâtre. Un chien tout heureux est accouru... pour se voir chassé à coups de pieds ; ça ferait une très bonne soupe pour nous ! Et je me souviendrai longtemps du regard chargé d'un écrasant mépris que nous a jeté ce berger allemand en nous tournant le dos. Des moins que rien, disaient ses yeux !... Lui disputer un os... !

Dès le lendemain de mon arrivée à Durban, Henry et moi étions mouillés bord à bord, travaillant chaque week-end comme des vases communicants pour mettre nos bateaux au point, nous insuffler du courage l'un à l'autre en vue de la grande épreuve des adieux à l'océan Indien. Car nous avions peur tous les deux. Pour Henry, ce serait la découverte de la mer, sa première vraie traversée. Pour moi aussi, tout serait nouveau. La mer, c'est toujours comme la première fois.

Et deux semaines après notre départ de Durban, quand j'ai vu l'Atlantique étinceler devant le bout-dehors au passage de Bonne-Espérance où jouent les albatros... ma poitrine s'est gonflée d'une joie qui n'a pas de nom. Si j'avais pu, si Henry avait pu, nous aurions continué d'une traite vers Sainte-Hélène pour ne pas perdre la mer, puis tout droit sur les Antilles à l'autre bout de l'Océan.

Les Antilles... c'est de ça que nous rêvions pendant nos préparatifs à Durban. Mais l'argent gagné là-bas était parti dans nos bateaux, il nous restait bien peu de vivres, pas assez pour aller loin. Il fallait donc s'arrêter à Cape Town, dénicher un nouveau patron, travailler encore comme des buffles à l'attelage avant de pouvoir quitter l'Afrique du Sud en princes, nos poches pleines de sous et les cales bourrées de riz. Alors oui, vrai de vrai, ce serait la grande belle vie pendant un bon petit bout de temps, *Wanda* et *Marie-Thérèse II* courant ensemble l'Atlantique pour s'en aller flâner côte à côte parmi les îles enchantées...

... et *Marie-Thérèse II* est morte aux Antilles. C'est arrivé comme une balle dans le ventre, pourtant c'était une résurrection mais je ne le savais pas.

Cette nuit-là, j'ai songé crever avec mon bateau. Je croyais avoir perdu l'Alliance. Alors autant me laisser casser en morceaux contre les rochers par les rouleaux qui défonçaient la coque, payer la dette une bonne fois. Deux naufrages coup sur coup, c'était trop. D'accord pour le premier mais pas pour celui-là! Et l'enfant criait de ne pas faire ça, que je ne devais pas écouter la mauvaise voix! Il disait que je n'avais pas perdu l'Alliance ni la petite jarre du vieux bonze de la grotte des Sapèques. Oui ce naufrage était une grosse épreuve, encore plus dure que l'autre. Mais il fallait l'encaisser debout...

Embarqué à Trinidad comme matelot sur un pétrolier, j'arrive en France quelques mois plus tard. Trente-quatre ans bientôt, déjà la moitié de ma vie derrière moi... et je repars à zéro, les mains vides, sans diplôme ni métier. Pour couronner le tout, un *curriculum vitae* sur patins à roulettes, de quoi décourager n'importe quel employeur sérieux doué d'un minimum de flair.

Deux mois j'ai usé mes semelles sur le dur macadam. Bien sûr, j'aurais pu débusquer un boulot de manœuvre dans le bâtiment... mais c'eût été l'erreur fatale, l'enlisement sans espoir de parvenir un jour à m'en sortir; je connaissais déjà trop bien cette musique des muscles douloureux et de la tête vide, pratiquée à Durban et Cape Town où je rentrais le soir hébété de fatigue au point de n'avoir lu que trois livres en deux ans.

Paris le grand désert. Mansardes et sandwiches. Petites annonces de *France-Soir*. Mes économies amassées sur le pétrolier continuent à fondre. Toujours rien à l'horizon. Un rat sorti de l'égout se faufile le long du trottoir, cerné par les dangers d'un monde impitoyable. Un monde qui n'est point le mien. Et je donnerais cher pour trouver un trou bien chaud où me blottir et oublier tout ça.

La vie me rappelle durement que le monde se divise en deux groupes bien distincts. D'un côté, ceux qui gagnent facilement de l'argent. De l'autre, les pue-la-sueur, les mange-caca dont je fais partie depuis tant d'années. Pour eux, chaque sou économisé représente une grosse somme d'efforts payés au lance-pierres, privations et farfouillages dans les poubelles de riches. D'accord, le bon Dieu prend soin de ses petits oiseaux qui chantent dans le ciel – la preuve, je suis toujours en vie et sans rien de cassé – mais ça ne dispense pas rossignols ni tourterelles de claquer souvent du bec et de beaucoup gratter. Comme le coolie qui transpire au soleil à piocher le champ du gros propriétaire pour une maigre ration de riz arrosé de *nuoc mam*. Et moi, je n'ai que ma sueur et ma pioche qui puissent intéresser les autres. Le reste, on n'en veut surtout pas.

Brusquement, le trou de ciel bleu dans le nuage noir, l'ouverture miraculeuse, un emploi en veston et cravate : visiteur médical ! Laboratoires Midy ! Ils ont fermé les yeux sur mon curriculum vitae pas très catholique. La Cigale passera au moins cet hiver-là sans crever de froid, avec quelque chose à manger. Et deux semaines plus tard, en essayant de placer un article dans le magazine *Le Yacht*, je tombe sur Jean-Michel Barrault.

J'ai bénéficié de l'enseignement de maîtres et de guides très divers, qui se sont manifestés aux périodes clés de mon existence : le père de Phuoc, le père de Hao, ma vieille Assam, Tchu le chauffeur, Abadie, Deshumeurs, Henry Wakelam, autant qui resteront des repères sur mon chemin. Et je peux maintenant lever les yeux vers le ciel de Paris qui m'a fait connaître Jean-Michel. Il est journaliste et il me dit :

– Écris un bouquin.

– Tu rigoles? Il faudrait que je sois au moins un peu écrivain. Et en plus, ce n'est pas avec deux naufrages sur les reins que je pourrais me permettre de faire un bouquin, ça serait un éclat de rire ! Bardiaux et Le Toumelin, d'accord, ils ont ramené leur bateau intact, du beau boulot. Mais moi...

– D'abord, il n'y a pas eu que tes naufrages. Ensuite figure-toi que moi non plus je n'avais jamais écrit avant d'essayer sérieusement. Écris comme tu racontes à Dany et à moi, ce sera du tonnerre. De toute manière, tu n'as pas d'autre choix. Tu ne t'imagines quand même pas que c'est en traînant ta sacoche d'un toubib à l'autre que tu pourras t'offrir un bateau avant dix ou quinze ans, non? Et d'ici là, tu auras perdu la foi, tu seras devenu comme un de ces grands fauves privé de sa forêt, enfermé dans un zoo. Raconte l'espace que tu as connu, c'est comme ça que tu le retrouveras. Et si je vois que tu bosses vraiment, je pourrai peut-être te donner un coup de main. En frère.

Jusqu'à cette rencontre, j'évoluais dans une sorte de brouillard, essayant d'oublier les caresses du soleil et du vent des tropiques sur ma peau nue. Puis le « hasard » a placé Jean-Michel sur mon chemin. Il a mis sa main dans la mienne, m'a secoué, ouvert les yeux. Là, j'ai vu que la vie était belle et je lui ai souri à nouveau. Elle n'attendait que ça.

Mon emploi de visiteur médical me laisse de nombreux loisirs. Bien au chaud dans les bistrots après ma journée de travail, je regarde tomber la neige. J'écris, j'écris, j'écris. Crayon en main, Jean-Michel lit mes chapitres à mesure que je les lui apporte.

– En quatre paragraphes bien ficelés, tu peux dire tout ce qu'il y a dans ces trois pages. Regarde : ça, tu le fous en l'air, et ça aussi. Ça ralentit le texte sans rien apporter. On raccroche à partir de là. Bon, c'est déjà mieux. Ici, on condense en quelques lignes percutantes. Et là, ce passage technique est vachement intéressant mais beaucoup trop long, il casse le rythme... attends, ne gueule pas, on ne va rien abîmer, laisse-moi réfléchir... tiens, regarde : on le coupe en deux, la première partie inchangée, la suite à peine un peu remaniée juste après les cormorans que tu descends au lance-pierres avec Henry. Tu vois, ça coule nettement plus doux, c'est devenu de la bonne musique et tout y est. Qu'est-ce que tu en penses maintenant?

J'en pense que je suis verni de la tête aux pieds. Un boulot pas fatigant qui me donne tout le temps de bosser sur mon bouquin, un salaire plus que correct... et un copain qui me fait découvrir le goût de l'écriture. Peu à peu, je commence à voler de mes propres ailes, Jean-Michel et Dany me soutenant de leur chaude amitié dans mes périodes de doute, et d'un regard qui me réveille aussitôt que l'altitude fait mine de baisser.

Extraire les souvenirs enfouis dans le lointain, en faire des tableaux qui se mettent à vivre, sabrer ici un détail inutile, ajouter un peu de couleur par là pour retrouver l'ambiance, transmettre l'émotion telle qu'on l'a ressentie, agencer, composer, construire, prendre un peu de recul, vérifier que c'est bien ainsi... le calfatage sous-marin à Durban, la cloche à plongeur bricolée dans un bidon en fer blanc, les pingouins et les tortues avec Henry... et les voiles montent le long du mât... La digue du port s'éloigne... je n'aurais jamais soupçonné qu'écrire se révélerait transcendant à ce point... quelque chose me soulève au-dessus de moi-même, j'entends la mer chanter, le vent, le soleil, l'arc-en-ciel d'étrave, la longue chevelure phosphorescente du sillage semé d'étoiles où le clodo des ports devient un prince de l'horizon dans une liberté qu'aucun argent n'achètera jamais.

Le *Vagabond des mers du Sud* a été touché par la grâce. Aux devantures des librairies, je caresse des yeux sa belle couverture en couleur avec *Marie-Thérèse* dans le golfe de Siam au départ de Kampot.

Marie-Thérèse premier amour... en toi j'ai mis toute mon âme.

Jean Knocker a aimé le bouquin. Il dessine gratuitement les plans de mon futur bateau. Je le baptise *Joshua*, en hommage au grand navigateur Joshua Slocum.

Fricaud a aimé le bouquin. Il construit *Joshua* au coût de la tôle et des baguettes de soudure.

Eh oui, ça existe...

A partir de là, les premiers éléments du grand puzzle à venir commencent à s'emboîter comme par enchantement pour former une image lumineuse qui restera toujours intacte dans le grand album de ma vie. Au premier plan, Françoise et les trois beaux enfants qu'elle m'apporte d'un premier mariage. En toile de fond, mes deux saisons d'École de croisière en Méditerranée.

Enseigner la mer après deux bateaux perdus pour des fautes que n'aurait pas commises un débutant, cela peut sembler gros. En fait, je jouis d'un immense prestige auprès de mes équipiers. Ils me regardent un peu comme une sorte de phénomène. Tous connaissent les grandes lignes de mon histoire, celle d'un gars naviguant presque à mains nues et qui s'en est tout de même sorti. Comment est-ce possible?

A travers *Joshua*, ils peuvent toucher l'essentiel : coque solide à toute épreuve, deux mâts taillés en une semaine dans des poteaux téléphoniques, un jeu de voiles munies de nombreuses bandes de ris, une bonne réserve d'eau et de la place sous le plancher pour les vivres. Prêt à partir! La preuve, on va en Corse. Pas de tourmentin? On met un ris dans le foc. Pas de génois? On s'en passe pour le moment. Tourmentin et génois viendront un jour. Haubans en câble galvanisé des P.T.T.? Et alors? En quoi ça gêne? On les remplacera par du bon inox à la première occasion, ce n'est pas ce détail qui nous empêche de hisser les voiles, c'est notre cinquième aller-retour sur la Corse, on a déjà parcouru plus de mille milles et nous n'en sommes qu'au début de la saison. Que je remplace ces haubans dans une semaine ou dans deux ans ne fait aucune différence... sauf qu'entre-temps *Joshua* aura vu défiler plus de dix mille milles sous sa quille sans se faire de soucis pour un détail qui n'en vaut pas la peine. Et si les ris dans le foc et la trinquette ne suffisent pas pour étaler un vrai coup de chien, il y a un truc super simple qui s'appelle « prendre la cape en attendant que ça passe ». La cape au large évidemment, pas tout près des cailloux!

On n'a pas de winches? Alors là, les gars, vous n'imaginez pas à quel point on s'en fout! Le principal, c'est qu'on est en train de tailler de la route au lieu de perdre notre temps à installer des trucs qui coûtent une fortune et dont on n'a pas besoin pour le moment. Regardez bien *Attila*, travaillez avec lui, prenez-en de la graine, il contient dans ses deux poulies le symbole de toute l'histoire! *Attila* le petit chéri, *Attila* le palan baladeur fabriqué en cinq minutes, léger tel un oiseau et puissant comme un buffle, il fait à lui seul le boulot de dix winches, borde les écoutes, étarque les drisses aussi raides que des barres d'acier. Oui, d'accord, peut-être un jour y aura-t-il de vrais winches sur *Joshua*, ce serait plus rapide et plus commode... mais en attendant, remerciez *Attila* pour tout ce qu'il vous a déjà montré sur le chemin de l'évidence.

Et je peux moi aussi remercier mes équipiers, car l'enseignement du « maître » profite non seulement à ses « disciples » mais également au « maître », chacun apportant des bribes de connaissances qui nourrissent le groupe entier. Avec l'enthousiasme en plus pour pétrir cette pâte en train de lever, ça devient fantastique, c'est de la création pure.

Après deux saisons d'école de voile où cent cinquante « stagiaires-enseignants » ont défilé à bord de *Joshua*, la vie chante à pleine joie. Fini le pue-la-sueur, fini le pouilleux mange-caca. L'ancien coolie-misère transpirant à la pioche sur la terre des autres est métamorphosé, devenu maître d'un tracteur équipé d'une charrue à trois socs, qui fera un jour fleurir sa propre terre et engrangera de solides récoltes. Oui, trois socs dans une seule main!

Le soc central est *Joshua*, mon beau bateau indestructible. Il creusera la mer partout où nous irons ensemble, carburera au vent et à l'eau de mer qu'on trouve gratis dans tous les océans, ne réclamera qu'un entretien facile, un coup de peinture de temps en temps.

Le deuxième soc est ce diplôme reçu des dieux, un diplôme qui me permet de faire ce métier passionnant, l'École de croisière où je sais me donner corps et âme... et qui rapporte gros par la même occasion.

Et le troisième soc, c'est l'écriture, elle fonctionne à la plume et au papier... mais elle peut monter jusqu'aux cieux sur les ailes de l'inspiration.

Pas croyable, un tel chemin parcouru en si peu de temps!... Et maintenant que j'ai ce tracteur dans les mains, me voilà sur la bonne route pour pouvoir enfin réaliser l'ancien rêve autrefois impossible... *atteindre ma vitesse de libération!* [1]

Vitesse de libération... celle qui imprime à la fusée une impulsion suffisante pour l'envoyer sur orbite... et une fois là, mon petit père, tu restes peinard à cette altitude où la Vie ne pourra plus jamais te flinguer comme un canard sauvage... oui, je sens que ça va devenir vrai dans pas trop longtemps... courir la mer jusqu'à plus soif... mouiller l'ancre un moment quand je serai saoulé d'embruns... écrire alors un second bouquin suivi d'une ou deux saisons d'École de croisière pour donner un coup de fouet, maintenir la toupie sur orbite le temps d'un autre petit tour du monde... tout là-haut dans le ciel... très loin là-bas sur la mer... vitesse de libération... et puis dans très longtemps, très longtemps, très longtemps, couvert de rides et bien conservé par le sel, couler paisibles mes vieux jours une bêche à la main dans un gentil petit potager, une cabane toute simple à côté, une cabane avec Françoise dedans toujours mignonne à croquer, une cabane en solides rondins de forêt, et moi encore amoureux de ma femme dans cet abri de rêve qui embaume la résine de mon enfance, profondément ancrée sur une terre bien à nous... devant la mer où *Joshua* restera de toute manière paré à remettre les voiles au premier appel du Grand Large comme autrefois *Marie-Thérèse* dans mon golfe de Siam...

... et boum!... à peine cinq ans après le naufrage qui m'avait laissé nu comme un ver au bout d'un hameçon sur une plage des Antilles, Françoise et moi hissions les voiles du bateau de tous les miracles, en route vers l'inconnu.

Quand j'avais entraîné ma compagne dans cette aventure en direction de l'horizon, c'était avec la promesse que nous ne serions pas trop longtemps loin de nos trois enfants restés en pension. Comment tenir parole?... je n'en avais pas la moindre idée mais la vie m'a enseigné qu'elle est parcourue d'aiguillages rencontrés en chemin; on arrive devant l'un d'eux, on s'engage sur le meilleur, il conduit forcément à une autre croisée avec le choix devant. Et lorsqu'on est aimé

1. Expression de Pierre Deshumeurs.

des dieux, c'est toujours sur le bon aiguillage qu'on navigue, petite âme au chaud dans notre main guidée par le ciel.

Je savais jusqu'au fond de mes tripes qu'il fallait dégager en vitesse, toutes les fibres de mon être assoiffé d'espace me le criaient ensemble... arrache l'ancre sans attendre qu'elle s'englue dans la vase du Vieux Port, sans te poser trop de questions sur les « comment », sans vouloir régler des problèmes insolubles au premier abord. La musique a son rythme, l'immensité le sien, tout s'éclaire en mer, c'est là qu'on trouve le temps de voir ce qui est vrai et ce qui ne l'est pas. Mets les voiles... et le reste suivra. Retrouve tes tropiques bien-aimés, recentre-toi là-bas sous les rayons d'un vrai soleil, loin du bruit, loin du fric, loin des histoires compliquées, tire-toi vite mon bonhomme et une fois au cœur de l'alizé avec ta femme et ton bateau, tout deviendra évident.

D'abord des sauts de puce pour atteindre Gibraltar l'étape clé, nous faufilant dans les ports d'Espagne à la moindre grimace du vilain ciel d'hiver.

Puis le Maroc, les Canaries, l'alizé de l'Atlantique, la Martinique, enfin le canal de Panama et ce formidable flash où je contemple pour la première fois l'immense Pacifique.

Alors ça démarre vraiment, l'étrave ronronne de bonheur... les jours, les nuits, les jours, les nuits, le soleil qui se lève sur l'arrière et se couche devant... la mer, la mer, la mer... Fonce, *Joshua*, dévale les vagues! montre-nous de quoi tu es capable, rattrape les poissons-volants!... et *Joshua* fonce dans l'alizé du Pacifique qui va jusqu'à l'Asie et souffle beau cette année-là... et *Joshua* embrasse l'arc-en-ciel de l'étrave... et *Joshua* devenu lumière chante au fond de mon cœur : *donne-moi du vent, je te donnerai des milles... je suis un bon bateau... des milliers de milles... des milliers de milles...* Les Galapagos, les Marquises, l'atoll de Takaroa dans les Tuamotu... et voilà Tahiti qui naît de l'horizon après ce demi-tour du monde où l'Alliance dansait devant le bout-dehors de mon bateau magique.

Et ensuite...? interroge des yeux le jardinier tahitien qui me regarde bricoler sur le quai à l'ombre d'un acajou centenaire.

Ce n'est pas du bricolage mais un travail extrêmement sérieux, Henry Wakelam lui-même n'aurait pas trouvé meilleure idée. Je tape à petits coups du manche de mon marteau pour bomber le fond de la cuvette en fer-blanc achetée ce matin au marché de Papeete. Les commerçants chinois se demandaient ce que je voulais en faire, j'essayais tous les modèles, je les mettais l'un après l'autre à l'envers sur ma tête, comme un chapeau. Il m'a fallu un tour complet des boutiques avant de dénicher la bonne, ni trop grande ni trop petite, munie d'une collerette large d'au moins cinq millimètres pour la fixer solidement par de petits boulons. Et de cette cuvette à quatre sous je suis en train de fabriquer un miracle... la coupole du poste de pilotage intérieur !

Car c'est décidé, nous allons tenter le retour d'une seule traite sans escale jusqu'à la Méditerranée... et une image enfouie dans ma mémoire vient flotter devant moi pendant que je prépare *Joshua* impeccable pour le cap Horn.

C'était juste après la sortie du *Vagabond des mers du Sud.* Knocker et Fricaud n'existaient pas encore. J'avais retrouvé la trace de Deshumeurs. Il cultivait des roses à Vence dans le Midi. Je m'arrêtais chez lui de temps en temps au cours de mes tournées.

– Quand tu auras l'occasion de passer à Antibes, va quand même la voir, ne serait-ce que par curiosité.

Moi, les expertes du tarot et autres trucs de ce genre-là, je n'avais même pas besoin de m'en méfier, je n'y croyais absolument pas. L'astrologie, oui, à la rigueur : tout comme l'héritage reçu de nos gènes sur le plan physique et mental, je veux bien admettre que la lune et les planètes, selon la position respective qu'elles occupaient dans le ciel à l'instant de notre naissance, puissent déposer leur empreinte indélébile sur notre vie dans ce bas monde. A charge pour nous, évidemment, de guider ensuite cette « fatalité » en décidant au mieux parmi les choix offerts à notre libre arbitre. Là, d'accord avec l'astrologie. Mais il faudrait se lever de bonne heure pour me faire avaler la boule de cristal qui raconte l'avenir...

Cependant Deshumeurs n'est pas du genre à se laisser tirer les vers du nez par une diseuse de bonne aventure, il aurait pu faire carrière dans le poker professionnel. A tout hasard j'avais donc noté l'adresse, un peu pour lui faire plaisir, un peu pour voir de mes yeux.

A quelques mois de là, passant par Antibes et me trouvant libre l'après-midi, je sonne à sa porte. C'est la première fois que je mets les pieds chez une « voyante ». Je suis vêtu comme n'importe quel représentant de commerce, mes mains n'ont pas lové un cordage depuis fort longtemps et le parfum de l'étoupe goudronnée repose au loin dans mon passé. Sauf si elle est une déesse de l'Olympe sous un déguisement, rien dans mon apparence ne peut lui dire d'où je débarque, qui je suis, et encore moins où je vais.

La cinquantaine un peu grassouillette, elle étale ses cartes sans même m'avoir demandé pourquoi je suis venu la voir. Me le demanderait-elle, je ne pourrais pas lui répondre pour la bonne raison que je n'en sais rien. Je suis venu comme ça, c'est tout. Et j'ai failli faire demi-tour dans l'escalier tellement j'avais honte de moi.

Elle observe longuement les cartes. A part « bonjour madame », je n'ai toujours pas desserré les dents. Si elle veut un petit renseignement, ce n'est pas moi qui le lui donnerai. J'attends. Elle n'est pas pressée. Moi non plus. J'ai tout l'après-midi devant moi, et dehors il fait frisquet.

Elle ramasse les cartes pour la troisième fois, bat le paquet, les étale de nouveau. Elle reste longtemps immobile, comme fascinée. Alors elle se met à parler. Là, ça sort à jet continu, de l'eau... de l'eau... beaucoup d'eau... beaucoup, beaucoup, beaucoup... Pas de phrase, seulement de l'eau, mais en telle quantité que ses yeux s'agrandissent, ils n'arrivent pas à croire qu'une pareille masse liquide puisse exister sur cette planète... elle ne peut dire que ça... je vois de l'eau... je vois de l'eau... je vois de l'eau... et la voilà en transe... elle est sous les chutes du Niagara... complètement hors de son corps... emportée dans je ne sais quel monde où un formidable torrent lui dévale dessus... et elle émerge haletante après cinq bonnes minutes qui ont duré cent ans, le front couvert de sueur, les yeux encore au loin. Maintenant, elle s'aperçoit que je suis là aussi, elle me contemple avec une sorte d'étonnement dans le regard... ça y est, c'est fini, la crise est passée, elle est revenue sur terre, elle s'essuie le visage. Et moi ça commence à m'intéresser. Je voudrais poser une ou deux questions, même si je refuse d'avaler sa boule de cristal et son paquet de cartes. Cette eau, madame, elle est douce ou salée ? Elle ne sait pas. Devant moi ou derrière ? Elle dit qu'elle a vu l'eau devant, dans l'avenir. S'il y en avait derrière, elle ne l'a pas vue, c'est seulement l'eau devant qu'elle a vue. Elle ajoute qu'il n'y avait pas la mort dans ce bouillonnement liquide, ni le malheur. Seulement de l'eau, de l'eau, de l'eau jusqu'aussi loin qu'elle a pu voir, elle ne peut m'en dire plus, elle n'en sait pas davantage.

Les copains de Tahiti nous apportent leurs cadeaux d'adieu. Françoise termine les rangements dans la cabine. Nous n'avons pas lésiné : six mois de provisions et huit cents litres d'eau. J'ai écrit à Jean-Michel Barrault, maintenant rédacteur à la revue *Neptune*, pour le mettre dans la confidence de mon rêve insensé. Je lui ai demandé de ne rien écrire dans les journaux avant le prochain port : peut-être quelque part au Chili sous gréement de fortune... ou alors en Europe si les dieux restaient avec nous... « Tu comprends, vieux frère, faut surtout pas attirer le mauvais œil en sonnant prématurément de la trompette. »

La vie est fantastique. Si on m'avait dit au départ de France que *Joshua* tenterait le retour par le cap Horn au lieu du détroit de Torres et l'océan Indien, j'aurais bien ri ! Moi au cap Horn !? Non mais sans blague ! Et pourtant c'est bientôt l'heure d'y aller.

Accroupi sur le quai, je caresse mon bateau des yeux. Tout est paré à bord. Dieu que *Joshua* est beau... un véritable oiseau des caps. Boulonnée sur le capot du roof, l'ancienne cuvette en fer-blanc est devenue une coupole à toute épreuve, percée de cinq minuscules fenêtres en Plexiglas qui lui donnent l'aspect d'une tourelle de char d'assaut. J'ai également terminé l'installation de la chaise montée sur charnières, près de la roue intérieure. En cas de coup dur, nous pourrons ainsi barrer en sécurité, à l'abri du froid et des embruns, protégés des déferlantes.

Un oiseau des caps !... Et la solution du problème posé par nos enfants, c'est lui qui me l'avait donnée pendant sa cavalcade à travers l'alizé où il voulait du vent, encore du vent, plus de vent que ça... le vrai vent des hautes latitudes, le vent des albatros, ce vent qui souffle grand depuis le commencement des âges, avec devant l'étrave des milliers et des milliers de milles, toute l'eau dont on peut rêver...

... et *Joshua* a réussi son retour d'une seule tirée de Tahiti à Alicante. Six jours et six nuits à nous relayer Françoise et moi à la roue intérieure dans un coup de vent de fin du monde, sous des grains qui soufflaient parfois en ouragan, une mer surnaturelle, monstrueuse de beauté, éclatante de vie, une mer que l'on ne peut décrire, des rouleaux de cent cinquante à deux cents mètres de long, déferlant sur plusieurs centaines de mètres sans lâcher la crête qui les portait. Six jours et six nuits à négocier chaque lame l'une après l'autre, ivres de fatigue et d'émerveillement... l'une après l'autre... l'une après l'autre... et comme ça un million de fois avec de l'eau partout... de l'eau à l'infini... de l'eau jusqu'à la coupole du poste de pilotage parfois... cette eau qui grondait et chantait d'une même voix pendant six jours et six nuits qui nous soudèrent à *Joshua*.

Puis le cap Horn par beau temps, le cap Horn sept semaines après le départ avec la lueur blanche de la banquise très loin à tribord dans la nuit... et le grand calme sous le vent du Horn, ce calme irréel à l'abri du Horn où nous faisons l'amour pour la première fois depuis Tahiti, l'amour comme les petites bêtes qui vivent dans les bois, gros câlin gros dodo sous le ciel des hautes latitudes qui se fond peu à peu dans celui des tropiques, l'au revoir des albatros, la remontée vers Gibraltar toutes voiles dessus, dorades et poissons volants, la Croix du Sud qui baisse dans le ciel et Cassiopée plus haute chaque nuit.

Ainsi le temps a coulé comme un fleuve paisible sur quatre mois d'horizons et d'espaces démesurés, avec l'empreinte des hautes latitudes dans nos âmes pour toujours, quasi-perfection du voyage colossal, réussi sans bavures dans ce sillage flamboyant où la durée n'existait plus.

C'était l'histoire de l'enfant parti de son village avec la petite fille qu'il aimait, pour chercher l'Oiseau Enchanté qui l'appelait depuis toujours. Et elle l'avait suivi au cœur de sa forêt, aussi loin que l'endroit où elle devient magique, jusqu'au pied de l'Arbre Tout Seul où chantait le Grand Oiseau Bleu. Là, ils l'ont regardé ensemble, devant le Temple Sacré. Puis il était revenu au village en tenant dans sa main le caillou doué de pouvoirs, confié par les dieux en souvenir du long et beau chemin ouvert dans l'inconnu pour leur rendre visite. Mais le parfum des baguettes d'encens et beaucoup de bruit en plus les attendait au retour, un tel vacarme que l'enfant avait un peu mal à la tête après le chant des fées qui parlaient en silence dans la forêt profonde. Et tout ce bruit nouveau, c'était à cause du caillou merveilleux... une pépite tellement énorme, et si belle en plus, que nul au monde jamais n'en avait vue de pareille...

Record absolu! [1]

Je n'y avais songé ni avant ni pendant cette formidable épopée. Et comme ça, bien tranquille, sans préméditation, presque par hasard, je viens pourtant de réussir le coup de ma vie, le coup gigantesque, celui qui a pulvérisé une porte blindée à laquelle personne n'avait osé s'attaquer.

Un demi-tour du monde sans escale par le cap Horn!

Quatorze mille milles avec les ancres au repos dans le poste avant!

Quatre mois de mer, dont une bonne moitié dans les plus dures du monde, équipage et bateau intacts à l'arrivée!

Je n'en ai pas la tête enflée pour autant, aucun souci à me faire de ce côté. Mais là, mon petit père, tu as tiré le gros lot, un coup de chance à tout casser... tu ne vas quand même pas le laisser te filer entre les doigts, non...!? Mets tes yeux en face des trous, tu as la baraka, oui, tout simplement la baraka, elle est là devant toi et elle te tend les bras... tu m'écoutes ou tu rêves? Si tu es vraiment trop bête pour comprendre tout seul je vais te faire un dessin, regarde : ça, c'est la baraka. Et dedans, qu'est-ce que tu vois en transparence,

1. A l'époque (début 1966) cette navigation de quatre mois sans escale par le Horn représentait un record du monde.

claire comme le soleil dans un ciel bleu d'été? Regarde bien : c'est ta vitesse de libération!

Bon, je vois que ça commence à t'intéresser, tu te réveilles enfin!... alors prépare vite la mèche de l'étoile filante qui va t'envoyer sur orbite, ne perds pas une minute, dépêche-toi d'écrire le superbe bouquin du grand voyage au bout de la mer, c'est lui qui va bétonner solide le socle de ta fusée.

Attends, encore un truc essentiel que tu dois t'enfoncer dans le crâne : il faut absolument que ton livre sorte au Salon nautique, c'est-à-dire dans dix mois au plus tard. Là, tu feras un beau carton. Comprends-moi bien : les médias sont encore chauffés à blanc, ils vont profiter du Salon pour crier partout comment tu as eu la pépite magique, ils feront un raffût du diable à cette occasion. Ça te rappellera le jour où les bonzes de la pagode battaient le tam-tam pour appeler les autres villages sous le grand badamier quand le père de Phuoc avait pêché ce poisson-scie plus long que le bateau. Alors ne laisse pas aux bonzes le temps de se refroidir, dépêche-toi d'écrire le bouquin pendant que les médias continuent de battre le tam-tam, ta vitesse de libération est à la clé...

... et c'est exactement comme ça que j'ai perdu l'Alliance. J'ai travaillé trop vite... non, pas trop vite : pas assez longtemps. Ce n'est pas la même chose. C'est même très différent. Pour le *Vagabond des mers du Sud*, j'avais fait de mon mieux, je pouvais me sentir fier de ce bouquin-là. Pour *Cap Horn à la voile* aussi, j'ai fait de mon mieux, vraiment de mon mieux... *mais pas jusqu'au bout*, pas dans les trois derniers chapitres où je me suis contenté de reproduire le journal de bord, forcément écrit à la sauvette entre les prises de ris, les manœuvres de voiles, la récupération des fatigues accumulées, la tension nerveuse, bref, tout ce qui englobe une traversée longue ou courte. Dans un journal de bord, on n'a pas le loisir ni le recul nécessaires pour placer autre chose que des jalons, points de repères qui peuvent ensuite permettre d'écrire un vrai livre. A condition de prendre alors le temps indispensable à l'émergence de la troisième dimension dans l'écriture finale.

Cette troisième dimension – qui seule peut donner au lecteur une approche du réel à travers l'écriture –, je ne l'avais pas transmise dans mes trois derniers chapitres. Or ils devaient contenir l'une des clés du bouquin, ils couvraient toute la seconde partie du sillage de retour, après le passage du Horn jusqu'à l'arrivée : deux mois et demi de mer sur les quatre au total... la durée de plus en plus magique... le temps étiré à l'infini sur l'horizon avec le chant qui résonnait en moi comme une corde de guitare me reliant au ciel.

Ce chant sacré du lointain, ce message reçu de là-haut, je ne l'avais pas rendu dans ces pages essentielles du livre. Ainsi, j'avais produit un faux. Et quand j'ai commencé à me rendre compte du crime où m'avait conduit mon aveuglement impardonnable, il était trop tard... les rotatives crachaient à plein régime pour arriver à l'heure au Salon nautique. Oui, c'était un vrai massacre, les gens s'arrachaient le bouquin, on le félicitait, on lui a même donné un prix soi-disant littéraire...

Mais moi, j'avais perdu l'Alliance. Je ne pouvais plus me regarder dans une glace sans avoir envie de me cracher à la figure. Aux devantures des librairies, ce bouquin était comme un doigt pointé sur mon âme et qui disait : « Traître... tu es un traître... tu as trahi !... »

Et c'était irréparable. Quand un livre est publié, on ne peut réécrire ses trois derniers chapitres pour la prochaine réimpression. Elle était déjà programmée. Le service commercial d'une maison d'édition n'a que faire des remords et autres angoisses métaphysiques de ses auteurs. D'autant que les ventes allaient bon train et qu'il fallait assurer les commandes auprès des grossistes.

Les quelques mois d'été qui ont suivi m'ont accordé un semblant de répit. Je n'avais pas trop le temps de penser. La roue tournait à toute vitesse. L'animation régnait à bord de *Joshua*, mes équipiers d'école de croisière se bousculaient pour participer aux stages.

Observé du dehors, tout semblait normal, le capitaine faisait son travail... mais quand je regardais à l'intérieur pendant mes rares instants de tranquillité, cela sonnait le creux, comme ces beaux coquillages qui ornent les vitrines. Je chantais les louanges d'*Attila*, le petit palan baladeur aussi fort qu'un attelage de buffles, et qui avait vu le Horn, je m'étourdissais dans l'action des prises de ris et des réglages de voilure entre Toulon et la Corse, j'enseignais, j'enseignais, j'enseignais... façade cachant une blessure profonde infligée par ma conscience.

Puis septembre est venu. Fin de la saison. La dernière équipe a débarqué. Je me suis retrouvé face à moi-même. Devant, c'était le grand vide. Seul à connaître mon crime, je ne pouvais le confesser à personne, même Françoise n'aurait pas compris de quoi je parlais. Et à quoi bon parler? Pour dire quoi? Pour expliquer quoi? Quand une chose est faite, elle est là, on ne peut pas revenir en arrière, prendre la grosse éponge, tout effacer, recommencer à neuf. Je cherchais la solution d'un problème insoluble. Il n'y en avait aucune. Et je savais que le doigt implacable resterait pointé vers moi jusqu'à la fin de mes jours sans que je puisse lui échapper.

Octobre fut effroyable. Enfermé dans une solitude absolue, aspiré par l'immense vide en moi, j'ai glissé dans le gouffre. J'ai rencontré le Monstre qui avait tué Françou. J'errais à l'intérieur de ce même labyrinthe qu'avait connu mon frère des années avant moi. C'est là qu'il était mort pour payer le sang de Baï Ma. Telle une bête hideuse, je sentait la folie s'insinuer dans mon ventre. Je me demandais de plus en plus souvent quelle pouvait être la dernière pensée de celui qui avale une dose mortelle et observe son être s'alléger puis se dissoudre à l'approche du grand basculement. J'ai vu le fantôme de mon frère avec une netteté hallucinante. Dressé entre le Monstre et moi comme pour me protéger, il criait des mots que je ne parvenais pas à entendre, me faisait des signes désespérés, semblait m'indiquer le chemin par où me sauver. Mais je voyais seulement les murs visqueux du labyrinthe, sans autre issue que de régler ma dette comme l'avait fait mon frère.

Peut-être étais-je au bord du suicide quand l'enfant a lancé l'éclair qui a paralysé le Monstre. Dans ce flash d'une intensité fulgurante, tout un pan de mon futur est apparu devant mes yeux et j'ai vu comment me racheter. Puisque j'avais trahi en bâclant mon bouquin, je n'avais qu'à en écrire un autre pour effacer celui-là et mettre fin à la malédiction qui pesait sur mon âme.

Un livre tout neuf et tout propre qui raconterait un nouveau voyage... une traversée gigantesque aux dimensions de l'Alliance.

Ivre de joie, empoigné par la vie, je vole maintenant au milieu des étoiles. Mon cœur et mes mains contiennent ensemble l'unique solution... tellement lumineuse, tellement évidente, tellement énorme aussi qu'elle en devient transcendante. Le tour du monde sans escale par les trois caps !

La voyante d'Antibes... de l'eau... de l'eau... de l'eau... ce n'était donc pas Tahiti-Alicante qui déferlait à travers son paquet de cartes étalées sur la table... c'était autre chose, absolument colossal, plus loin, beaucoup plus loin, infiniment plus loin. Cet « autre chose », je l'entends déjà gronder et chanter dans mon être dilaté par l'émotion. Tu te rends compte de ce que tu vas tenter là, mon petit père... non mais tu te rends compte...?!

Incroyable à quel point l'énergie prend du volume, fait boule de neige et pulvérise les obstacles quand le but se détache bien net à l'horizon. Sans perdre une minute, je commence à fourbir mes armes dans les moindres détails. Les quatre mois sans escale de Tahiti-Alicante m'ont apporté l'exacte perception de ce qui manque encore à *Joshua* pour devenir le superbe compagnon de route avec lequel j'affronterai bientôt le Dragon qui m'a volé l'Alliance. Mais cette fois, je partirai seul vers ce combat qui sera le plus grand de ma vie.

Aidé par les copains mouillés près de moi à Toulon, porté par ma vision, j'ai travaillé tout l'hiver et le début du printemps 1968 : une sous-barbe supplémentaire... un solide balcon en tube galvanisé sur le bout-dehors... des poignées légères en fer à béton de 6 mm galvanisées à chaud et vissées à intervalles réguliers sur toute la longueur des mâts pour monter là-haut vérifier les drisses et huiler les poulies quel que soit l'état de la mer... quatre bons winches d'écoutes offerts par Goïot et deux petits winches de bôme facilitant les prises de ris (le fidèle *Attila* restera néanmoins paré à toute éventualité)... les vieux haubans galvanisés du type E.D.F. remplacés par de l'inox. La maison Ferrari me fait cadeau du Tergal nécessaire pour que je parte avec des voiles impeccables. Loiseau les taille, nombreuses et de toutes dimensions, munies chacune de plusieurs bandes de ris et de renforts capables de tenir tête aux coups de vents les plus méchants.

Dès le début du mois d'avril, je pouvais considérer que *Joshua* était prêt. J'attendrais les premiers jours de l'été pour le conduire à Gibraltar, et une fois là aux portes de l'Océan, je patienterais encore un peu en écoutant chanter le vent. Alors le ciel et les étoiles me feraient signe d'appareiller quand le moment serait venu.

Parallèlement à la préparation technique du voyage, j'avais consacré de nombreuses soirées à la réécriture des trois derniers chapitres de *Cap Horn à la voile* : trente pages solides au lieu des cinquante pages diluées et sans consistance de l'édition originale. Très ému, je prends le train de Paris pour remettre en main propre le nouveau texte à mon éditeur Jacques Arthaud :

– Écoute, Jacques, tu ne le savais pas, mais ce bouquin me fait honte. Si, à l'occasion d'une réédition future, même très lointaine, il pouvait voir le jour sous cette nouvelle forme, ce serait pour moi un soulagement dont tu n'as pas idée. Et en cas de pépin pendant le voyage, je veux dire, si j'y laissais ma peau, tu serais vraiment chic de ne pas oublier ce que je te demande aujourd'hui [1]. Sérieusement,

1. Depuis 1987, toutes les réimpressions de *Cap Horn à la voile* sont fidèles au texte remis ce jour-là par l'auteur à son éditeur.

avec un brin d'humour quand même, disons que c'est là mon testament et que tu en es le dépositaire.

Dans le train de nuit qui me ramène à Toulon, je souris en pensant à mon cinéma dans le bureau de Jacques Arthaud avec cette histoire d'y laisser ma peau. La mer n'est pas l'aviation acrobatique ni l'alpinisme, on ne passe pas comme ça par-dessus bord! Toujours est-il que le contrat de mon prochain bouquin est signé. Jacques n'a pas tiqué pour l'à-valoir confortable que je lui ai demandé. Dix mois durant, il versera une pension à Françoise. Cela mettra ma famille à l'abri jusqu'à mon retour. L'autre partie de la somme avancée, je l'utiliserai pour les vivres – un an par prudence – et deux cents bobines de films 16 mm couleur. Maurice Choquet de la maison Beaulieu m'a prêté une caméra neuve à trois objectifs Angénieux montés sur tourelle, une petite merveille. Ce coup-là, j'ai bien l'intention de ramener de belles images... pas comme dans Tahiti-Alicante où nous étions partis avec deux misérables rouleaux de pellicule 24/36 en noir et blanc!

C'est fou, ce qu'on peut réaliser en une semaine à Paris, quand on se remue et qu'on frappe aux bonnes portes. Sur les conseils de mon éditeur, j'ai demandé une aide au ministère de la Jeunesse et des Sports. Je ne me serais jamais cru capable d'un pareil culot. Aide accordée sur-le-champ! Mon bateau sera caréné gratuitement à l'arsenal de Toulon qui me donnera aussi les cartes dont j'aurai besoin, plus des vivres, du matériel, et des vêtements chauds de la Marine nationale!

L'aube... impression de n'avoir pas dormi du trajet. Lyon, Valence, Marseille, j'ai vu passer toutes les gares. Et maintenant le train ralentit. Voilà Toulon. Dans quelques minutes, je serai à bord. Je peux voir *Joshua* dans mon esprit, plus beau que jamais, impatient de déployer ses ailes pour le gigantesque marathon. Un sentiment de plénitude absolue dilate ma poitrine. Je connais de longue date ces instants privilégiés où la vie court à gros bouillons et parle en mots très simples. Elle me confirme que tout est clair sur l'arrière, tout est clair devant.

L'heure est matinale, le quai encore désert. Beaucoup de rosée. Ciel de mistral. Le vent n'est pas levé mais je le sens venir. Il fait frisquet. La France n'est pas vraiment mon pays, j'y ai passé à peine cinq années de ma vie comme l'oiseau sur la branche. Les dieux de mon Asie natale ne sont pas ceux d'ici. J'aime cependant l'atmosphère des bistrots de France, la chaleur humaine qui s'en dégage. C'est dans ces lieux parfois un peu bruyants que j'ai entièrement écrit mon premier bouquin et une bonne partie du second. Le brouhaha ne me gêne pas, au contraire, cette ambiance favorise mes vagabondages intérieurs.

Attablé devant un croissant et un café crème dans mon bistrot habituel du port de Toulon, je contemple la belle coque rouge prolongée du puissant bout-dehors à double sous-barbe, la petite coupole du poste de pilotage qui a connu le Horn, les deux mâts rustiques équipés de poignées... mon bateau tout pur et tout simple. Il repose à vingt mètres de là, entre le petit *Challenge* d'Henri Cordovéro et le magnifique *Blue Trout* de Michel Feuga et François. Je dois une fière chandelle à ces trois copains, ils m'ont donné un rude coup d'épaule pour faire de *Joshua* ce qu'il est devenu.

Un type s'avance vers moi. En entrant tout à l'heure, je l'avais remarqué bavardant avec le patron.

– *Are you Bernard?*

Je l'invite à s'asseoir. Il travaille au *Sunday Times* de Londres. Son journal l'envoie ici me contacter pour une affaire très intéressante : un autre navigateur, Bill King, prépare le même voyage. Le *Sunday Times* a l'intention d'organiser une course entre nous deux, espérant attirer aussi d'autres compétiteurs. Plus il y aura de bateaux engagés dans cette régate, plus l'impact médiatique deviendra important.

Le règlement a été soigneusement pensé, il tient en quelques lignes et ne peut être plus simple; chacun partira du port d'Angleterre de son choix, à la date qu'il voudra entre le 1er juin et le 31 octobre. Il ramènera son bateau au point de départ après avoir effectué le tour du monde en solitaire par les trois caps, sans toucher terre, sans aide extérieure ni ravitaillement pendant le périple. Chacun est donc libre en ce qui concerne sa date de départ. La seule condition, c'est que l'appareillage ait lieu en Angleterre.

Et il y a deux grosses récompenses à la clé : un chèque de cinq mille livres sterling pour le voyage le plus rapide, et un trophée splendide (le *Golden Globe*) au premier arrivé. Enfin, le règlement précise que le même bateau recevra les deux prix s'il est le plus rapide et le premier rentré.

– Nous serons heureux de vous accueillir en Angleterre pour le départ.

Je crois bien que j'ai pâli. Me voilà muet sur ma chaise. Il me regarde, sans doute surpris par mon silence. Peut-être pensait-il me voir bondir d'excitation à la perspective des gros prix accessibles. Bon, il attend une réponse... je vais mettre les choses au point sans aller patauger dans de discrètes allusions et il y verra clair du premier coup, même s'il n'y comprend rien...

Je lui dis que cette idée du *Sunday Times* me donne envie de vomir. Une telle traversée au-delà du temps et au bout de soi-même, un voyage aussi fantastique et qui laissera si peu de chances de réussite tant est énorme le morceau auquel nous allons nous attaquer, cela fait partie d'un domaine sacré où l'esprit de la mer doit être respecté avant tout. Et on n'a pas le droit de tripoter cette belle histoire avec des mains crasseuses et de la transformer en un cirque de clowns qui partiront se battre les uns contre les autres sous le tam-tam des médias pour de l'argent et un globe d'or. Je bouillonne de colère et plante là mon journaliste complètement sidéré.

Une semaine plus tard, il revient à la charge :

– Notre journal tient beaucoup à votre participation. On ne vous demande rien en échange. Pourquoi refuser? Quatre nouveaux bateaux se sont inscrits depuis l'annonce du *Sunday Times.* Nous en prévoyons encore au moins deux, peut-être plus. Avec Tahiti-Alicante, vous avez agi comme un catalyseur. L'année d'après, Chichester a réussi son tour du monde en deux étapes, suivi de peu par Alec Rose. Maintenant, d'autres gars hors du commun préparent leurs bateaux pour essayer de doubler la mise. A part les revues nautiques, aucun journal français ne s'intéresse à votre projet. Alors qu'en Angleterre, le nom de Bill King, le vôtre et ceux des nouveaux inscrits se rencontrent dans toutes les bouches. A Londres comme dans le moindre village, les gens ne parlent que de cette course où une dizaine de bateaux vont s'investir jusqu'au cou. Eh bien, cette aventure stupéfiante, nous voulons en faire profiter le public à l'échelle mondiale. Parce que c'est *grand.* Parce que c'est *beau.* C'est la raison déterminante qui nous pousse à couvrir médiatiquement cette formidable histoire, et nous la couvrirons. Rester en dehors du coup serait vraiment idiot de votre part. Le *Sunday Times* ne pose qu'une seule condition : appareiller d'un port d'Angleterre. Pour tout le reste, vous êtes libre. Je vous en prie, réfléchissez.

Ce journaliste est assurément sincère et consciencieux, il croit en ce qu'il fait. Mais il n'a pas besoin de me demander plus ample réflexion. Car c'est tout réfléchi. J'y pense jour et nuit depuis notre première entrevue la semaine dernière. Le résultat de mes cogitations est que je quitterai Toulon le plus tôt possible pour conduire mon bateau à Plymouth. Il ouvre des yeux incrédules en voyant à quelle vitesse j'ai retourné ma veste.

– Voilà huit jours à peine, vous étiez très monté contre le *Sunday Times.* Et brusquement, le principe de cette course que vous rejetiez en bloc vous semble naturel, puisque vous décidez d'y participer... J'aimerais comprendre, pour mon article.

Eh oui, c'est là que les choses deviennent apparemment obscures pour un observateur qui regarde du dehors. Mais je ne peux tout de même pas lui parler du Monstre qui voulait me tuer dans le labyrinthe après avoir tué mon frère... ni du regard de l'enfant quand il a lancé l'éclair... ni du Dragon que je me prépare à combattre sur la route des caps et dans la solitude...

Et pourtant, tout ce qui est contenu en moi se résume en une simple formule malheureusement intraduisible dans le langage articulé : *« J'ai fait un pacte avec les dieux pour retrouver l'Alliance, et je dois rester blanc comme neige si je veux réussir. »* Là est le fond du fond. Mais à moins de savoir lire en direct dans les âmes, une telle déclaration ferait penser que je déraille à deux cents à l'heure. La frontière est bien mince entre le sublime et le grotesque, elle tient dans l'épaisseur d'un cheveu... mieux vaut donc prendre le chemin le plus direct, même s'il est un peu raide et caillouteux :

– J'ai décidé de partir d'Angleterre parce que cela me convient sur tous les plans. Chacun fera la course qu'il voudra. Moi, je ferai *ma course* selon mes propres critères. Vu l'énormité de cette aventure, il est évident que nous serons bien peu à l'arrivée. Peut-être même n'y aura-t-il personne... bateaux éparpillés aux quatre coins du globe sous gréements de fortune. Mais imaginons que les dieux m'accordent le retour, et en supplément, d'être à la fois le plus rapide et le premier rentré. Eh bien, j'empocherais le chèque sans dire merci, puis je bazarderais froidement le *Golden Globe* aux enchères avant de m'en aller sans un regard pour le *Sunday Times.* Ainsi serait publiquement proclamé le peu d'estime que m'inspire l'initiative de votre journal. Ce serait là ma façon de protester haut et clair. Et croyez bien que je n'éprouverais aucun scrupule à encaisser le chèque de cinq mille livres sterling, car cet argent aurait été blanchi sur la place publique. Comprenez comme vous voudrez.

Un courant d'amitié vient de s'établir entre nous. Il me regarde droit dans les yeux et les miens lui répondent. Il est « lui » et je suis « moi », mais nous voyons ensemble que cela ne fait pas vraiment de différence.

Nous partons dîner dans un troquet du port et terminons la soirée à bord devant une moque de café. Je lui dévoile alors un autre aspect de cette histoire, et qui touche le domaine purement marin. Sans tous ces bouleversements provoqués en moi par l'immixtion du *Sunday Times,* je serais passé en aveugle à côté d'une chose essentielle. *Ma décision de partir de Plymouth est une bénédiction sur le plan technique.* Ce sera un ultime réglage de hausse, comme dans le tir à la carabine.

A première vue, *Joshua* semble paré de A à Z. Mais un bateau n'est *jamais* paré à cent pour cent après six moix d'immobilité dans un port, et bientôt deux ans sans avoir respiré les embruns du grand large. J'ai eu le temps d'en prendre conscience au fil de ces derniers jours de réflexion, où la réalité m'est apparue plus claire, avec l'image de l'Atlantique en surimpression dans ma pensée. Là, j'ai vu que le petit trot dont je croyais pouvoir me contenter à l'origine (Toulon-Gibraltar dans l'énervant ronron des calmes en vue de terre) ne réveillerait pas tout à fait mon bateau ni moi-même. Par contre, Toulon-Plymouth serait un véritable galop d'essai... vents d'est et vents d'ouest avec les yeux totalement ouverts, le golfe de Gascogne, les houles de l'Océan sans terres à l'horizon, les approches de la Manche, le temps d'observer et de regarder vivre d'infimes détails qui prendraient une importance énorme dans l'avenir. Et ensuite, « rectifier la hausse » une dernière fois lors des quelques semaines de séjour à Plymouth avant le départ final... l'équipe bateau/homme enfin parée pour le Grand Bond dans l'Inconnu. « Le destin bat les cartes mais c'est nous qui jouons. » Alors, autant placer un maximum de cartes bénéfiques dans ce jeu que le destin se chargera de me redistribuer.

Mon compagnon a regagné son hôtel tard dans la nuit. Il prendra demain le train de Londres pour annoncer au *Sunday Times* la bonne nouvelle de mon « recrutement » au sein de cette course qui leur tient tant à cœur. En fin de compte, tout s'est organisé comme les derniers morceaux d'un puzzle prenant leur place définitive dans cette histoire, pour bâtir un ensemble devenu parfaitement cohérent. J'aurais été bien stupide de refuser ma « participation ». Que cela me plaise ou non, cette course insensée aura lieu. Si je peux rafler au passage l'argent du *Sunday Times* sans me renier pour autant, cela fera un bon paquet de carburant pour relancer ma fameuse vitesse de libération... car avec la petite fortune engloutie dans mes préparatifs, me voilà presque à zéro sur le plan financier.

Étendu sur ma couchette les yeux grands ouverts, j'écoute les dieux de mon Asie natale venus tenir conseil dans la cabine de *Joshua*. Ils disent que tout est maintenant rentré dans l'ordre. Si je réussis mon tour du monde sans escale, ce sera bien. Si les circonstances m'obligent à m'arrêter en route, ce sera bien aussi, puisque là encore j'aurai fait mon possible. Ils savent que je n'accepterai aucune compromission...

... et *Joshua* a réussi le plus gros coup de sa carrière! Il m'a emmené bien au-delà de mes rêves, là où le temps n'existe plus.

Ensemble nous avons doublé Bonne-Espérance... puis le cap Leeuwin au sud de l'Australie... et la Tasmanie... et la Nouvelle-Zélande... et enfin le Horn! Tout dans la foulée sur trois océans sans limites, en moins de six mois. Mais j'avais perdu depuis belle lurette la notion du temps, peu à peu transformé en durée. Et la durée reposait dans le présent.

Sur le petit globe terrestre offert par mes amis du *Damien* [1], je passais des heures en contemplation hypnotique devant l'immense boucle dessinée autour du monde avec *Joshua*. Et la boucle continuait de s'étirer dans l'infini de ma pensée, avec les points culminants du futur et du passé inscrits en filigrane tels des jalons de la longue route. Et je rêvais en serrant entre mes mains cette boule de carton pâle bien plus pure que de l'or, qui racontait le voyage colossal devenu immobile dans le temps... l'émouvante fidélité des albatros portant *Joshua* sur leurs ailes tout au long des vastes solitudes de l'Océan austral... les mouettes apprivoisées qui reconnaissaient mon cri de ralliement et venaient manger au creux de ma main dans le grand calme surnaturel au large des Kerguelen... et l'amitié des dauphins m'appelant de leurs sifflements aigus pour signaler un récif meurtrier tapi au ras des vagues dans les brouillards de la Nouvelle-Zélande... et j'ai vu aussi les génies de ma forêt, ceux que je fréquentais pieds nus avec mon lance-pierres en compagnie de Xaï... et mes îles d'autrefois dans le golfe de Siam avec le père de Phuoc qui m'apprenait à lire à l'intérieur des vagues, lui qui n'avait jamais connu l'école et voulait que je sache me passer de boussole afin de percevoir les messages de la mer à travers ma peau... le père de Phuoc mon Maître, qui m'enseignait le langage des étoiles annonçant ce que serait demain, calme ou secoué de vents. Parmi les objets familiers meublant ma solitude éclatante de vie, je sentais la présence de la petite jarre du vieux bonze de la grotte des Sapèques. Je n'en ai pas encore trouvé la clé, mais elle avait connu deux naufrages, plus tout le noir du labyrinthe l'hiver dernier... pourtant elle était là, intacte comme au départ de mon ancien pays avec *Marie-Thérèse.*

L'enfant venait souvent s'asseoir à mes côtés sur la chaise intérieure du poste de pilotage. Ensemble nous regardions la mer par les hublots de la coupole, cette cuvette en fer-blanc martelée avec tant d'espoirs dans le cœur, sur le quai de Tahiti, trois années plus tôt. Elle n'avait pas fléchi sous le poids des déferlantes, et disait qu'on

1. *Damien* : bateau avec lequel Gérard Janichon et Jérôme Poncet ont entrepris et réussi un voyage de toute beauté, du grand Nord au grand Sud, en passant par l'Amazone.

devait continuer, que *Joshua* pouvait atteindre l'autre côté... là où les êtres et les choses se retrouvent dans une même substance en se mariant à la durée.

Quand j'ai quitté Plymouth, je voulais seulement faire le tour du monde sans m'arrêter en route. Projet démesuré, dont les bases restaient néanmoins très simples : préparation méticuleuse sur le plan technique, en ramenant le passé dans le présent pour nourrir l'expérience. Mes capacités face à la longue solitude et aux contraintes physiques liées à un tel périple, où tout serait nouveau mais comme déjà vécu, ne me posaient aucun problème, je connaissais cette musique. Elle résonnait seulement d'une voix plus profonde, plus vaste, sur une octave cependant familière. Mais pour ne pas risquer d'en égarer le sens, il me fallait coller à la Grande Loi imprimée par la mer dans le fond de mes fibres : « Maintiens toujours ton bateau impeccable, fais-le marcher toujours au maximum de sa vitesse, mais veille à ne jamais dépasser tes limites ni celles de ton merveilleux compagnon. »

Transposé dans une autre sphère, mon voyage au bout du temps pouvait se comparer à une nage illimitée où le corps et l'esprit se rejoignaient dans une forme d'union sacrée. *Joshua* était la chair, j'en étais la conscience, et chacun devenait la projection de l'autre. Mais pour que le miracle parvienne à prendre vie, tout devait reposer sur ce point d'équilibre où chaque geste, chaque effort et jusqu'à la moindre option, tendent vers le même but : la quête d'un absolu à travers une sublimation dans l'art de naviguer. A partir de ce moment-là, il devenait possible d'*entrer dans la fente*, comme faisait le père de Hao maniant ses outils à calfat sur les jonques de mon village. Le père de Hao qui voyait tout ensemble avec les yeux de l'eau et les yeux de l'étoupe.

J'ignore à quel moment je suis entré dans la fente. Insensiblement, les vieilles règles d'un jeu auquel je croyais autrefois se sont estompées dans le lointain, tandis qu'apparaissaient dans l'arc-en-ciel d'étrave les contours prodigieux de règles toutes neuves aux promesses inouïes. Et j'ai vu là l'histoire de l'ancien alchimiste qui voulait le secret de la pierre magique... mais avec le temps qui passait, le temps figé dans le plain-chant de l'univers, ce chercheur d'illusion avait changé de forme et la pierre inutile qui mute le plomb en or ne l'intéressait plus.

Alors, la vague géante est revenue me prendre pour m'emmener plus loin, beaucoup plus loin encore jusqu'aux cimes de moi-même. Avec mon bateau, j'ai entrevu là-bas des sommets où mon cœur semblait sur le point d'éclater comme ces ballons qui volent trop haut. Et dans cette immensité où le vent et la mer lancent des étincelles qui s'en vont dans le ciel et se fondent ensemble sous le grand souffle des étoiles, j'ai retrouvé l'Alliance.

Au déboulé de l'Atlantique après le passage du Horn, tous mes sens ont perçu l'odeur fétide du Dragon. La puanteur venait du nord, par bouffées. Tahiti-Alicante avait secoué seulement le domaine de la plaisance. Le tour du monde sans escale serait une bombe aux effets bien plus dévastateurs. Une victoire éventuelle ne m'apporterait que désillusions futures. Je me retrouverais pris dans un filet de contradictions tissées par le Dragon, qui m'attendait à l'arrivée pour engager le combat sur le terrain de son choix, avec tous les coups fourrés dont il était capable.

Aussi beau et puissant qu'au jour de son départ, *Joshua* entamerait bientôt son sixième mois de mer. Il n'avait pas perdu la moindre plume en route. Sur le globe du *Damien*, le long ruban d'écume recouperait sous peu celui de la première descente de Plymouth à Bonne-Espérance. Au départ, je prévoyais sept à huit mois pour concrétiser ce rêve. A condition de ne subir aucun accident majeur.

Le but d'origine est presque au bout de l'étrave... Mais tout s'effacerait si je m'en contentais. La vérité que je cherche inconsciemment se révélera peu à peu. Et je sais maintenant qu'elle m'appelle infiniment plus loin.

Rentrer déjà reviendrait à n'être jamais vraiment parti. Ce serait l'acceptation tacite des règles de l'ancien jeu imposé par les autres. Ce serait me trahir. Le soleil, la mer, le vent, la Croix du Sud si haute dans le ciel, les albatros qui voient toutes choses égales et planent au ras des vagues en frôlant les creux et les crêtes pour me montrer la route... tous me le disent ensemble dans le chant du grand silence bleu où navigue mon âme depuis si longtemps.

Avoir retrouvé l'Alliance ne suffit pas. Il faut la nourrir encore d'espace et de lumière, de grandeur et de beauté pour qu'elle se fortifie davantage dans mon cœur... obéir à l'aimant des vastes solitudes qui vont jusqu'aux étoiles... plus loin que les étoiles... poursuivre ma longue route au sein de cette paix où l'esprit enflamme le sang et l'aide à vaincre ses peurs... tant pis pour le vertige... bondir dans le vide à l'horizon de ma pensée... continuer quoi qu'il arrive et traverser le rêve, le dépasser enfin pour atteindre cet autre rivage aux vraies limites de moi-même... plus loin que le bout du monde!

Voyant qu'après les Falklands je remettais le cap sur Bonne-Espérance au lieu de faire sagement route au nord comme prévu au départ, le Dragon est accouru à tire d'ailes. Déguisé en Oiseau de Bon Conseil, il a essayé de me convaincre que jamais je ne retrouverais pareille chance dans ma vie... « Non mais, tu te rends compte, une foule t'attend là-bas avec micros et caméras de télé, ce sera le délire, la gloire et le fric à la pelle! Non mais, tu te rends compte de ce que tu vas rater en t'obstinant sur cette route imbécile... d'autant que tu vas y laisser ta peau! »

Oui, je me rendais parfaitement compte! Cette ritournelle, je l'avais entendue après Tahiti-Alicante, elle m'avait coûté cher... et d'un seul coup de lance-pierres j'ai fait voler toutes ses plumes, le Dragon s'est retrouvé nu comme un asticot à barboter dans l'eau. C'était devant Cape Town, où j'ai catapulté sur la passerelle d'un pétrolier ce bref message au *Sunday Times*: *« Je continue sans escale vers les îles du Pacifique, parce que je suis heureux en mer, et peut-être aussi pour sauver mon âme. »*

Immédiatement après, j'ai vu que le « peut-être » était de trop. Ayant eu peur du ridicule en écrivant ces quelques mots adressés à la presse, j'avais alors commis la petite lâcheté du « peut-être ». Or il n'y avait aucun « peut-être ». Je continuais parce que j'étais heureux en mer, *et aussi* pour sauver mon âme. Un point c'est tout.

« Plus le singe monte haut, plus il montre son derrière. » Ainsi parlait ma vieille Assam, un jour que je grimpais en haut d'un cocotier avec un trou dans ma culotte. Eh oui... la peur du ridicule est profondément ancrée dans toutes les cultures, elle se transmet depuis la nuit des temps à travers les générations...

A cause de ce « peut-être », sans doute n'ai-je pas mis le Dragon complètement K.O. Il a quand même pris une sacrée châtaigne. L'enfant lui a fait un pied de nez que j'ai doublé d'un bras d'honneur, et *Joshua* l'a roulé dans sa vague d'étrave avant de le semer comme un crachat dans le sillage.

Puis nous avons doublé Bonne-Espérance pour la deuxième fois... couru tout l'océan Indien voilure au minimum... laissé l'Australie et la Nouvelle-Zélande sur bâbord... foncé dans le Pacifique sans avoir pu larguer les ris. Car l'hiver ouvrait déjà sa grande bouche aux dents pointues, et les étoiles qui scintillaient très fort ne racontaient que des histoires de coups de vents avec parfois la quille en l'air dans les lourdes déferlantes. Mais le souffle des dieux m'avait fait invulnérable, tel ces chevaliers d'un autre âge partis en quête du Graal. Et mon bateau magique aux ailes fabuleuses a dévoré la mer sur des milliers de milles pour me la donner tout entière, afin que je puisse l'offrir un jour à la dame de mes pensées.

Je contemplais la carte toute poisseuse de sel, fasciné par le sillage qui voulait continuer pour toujours. Et j'ai failli aller trop loin dans le Pacifique. Mes brèves éclaircies de raison me laissaient cependant entrevoir qu'un deuxième passage du Horn eût marqué ma limite au-delà de laquelle repose l'éternité... un monde entièrement neuf, libéré du retour, où l'on naviguerait jusqu'à la fin des jours parmi les dauphins bleus et les mouettes légères. Dans ma fatigue extrême j'essayais de dire non, mais j'entendais l'appel qui s'infiltrait en moi comme le chant des sirènes venu du blanc pays où vogue le fantôme d'un vaisseau d'autrefois qui ne reviendra plus.

Joshua m'a tiré de ce rêve mortel en plongeant ses mâts au creux d'une dernière déferlante. Là, il m'a dit en clair que le temps était venu pour nous de chercher un mouillage paisible au calme des tropiques. Un lagon protégé de tous vents où mon bateau pourrait se reposer un peu, dormir sans s'inquiéter de rien. Un lagon polynésien où je pourrais écrire la longue et belle route que nous avions faite ensemble.

Ainsi avons-nous mis le cap vers l'alizé. Deux semaines plus tard la Goélette Blanche est venue voleter au-dessus des mâts pour annoncer la douceur de son île entourée de lumière. Alors nous l'avons suivie, et sommes entrés le lendemain dans la passe de Tahiti frangée de blanc et d'or.

Et sur le globe du *Damien*, l'incroyable sillage disait une fois et demie le tour du monde en dix mois d'horizons où le temps et la mer se retrouvaient unis dans une même immensité.

Sitôt réglés les soins à *Joshua* (carénage et coup de peinture général), je me suis attelé sans plus tarder à l'écriture du livre, au mouillage de Papeete.

Quand j'avais signé le contrat avec mon éditeur, je croyais sincèrement pouvoir lui remettre le manuscrit six mois au plus tard après l'arrivée. Par prudence, j'avais dit « un an maximum ». Optimisme délirant! J'ai vite compris que ce livre dépassait mes limites.

Dix mois de solitude sur un bateau qui cherche son chemin entre ciels et mers, c'est quasiment inexprimable dans sa vraie plénitude. Le papier blanc montrait des exigences folles, je me trouvais devant quelque chose d'énorme. Ce voyage, à la fois physique et intérieur que je devais rendre par l'écriture, était fait de gestes trop simples et d'émotions trop intenses pour pouvoir se transcrire dans nos pauvres mots de tous les jours.

Les débuts ont été durs à un point que je n'imaginais pas. La suite a été aussi dure. Tout a été dur, du début à la fin. D'un bout à l'autre de ce livre, j'ai vécu ce que Steinbeck appelait « la redoutable majesté de l'écriture ». Je me voyais dans la peau d'un chasseur aborigène qui aurait entrepris de dégager trois hectares de forêt dense pour la transformer en un champ cultivé, avec seulement ses faibles muscles d'homme et sa hache minuscule, suppliant les dieux de lui insuffler assez de foi pour ne pas abandonner, pour ne pas reprendre son arc et repartir dans la forêt libre avant d'avoir terminé sa tâche impossible.

Deux années de travail acharné m'ont été nécessaires pour voir le bout de cette gageure. J'ignore si je suis parvenu à entrer dans la fente. Et si j'y suis entré, je ne sais pas jusqu'à quelle profondeur. Très lentement, au fil des mois, je sentais que le texte approchait de sa dimension réelle, comme dans un grand voyage sur des mers nouvelles où les îles apparaissent à mesure qu'on avance. Ces îles, que je connaissais déjà, je les redécouvrais une deuxième fois, sous une autre facette, afin de retrouver le lien les unissant dans la trame du temps.

Le grondement patient de la houle d'alizé brisant dans le lointain sur le récif-barrière me tenait compagnie dans la cabine de *Joshua*. Le livre prenait vie, paragraphe après paragraphe, page après page, sur des monceaux de brouillons déchirés à mesure que progressaient les chapitres, tâtonnant à travers mes souvenirs, porté par le journal de bord qui souvent me ligotait.

Deux années de douleurs, mais aussi de joies indescriptibles pour recréer dans *La Longue Route* ce que je pensais être le fidèle reflet du fabuleux sillage. En tout cas, je ne pouvais faire plus, j'avais mis dans ce livre tout ce que je portais en moi, avec parfois le sentiment d'avoir crevé mon propre plafond, comme pendant les périodes les plus éprouvantes du voyage physique.

Encore un dernier chapitre à écrire... et l'ouvrage serait achevé!

J'avais couru ma longue route pour racheter le bouquin précédent. La vieille dette n'existait plus, largement payée dans tous les domaines. Outre l'intense satisfaction d'être parvenu à produire un travail de niveau très supérieur à ce que j'espérais au départ, bientôt déferleraient de substantiels droits d'auteur. Le gros paquet! Avec ça, plus de soucis jusqu'à la fin de mes jours! Le petit coin de terre pour quand je serai vieux... et *Joshua* mon bateau magique toujours dans les parages, prêt à mettre les voiles à la première alerte.

Ma vitesse de libération! Cette pensée n'avait même pas effleuré mon esprit pendant ces deux années à en crever parfois. Mais puisque l'argent viendrait en plus, eh bien tant mieux, je ne l'aurais pas volé!... et parvenu à mi-chemin de ce que je croyais être mon dernier chapitre, le ciel et la mer se sont illuminés très loin devant l'étrave pour me montrer l'ultime Cap surgi de l'horizon... un Cap colossal, absolument inattendu, dont je n'aurais jamais pu soupçonner l'existence au départ. Et le message qu'il m'adressait dans un coup de tonnerre ne prêtait à aucune confusion :

« Ce que tu as exprimé en poursuivant ta route au lieu de regagner l'Europe, TU PEUX maintenant l'exprimer dans ton livre par un acte identique. Mais si tu veux le faire, tu n'auras d'autre choix que de tourner le dos à tes droits d'auteur sur *La Longue Route.* »

J'ai d'abord vacillé sous la puissance de l'ouragan. Le ciel me tombait sur la tête. J'ai cru perdre le nord. Je ne savais plus où j'en étais, dans quelles eaux je naviguais. J'espérais avoir mal compris, me réveiller d'un mauvais rêve... deux ans comme un galérien sur mon livre... et tout ça pour abandonner une juste récompense...?! Non mais sans blague...!?

Mais j'avais parfaitement compris. Et c'était clair. Alors j'ai vu le dernier élément du grand puzzle de cette belle histoire qui me portait depuis si longtemps sur ses ailes trouver sa juste place à l'intérieur d'une affaire que je devais régler une bonne fois avec moi-même. A partir de là, tout est devenu *évident*.

Le jour où j'ai mis le cap à l'est après le Horn a été celui du choix capital. *La Longue Route* devait donc peser le même poids que le voyage. Exactement le même poids. Accepter mes droits d'auteur reviendrait à me renier, à effacer implicitement tout le sillage depuis Plymouth. Pour avoir droit à l'existence, ce livre devait aller aussi loin que le rêve dont il était issu. Faute de quoi, il n'en resterait qu'un bel ouvrage de mer, racontant avec de jolis mots une aventure exceptionnelle mais sans plus. Il lui manquerait sa vérité profonde, entrevue pendant ma quête d'absolu, au cours de laquelle avait eu lieu cette transmutation de ma pensée en un acte fondamental unissant ma chair et ma foi. Et de la même manière que j'étais allé jusqu'au bout sur la mer, il me fallait aussi aller jusqu'au bout dans mon livre.

Le message envoyé au lance-pierres sur le pétrolier devant Cape Town avait produit une forte secousse auprès du public, avec la « une » des journaux durant un temps considérable. L'onde de choc provoquée par l'annonce de mon « abandon » dans la course du *Sunday Times* continuait à se répercuter sur les rives du monde occidental deux ans après mon arrivée. Les cendres de Mai 68 ne s'étaient pas encore éteintes. Je pouvais profiter de cette conjoncture pour que mon livre aide à relancer les questions que se posaient les gens sur le sens de la vie, sur sa finalité.

Je crois que notre fonction à tous est de participer à la création du monde. Chacun selon sa propre surface de voilure, son tirant d'eau, son tonnage, son aptitude à remonter le vent, à tenir la cape ou encaisser le poids des déferlantes aux allures portantes. Et je crois dans le fond de mon être que nul ne peut enfreindre cette loi sans se couper de l'espèce humaine. J'en avais pris conscience au cours de ces dix mois passés en compagnie des vagues, décodant les messages diffus apportés par le vent qui les avait reçus du ciel. Ces voix devenues intuition avaient balisé mon chemin, me faisant tourner le dos à l'écurie où attendait la bonne avoine préparée par le Dragon.

Participer à la création du monde... pourtant ces droits d'auteur que je devais abandonner, je ne pouvais quand même pas m'en débarrasser auprès d'une quelconque œuvre de bienfaisance. Une attitude aussi puérile serait un coup dans le vide. Ce n'était plus d'argent qu'il s'agissait là, mais du symbole qu'il représentait. Autrement dit, cette *sécurité matérielle* après laquelle j'avais couru depuis ma jeunesse.

Il fallait que mon renoncement fût un acte public *et politique*, une question posée à tous dans mon livre, celle que je m'étais posée lors de la grande épopée dont *La Longue Route* était le fruit. Je visais haut, très haut, à l'extrême limite de ma visibilité, tout au bout de mon instinct, là où les choses changent de forme. Et le Dragon, qui avait retrouvé ma trace, ricanait en regardant le petit singe avec son trou dans la culotte méditer devant un arbre gigantesque dont la cime arrivait jusqu'aux portes du ciel.

Bien loin dans le sillage est le temps du *Snark* où l'on partait le nez en l'air pour inventer le futur et accomplir des miracles. « Changer le monde en transformant les hommes » exigeait non seulement une bonne dose de foi et de naïveté, mais en plus un coup de génie sur le plan de la tactique. Comment faire passer, à travers l'écriture et la substance de mon dernier chapitre, le souffle qui peut-être raviverait les braises de la grande révolte de Mai 68?

Le monde occidental me fait songer à un camion bourré de millions d'êtres humains lancé à toute vitesse vers le Grand Trou; il est déjà tout près, la vitesse augmente à chaque seconde. Trop tard pour braquer, le bolide capoterait et continuerait en tonneaux sur sa lancée. Trop tard aussi pour le coup de frein, les roues patineraient et le camion finirait inéluctablement dans le gouffre. Il n'y a donc aucune manœuvre pour éviter la catastrophe... pourtant la solution est évidente : *décoller.* L'homme a inventé l'avion, alors pourquoi pas son parallèle dans une autre sphère, celle de la pensée consciente?

A Paris, les rotatives s'impatientaient. Délai accordé par mon éditeur et ami Jacques Arthaud déjà dépassé d'un an. Le livre devait absolument trouver sa conclusion. Devant les pages blanches du chapitre décisif, je bouchonnais à la cape en pleine purée de poix.

Dans quelle direction envoyer la fusée de mes droits d'auteur pour lui donner une chance d'atteindre le but?... Je me heurtais à un mur. En désespoir de cause, j'ai même envisagé de laisser les droits aux Glénans.

Je connais une vieille légende où le chasseur armé de sa fronde et de sa pierre magique pouvait abattre aussi bien un oiseau-mouche qu'un mammouth, pour le village qui avait faim. Mais le pouvoir de la pierre ne durait qu'un jour et pour un seul tir... et le chasseur n'arrivait pas à voir l'animal géant caché tout près de lui dans l'ombre de la jungle, tandis que mille oiseaux l'appelaient de partout. J'avais beau tendre l'oreille, écarquiller les yeux, je ne trouvais pas le mammouth. Les Glénans sont une belle école de voile, une belle école de la vie en mer pour qui voudrait un jour larguer les amarres... mais ce choix eût été dérisoire en comparaison de la vraie cible que je voulais atteindre, invisible au fond des brumes de mon cerveau. Parfois je croyais distinguer un semblant de lueur aussitôt évanouie. Je tournais en rond, perdu dans la forêt, à la recherche de l'inaccessible. Et le soleil devait bientôt se coucher, emportant à jamais le pouvoir de cette pierre que je tenais dans la main.

C'est alors que l'enfant a lancé l'éclair qui a transcendé la fin du livre à l'image de la dernière étape entre Bonne-Espérance et le Pacifique. Et je suis resté saisi d'émerveillement devant l'énormité du coup proposé à travers cet éclair, qui ferait enfin de *La Longue Route* le reflet absolument pur *et le prolongement charnel* du grand et beau voyage.

J'ai terminé mon livre comme un orfèvre taillant une pierre unique au monde. Mes dispositions concernant les droits d'auteur y apparaissent sous une forme allégorique où trois symboles se trouvent réunis : le *pape*, les Amis de la Terre, et *l'abandon de ma sécurité future.* Une lettre adressée à mon éditeur avec le manuscrit mettait les choses au clair.

Mes droits (français et étrangers) allaient au pape « pour aider à reconstruire le monde ». Au cas où le Saint-Père n'en voudrait pas, l'association toute récente des Amis de la Terre disposerait librement de cette somme.

J'admets que tout cela semble assez nébuleux. Je vais donc présenter très simplement les pièces de l'échiquier. Cela permettra de mieux comprendre comment j'ai tenté de mettre le feu aux poudres.

D'un côté de l'échiquier, le pape. Il symbolise dans mon cœur la petite flamme de spiritualité presque agonisante qui subsiste encore en Occident. Un Occident « chrétien » qui n'hésite pas à fabriquer des armes pour attiser les guerres dans le tiers monde afin de continuer à faire tourner un système d'où a disparu le sens du sacré. Un Occident « chrétien » qui ruine sciemment les pays pauvres dans le but essentiel d'asseoir son propre « bien-être » matériel. Une « chrétienté » issue du merveilleux Sermon sur la Montagne offert aux hommes il y a deux mille ans, message d'immense espoir qui atteignait les cieux... et que nous avons transformé en une gigantesque escroquerie morale appuyée par nos marchands et par nos mitrailleuses.

De l'autre côté de l'échiquier, les Amis de la Terre. Ils symbolisent dans mon esprit une *mise en demeure* adressée par le simple bon sens au Règne de la Honte, cet Occident aveugle et fou, guidé par le principe de « tous les coups sont permis pourvu qu'ils soient légaux ». Un Occident dont le niveau mental et spirituel atteint parfois tout juste le sommet des pâquerettes. Une civilisation capable de transformer le monde, et qui doit absolument chercher une voie nouvelle en altitude pour ne pas finir dans le trou noir d'une catastrophe à la fois écologique, existentielle et morale.

En plaçant entre le pape et les Amis de la Terre ce troisième symbole représenté par l'abandon de ma sécurité matérielle, je tentais le formidable pari d'un « échec et mat » de tout notre système politique, économique et moral. Un « échec et mat » qui secouerait peut-être la conscience de l'Occident, ferait tomber les masques, aboutirait alors à une sorte de révolution culturelle. Pas moins!

Comme on voit, je visais carrément le grand jeu. Aucun complexe! Et le plus fort, c'est que cette histoire tenait debout, je ne plaisante pas, le coup était jouable.

Si le pape acceptait mes droits d'auteur, les Amis de la Terre lui demanderaient publiquement par voie de presse *comment* il comptait les utiliser pour « aider à reconstruire le monde ». Et si le pape refusait cet argent, les Amis de la Terre lui demanderaient alors *pourquoi* [1].

Ainsi, dans un cas comme dans l'autre, il n'y aurait pas d'échappatoire, le Vatican (représentant la chrétienté) serait mis en demeure de fournir des explications intelligibles. Non pas en petit comité dans un langage sibyllin, mais au grand jour, devant tout le monde. Devant les médias... dont la mission fondamentale est de débusquer la vérité, *et de la dire*. Par conscience professionnelle. Par conscience tout court. Sans s'occuper de savoir à qui plaît la vérité.

A mes yeux, le message du Christ est ce que nous avons reçu de plus grand, de plus beau depuis le commencement du monde. Ce n'était donc pas à la religion (ou aux religions) que je m'attaquais, mais aux fausses valeurs de l'Occident. Je voulais une réponse claire à la question suivante : « Sommes-nous oui ou non un ramassis de sagouins et de porcs? L'assiette pleine et le confort à tout prix sont-ils oui ou non notre premier objectif? »

La réponse ne laissant subsister aucun doute pour qui a l'honnêteté de regarder les choses en face, une deuxième question essentielle découlait de la première : « Sommes-nous obligés de rester porcs et sagouins? Avons-nous l'intention de prendre forme humaine? »

En échange de la sécurité matérielle à laquelle je tournais le dos, je voulais simplement une réponse à ces deux questions sur le sens de la vie. Et je voulais que le débat eût lieu sur la place publique.

« Plus le singe monte haut, plus il montre son derrière. » D'accord, c'est indiscutable. Mais le singe ne se sentait pas gêné que l'on voie son derrière, je m'étais débarrassé une fois pour toutes de la peur du ridicule.

J'avais aussi réglé son compte au Dragon. Il aurait beau me tournicoter autour, jamais plus il ne pourrait me berner.

Depuis longtemps la rupture était consommée entre Françoise et moi. « Aimer n'est pas se regarder l'un l'autre, c'est regarder ensemble dans la même direction. » Nous avions choisi des chemins différents; ils ne se croiseraient plus.

1. L'association des Amis de la Terre disposait de plusieurs leviers médiatiques : *Courrier de la Baleine*, puis le magazine *Le Sauvage*. Sans parler d'autres entrées dans la presse.

J'ai rencontré Iléana sept ou huit mois avant la fin de *La Longue Route*. Je me considérais libre, elle l'était aussi. Venant de je ne sais où, elle débarquait d'un cargo mixte, sa petite valise à la main. Rien d'autre. Juste sa petite valise, Rimbaud, Verlaine, Musset, Baudelaire, ses trésors aux pages jaunies par le temps, qu'elle portait avec elle depuis l'adolescence.

Du genre hippie évolué, très mobile dans sa tête et celle-ci bien vissée sur les épaules, en deux jours elle a trouvé un emploi dans une agence de tourisme. Le lendemain même, elle dénichait devant le lagon un minuscule *faré* en ruine pour un loyer symbolique, à trois minutes du port en vélo. Un miracle. Nous avons installé le matelas sur un coin du plancher, elle a pris le balai pendant que je bouchais quelques trous sur le toit en y clouant des boîtes de conserve découpées à la cisaille, terminé impeccable.

Le plus joli *faré* du monde. Il sortait d'un conte de fées. Des souris si familières qu'elles dînaient avec nous. Je partais le matin de bonne heure travailler sur mon livre à bord de *Joshua* et retrouvais Iléana en fin d'après-midi au *faré* des rêves. Bonne dactylo, elle mettait mes chapitres au propre quand elle ne rentrait pas morte de fatigue.

Le ventre d'Iléana grossissait. D'abord j'ai eu peur. C'était à la fois trop inattendu et trop grave. Puis au fil des semaines, je sentais le bébé vivre dans son corps en donnant des coups de pieds. Alors ma peur a disparu et j'avais envie de tenir bientôt dans mes bras cette petite chose précieuse.

Mais nous avons eu aussi une conversation extrêmement sérieuse. J'ai dit que j'aurais toujours besoin de ma liberté, que je ne pouvais pas vivre prisonnier de quoi que ce soit, de qui que ce soit.

J'ai dit que le tour du monde sans escale n'était pas mon dernier combat. Non plus que *La Longue Route*. Il y aurait d'autres épreuves, j'ignorais sous quelle forme je les rencontrerais mais je savais que ce n'était pas fini et je refusais de me battre dans une cage.

Elle a dit que tout ça elle l'avait compris depuis le premier jour et qu'elle n'essaierait jamais de me retenir par le chantage.

Son ventre continuait de grossir. Comment une fille aussi frêle pouvait-elle porter un poids pareil! Elle se levait souvent avant l'aube pour réceptionner à l'aéroport les clients de son agence de voyages et les conduire dans divers hôtels. Ou alors, c'était onze heures du soir à l'arrivée d'un avion. Ses journées se passaient au volant d'un minibus pour promener des touristes autour de l'île. Presque jamais de week-ends libres. J'avais dû brandir la menace et l'obliger à quitter cet emploi beaucoup trop dur pour une femme enceinte de six mois. Depuis une semaine, elle se reposait enfin.

On rencontre de loin en loin des moments de magie qui laissent en nous leur trace indélébile. Ce soir-là, nous relisions crayon en main le texte du dernier chapitre à la lumière de la bougie. Je le posterais le lendemain matin en recommandé avec la lettre concernant mes droits d'auteur. J'essayais d'imaginer la tête de Jacques Arthaud lisant ça. Sur la table, nos deux souris grignotaient les restes de l'assiette que j'avais poussée au bord pour faire de la place et ne pas les déranger. Elles étaient apprivoisées mais ne se laissaient pas encore caresser.

Il était presque minuit quand j'ai vu le Dragon entre la bougie et moi. Il se tenait un peu tordu. Je savais pourquoi. Il le savait aussi. Je lui ai fait un bras d'honneur par la pensée en lui disant de dégager. Il a répondu qu'il ne s'en irait pas avant de m'avoir dit deux choses. J'ai dit « O.K., mais deux choses seulement et après tu te tires ». Alors il a dit :

– La première chose, c'est que tu es complètement cinglé. Tu as perdu ton temps à écrire ce dernier chapitre et tu vas perdre ton argent avec cette histoire que les médias sont incapables de comprendre. Les médias, ce tas de merde habillé de cynisme, tu ne t'imagines quand même pas que tu vas lui donner des ailes, non?

Je lui ai dit d'aller se faire foutre. Il a dit que je pouvais toujours gueuler, je serais bien obligé d'écouter la deuxième chose. Il a fait un signe de la tête vers Iléana qui relisait le chapitre et il a dit :

– Regarde bien ta bonne femme au gros ventre. Elle n'a pas un rond. Elle n'est même pas sûre que tu resteras après la naissance de ce gosse que tu lui as fait. Elle se demande comment elle s'en sortira sans un radis quand tu auras mis les voiles « pour de nouvelles aventures ». Elle sait que ça lui pend au nez. Elle a peur de l'avenir. Peur de rencontrer la misère. Tant qu'elle était seule, ça allait, elle s'en sortait. Bientôt le marmot en plus. Elle n'arrête pas d'y songer. Et elle sait qu'elle aura un mal de chien pour l'élever correctement avec ses petits boulots minables. Envoie-lui donc la *Grande Question* et je vais bien rigoler en te voyant tomber de ton nuage!

J'ai longuement contemplé Iléana. Je n'oublierai jamais cet instant. Appuyée au dossier de sa chaise, la tête presque renversée en arrière, elle regardait les chevrons du toit où un couple de souris installait son nid. Elle m'avait soutenu de toute sa tendresse et de toutes ses forces pendant la dure épreuve de l'ultime cap qu'il m'avait fallu franchir dans le dernier chapitre pour ne pas perdre l'essentiel.

L'essentiel... qu'est-ce que c'était pour elle? J'observais son visage dans la lumière de la bougie, je regardais son ventre si gros, et je voyais au loin un futur qui ne lui ferait aucun cadeau. *Elle ne pouvait pas ne pas avoir peur*, comme j'avais eu peur en doublant le formidable Cap, balançant par-dessus bord toute la marchandise pour sauver la seule chose importante. Et j'avais encore un peu peur, bien que les eaux les plus tumultueuses fussent déjà sur l'arrière. Restait cependant un dernier récif à passer, plus ou moins dissimulé dans le brouillard.

Je devais absolument savoir ce que représentait l'essentiel à ses yeux : la sécurité offerte par l'argent pour élever cet enfant sans trop se poser de questions... ou lâcher la branche confortable et se lancer elle aussi dans l'espace vers le Grand Inconnu qui réveille? J'avais besoin de sa réponse, *sans que subsiste l'ombre d'un doute.* Alors je saurais si le fond de son âme était du roc ou de la vase. Et je me suis montré aussi vicieux que le Dragon en envoyant la *Grande Question* bien enrobée de lâcheté pour frapper à coup sûr :

– Iléana, écoute bien : tout se jouera ce soir; ce sera blanc ou noir. Demain je poste le chapitre, on a encore le temps de réfléchir. Et je pense que c'est une bêtise de donner les droits au pape ou à qui que ce soit. Je me croyais habité par la Grâce en écrivant ce dernier chapitre, c'est peut-être pour ça qu'il est beau à ce point. Mais en enlevant les deux pages du pape, il n'y aura aucune différence pour ceux qui liront le bouquin puisque ces pages-là n'auront jamais existé. Si tu juges plus sage qu'on les brûle, ni vu ni connu, moi je suis d'accord.

J'ai eu l'impression de la voir mourir à mesure que la sonde pénétrait. Mais il fallait être tout à fait sûr qu'elle dirait vrai. Et quand la sonde a touché le fond, j'ai vu que c'était du granit. La douleur qu'exprimait son regard ne mentait pas : « Moi qui étais si fière de porter cet enfant de ton sang! Et toi qui parlais si bien de futures batailles, déjà tu te dérobes au premier *vrai* combat. Ton tour du monde sans escale n'était pas un combat total : tu as continué *surtout* par amour de la mer et de ton bateau, pas seulement pour sauver ton âme. Ce livre m'a transportée jusqu'à cette nuit parce qu'il était pur... et tu veux le tuer...!? »

Alors je suis entré dans ses yeux, et en sentant ma joie si grande elle a tout vu du fond de son cœur. J'ai posé mes mains sur ses épaules devant la flamme de la bougie qui dansait, et mes yeux lui disaient : « Il y a eu des femmes avant toi dans ma vie, il y en aura sans doute encore. Mais tu resteras la Reine... car pour toujours et à jamais tu es la Dame de mes Pensées. »

Et le Dragon est parti en boitant vraiment bas. Le coup des droits au pape lui avait à moitié cassé les reins; il se retrouvait maintenant avec une patte en moins après ce que nous venions de réussir ensemble, Iléana et moi

CHAPITRE 16

Le vent s'est rétabli peu après la visite de ma Goélette Blanche venue à l'aube pour m'annoncer l'atoll. L'étrave gronde de plaisir en fonçant dans la mer. Suvarov est tout près.

Il y a quatre ans, je recevais à Tahiti le premier exemplaire de *La Longue Route.* Le soir même, Iléana entrait d'urgence à l'hôpital. Elle accouchait. Des jumeaux nés avant terme. Erwan (1,300 kg) est mort le surlendemain. Stéphan (1,400 kg) est devenu jaune comme un citron. J'ai vraiment cru qu'il allait y rester lui aussi. Il a tenu le choc. C'était à la fois terrible et fantastique de voir ce minuscule morceau de notre chair cramponné à la vie dans sa cage en Plexiglas à l'hôpital, sans que nous puissions seulement le réchauffer un peu dans nos mains. Lentement il a fait surface vers la lumière. Il revenait de loin. Après quarante jours en couveuse, un bébé miraculé recevait enfin le sein et la tendresse dont il avait tant besoin.

Devenu un petit garçon aux yeux brillants de curiosité, Stéphan se régale en écoutant sa maman lui lire chaque soir dans son lit au *faré* quelques pages du *Livre de la jungle* ou des *Histoires comme ça* de Kipling.

Je lui ai fabriqué son premier lance-pierres avant mon départ pour Suvarov. Ensemble nous avons cherché la fourche dans une forêt de goyaviers. Une fourche sur mesure, bien à sa main. Je lui ai montré comment on porte un vrai lance-pierres magique en collier autour du cou afin de ne jamais le perdre. Il a appris à choisir les bons cailloux, ni trop gros ni trop petits, aussi ronds que possible. Et je lui ai promis de rentrer à Tahiti dans six semaines au plus tard pour l'anniversaire de ses quatre ans. Au retour de son papa, il aura sûrement réalisé de grands progrès dans le maniement de cette arme fabuleuse qui chasse les dragons et terrorise les réverbères.

Le soleil déjà haut fait miroiter la crête des houles qui deviennent milliards de perles fines en s'écrasant sur le récif-barrière de Suvarov.

Devant le bout-dehors s'ouvre la passe. Elle est large, franche, d'un profond émeraude, accessible à la voile pure quelles que soient les variations de l'alizé. Des dizaines de sternes et de nodies zigzaguent au-dessus des mâts pour accueillir le joli bateau rouge et blanc de leurs appels stridents.

Au débouché du lagon commence l'irréel. Juste un froissement d'eau sur l'étrave, le murmure du vent qui caresse les voiles, des tables de corail bien visibles çà et là, avec toute la place autour. A moins de cent mètres sur la droite, l'île de Tom Neale. A deux milles vers la gauche, l'île aux Oiseaux.

Je mouillerai d'abord devant chez Tom, comme tous les voiliers qui passent par ici dans leur course vers l'ouest. Je lui apporte du ravitaillement, et aussi une machette neuve; la sienne était bien usée au précédent passage de *Joshua*, il y a déjà deux ans. Ensuite, j'irai à l'île aux Oiseaux pour mon pèlerinage.

Tom le vieux solitaire est heureux de me revoir. Nous portons dans son *faré* cinquante kilos de riz, un sac de farine, trois jerricans de pétrole et quatre manchons pour sa lampe Aladin à mèche ronde qui consomme beaucoup mais lui permet de lire, deux caisses de lait condensé, du sucre et du café, du porridge, des boîtes de légumes et de fruits en conserve. La saison des cyclones approche, il n'aura plus une visite pendant six mois. Mais ce qui lui a donné la plus belle joie, c'est la machette que je n'avais pas oubliée. Puis nous dînons d'une grosse poule bien solide sous la dent.

Le lendemain, j'attends que le soleil ait un peu monté dans le ciel pour ne pas l'avoir dans les yeux, et j'emmène *Joshua* au mouillage de l'île aux Oiseaux. Iléana et moi l'avions ainsi baptisée. Les sternes y sont tellement nombreuses qu'elles font un nuage assourdissant. Jour et nuit des milliers d'appels couvrent le grondement du récif-barrière. Stéphan avait deux ans. Nous devions le surveiller de près, marcher avec prudence pour ne pas écraser les poussins, petites boules de duvet brun courant dans tous les sens et qui se jetaient sous nos pieds.

Quand nous l'avions « découverte », douze cocotiers seulement habitaient cette île. Alors j'en avais planté cent trente, taillant à la machette un large cercle pour chacun afin que la brousse ne leur dérobe pas le soleil. Le cocotier a besoin de lumière où étendre ses palmes et ne pas se faire dévorer par la végétation primaire qui ne fait aucun cadeau. Les veloutiers serrés les uns contre les autres exigeaient beaucoup de sueur pour céder un peu de place. Mais au troisième jour j'ai rencontré le miracle.

C'était en fin d'après-midi. Titubant de fatigue après dix heures de plantation sous un soleil de feu, je creusais le sable de mes mains nues pour y installer une belle noix germée, la dernière pour cette journée-là. Et je voulais lui faire un nid particulièrement soigné.

A mesure que je creusais, le sable devenait humide. Puis très humide. J'ai continué à creuser. Quand j'ai trouvé l'eau (soixante à soixante-dix centimètres), *je savais qu'elle était salée.* Je l'ai goûtée par simple réflexe... et j'ai reçu l'un des plus grands flashs de ma vie. Elle était aussi douce [1] que celle de la mare aux grenouilles du village de mon enfance. J'ai appelé Iléana qui tressait des palmes de cocotier pour la hutte de Stéphan. Nous avons élargi le trou en forme d'entonnoir et l'avons tapissé de coraux plats pour empêcher le sable de glisser. Ensuite nous avons planté trois noix germées autour de ce puits qui serait le cœur de l'île aux Oiseaux.

Ma compagne a rué dans les brancards quand j'ai levé l'ancre la semaine dernière en la laissant avec Stéphan à Tahiti. Elle rêvait de venir aussi. Une raison impérieuse me poussait à ce pèlerinage solitaire : *j'étais complètement paumé en moi.* Et j'éprouvais un immense besoin de revenir ici faire le point de ces dernières années, en tête à tête avec l'île surnaturelle qui répondrait peut-être à ma question.

Car le Dragon m'a suivi à la trace depuis la sortie de *La Longue Route.* Il boite toujours aussi bas... mais il est accompagné d'un petit animal visqueux. Je connais bien son nom maintenant. Il se nomme le *Doute.*

Au début, je n'y avais pas pris garde. Les deux années d'intense concentration pour venir à bout du livre m'avaient mis sur les genoux. A cela s'ajoutaient les émotions liées à la naissance de notre enfant et l'inquiétude que nous causait sa fragilité. La partie n'a été gagnée qu'à l'âge d'un an.

J'avais totalement négligé mon bateau après ses deux couches de peinture en arrivant du grand voyage. Jusqu'à la fin de mon travail d'écriture, j'avais prudemment résisté à la tentation du « petit joint » très en vogue à cette époque sur le front de mer. Sitôt corrigées les dernières épreuves d'imprimerie, j'ai voulu en connaître le goût puisque je connaissais déjà son odeur. Je ne voulais pas mourir idiot.

C'était la grande période du quai de Papeete, les questions philosophiques parmi les voiliers de toutes nationalités en escale prolon-

1. A cette époque, j'ignorais que dans tous les atolls l'eau de pluie se pose sur l'eau de mer sous-jacente. En effet, aucun remous ne peut se produire dans le sable. L'eau douce, moins dense, « flotte » donc sur l'eau salée comme le vin qu'on verse doucement dans un verre d'eau.

gée, les discussions tard dans la nuit autour de nos bateaux, avec les bananiers que nous plantions en bordure de l'eau pour tenter de ralentir la bétonneuse avide de verdure.

Comme le furet du Bois-Joli qui court et court et court, l'herbe magique circulait en liberté dans le groupe de mes copains du quai. Nous voulions reconstruire le monde sur de nouvelles bases. Il court il court le furet... et j'étais rarement le dernier de la bande à saisir au passage la fumette au goût d'Orient, dont l'abus m'a fait voir la vie toute rose en me voilant ses réalités les plus proches. Insidieusement, la Sainte Flemme s'est emparée de moi. Je devenais parlotte avec rien au bout. Je ne m'occupais plus de mon bateau. J'avais baissé la garde.

Quand j'ai pris conscience du danger, c'était déjà tard. Pas trop tard, mais tard. Et il est une leçon que j'ai bien retenue : en ce qui me concerne, l'herbe peut très facilement se transformer en inhibiteur de la volonté, et prendre alors le visage du « Tout va très bien, Mme la marquise ». C'était devenu clair...

A partir de là, je me suis engouffré dans un travail terrifiant pour sauver *Joshua* du désastre. En trois ans, il n'avait pas vu la couleur d'un pinceau... mais le pinceau ne suffisait plus. Je devais jouer de la gratte, de la brosse métallique, et surtout du marteau à piquer la rouille. Sans parler de tout le tralala que cela impliquait. Un bateau acier pardonne qu'on heurte un pâté de corail à six nœuds dans le lagon, une épave en mer, et même un cachalot très en colère. En revanche, il n'accepte pas qu'on le laisse tomber trois ans de suite sur le plan de l'entretien élémentaire. Aussi incroyable que cela puisse paraître, il m'a fallu près d'une année pour arracher mon bateau du trou où nous glissions ensemble. La facture a pesé lourd en sueur et en mea-culpa.

Il fallait filer d'ici sans plus tarder. Stéphan aurait bientôt deux ans. Nous étions enfin prêts à hisser les voiles vers de nouveaux horizons : la Nouvelle-Zélande. Miguel, Américain de vingt-deux ans, débarqué d'un gros yacht, était tombé raide amoureux de *Joshua* au premier regard. Excellent marin, il m'avait donné un formidable coup d'épaule pendant le carénage. Quand je lui ai dit « tu as envie de venir avec nous? » j'ai cru qu'il allait s'évanouir de bonheur. Il a mis sac à bord en cinq minutes.

J'avais entendu parler de Suvarov et de Tom Neale. C'était sur le chemin de la Nouvelle-Zélande, une escale technique tout indiquée pour y régler les derniers détails avant les mers moins clémentes où règnent les vents d'ouest.

Bien qu'un peu inquiète à l'idée de cette traversée qui serait sa première expérience de croisière au grand large – elle n'avait jamais navigué – Iléana désirait autant que moi décoller de Tahiti pendant quelque temps, changer d'air, bouger un peu, entendre une autre musique.

Accroupi sur le quai, le menton dans les mains, je contemplais mon beau bateau redevenu tout neuf. Miguel passait la soirée auprès de sa *girl friend* pour lui faire ses adieux. Iléana préparait ses dernières bricoles au *faré*. Je regardais le soleil se coucher derrière l'île de Moorea découpée en mauve dans le ciel. Dieu que cette île était belle ! J'ai fermé les yeux pour en conserver l'image au fond de mon cœur et lui dire au revoir.

Quand j'ai rouvert les yeux le Dragon était devant moi avec le petit animal visqueux. « Regarde comme le singe est heureux d'avoir sauvé son bateau », a dit le Dragon. Et le petit animal visqueux est tombé par terre en se tordant de rire. Je savais pourquoi il se moquait ainsi : mon coup fumant des droits au pape n'avait pas rencontré le moindre écho. Deux ans après la sortie du livre, l'argent dormait toujours chez mon éditeur.

Malgré ma naïveté naturelle, j'avais mesuré au départ l'énormité du pari. Mais je ne m'attendais quand même pas à un échec aussi absolu, ce calme plat intégral qui avait suivi ma tentative de faire bouger les consciences. Depuis la parution de *La Longue Route*, ni les Amis de la Terre ni le Vatican n'avaient réagi. Les autres médias non plus. J'avais envoyé le ballon dans les pieds de l'avant-centre complètement démarqué à trois mètres des buts, il n'avait plus qu'à shooter... mais l'avant-centre n'avait rien vu.

Au lieu de tirer sur le « joint » avec les copains du quai, peut-être aurais-je dû me manifester bruyamment dès la sortie du livre, foncer à Paris comme un bolide, faire le plus de vagues possible, remuer ciel et terre. Mais chacun a ses limites, je connais les miennes; modeste singe de basses branches, fainéant de nature et timide, je ne suis pas un gorille aux nerfs et aux muscles d'acier capable de secouer la jungle d'un grand coup de gueule. Et même si j'étais le gorille, cela aurait-il modifié quelque chose ?... Je n'osais me poser cette question troublante, presque certain d'en connaître la réponse.

On ne peut pas agir à la place des autres. Si quelqu'un avec une Baguette Magique plantait en une nuit des millions d'arbres fruitiers tout au long des chemins de France, le long de toutes les rues de nos villes et dans tous les parcs publics, ils seraient arrachés... pour que les enfants ne se fassent pas piquer par les guêpes cachées dans les fruits mûrs... pour qu'ils n'attrapent pas la colique en mangeant des fruits verts... pour que nos chers petits ne se fassent pas bobo en grimpant dans les branches... pour que nos enfants chéris ne risquent pas de s'écraser sur les trottoirs comme des bouses de vache en tombant de là-haut. On ne peut pas jouer pour les autres, on ne peut pas voir pour eux s'ils ne veulent pas regarder.

Dieu merci, *Joshua* avait pardonné ma longue négligence. Lui, au moins, il était sauf, il n'avait pas perdu trop de plumes dans cette rigolade des droits au pape. Rayonnant de peinture, tous ses haubans remplacés par du neuf, il disait que l'heure était venue de lever l'ancre, retrouver les embruns et les prises de ris, penser seulement aux choses simples que l'on fait de ses mains. Peut-être alors la sournoise blessure infligée par le doute cicatriserait-elle avec l'aide du temps.

Iléana et Stéphan ont embarqué, Miguel et moi avons arraché le mouillage... et en route dare-dare vers la Nouvelle-Zélande, *via* Suvarov ! Là, trois mois d'escale. Un éblouissement. Tout ce que j'avais entendu au sujet de Tom Neale et de son atoll n'était qu'un pâle reflet de ce que j'ai vu sur place.

Tom est l'âme de Suvarov. Il a soixante-douze ans et vit là depuis si longtemps qu'il en a perdu le compte. Un jour il est venu, guidé peut-être par le hasard. Alors il est resté.

On dit que le hasard est la logique de Dieu. Si je fais parfois semblant de ne pas trop le croire, tout au fond de moi je sais que c'est vrai.

Le hasard a créé ce lagon bleu et vert protégé de la grande houle océane par une couronne de madrépores. Quelques îlots rocailleux s'y sont accrochés au cours des millénaires, formés par d'innombrables cyclones dont les vagues gigantesques ont patiemment broyé la roche calcaire pour en faire du sable. Puis des graines cachées dans les plumes d'oiseaux de mer qui nichaient sur d'autres îles lointaines ont germé dans ce désert. Et un coco parti à la dérive avec le grand courant océanique a échoué là, porté par une lame plus haute que les autres.

Ainsi grâce au hasard sont nés tous les atolls du monde. Mais sans Tom, sans son amour, sa conscience et sa sueur, sans sa pelle magique et sa machette magique, jamais ce grain de poussière perdu en plein milieu du Pacifique ne serait devenu Suvarov. Et s'il existe un lieu au monde où je suis sûr de revenir, c'est bien cet atoll magique protégé par le halo de Tom, dont jamais le Dragon n'osera s'approcher.

Il m'a attendu à l'arrivée en Nouvelle-Zélande, accompagné du petit animal visqueux. A peine avais-je mis pied à terre que le Dragon a dit : « Le singe devrait lire les journaux et aller aux nouvelles, ça va sûrement le passionner »... et le petit animal visqueux s'est tellement roulé de rire qu'il en bavait partout.

Je connaissais les grandes lignes de cette histoire, on en parlait beaucoup à Tahiti avant notre départ. Mais j'ignorais encore le principal, à cause du long arrêt à Suvarov où je n'écoutais plus la radio, sauf pour les bulletins météo. Alors je suis allé aux nouvelles, j'ai fait venir de France tous les articles de presse concernant l'affaire... et je me suis effondré. Après un coup pareil, je ne pourrais jamais plus croire en l'humanité. Car l'histoire se résumait ainsi : *un miracle de grandeur a été traîné dans la dérision et dans l'oubli par la médiocrité.*

Voici l'histoire de ce miracle bafoué. Je la raconte après avoir beaucoup lu sur la question et passé de nombreuses soirées en Nouvelle-Zélande avec les gars du *Fri.*

Le *Fri* avait quitté Auckland sept ou huit mois plus tôt en direction de Mururoa, la base d'expérimentation nucléaire française du Pacifique à 800 milles environ dans l'est-sud-est de Tahiti. Ils étaient treize à bord, dont trois femmes. Leur objectif consistait à atteindre les eaux territoriales de Muruoa et y rester à la cape pour protester contre la bombe, empêcher la prochaine explosion par leur présence dans les parages. Ils disaient simplement : « La bombe, c'est mauvais pour tout le monde, on doit faire autrement. »

En voyant arriver cette baille, les autorités françaises ont pensé dans leur grande sagesse : « Mieux vaut ne pas les embêter, cela ferait du tapage dans les médias. Ignorons ces rigolos, ils se fatigueront à bouchonner comme ça et s'en iront d'eux-mêmes après leur baroud d'honneur. Et nous ferons sauter la bombe comme prévu; aucune urgence pour le moment, elle n'est pas encore prête. »

Le vieux *Fri*, voilier en bois d'une vingtaine de mètres, du type bateau de pêche, prenait l'eau d'une manière alarmante. L'équipage se relayait jour et nuit à la pompe. L'une des femmes, Patchouli, était enceinte depuis le départ d'Auckland. La bombe ne pouvait l'ignorer puisque le *Fri* communiquait par radio avec la presse de Nouvelle-Zélande. C'était un argument de plus en faveur de sa politique d'attente et de prudence : ils seraient obligés de mettre les pouces, ne serait-ce que pour Patchouli; ils s'en iraient bientôt, la résistance humaine a ses limites. Mais la bombe ignorait totalement une chose inimaginable : treize dieux habitaient le cœur du *Fri*, treize dieux qui tenaient dans leurs mains le pouvoir de créer un miracle. Ils ne mettraient jamais les pouces. Et ils sont restés quatre mois dressés devant la bombe. Malgré une femme enceinte jusqu'aux dents. Malgré les vivres qui manquaient. Malgré le harassant travail à la pompe jour et nuit pour maintenir à flot le vieux bateau pourri qui ne coulerait pas et ne partirait pas.

La bombe a fini par se fâcher. Elle ne pouvait accepter plus longtemps ce *Fri* qui la narguait. L'expérience nucléaire soigneusement programmée ne pouvait attendre davantage. Alors elle est venue arraisonner le vilain bateau pour le remorquer au diable, bien loin de Mururoa. Mais en posant le pied à bord avec ses casques et ses matraques, elle est tombée à la renverse. En plus du ramassis de cinglés, il y avait un général... et pas n'importe lequel s'il vous plaît. Général Jacques de Bollardière, arrivé deux jours plus tôt de l'archipel des Cook après deux mille milles de louvoyage sur un petit voilier, avec Brice Lalonde et le prêtre Jean Toulat. Coup de tonnerre! Impossible d'étouffer le « scandale », tous les médias du monde étaient maintenant au courant. Un général français...

... je relisais pour la énième fois les journaux venus de Paris. Envie de vomir. Quand un gars plus ou moins hippie sur les bords tente le coup des droits au pape, je peux admettre que le bon peuple très sage et bien obéissant avec le nez dans son assiette, hausse les épaules et se gratte la tête en disant : « C'est un illuminé, ça lui passera avec l'âge. »

Mais quand un général respecté de ses pairs et de toute la nation proclame haut et clair devant Mururoa : « Non seulement la bombe est dangereuse mais elle est inutile, on peut résister à une invasion militaire et vaincre par la non-violence... » et que les médias de son pays noient d'autant plus discrètement le poisson que leur audience est importante, alors j'ai envie de me flinguer, ne plus croire en rien, ne plus vouloir entendre parler de l'humanité, et surtout pas de la France.

– Va voir Phil à Jérusalem, ça te changera les idées. Et tu trouveras peut-être une réponse là-bas.

Nous étions depuis six mois en Nouvelle-Zélande. Je tournais en rond. Je ne savais que faire de ma vie. Aucune lumière à l'horizon. « Pars à Jérusalem. » Iléana insistait. Je pouvais laisser *Joshua* sous la garde de Peter et de Patchouli dans la baie d'Opua, sûre à cent pour cent. Elle m'attendrait avec Stéphan chez nos autres amis du *Fri* qui habitaient Auckland. Et je prendrais l'avion pour aller voir Phil.

Mais qu'est-ce qu'il m'apprendrait de plus? Après avoir terminé *La Longue Route*, je ne faisais pas que me défoncer à l'herbe avec les copains de Tahiti. J'avais lu presque tout ce qu'on peut lire sur les grandes questions que nous pose la vie. Lu et médité : le *Livre des Morts tibétains*, René Guénon, Shri Aurobindo, Satprem, la mère, Castanéda, Lanza del Vasto, *The Center of the Cyclone* de John Lilly, des textes de Lao-tseu, de Confucius, *Be Here Now* de Ram Dass, Bhagavad-gita, Yogananda, Gurdgieff et Ouspenski. En deux ans, j'avais rencontré tous ces maîtres à travers leurs écrits. Apparemment, ils n'avaient pas réussi à m'apporter grand-chose, sinon quelques bribes vite perdues dans mon brouillard intérieur. Alors, qu'est-ce que Phil pourrait me révéler qui me remette sur les rails et m'aide à y voir au moins un peu clair dans mon problème existentiel?

Pourtant, au point où j'en étais – complètement à zéro – je savais qu'Iléana avait raison. Il fallait aller à Jérusalem, c'était ma dernière cartouche.

J'avais rencontré Phil peu avant de quitter Tahiti. Après avoir passé trois jours à bord, il m'avait donné son adresse à Ein Kerem (tout près de Jérusalem) en disant qu'il serait heureux de m'accueillir quelques mois dans sa petite communauté si j'en éprouvais un jour le besoin. « On ne sait jamais », avait-il ajouté en me serrant contre lui avant de partir. Et si je n'avais pas vu dès la première minute que Phil était un vrai maître en chair et en os – pas un maître dans les bouquins – je l'aurais senti à ce moment-là, tant son étreinte irradiait la puissance et la paix.

Avant Jérusalem, je me suis arrêté à Paris et j'ai dit à mon éditeur : « Les droits de *La Longue Route*, tu les vires à mon compte en banque. » Les ventes avaient crevé le plafond des cent mille exemplaires en moins de trois ans. L'argent ne fait pas le bonheur, je suis bien d'accord là-dessus, mais cela ne me dérangeait absolument plus d'être devenu riche d'un seul coup. Cette question réglée une fois pour toutes entre mes rêves et la réalité, j'ai pris le vol de Tel-Aviv et suis resté deux mois et demi dans la communauté de Phil à Ein Kerem.

Nous étions trois en plus de Phil. Deux anciens, Jim et Maurice déjà très avancés dans le *work*, et moi le nouveau. D'autres venaient de temps en temps passer une semaine ou quelques jours sous la tente dressée pour eux entre le verger et le potager, à trente mètres de la maison.

L'enseignement de Phil se résume par une phrase très simple en apparence : « L'esprit est un outil que l'on peut affûter comme n'importe quel outil, non pas seulement pour qu'il soit bien tranchant mais en vue d'une œuvre créatrice dont chacun sur cette terre détient le choix entre ses mains. »

Quant à la technique de l'affûtage en question... hou la la! il ne suffit pas d'appuyer sur un bouton pour que ça se fasse tout seul. J'étais propulsé en pleine découverte dans un monde inconnu dont je n'aurais jamais soupçonné l'existence sans m'y être un peu frotté grâce à Phil. L'un des piliers de son enseignement repose sur le principe que l'être humain absorbe trois types de nourritures : celle que l'on absorbe par la bouche, l'air que l'on respire, et enfin les *impressions* dont le psychisme s'alimente.

Le *work* commençait par une séance de méditation en groupe, de quatre heures et demie jusqu'à l'aube, suivie de divers exercices mentaux basés en grande partie sur le message de Gurdgieff, transmis par Oscar Ichaso (un Argentin qui a été le maître de John Lilly, entre autres). Du lever au coucher, pas de temps mort. Le moindre de nos actes devait être *conscient*, même les minutes de repos pendant la journée. Phil a voulu aussi que je tienne un journal, en plus de mes activités dans le groupe. Je me suis d'abord rebiffé. Il est resté intransigeant. Je devais donc sortir du lit plusieurs jours par semaine à trois heures du matin pour maintenir le rythme avec l'écriture.

Outre l'étude théorique et les difficiles *mentations* (je ne vais pas tenter d'expliquer ici de quoi il s'agit), le taï-chi tenait une place importante dans le programme d'*éveil de soi*. Phil et Maurice, tous deux maîtres de taï-chi, nous faisaient pratiquer cette discipline pendant une bonne heure matin et soir. Au début, l'extrême lenteur avec laquelle doit s'accomplir cette sorte de danse martiale me rendait complètement dingue. Ancien nageur de compétition sur cent mètres, ma vie entière jusque-là avait été une succession de coups d'accélérateur suivis de paisibles calmes plats où je « récupérais ». En fait, j'ai toujours été un paresseux, pressé de finir ma tâche au plus vite pour ensuite me la couler douce le plus longtemps possible. Dix semaines de taï-chi sous les directives de Phil et de Maurice m'ont permis d'entrevoir les bienfaits de la lenteur du geste, quand il vise au domptage rigoureux de la pensée.

Pendant toute la durée de mon séjour au sein du groupe, Phil m'a fait travailler intensément le mental. Il fallait affûter l'outil. J'ai beaucoup secoué le physique en plus, passant un maximum de temps une bêche ou une pioche à la main entre les fruits et les légumes. Le verger pouvait être considérablement étendu. J'ai toujours cru à la sueur que l'on offre à la terre. Si je devais tout oublier de mon passage à Ein Kerem, une chose au moins ne s'effacerait pas : un bon trou de concombre donne à manger quelques semaines, tandis qu'un cerisier, un prunier ou un noyer prodigueront leurs fruits cinquante ou cent ans; or, c'est la même quantité de sueur pour creuser un bon trou de concombre ou planter un noyer. Et le noyer a une chance de tenir plus longtemps que les bonnes intentions.

Comme je l'ai dit plus haut, tout travail quel qu'il fût, mental autant que physique, devait être exécuté *consciemment*. Savoir qui travaille, qui pense? Une machine, ou *moi*? Le but était de passer sur un autre plan, observer d'en haut, tenter de voir plus clair au fond de soi, décortiquer la mécanique, essayer d'agir sur le fonctionnement de la machine au lieu de la laisser ronronner à sa guise. Bon, je n'insiste pas, c'est trop compliqué à exprimer avec des mots, je ressemble déjà au singe qui aurait appuyé par hasard sa main poilue sur le commutateur électrique et aurait ensuite la prétention de raconter aux autres comment on fait la lumière dans le noir.

Aux dernières nouvelles, Iléana prenait l'avion. Elle rentrait en Polynésie avec Stéphan. Son visa de séjour en Nouvelle-Zélande ne pouvait être renouvelé. Je conduirais donc *Joshua* à Tahiti pour y rejoindre ma famille après mon retour d'Ein Kerem.

Phil estimait utile que je profite de mon passage en Israël pour connaître un peu ce pays. J'ai passé huit jours à voyager dans le désert avec un groupe d'une vingtaine de pèlerins. Alors j'ai vu d'autres choses fantastiques. J'ai médité devant les ruines de Massada nichées en haut de ce pic imprenable que les Romains ont investi en construisant pendant trois ans un remblai titanesque pour atteindre la petite cité. En arrivant là-haut, ils n'ont trouvé que des cadavres : tous les habitants venaient de se passer au fil de l'épée plutôt que d'accepter l'esclavage.

J'ai trempé mes mains dans l'aqueduc large de moins d'un mètre, dallé de pierres jointes sans ciment, construit avant le Christ et qui conduit l'eau de Jérusalem à Jéricho en serpentant sur quarante kilomètres à flancs de collines.

J'ai nagé dans la mer Morte à quatre cents mètres au-dessous du niveau zéro des cartes, une eau tellement saturée de sel qu'il m'était presque impossible de plonger, puis je me suis baigné avec mes compagnons dans la source de David qui débouche à gros bouillons du désert absolu dans une pureté de cristal.

J'ai suivi l'escalier majestueux en lourdes pierres taillées par les moines il y a plus de mille ans, qui part de la plaine et mène pendant des heures et des heures jusqu'au sommet du mont Sinaï où Moïse a reçu les Tables de la Loi. Étreint par l'émotion, j'ai contemplé de là-haut l'immense étendue, ce désert infini où nul bruit n'effleure l'oreille, pas même celui d'un insecte. Désert de pierre et de sable qu'un peuple a parcouru quarante années dans le silence en écoutant les voix du dedans. Et parmi mes compagnons assoiffés de Dieu et de miracles, j'ai remarqué une superbe créature de vingt-deux ans (j'en avais quarante-neuf passés) qui contemplait cette grandeur à mes côtés. Elle avait fait un peu de bateau et lu plusieurs livres de mer, dont *La Longue Route* qu'elle trouvait formidable. Quand je lui ai avoué en être l'auteur, ses yeux se sont agrandis... et elle m'a laissé clairement entendre que son plus grand bonheur serait de venir quelques semaines à bord de *Joshua* pour visiter les criques de la Nouvelle-Zélande avant mon appareillage vers Tahiti. J'ai dit oui sans hésiter. Elle était folle de joie. Et moi donc!

Alors, tout en haut du mont Sinaï, la tête dans le ciel et les pieds solides sur le roc, j'ai vu que le singe commençait à se remettre vraiment sur ses pattes après toutes les merveilles dont mon être s'était gorgé en Terre sainte.

Durant les trois semaines qui me restaient à passer à Ein Kerem après ce pèlerinage, Phil m'a fait travailler avec une telle intensité que je n'aurais jamais cru pouvoir encaisser pareil effort de ma vie. Et en m'accompagnant à l'aéroport le jour du départ, il m'a raconté l'histoire de tous ceux qui cherchent la vérité, comme lui, comme moi, comme beaucoup en ce bas monde.

« Le Chercheur de Vérité rencontre *toujours* un Maître sur son chemin. Il en reçoit l'enseignement et s'en va au bout d'un temps pour creuser dans la solitude, sûr d'atteindre la Vérité. Puis le Doute arrive avec la Fatigue, et il cherche un nouveau Maître qui l'éclairera davantage. Ainsi de suite jusqu'au jour où il comprend enfin que l'enseignement du Maître se limite à la pelle qui sert à creuser.

« Car le Maître ne peut enseigner que sa propre technique pour fabriquer l'outil. C'est le Chercheur de Vérité qui devra le faire, adapté à sa main qui est unique au monde. Certains auront besoin d'une pelle étroite et bien pointue. D'autres la voudront large et arrondie, un peu plate ou très creuse. Le manche aura toutes les formes possibles, court, long, mince, gros, en bois souple ou en bois raide, droit ou légèrement cintré vers le haut ou vers le bas. Cela dépend de chacun et nulle pelle ne sera tout à fait comme une autre.

« Mais de toute manière, chacun est seul pour creuser. Et la forme de la pelle a bien moins d'importance que la Pensée, la Sueur et la

Foi avec lesquelles chacun de nous fera son trou pour y chercher la Vérité. »

Au moment de nous quitter, Phil m'a serré très fort sur son cœur et il a dit : « N'oublie pas dans les ténèbres ce que tu as vu dans la lumière. »

A mon retour en Nouvelle-Zélande, j'ai fait le point. Mon absence avait duré six mois. J'avais régulièrement envoyé à Iléana des copies de mon journal d'Israël, et la suite aussi, pour bien maintenir le contact avec elle. Deux mois et demi chez Phil, trois mois à circuler en France, et deux semaines d'escale à Hong-Kong où j'ai pu me retremper un peu dans mes vieilles racines asiatiques. *Joshua* avait patienté, sous l'œil vigilant de mes amis du *Fri*. Je l'ai caréné, puis je suis resté encore quatre mois sur place en attendant la fin de la saison des cyclones. J'en ai profité pour mettre en pratique l'enseignement d'Ein Kerem en aidant Peter et Patchouli à créer un beau jardin potager entouré de kiwis sur leur terrain au fond de la baie d'Opua. Le maïs poussait dru, les haricots grimpaient de jour en jour le long des tuteurs, et les tomates donneraient bien. Alors j'ai dit adieu à tous, et j'ai continué vers Tahiti, heureux de retrouver la grande mer si simple avec ses vents d'ouest qui tiennent en éveil. Phil pensait juste en disant que le *work* et la mer ont sûrement beaucoup en commun. Je parlais à mon bateau, lui demandais combien de temps mon âme conserverait un peu d'Ein Kerem quand les années auraient passé. Je voyais au fond du sillage l'Indien nu de la forêt amazonienne parti explorer la jungle pour connaître les limites du monde. C'est là qu'il avait vu la libellule géante se poser dans la clairière avec un bruit terrifiant. Des dieux sortis du ventre de l'énorme insecte lui avaient fait signe d'approcher. Il était venu tout près. Il avait même touché les dieux. Mais nul parmi les siens ne croirait à cette histoire. Alors il ne parlerait pas, sauf à sa compagne qui l'attendait dans la hutte de branchages à dix journées de marche en suivant le soleil. Et il savait déjà qu'il oublierait un jour la grande libellule qui l'avait emmené si loin dans le ciel avec les dieux à la peau blanche pour le déposer dans la même clairière au lever de la lune. Il savait aussi que plus jamais à ses yeux son village ne serait comme avant.

Traversée exceptionnelle d'Auckland à Tahiti. Dix-huit jours sans amener le génois une seule fois. Mouillé à Papeete le 10 avril, jour anniversaire de mes cinquante ans. Iléana avait trouvé un *faré* à dix minutes en bus du port. Elle fabriquait de très beaux paréos qu'elle teignait sur la pelouse et plaçait dans les boutiques.

Mon bateau demandait des soins. La voilure était vieille, fatiguée; elle datait de la longue route, sept ans déjà. Il fallait reprendre l'ensemble des coutures. J'ai préféré travailler à la main, poussant la paumelle comme dans le bon vieux temps où les choses duraient. J'ai emmené toutes les voiles au *faré* pour être près de Stéphan qui n'avait pas vu son père pendant plus de dix mois. La couture aide à penser. Les doigts tirent l'aiguille et caressent le tissu, l'esprit vagabonde. Je me demandais ce que je ferais de ma vie. A quoi pourrais-je la consacrer? J'écoutais babiller Stéphan. Nous plantions ensemble des graines de papaye le long du talus bordant la route.

– Tu vois, juste un petit coup de pioche, tu mets trois graines au fond, tu remets la terre et il y aura un jour des papayes pour ceux qui passeront par là, c'est facile. Et de l'autre côté de la route on peut mettre des noyaux de mangue si tu veux, pour changer un peu.

Et je me posais la question : que sera devenu ce joli petit garçon aux yeux pleins de curiosité quand il aura mon âge? Depuis le commencement du monde, tous les parents ont souhaité que leurs enfants soient meilleurs que la génération précédente. Et le monde est resté à peu près le même. L'égoïsme et la bêtise sont bien ancrés sur terre.

Plus de six mois ont passé.

Je contemplais Moorea dans le soleil couchant. Mes yeux avaient changé. Cette île que je voyais si belle en lui disant au revoir deux ans plus tôt, je découvrais maintenant à quel point elle était stupide, nulle, totalement débile. Ses pentes incultes, à la végétation inutilisable, ne rimaient à rien. Bon seulement pour les cartes postales. Une grande partie de Moorea pourrait être couverte de pins, d'acajous, de bois de construction. J'ai regardé de l'autre côté de la route, vers les hauteurs de Tahiti. Panorama aussi affligeant. Des centaines de milliers d'hectares auraient dû être boisés depuis longtemps. Et dans le *faré*, semblable à tous ceux de Tahiti, *aucun matériau n'appartenait au pays* : tôle ondulée, bois de charpente, chevrons, liteaux, murs et cloisons en contre-plaqué, plancher, ciment du perron, tout venait d'ailleurs, par cargos. Ils arrivaient les cales pleines de matériel et de nourriture... repartaient vides.

Les gens mangeaient ce qu'ils ne produisaient pas. A part une infime minorité (tenue en échec par une bande de vautours et par le mur en béton de la passivité générale), un peuple entier baissait les bras. Et je songeais : « L'homme a tout dans ses mains pour créer un monde fabuleux... il préfère la veulerie. »

Ça y est... voilà que ça me reprenait déjà ! La grosse déprime. Je n'avais pas revu le Dragon depuis mon passage à Ein Kerem, je m'en croyais débarrassé... je le sentais de nouveau rôder dans mes parages. Ein Kerem n'avait pas résolu le problème. La lumière, ce n'était pas *moi* qui l'avais faite, c'était le hasard, par un coup de chance. Et la lumière s'était éteinte sans que je sache la rallumer.

C'est là que j'ai entendu l'appel de Suvarov, l'atoll magique protégé par le halo de Tom. Il fallait que j'aille réfléchir là-bas. Mais ce ne serait pas avec de la méditation en lotus, du taï-chi, des « mentations » et autres trucs trop compliqués pour moi. Ce serait avec de la sueur toute simple, celle qui aiderait mes cocotiers à s'épanouir sur l'île aux Oiseaux. Et ils m'aideraient peut-être à trouver la réponse à cette question qui me tourmentait depuis trop longtemps : « Que faire de ma vie, à quoi la consacrer? » Ein Kerem n'y avait pas répondu, l'île aux Oiseaux le ferait peut-être.

Alors j'ai serré bien fort Iléana et mon petit garçon contre moi, j'ai promis que je serais de retour dans sept semaines au plus tard pour son anniversaire. Et j'ai hissé les voiles, avec le ravitaillement du vieux Tom, sans oublier sa machette neuve.

Et ainsi, un quart de siècle après le depart du *Snark* et de *Marie-Thérèse*, vingt ans après *Marie-Thérèse II*, un singe qui cherche la Vérité vient de mouiller son beau *Joshua* devant l'île aux Oiseaux où le Dragon ne pourra *jamais* venir baver.

Je n'ai pas bougé du bateau depuis avant-hier, jour de mon arrivée à Suvarov. Comme un amoureux qui retrouve sa belle après une longue absence, je refais doucement connaissance avec l'île aux Oiseaux. Étendu sur le pont, je m'emplis les yeux du reflet vert projeté par l'émeraude du lagon sous le ventre des sternes qui volent par milliers au-dessus du mouillage. J'ai bien ancré l'avant et l'arrière pour le cas où le vent tournerait. Mais je sais qu'il ne tournera pas, il souffle beau de l'est-sud-est et *Joshua* repose sur un lac, à l'abri de l'île magique.

Je rêve en contemplant le tapis des veloutiers [1] qui couvrent l'île sur trois à quatre mètres de hauteur. Mes cocotiers sont encore bien

1. Veloutier : *Messerschmidia argentea.* Nom tahitien : *tahinu.* Cet arbuste mesure entre trois et six mètres de haut, mais peut atteindre une dizaine de mètres.

trop jeunes pour atteindre le sommet de la végétation. Quelques années de plus et la partie sera gagnée.

Sur les cent trente cocotiers plantés il y a deux ans, combien auront poussé leurs palmes vers la lumière? Une bonne centaine, c'est évident. Peut-être plus. Avant de quitter Tom, j'ai récolté cinquante noix germées. Elles feront partie de la deuxième génération. Tom m'a montré comment choisir les meilleures : grosses, lourdes, trois feuilles seulement pour qu'elles n'aient pas eu le temps de s'habituer à leur terrain d'origine et acceptent sans hésiter un nouvel habitat.

Le soleil commence à baisser. J'empile mes cinquante cocos dans le dinghy, avec la pelle, la pioche et la machette. Il est plein à ras bord. Je le remorque à la nage sur le banc de sable immergé qui me sépare de la plage. Le cocotier que j'avais planté tout au bout de la pointe nord-ouest n'est plus là. Je m'y attendais un peu. Il n'avait pratiquement aucune chance de s'en tirer. Le coin était trop sec, trop venté, bombardé de soleil du matin au soir. Mais j'avais essayé, en disant « on ne sait jamais ». Je ne peux cependant m'empêcher de ressentir une petite morsure au ventre. Je lui avais donné tant de soins que j'étais presque sûr d'avoir conjuré le sort défavorable qui marquerait le début de sa vie. Je lui avais même installé un paravent contre l'alizé qui souffle dur sur la pointe.

Je débarque mes noix et les dépose sous le grand veloutier au bord du lagon, avec la pelle et la pioche. Depuis Ein Kerem et le potager d'Opua chez Peter et Patchouli, la pelle et la pioche font partie de l'armement de *Joshua*. Je ne travaillerai pas aujourd'hui. Si j'ai pris la machette, c'est juste pour dire bonjour à mon île.

Le sentier qui conduit au puits est presque effacé, mais sa trace est décelable à mes pieds nus. C'est incroyable comme les pieds nus retrouvent un chemin que les yeux ne voient pas. Je marche sur un nuage, mon être est dilaté par le bonheur de redécouvrir mon île, j'avance sans hâte, je ne suis pas pressé, un coup de machette par-ci, un coup par-là, dégager à mesure les branches de veloutiers qui forment un tunnel vert sombre. J'entends une petite voix murmurer en sourdine : « La brousse a poussé vite » et l'autre voix répond : « La brousse ne gagne pas contre une bonne machette, je sais m'en servir. »

Le puits... un coup de couteau dans le ventre. Je reste plié en deux. La petite voix m'avait préparé mais je ne pouvais y croire. Sur les trois cocotiers plantés en triangle autour du puits, deux sont morts, le troisième est presque étranglé par les veloutiers. Quant aux sept cocotiers plantés en large cercle comme une couronne dans un rayon de douze mètres pour protéger ce lieu sacré qui symbolise le cœur de l'île... aucun n'a survécu. Les veloutiers ont tout mangé.

Deux heures plus tard je me retrouve au bord du puits, les yeux dans le lointain. Je me suis faufilé partout. Pas le moindre recoin ne m'a échappé. Sur les cent trente cocotiers plantés avec des litres de sueur et des tonnes de foi... il en reste cinq.

Je songe à Ein Kerem. Recueillir l'énergie par la méditation. Faire le vide en soi. C'est comme prendre la cape, trinquette à contre et barre sous le vent. Un peu de taï-chi devant le puits pour voir si ça marche aussi à la cape. Ça marche! J'observe mon corps se dédoubler lentement, une partie de moi est ici pendant que l'autre moitié de mon être, légère, tranchante comme une machette bien affûtée survole l'île magique pour préparer la suite du mouvement qui déjà prend de l'ampleur. La mer commence à se calmer au fond de moi, le ciel s'éclaircit.

Je regarde Suvarov s'estomper dans le sillage. Mon corps est moulu de fatigue, mes mains pleines d'ampoules. En tout cas le boulot est fait. Quinze jours pour mettre en terre cinquante noix germées. Ce n'est pas du travail éclair, mais cette fois, elles sont bien plantées, chacune au milieu d'un large espace arrosé de sueur où ne subsiste aucune racine dangereuse. Phil et le vieux Tom œuvraient à mes côtés. Phil en *rappel de soi*, Tom en *ténacité*. Et l'enfant jouait avec les coquilles de bénitiers vieilles de mille ans peut-être, que ma pioche sortait du sable çà et là.

Quand je me suis arrêté chez Tom pour lui dire au revoir, je lui ai parlé du Doute. Peut-être quelques bribes de Doute restaient-elles encore accrochées dans un coin sombre de son être. Tom a bien ri et il a dit : « Oui, je l'ai souvent rencontré au début. Maintenant c'est très rare. Mais si cela arrive, je lui pisse dans la raie du derrière et il s'en va vite fait. »

En venant à Suvarov, je ne savais plus où j'en étais. J'ignore si l'île aux Oiseaux a répondu complètement à ma question. Une chose est sûre cependant : je ne laisserai jamais tomber cette grande histoire d'amour entre l'Homme et la Création. Après la saison des cyclones, je reviendrai faire un tour et ravitailler Tom, planter d'autres cocotiers sur l'île aux Oiseaux. Ainsi de suite pendant quelques années, jusqu'au jour où Stéphan aura besoin de nouvelles stimulations mentales. Peut-être alors la Chine ou l'Amérique. On a le temps d'y penser.

Mais toujours, de loin en loin, je ferai mon petit pèlerinage à Suvarov.

Deux semaines au louvoyage contre l'alizé. Tahiti aperçue à l'aube devant le bout-dehors. La Goélette Blanche est venue très loin m'accueillir et s'assurer que le cap était bon. Tahiti continue de grandir. J'y serai dans quelques heures si ce vent d'est ne hâle pas trop tôt vers le sud-est comme il le fait d'habitude en début d'après-midi. Mais non, le voilà qui adonne de dix degrés, impeccable, j'ai tout pour être heureux, je choque à peine les écoutes et *Joshua* s'envole.

J'arrive cinq jours en avance sur l'anniversaire de mon petit garçon. J'espère qu'il n'a pas perdu son beau lance-pierres magique. De toute manière, il aura un gros gâteau avec quatre bougies roses plantées autour. J'aurai le mien dans quelques mois, avec cinq grosses bougies et une petite.

Je suis tout surpris de voir Iléana sur le quai. Je lui lance l'amarre qu'elle attrape au vol. Comment a-t-elle pu deviner le jour et l'heure de mon arrivée, alors que c'était encore un mystère pour moi ce matin?

Ses yeux sont deux fleurs lumineuses, elle m'annonce une formidable nouvelle : pendant mon escapade à Suvarov, elle s'est beaucoup activée. Elle a emmené Stéphan visiter l'archipel des Tuamotu sur la goélette à moteur qui ravitaille les îles. Et elle a déniché un atoll magnifique, ni trop grand ni trop petit, où Stéphan irait à l'école jusqu'à l'âge de sept ans.

Elle dit que c'est un atoll avec un mouillage sûr pour *Joshua.* Et un îlot de rêve, juste devant le bateau.

Elle dit que nous y construirons ensemble notre *faré.* A deux minutes du village en marchant sans se presser le long du platier de corail où c'est rempli de coquillages.

Elle dit aussi que tout le monde là-bas nous attend et que Stéphan est déjà l'ami du village, on ne voulait pas le laisser partir.

Et moi, je dis que la vie est tout simplement fantastique!...

CHAPITRE 17

Nous tossons dur dans les vagues. Les milles s'ajoutent aux milles avec une lenteur désespérante. La navigation à voile est une longue patience. Je vérifie que les drisses sont bien raidies, les écoutes pas trop bordées, le cap à peu près correct. Bon, ça va, tout est clair devant le bout-dehors, pas de grain à l'horizon... et je m'envole dans le lointain pour y faire un petit tour. Mon bateau et moi courons la mer ensemble depuis tant d'années qu'il ne se formalise plus de ces fréquentes escapades qui me voient disparaître dans un monde parallèle où le temps est aboli. Immergé au fond de ma rêverie, je contemple une longue file de chariots. Venus du siècle dernier ils ont quitté la côte est d'Amérique, attirés par l'aimant d'une Californie où les gens et les choses seraient différents. Je vois ces familles assoiffées d'espace parcourir ainsi des milliers de kilomètres, secouant sur le passé la semelle de leurs chaussures. Poitrines gonflées d'espoir, chariots bourrés à bloc de tout le nécessaire, ils sont partis à la recherche du nouveau.

Joshua me fait signe que le vent est en train de refuser. Je regagne le cockpit en vitesse. Il faut virer, prendre l'autre amure qui nous fera passer dans la nuit par le nord de l'atoll Rangiroa, beaucoup moins dangereux que sa pointe sud aux courants imprévisibles. Ma compagne et moi échangeons un regard. Bien que la mer ne soit pas son domaine, Iléana déborde de joie. Nous avons laissé la poussière de nos pieds nus sur les rêves anciens, et taillons à coups d'étrave un chemin vierge en direction de l'avenir. Cet avenir s'appelle Ahé. C'est un atoll de l'archipel des Tuamotu, à 250 milles dans l'est-nord-est de Tahiti.

A peine gîté malgré un vent force cinq frisant parfois le six, *Joshua* remonte l'alizé en rechignant à cause de sa charge excessive. Jamais il n'a vu son pont aussi proche de l'eau, balayé par la moindre lame. On croirait un sous-marin en demi-plongée. Plein à ras bord. Nous devenons anguilles pour accéder à la cuisine et à la pompe d'évier. Stéphan se faufile derrière des montagnes de matériel, fait des misères au chat, reçoit un coup de griffe, pleure un peu et s'endort avec le chat dans les bras. Dieu merci, il ne sait pas encore que sa belle souris blanche aux yeux roses a disparu après avoir rongé sa boîte en carton... je songe aux dégâts qu'elle va faire... comment la rattraper... pourvu qu'elle n'attende pas des petits... quelle pagaille!

Nous baignons dans la moiteur d'une cabine bourrée à mort, capot hermétiquement fermé afin que les paquets de mer ne viennent pas tout tremper. Accroupie sur un sac de farine calé devant le réchaud, Iléana réfléchit à ce que nous mangerons ce soir. De sa petite voix des jours de disette, elle me demande si nous pourrions nous contenter d'une casserole de riz et de maquereaux en boîte. La seule chose qui m'importe en ce moment, c'est de gagner coûte que coûte des milles vers notre but avec mon bateau écrasé par le poids.

Les yeux mi-clos, je regarde défiler dans ma tête l'incroyable chargement : une tonne de terre en sacs de cinquante kilos, plus quatre sacs de crottes de poules pour démarrer nos cultures potagères dans les meilleures conditions possibles; trois rouleaux de grillage pour empêcher les poules du village de dévaster nos tomates et nos potirons; cinq citronniers en pots; quatre plaques de verre d'un mètre cinquante sur un de large, qui deviendront peut-être un convertisseur d'eau de mer en eau douce, par condensation, si la saison des pluies faisait mine de tarder; dix sacs de ciment pour une citerne; quatre feuilles d'aluminium avec deux vitres et le klégécel nécessaire, dont je pense fabriquer un four solaire destiné à la cuisine (pour voir si ça marche vraiment comme le dit un bouquin); trois matelas presque neufs offerts par la Marine nationale qui s'apprêtait à en vendre un lot aux enchères; dix bidons contenant chacun vingt litres de pétrole, ils feront d'excellents seaux pour la tinette et pour le potager, grâce à leur anse; trente kilos de clous pour construire le *faré* principal et l'atelier d'Iléana (elle enverra ses paréos à Tahiti); quatre gallons de Xylophène; trois longueurs de gros tuyau plastique qui feront des gouttières pour récupérer la pluie coulant des toits; un grand filtre en terre cuite capable de donner cinq à six litres d'eau potable par jour, si l'eau des toits en palmes de cocotier tressé se révélait douteuse; quatre ballots de sacs vides, nous en aurons sûrement l'usage. A cette masse de matériel s'ajoute un an de vivres, sans parler des multiples bricoles et de l'outillage indispensables sur un atoll où n'existe pas l'ombre d'une quincaillerie, où tout devra se faire avec les moyens du bord. Voilà pour l'intérieur.

Quant au-dehors, il me ramène à l'époque de ma jonque du golfe de Siam où le pont était tellement encombré de billes de bois qu'on devait prévoir soigneusement la moindre manœuvre pour ne pas cafouiller. Il y a là tout le plancher de nos futurs *farés* (ils seront sur pilotis), plus tous les madriers qui soutiendront les planchers, plus des feuilles et des feuilles de vieux contre-plaqué encore utilisable, récupéré à l'arsenal. Et quatre fûts vides de deux cents litres amarrés sur les passavants, précieuse réserve d'eau de pluie en attendant de construire la citerne.

Au lever du soleil, Rangiroa se voit encore dans le sillage. Je contemple *Joshua* qui lutte et lutte et lutte contre le vent, contre la mer. Six mois plus tôt, j'aurais bégayé d'indignation si l'on m'avait prédit qu'un jour mon bel oiseau des caps ressemblerait ainsi à un buffle lourdaud pataugeant dans la glaise en traînant sa charrue.

Mais le passé est déjà loin... et comme dans les histoires de Mickey, nous sommes en route vers de nouvelles aventures.

La passe d'Ahé m'aurait posé de sérieux problèmes sans l'aide du moteur. Relativement étroite, orientée dans le sens de l'alizé, il faut la négocier au louvoyage. Une telle manœuvre à la voile pure serait impensable pour un bateau lourd à quille longue, peu évolutif dans un espace réduit. Mais le petit Diesel de dix chevaux lancé à plein régime appuie bien les voiles, éliminant ainsi le danger d'un manque à virer qui nous jetterait sur les coraux. N'empêche que je respire mieux une fois tous les récifs baveux d'écume laissés sur l'arrière.

Le lagon nous reçoit dans ses grands bras ouverts et il nous fait la fête, lumineux de couleurs et de perles d'argent projetées par l'étrave, qui fonce au près bon plein sous un ciel très pur d'alizé de sud-est. Les patates dangereuses se détachent dans le bleu environnant, repérables longtemps à l'avance. Une joie formidable me saisit au ventre, j'ai envie de jouer avec le vent et le corail ensemble, frôler ces grandes tables de madrépores disséminées çà et là ; presque à toucher les oursins dont elles sont tapissées, le fond passe de zéro à trente mètres et plus. La voile trouve ici un sens nouveau. Après la houle du large, c'est merveilleux de sillonner cette eau calme et bleue en tous sens, faire l'amour avec ce lagon qui me séduit dès le premier instant, respirer de tout près le parfum des îlots qui nous protègent des grandes lames du dehors. Il y a bien longtemps de cela, Jean Bluche qui rentrait de son tour du monde sur *Chimère* en a ramené l'image la plus belle de ce qu'est un atoll... « Ni tout à fait la terre, ni tout à fait la mer, mais une union des deux comme offerte au marin dans un écrin d'azur entouré d'immensité. »

Le temps a coulé si vite que déjà nous sommes au village, quelques milles après la passe. Là, un mouillage comme on en voit seulement dans les rêves, protégé par une avancée coralienne en forme de fer à cheval qui affleure à marée basse. Un quai en béton d'une trentaine de mètres rejoint presque cette digue naturelle, laissant juste la place pour un dernier virement de bord avant d'entrer dans le nid.

Son ancre bien crochée par trois brasses de fond à cinquante mètres d'une belle plage de sable blanc devant le village, *Joshua* repose sur un lac. Abri total. Je n'en crois pas mes yeux. Seul un véritable cyclone mettrait mon bateau en danger dans ce havre exceptionnel. D'habitude, aux Tuamotu, la moindre grimace du ciel sonne l'alarme chez l'équipage qui doit alors se tenir prêt à traverser le lagon pour chercher un autre mouillage plus ou moins problématique en attendant le retour du beau temps. Et gare aux ennuis majeurs si la décision est prise un peu tard. Mais ici, d'où que vienne le vent, j'ai la promesse d'une paix royale.

Saturés d'embruns, sonnés par le soleil, l'exaltation nous transporte. Il faut en profiter. Le déchargement est terminé le soir même. Nos tonnes de matériel sont installées provisoirement derrière le *faré* qu'habitent Patrick et Diane sur le *motu* [1] Poro-Poro avec leurs deux enfants Joshua et Loïc, âgés de cinq et sept ans. Stéphan est fou de joie en retrouvant ses copains.

Après une douche parcimonieuse (aucune goutte de pluie n'est tombée depuis des mois), nos amis nous font visiter les lieux. Deux fois plus long que large et orienté est-ouest, Poro-Poro mesure environ un demi-hectare. La moitié appartient au couple Raumati et Tépuku, qui habitent le village à une minute de marche, sur le *motu* principal. L'autre moitié appartient à cinq ou six familles. Elles vivent également au village. Après la visite d'Iléana le mois dernier, Patrick et Diane leur ont parlé à tous. Nous avons carte blanche pour occuper la partie de Poro-Poro située près du platier extérieur, côté mer.

Plantés au petit bonheur la chance comme par la main du hasard, une trentaine de cocotiers s'égaillent sur la moitié ouest de Poro-Poro, près du lagon. A mi-chemin des deux extrémités de l'îlot commence une plage de sable blanc qui aboutit à la pointe ouest. Au début de cette plage, sur la gauche, un bassin d'eau profonde s'ouvre vers le

1. On appelle *motu* les îles ou les îlots coralliens qui entourent le lagon d'un atoll. Certains *motus* peuvent s'allonger sur plus de dix kilomètres, d'autres sont minuscules. En polynésien, les *u* se prononcent *ou*.

mouillage, limité sur les deux autres côtés par de la roche corallienne dure comme des coulées de lave. Devant cette piscine-aquarium se trouve le *faré* de Patrick et Diane. Polynésien jusqu'au moindre matériau, il est bâti à même le sol, presque les pieds dans l'eau sur le bord de la plage. J'ai beau fouiller mes souvenirs, j'ai rarement vu un lieu aussi beau, un coin du monde respirant à ce point la douceur de vivre.

Le reste de Poro-Poro me laisse un peu songeur. Sur cette portion est du *motu*, vers le récif-barrière où gronde l'Océan, rien que du sable qui devient peu à peu un solide corail à mesure qu'on se rapproche du platier. A l'exception d'un gros *kaaia (Guettarda speciosa)* probablement centenaire aux branches tordues par le vent, et d'un cocotier rabougri, pas un brin d'ombre dans ce coin-là. Un tronc d'arbre complètement pourri a échoué ici je ne sais trop comment; je le pousse un peu du pied, il tombe en poussière. Le sol est aride sur cette partie de l'îlot, avec des buissons assoiffés qui doivent se cramponner comme ils peuvent quand l'alizé souffle grand frais. C'est le seul emplacement où nous pouvons nous établir sans que notre présence puisse déranger nos voisins.

Rude journée. Depuis l'instant où l'ancre touchait le fond ce matin, et à part un casse-croûte pris sur le pouce, la sueur a coulé sans arrêt. Maintenant le soleil se couche. Tout le ciel est rose en face de nous sur le lagon. Le vent se calme. Un petit cumulus ourlé de mauve flotte au-dessus de Poro-Poro qui se prépare pour une nuit tranquille. Attablés chez Patrick et Diane devant une copieuse ration de riz au poisson frit, nous faisons plus ample connaissance avec nos hôtes.

Patrick Humber est français, Diane américaine. Après avoir construit leur bateau de quinze mètres en ferro ciment dans la région de Los Angeles, ils ont hissé les voiles pour laisser loin derrière la Californie trépidante, en route vers la Polynésie. L'escale d'Ahé les a mis à genoux, muets d'émerveillement. En entrant dans le lagon, ils pensaient y rester une petite semaine, soucieux de chercher du travail à Tahiti. Deux mois plus tard, ils n'avaient pas levé l'ancre. Le temps n'existait plus. Ils ont appris à parler paumotu. Ahé serait leur port d'attache, avec ce village symbolisant la véritable Polynésie où la vie se déroule comme une danse mystique centrée sur le présent.

Vivant au rythme de l'atoll, Patrick s'est pris d'une vénération quasi religieuse pour Raumati, pêcheur exceptionnel et champion du *patia* (harpon polynésien), qui exploite un parc à poissons. Sa femme Tépuku est devenue une mère pour Diane et les enfants. Alors ils ont dit :

– Ce serait bien d'avoir votre *faré* à Poro-Poro. Personne n'a jamais voulu s'y établir, les gens préfèrent être ensemble au village. Comme ça, Diane et les enfants vivront près de nous, mais chez eux. Ensuite, Patrick organisera son affaire de transport de poisson à Tahiti.

Avec l'aide de Raumati et de son frère Metu, la charpente a été mise debout en quatre jours. Tépuku et ses amies tressaient à toute vitesse le *niau* (palmes de cocotier) destiné à couvrir le toit, les murs et les auvents. Une semaine plus tard, ils avaient leur *faré*, assurés d'une tranquillité absolue. Car un *tupapau* habite Poro-Poro. C'est l'esprit d'une personne décédée depuis longtemps, qui avait quelque chose à se reprocher dans la vie. Ils sont infiniment moins dangereux que le *Ma Qui* d'Indochine, et d'ordinaire les Polynésiens n'en ont pas trop peur. Ils évitent cependant leur voisinage immédiat, surtout la nuit. Mais les *tupapau* ne s'en prennent jamais aux *popaa* (Occidentaux).

Sitôt sa famille bien au chaud, Patrick faisait voile vers Tahiti avec Siki, le fils de Tépuku, pour équiper le bateau d'une cale frigorifique. Il s'est alors consacré au transport du poisson frais entre les Tuamotu et la grande île. Payant la production des parcs à poissons presque le double du prix imposé par les goélettes de commerce, son affaire tenait pourtant la route, elle restait rentable.

Quelques mois plus tard, le sort a frappé dur... et Patrick perdait son voilier sur un atoll proche de Rangiroa. Naufrage total. Pas d'assurance. Rentré à Poro-Poro depuis six mois pour faire le point, laisser couler un peu de temps, panser la blessure, il aide Raumati dans le parc à poissons. Maintenant, les choses sont claires dans sa tête, il repartira bientôt à Tahiti avec Diane et les enfants par la goélette qui ravitaille Ahé toutes les cinq ou six semaines en échange de son coprah. Patrick veut se construire un nouveau bateau avant de revenir.

Dès le surlendemain de notre arrivée, je dérape l'ancre avec Patrick et Luciano Ladavas. Lui et sa compagne Léo sont arrivés hier de Tahiti à bord de leur sloop *Guia* [1], en route vers les Marquises avant de continuer sur l'Italie par le cap Horn.

Nous faisons voile sur l'extrémité nord du lagon pour en ramener le bois nécessaire à la construction du *faré*. Raumati nous rejoint d'un coup de hors-bord. Cette partie de l'atoll est remplie de *kaaia*, tellement serrés qu'ils poussent tout droit. « Plus on en prendra, dit Rau-

1. *Guia* skippé par Luciano avait participé l'année d'avant à la première course autour du monde par les trois caps avec équipage.

mati, plus les prochains seront beaux, puisque chaque arbuste coupé donne quatre ou cinq rejets; dans un an ils feront des *patias*, dans trois ans des chevrons et des perches, et dans cinq ou six ans des pieux de bonne taille pour les parcs à poissons. »

En trois jours à la machette et à la hache, *Joshua* me rappelle ces jonques d'eau douce qui sillonnaient les canaux d'Indochine, chargées de bambous à un tel point qu'on se demandait comment elles tenaient en équilibre. Nous regagnons Poro-Poro sous foc et artimon, la bôme de grand-voile ne pouvant plus passer d'un bord à l'autre sur cet empilement de bois.

Pendant notre absence, nos compagnes ont mis de l'ordre dans le fouillis du matériel débarqué la semaine dernière. Iléana a transformé le taud de *Joshua* en une tente pour abriter l'ensemble. Elles ont aplani et ratissé l'emplacement où s'élèveront l'atelier des paréos et le *faré*. Maintenant elles écorcent le bois à mesure que nous le déchargeons. Diane leur enseigne comment procéder. En tapant sur les troncs à coups de maillets, l'écorce se détache par grosses plaques, sans efforts. Elles se dépêchent car le *kaaia* sèche extrêmement vite et cette technique deviendrait alors impossible, il faudrait la machette, beaucoup plus lente et pénible. Entraînés par l'enthousiasme qui flotte dans l'air, les enfants participent eux aussi à l'écorçage, frappant de leurs petits maillets en *miki-miki*.

Tandis que Poro-Poro résonne de « toc-toc-toc » comme une forêt peuplée de picverts, Luciano, Patrick et moi creusons à la barre à mine les trous destinés aux poteaux. Nous en brûlons l'extrémité qui viendra au contact du sol, procédé bien connu des paysans du monde entier pour ralentir la pourriture. Et nous décidons de construire simultanément le *faré* d'habitation (cinq mètres cinquante par quatre mètres) et l'atelier des paréos (quatre mètres par deux mètres cinquante). Autrefois, je ressemblais un peu au Chat des *Histoires comme ça* de Kipling... « Le Chat qui va tout seul sur les sentiers mouillés du Bois Sauvage, et tous lieux se valent pour lui »... mais Poro-Poro m'a donné de nouveaux yeux, quelque chose d'intraduisible a remué en moi. C'est la première fois que j'éprouve cet impérieux besoin de planter ma tente pour un bon bout de temps, arrêter de courir après des chimères, regarder plus près que l'horizon, faire alliance avec la terre.

Trois jours après le déchargement du bois, tous les poteaux sont debout. L'écorçage se poursuit à un rythme accéléré. Une semaine plus tard, les deux charpentes sont presque en place et nous maîtrisons déjà la faîtière du *faré.* Tant pis si les chevrons ne sont pas tous écorcés, nous clouons à mesure. Léo nous a cousu des ceintures en toile à voile munies d'une large poche pour contenir les clous, et d'une languette retenant le marteau.

La pose des planchers soulève quelques problèmes techniques. Le travail se ralentit un peu. Ne pas rater les mesures, disposer les madriers de soutien à l'horizontale, pas simple quand aucun bois n'est tout à fait rectiligne. Il faut ruser continuellement, bricoler un niveau d'eau avec un tuyau d'arrosage, résister à l'envie de clouer trop vite. Patrick est notre chef d'équipe, c'est lui qui mène la danse. Un plaisir de travailler avec lui, calme, rapide et compétent.

Au village, Tépuku, Mama Fana et Mama Téhua tressent le *niau* de leurs doigts agiles. Elles en apportent un lot chaque soir, qu'Iléana étale sur le bord du platier en retournant les feuilles à l'envers. Elle asperge le *niau* trois fois par jour à l'eau de mer; le sel se cristallise alors en une mince croûte sur la face intérieure. J'estime que ce traitement par le sel devrait permettre à nos toitures de tenir quatre ans au lieu de trois, avant d'être remplacées. On verra bien...

C'est formidable de bâtir ainsi de nos propres mains, avec le bois qu'on a coupé soi-même, une machette, une scie égoïne, un marteau et des clous, et des palmes récoltées par terre... plus la chaude amitié de tous. Contrairement aux *farés* polynésiens, nous construisons sur pilotis, le plancher à un mètre vingt du sol. Cela procure un volume supplémentaire très utile pour préserver le matériel des intempéries. De plus, l'élévation tient le sable à distance, donnant un intérieur beaucoup plus propre. C'est un peu du luxe et c'est plus long à réaliser, mais je sais déjà qu'il est possible de construire un *faré* traditionnel sur un atoll désert, *avec seulement une machette dans les mains et une pierre à aiguiser.* Car les clous peuvent se remplacer par des ligatures en fibre de coco, comme on le pratiquait dans tout le Pacifique avant les grands voyages d'exploration.

La goélette qui ramènera nos amis à Tahiti est attendue dans deux semaines. Patrick suggère que nous ayons notre parc à poissons familial avant son départ. Il a repéré un *hao* près du minuscule *motu* à gauche du nôtre, moins d'une minute à pied. Le *hao* est un couloir naturel que les poissons du platier utilisent pour regagner le lagon lorsque baisse la marée.

– En bossant tous ensemble comme des dingues, on peut régler la question en un jour. Si tu es d'accord, on attaque demain.

Évidemment je suis d'accord, cela me transformerait la vie. Je gaspille en chasse sous-marine une énergie précieuse en échange de quelques prises médiocres. La dernière fois, j'avais dû me contenter d'une murène après avoir barboté presque une heure dans une eau pas très chaude, en quête de pitance. On s'imagine que le poisson pullule sur les atolls. C'est vrai aux abords de la passe et autour des tables de corail éloignées du village. Mais là, devant Poro-Poro, c'est plutôt la misère.

Je demande à Patrick pourquoi personne n'a fait un parc dans ce *hao*. La réponse est simple : un coup de hors-bord à vingt nœuds, ils sont rendus en cinq minutes sur un bon lieu de pêche. Ou bien ils chassent pendant leur retour du travail de coprah sur les autres *motus*. De plus, les Polynésiens ont un appétit d'ogre; une carangue ou un mérou de cinq kilos suffit à peine au repas d'une famille; il y a aussi les chiens à nourrir. Ce *hao* n'est fréquenté que par les petits poissons du platier. La production de notre parc sera modeste mais suffisante... et en tout cas très supérieure et bien plus agréable qu'un ouvre-boîtes pour des sardines à l'huile.

Patrick m'emmène sur place avec Luciano pour nous montrer comment nous allons faire : à coups de barre à mine, huit pieux seront plantés en cercle dans le corail au débouché du *hao*. Le diamètre sera d'environ deux brasses. Puis nous relierons le haut des pieux par des perches clouées dessus, et le cercle sera entouré de grillage maintenu par des petits clous. La profondeur maximum n'excède pas une brasse. Une ouverture de trente centimètres découpée à la pince, près de la surface de l'eau, face au courant, recevra un court cylindre en grillage, dont l'extrémité s'incurvera vers le bas, à l'intérieur du parc. C'est par là que passera le poisson. Une fois entré, il tournera en rond dans la souricière, sans avoir l'idée de ressortir par le trou du haut.

Le lendemain à l'aube, nous sommes sur les lieux. Patrick, Luciano et moi plantons les poteaux et installons le grillage. Diane, Léo, Iléana et les trois enfants entreprennent pendant ce temps la construction de deux murettes avec des blocs de corail ramassés sur le platier. Pour être efficaces, les murettes doivent s'allonger sur une trentaine de mètres de part et d'autre de l'entrée du parc, comme deux bras ouverts à 90 degrés, qui dirigeront les poissons vers la nasse. Le niveau de l'eau à marée haute est d'environ quarante centimètres sur le platier. Les murettes sont donc faciles à construire, mais elles exigent beaucoup de coraux afin que la base puisse résister au fort courant de marée descendante.

Trois heures après la méridienne, les hommes ont terminé le piège de grillage tenu par les pieux. Nous pouvons enfin sortir de l'eau pour aider l'équipe chargée des murettes. Au coucher du soleil, nous portons encore les derniers blocs de corail. Il faut les chercher de plus en plus loin sur le platier. Nos épaules sont moulues, nos mains couturées d'éraflures. Pourtant nul ne songe à rentrer, pas même les enfants.

Et peu avant que tombe la nuit, le boulot est achevé.

L'eau potable est un problème. Il faut la chercher avec des jerricanes à la citerne municipale du village. La saison des pluies est en retard.

Depuis l'arrivée, nous dormons à bord de *Joshua* en attendant d'avoir fini le *faré*. Les premières lueurs de l'aube nous ramènent à Poro-Poro d'un coup de dinghy. Repas de midi et dîner se prennent en commun, chez nos hôtes.

Cette semi-routine a brusquement changé de rythme. Nous sommes seuls depuis quelques jours. Patrick et Diane aident Raumati et Tépuku dans leur parc à poissons près de la passe. Nous leur avons confié Stéphan qui ne voulait pas quitter Loïck et Joshua. Il a un troisième copain, Tutaïna, enfant de Tépuku. Paralysé des deux jambes à la suite d'un accident au berceau qui a endommagé sa colonne vertébrale, il se déplace à la force des bras. Et il a compensé son handicap physique par un éveil très précoce de l'esprit. Agé maintenant de onze ans, il parle assez bien l'anglais grâce aux leçons de Diane. Tutaïna veille sur Stéphan comme sur un petit frère et l'emmènera pêcher les carangues qui abondent au bord de la passe.

Léo et Luciano sont partis pour de bon. Ils nous ont donné un rude coup de main pendant leurs trois semaines d'escale. Mais le bouquet, nous l'avons découvert au matin de leur départ, alors que les voiles de *Guia* disparaissaient de l'autre côté du lagon, en route vers les Marquises : l'emplacement où nous parlions de planter un jour ou l'autre des choux chinois était retourné à la pioche, avec, sur le dessus, une mince couche de la terre noire venue de Tahiti dans le ventre de *Joshua*. Ils ont construit une barrière autour, puis revêtu cet enclos de palmes sèches pour protéger du vent nos premières cultures. Tout ça la nuit dernière. Ils ont dû verser pas mal de sueur, éclairés par une lampe à pétrole, pour pouvoir nous offrir un aussi beau cadeau d'adieu avant de lever l'ancre. Et il y avait un petit mot sur une feuille de papier maintenue par une brindille au milieu de ce carré de terre : « Les graines sont semées, n'oubliez pas d'arroser. »

Là, ça a fait clic dans ma tête. D'un seul coup j'étais à Ein Kerem devant Phil qui disait : « Quand un *choc* venu du dehors nous réveille un instant, c'est l'occasion de lui répondre sans délai par un *acte conscient*, et de *faire* alors les choses au lieu d'en être le simple spectateur plongé au fond d'un rêve. » Iléana et moi avons commencé par faire un point précis de la situation. Nous venions de comprendre que les cultures devaient démarrer tout de suite, sans attendre l'achèvement du *faré*.

Revenant de la passe une semaine plus tard, Diane et Patrick ouvrent de grands yeux.

L'embryon de potager créé par *Guia* compte trois plates-bandes supplémentaires. Son enclos est agrandi en conséquence. Des rangées de fil de fer disposées par-dessus maintiennent les palmes de cocotier qui tamisent de l'ombre aux jeunes pousses recouvrant déjà le carré initial de Léo et Luciano comme un tapis vert tendre.

Disséminés parmi les buissons, cachés comme des œufs de Pâques et ainsi abrités du vent, sept trous de pastèques, sept trous de concombres, et sept trous de citrouilles. Le tas de terre venu de Tahiti a beaucoup diminué.

Dans un cageot sous le *faré*, une pépinière de tomates commence à germer. Avec un peu de chance, nous pourrons les mettre en terre dans une semaine ou deux, en association avec les pastèques. Ce serait une astuce pour économiser la place et le travail. Et dix petits sacs cousus par Iléana dans une feuille de solide plastique sont remplis de terre : trois graines de papaye pour chacun.

Sous le gros *kaaia* près du platier, notre compost prend déjà son élan. Fabriqué avec le tronc d'arbre pourri qui traînait là, et des palmes coupées menu à la machette puis mélangées d'un peu de bonne terre et d'un demi-sac de crottes de poules, nous l'arrosons de notre urine pour en activer la fermentation. Et nous avons inauguré le « seau caca ». Il est installé presque les pieds dans le lagon, bien isolé derrière un fourré de *miki-miki*. J'ai hâte d'en voir monter le niveau. L'engrais humain associé au compost devient une véritable dynamite pour les plantes.

Mais surtout, il y a le puits ! La très faible surface de Poro-Poro me faisait craindre d'y trouver une eau saumâtre, impropre à la culture. Après dix heures de barre à mine pour crever une dalle de corail sous-jacente aussi coriace que du béton, nous avons atteint la lentille. L'eau était pure comme celle de Suvarov !

Alors, accroupis côte à côte Iléana et moi au bord de notre puits, les reins à moitié cassés et les mains pleines d'ampoules, nous avons vu ensemble que la partie pouvait être gagnée... l'eau transforme l'aridité en verdure... et la verdure, en grandissant, devient de l'ombre bienfaisante avec des fruits en plus. Si la saison des pluies continue à se faire attendre, cela ne nous concerne plus.

Un mois jour pour jour après avoir mouillé ici, nous emménageons dans notre *faré*. La toiture a été posée avant-hier. Raumati, Patrick et moi clouant le *niau* sur les chevrons, Tépuku, Diane et Iléana nous lançaient les grandes feuilles à la demande... et tout a été fini en six heures de travail. Le lendemain, l'atelier d'Iléana était couvert à son tour.

C'est fantastique! Je crois rêver... tout ça en quatre semaines, et nous voilà déjà chez nous à écouter chanter le vent dans les *niaus* du toit!

Nous sommes vraiment seuls maintenant. Patrick et sa famille sont rentrés à Tahiti. Éclairée par notre lampe à pression, Iléana lit à Stéphan quelques pages de ce livre qui a enchanté mon enfance, *L'Appel de la forêt*. Par une sorte de miracle, j'ai récupéré la souris blanche cachée dans le bateau. Nous lui rendrons demain sa liberté sur un autre *motu*, loin du chat.

Stéphan s'est endormi. Iléana vient me rejoindre dehors. La main dans la main, nous faisons lentement le tour de l'îlot. La lune éclabousse le sable blanc de notre royaume. Le vieux *kaaia* du platier nous envoie le parfum léger de ses fleurs minuscules. Une tendresse infinie venue d'un autre monde enveloppe Poro-Poro. La nuit est douce, douce, douce.

Dans la journée, c'est bien différent. A l'exception du petit espace vaguement ombragé où se blottit le *faré* des Humbert, et mis à part ses trente cocotiers, ce *motu* est un désert de sable et de corail, éblouissant de réverbération, matraqué par le soleil et battu par le vent. Depuis notre arrivée, nous avons bu seulement une dizaine de cocos, à cause des rats qui détruisent tout. Et les moustiques se réveillent aussitôt que le vent tombe.

Mais ces maux assignés par le sort, moustiques, rats, vent fou et soleil de feu, nous les prendrons en main, nous les maîtriserons.

Quand une forte impulsion a marqué le départ d'une belle aventure, la fatigue des muscles et les doutes de l'esprit se voient balayés par une plénitude qui pousse la vie en avant comme sous un souffle venu des profondeurs de l'âme.

Ce souffle, je l'ai rencontré plusieurs fois au cours de mon existence. J'ai appris à le reconnaître. Iléana aussi. Nous savons qu'il est en relation avec l'amour dans le sens le plus large. L'amour de la mer, l'amour de la terre, c'est la même chose. Cet amour, nous l'avons senti passer sur nous en entrant dans le lagon d'Ahé. Poro-Poro en a pris la relève, de toute sa puissance.

Nous ignorons ce qu'était le Paradis terrestre que les hommes ont perdu, mais nous sommes conscients qu'il existe toujours en germe dans nos têtes et dans nos cœurs. Et nous pouvons le recréer, ici même, là, sous nos pieds, en faisant surgir du profond de nos êtres le dieu qui est en nous, offrant à ce désert la sueur de nos corps et le souffle qui nous anime.

CHAPITRE 18

Un atoll, on aime jusqu'au fond des tripes, ou bien on n'aime pas. Si on aime seulement un peu, ça devient très vite pas du tout. Il y a les moustiques, les *nonos* [1], les mouches qui accourent à l'odeur du poisson, les rats qui viennent fouiller partout, les requins parfois dangereux sillonnant le platier dans trente centimètres d'eau, le terrible poisson-pierre caché comme un morceau de corail parmi tout ce corail, les bêtes qui piquent et celles qui mordent. Et les cocos essaient de vous tomber sur la tête sans jamais prévenir. Il y a aussi le soleil vertical qui rebondit en flammes sur les reflets de l'eau tranquille pour cogner encore par en-bas.

Mais en regardant mieux, on perçoit les couleurs du lagon, la lumière de la passe, le corail vivant et l'atoll qui respire.

Alors on voit plus loin.

On commence à apprendre.

Et le reste vient vite...

Ce que nous devons apprendre en priorité, c'est à éviter la piqûre du *nohu* (poisson-pierre). Pour un enfant, elle peut être mortelle. Comme le caméléon, il change de couleur au point de se confondre avec son environnement; on le distingue à peine, même sur un fond de sable. Il ne bouge pas, et son épine meurtrière dressée sur le dos peut traverser une sandale en plastique. Son venin est de la même espèce que celui du cobra. Aucun prédateur n'oserait s'en saisir, il tuerait probablement un requin. A l'exemple de Raumati et des autres du village, nous marchons dans l'eau en traînant les pieds, surtout quand le soleil nous aveugle en ricochant sur les vaguelettes. Si l'on bouscule ainsi un *nohu*, aucun risque d'accident, car ses nageoires latérales ont la souplesse de la soie et il se sauvera.

1. Le *nono* est un minuscule moucheron dont la piqûre provoque de terribles démangeaisons. On l'appelle *yeng-yeng* aux Antilles, *sand-fly* aux îles Hawaï.

La saison des pluies est enfin arrivée; du moins nous l'espérons; elle ne semble pas très enthousiaste; on aimerait qu'elle se décide. La terre a soif. Quand j'étais cancre repenti à l'école d'agriculture, j'avais appris que « la sueur de l'homme est le meilleur arrosage pour la terre »... mais un peu d'eau venue du ciel ferait plaisir à tous...

Après la période d'activité intense qui a permis notre installation à Poro-Poro dans un temps record, nous tâtonnons pour trouver un rythme de croisière acceptable entre le « trop » et le « pas assez ». Voilà bientôt trois mois que nous sommes ici. Les choses ont bien avancé. Un peu tous les jours, et cela fait un beau chemin parcouru à la fin de chaque semaine.

Rythme de croisière... un peu tous les jours... je regarde Iléana luisante de transpiration et nous éclatons de rire. Jusqu'à présent, nous avons travaillé comme des bêtes, de l'aube au crépuscule, avec seulement une pause journalière au parc à poissons pendant que ma compagne préparait le riz du déjeuner. Pas de sieste depuis longtemps. Mais autour du *faré*, et jusque loin derrière, le sable est recouvert de palmes sèches. Des fagots et des fagots de palmes amenées d'un *motu* voisin. Cela nous a demandé près d'un mois pour le gros du travail. Nous partions le matin avec le pique-nique, remorquant le dinghy sur l'eau basse du platier. Stéphan s'accrochait à mon cou pour franchir les *hao* à la nage. Nous revenions en début d'après-midi avec le chargement, plus un radeau de perches destinées aux pare-vent. Puis nous étalions nos palmes, sans trop les serrer au début, pour couvrir un maximum de surface. Ainsi a été maîtrisée la chaleur étouffante qui voulait tuer cette partie de Poro-Poro.

Il est rare que l'on sache à l'avance où conduira une entreprise commencée en visant un objectif précis. Lorsque le but initial est atteint, on en distingue alors son complément, à peine visible au début, comme une île surgie de l'horizon. Et l'histoire se modifie par une lente métamorphose.

En fin d'après-midi, quand Iléana va chercher Stéphan au village où il joue avec ses petits camarades, elle en revient toujours en traînant des palmes ramassées dans la cocoteraie. Depuis que le gros coup de collier a été donné, je me rends moi aussi au village après le travail de la journée pour m'entraîner au lancer du *patia* en compagnie du groupe qui se prépare aux Jeux du Pacifique. Là encore, avant de rentrer, je ligote un gros fagot de palmes que je porte sur l'épaule à travers le platier. Si nous ne les prenions pas, elles seraient brûlées « pour faire propre ».

Notre couverture s'épaissit. Un peu tous les jours... un peu tous les jours... des colonies d'insectes commencent à peupler ce royaume du soleil où rien ne pouvait vivre quelques mois plus tôt. Ils se nourrissent du pourrissement des palmes qui se décomposent en retenant l'humidité. Ils transforment les brindilles en déjections, creusent leurs tunnels minuscules, pondent des milliers d'œufs, travaillent tous ensemble pour enrichir l'ancien désert. Sous le tapis des palmes, le sable blanc est devenu gris. Je n'ai pas besoin d'un microscope pour déceler une vie nouvelle en train de naître à fleur de terre... celle des micro-organismes. Notre habitat commun change déjà de visage. Austère autrefois, il ébauche un sourire.

Nous avons aussi réglé leur compte aux moustiques. Ils ont besoin d'eau douce où déposer leurs œufs. Sitôt éclos, l'œuf donne une larve. Sans doute n'a-t-elle pas de branchies, puisqu'elle monte respirer environ toutes les minutes en surface. Dix à douze jours plus tard, le cycle achevé, un moustique sort de l'eau et s'envole.

En Indochine, nous luttions contre le paludisme et la dengue (propagés par les moustiques) en versant quelques cuillerées de pétrole dans les citernes. Le pétrole s'étale en surface – sans donner aucun goût à l'eau – et cette infime pellicule suffit pour que les larves ne puissent plus respirer.

Mais ici (et sans doute dans l'ensemble des Tuamotu) le moustique trouve l'eau en profondeur, grâce au *tupa* son allié. Le *tupa* est un gros crabe de terre qui creuse son trou jusqu'à la nappe d'eau. Les moustiques peuvent y pondre en toute sécurité. Rien qu'à Poro-Poro, nous avons compté plus de cent vingt trous de *tupa*. Il y en a même sous le *faré*. Inutile de les boucher, le lendemain ils sont de nouveau là. Quant à y verser du pétrole, tout serait absorbé par le sable sans qu'une seule goutte atteigne la nappe d'eau.

Le problème paraissait insoluble. Une nuit, à force d'y réfléchir... un tuyau en plastique souple enfoncé dans le trou comme une sonde... à l'autre bout, un entonnoir solidaire du tuyau... j'y verse ensemble, d'un seul coup, un quart de verre de pétrole et un broc d'eau... il faudrait vraiment que le diable s'en mêle pour empêcher le pétrole d'atteindre le fond.

Cent vingt trous de *tupa* traités de cette manière, un gros boulot, trois jours accroupis, Iléana et moi, la nuque au soleil. Mais plus un moustique depuis deux semaines. Et les crabes n'ont pas l'air de nous en vouloir, ils se portent comme des charmes. Stéphan leur tire dessus au lance-pierres, il se débrouille de mieux en mieux.

– Avant, il y avait toujours des moustiques ici, presque autant qu'au village, s'étonnent Raumati et Tépuku qui viennent souvent nous voir à Poro-Poro.

Je leur explique le mystère, démonstration à l'appui avec le tuyau, le pétrole et le broc d'eau.

– C'est comme pour le canal de Panama; au début, le terrain était sec, pas de problème. Ensuite ils sont arrivés dans la région des marécages; paludisme, une hécatombe, plus personne ne voulait travailler, trop de morts. Alors un type a eu l'idée, glou-glou-glou, des drums et des drums de pétrole versés dans les marécages, fini le paludisme, tout le monde s'est remis au boulot et le canal a été terminé.

– Il faut que tu racontes ça pendant la réunion du dimanche, à la mairie après le jeu de boules, me dit Raumati.

C'était mon intention. Mais je voulais d'abord m'assurer d'avoir atteint la cible en neutralisant les *tupas*. Nous en sommes soulagés, Iléana et moi, car une violente épidémie de dengue s'est abattue sur Tahiti. La radio donne des conseils pour éviter la contagion : « Retournez les noix de coco ouvertes autour de vos *farés*, ne laissez aucun récipient exposé à la pluie, les moustiques viendraient y pondre, ce sont eux qui propagent la dengue. » Les atolls ne sont pas à l'abri, elle attaque déjà Rangiroa et Apataki : un seul individu incubé par le virus et arrivant avec la goélette peut contaminer un village infesté de moustiques.

Raumati a prévenu Papa Toa. Ils ont battu le rappel. Tout le monde est là. Je prélève un verre d'eau dans la citerne de la mairie. Trois larves de moustiques montent et descendent en zigzag. Je laisse tomber deux gouttes de pétrole. Le temps de compter lentement jusqu'à soixante, elles gisent inertes au fond du verre. Je leur décris ensuite la méthode qui a fait ses preuves sur notre *motu*, et termine avec le canal de Panama.

– Le village, c'est exactement la même chose. Et c'est à vous de décider si vous voulez vous prendre en charge.

Mais sauf Neti et Raumati qui ont traité leurs trous de *tupas* et recouvert de tissu leurs fûts d'eau de pluie, les autres ont choisi que le hasard décide à leur place. Et le hasard a frappé dur ce coup-là : sur les soixante habitants du village, plus de la moitié a été atteinte par la dengue. Elle a pu être endiguée par une équipe de soignants venus d'urgence de Tahiti, mais ils sont arrivés trop tard pour la petite Hina qui avait trois ans.

Hina repose au cimetière et la vie continue. J'ai fabriqué une souricière en grillage pour les rats qui sèment la panique dans nos provisions. Ceux d'Ahé sont très petits, vifs comme des écureuils, presque familiers. S'ils n'étaient pas si nombreux, on s'entendrait volontiers avec eux. Prisonniers, ils nous dévisagent sans crainte apparente. Un pacte s'est établi entre nous : « On ne va pas vous noyer sous prétexte que vous nous grappillez quelques grains de riz et que vous vous battez la nuit dans nos casseroles après en avoir fait sauter le couvercle. » Chaque prise est l'occasion d'un pique-nique surprise au *motu* des palmes. Nous commençons par lier les fagots et en charger le dinghy, c'est toujours ça de gagné, nous ne circulons jamais les mains vides. Puis nous relâchons nos rats, après leur avoir coupé un bout d'oreille avec des ciseaux; pas facile : il faut d'abord les noyer à moitié pour pouvoir les tenir sans se faire mordre; posés ensuite au soleil sur la plage, ils récupèrent vite. Le bout d'oreille, c'est pour savoir s'ils reviendront en sautillant de corail en corail sur un kilomètre à travers le platier où veillent les requins. Nous n'en avons pas encore revu dans notre piège.

Les rats des Tuamotu sont réputés pour leurs ravages dans les cocoteraies. Excellents grimpeurs, ils percent les jeunes noix à mesure qu'elles se forment, pour boire et se nourrir. On estime leurs dégâts en milliers de tonnes de coprah pour l'ensemble de l'archipel. Quoi qu'il en soit, les nôtres sont à peu près neutralisés depuis que j'ai bagué nos trente cocotiers à l'aide d'une feuille de plastique. On utilise habituellement une mince plaque de zinc clouée autour du tronc sur une largeur d'environ soixante centimètres : le rat ne peut pas franchir cette barrière de métal glissant. Le plastique durera moins longtemps, mais c'est mille fois mieux que rien; je le remplacerai dans six ou huit mois, quand j'aurai pu me procurer le matériau adéquat à Tahiti où nous retournerons pendant les vacances scolaires.

En quelques mois, nous avons donc mis en échec le soleil qui faisait de notre coin une fournaise, les moustiques qui rendaient nos nuits parfois pénibles, et en partie les rats qui nous empêchaient de boire nos cocos. Reste le vent, un adversaire de taille.

Les périodes de *maramu* (alizé de sud à S-S-E) sont redoutables. Le vent traverse alors le récif extérieur en soufflant à pleine puissance. Il amène des embruns jusqu'ici pendant les grandes marées. Après un fort *maramu*, des cristaux de sel brillent sur le tapis de palmes et les feuilles de pastèques. Je ne vois pas encore très bien comment calmer ce colosse par les moyens du bord. Il faudrait deux ou trois rangées de *filaos* plantées en quinconce tout le long du *motu*, côté océan. Cet arbre rustique pousse vite, même sur du corail presque pur. J'ai vu à

Tahiti des haies de *filaos* dans le sable en bord de mer, qui mesuraient plus de quatre mètres de hauteur après deux ans. On dirait des sapins, en plus touffu, avec des aiguilles si fines et tellement serrées qu'elles parviennent à retenir le sel des embruns.

Bon, assez rêvé, nous n'avons aucun plant de *filao* sous la main. En aurions-nous, cela ne résoudrait pas le problème avant un an ou deux. Mais la bataille est bien engagée, nous la gagnons déjà par petits bouts.

A droite du *faré*, démarrant au premier poteau d'angle, une haute palissade revêtue de palmes protège du *maramu* ce que nous appelons notre « patio ». Iléana a semé des fleurs tout le long de cette palissade. Dans le patio, une pousse d'arbre à pain offerte par le village, et cinq jeunes papayers sortis de nos graines. Ils semblent heureux de vivre. Le plus grand mesure déjà près de soixante-dix centimètres. A ce train-là, ils produiront des fruits dans un an.

Une autre palissade à gauche du *faré* des paréos abrite deux des citronniers venus de Tahiti sur *Joshua*, et trois papayers. Les deux autres citronniers sont plantés chez Patrick et Diane, ça leur fera une belle surprise quand ils reviendront. Contre la palissade du *faré* des paréos, il y a aussi une Aloé Vera, sorte d'agave naine qu'Iléana a emmenée de Tahiti. Elle la soigne comme un enfant. Cette agave a des propriétés médicinales étonnantes : il suffit de couper une feuille et d'en frotter le suc sur une brûlure pour qu'elle cicatrise presque à vue d'œil.

Derrière le *faré*, les pastèques prospèrent à l'abri de leurs pare-vent individuels que j'ai bien inclinés pour neutraliser les tourbillons. La plus grosse pesait dix-huit kilos. Nous l'avons offerte au village dimanche dernier, à la sortie du temple *sanito*. Tout le monde a eu sa tranche. Les « Oh ! » et les « Ha ! » venaient vraiment du cœur. Jamais ils n'auraient pensé qu'Ahé pût produire pastèque aussi belle et sucrée. J'ai cru comprendre que Toto, le pasteur, a parlé de miracle à cette occasion. Moi, je hochais la tête avec un grand sourire en songeant à la manière dont je fabrique mon compost... c'est lui, le miracle ! Mieux vaut cependant ne pas leur en donner la recette exacte, du moins pour le moment : ils me soupçonneraient de pratiquer la magie noire et n'oseraient peut-être plus accepter les bons légumes de Poro-Poro, cultivés selon les règles de l'art asiatique...

Mais sur nos sept plants de pastèques, quatre sont morts. C'était avant que nous ayions eu l'idée de protéger le sol en le couvrant de palmes. Les concombres s'en tirent très bien, cachés dans les buissons. Iléana en apporte souvent au village. Elle en revient presque toujours avec une papaye, ou un poisson, ou quelques œufs et des citrons. Ici, on ne se complique pas la vie, on ne vend pas, on ne troque pas, on ne calcule rien : on donne.

Dieu merci, en Polynésie, la terre est indivisible entre les héritiers. Vingt ou trente personnes peuvent ainsi posséder le même terrain, grand ou petit. Pour en vendre la moindre parcelle, il faut l'accord signé de tous, devant notaire. Cette loi protège les Polynésiens au grand cœur, qui lèvent facilement le coude en présence d'une bouteille de rhum. Ils peuvent perdre tout ce qu'ils veulent, pas leur terre.

A l'image des soixante-dix ou quatre-vingts atolls constituant l'immense archipel des Tuamotu, Ahé vit du coprah. C'est l'amande du coco sec. Elle est utilisée pour faire de l'huile.

Les hommes partent le matin sur leurs embarcations à moteur hors-bord, et reviennent au village en fin de journée, après leur travail sur les *motus*. L'aller-retour peut totaliser une quinzaine de milles. Le *ohipa coprah* (travail du coprah) consiste à ramasser les noix sèches tombées sur le sol, à les jeter en tas, puis à les fendre d'un coup de hache. L'amande se détache de la coque à l'aide d'un outil en forme de grosse cuillère assez plate et bien tranchante. Ce coprah est mis en sacs d'environ soixante kilos, ramené au village, et séché au soleil. La goélette qui passe toutes les cinq à six semaines en prend livraison pour l'huilerie de Papeete.

Le *ohipa coprah* inclut également l'entretien de la cocoteraie. Les palmes sèches accumulées sur le sol sont disposées en boudins entre les rangées d'arbres, on coupe à la machette les rejets de *kaaias* et la végétation nuisible, on range tout ça bien proprement sur les boudins de palmes, jusque-là c'est du travail parfait... mais on y met le feu.

Étendu sur cinq ou six hectares, le village compte une soixantaine d'habitants. Douze *farés* très espacés les uns des autres, couverts de tôle ondulée, avec des murs en contre-plaqué. Trois bâtiments en dur : le temple protestant, la mairie et l'école. Habitations et bâtiments publics sont entourés de fleurs, les cours ratissées deux fois par jour. Pas une feuille ne traîne à terre. Il semble que les Polynésiens éprouvent une sorte de phobie à l'encontre du moindre brin d'herbe, aussitôt arraché. A part les cocotiers, les bananiers, un unique manguier, des fleurs partout, quelques citronniers et arbres à pain qui ont sans doute beaucoup souffert de la chaleur pendant leur jeunesse, la verdure est exclue du village. Les cocotiers n'y sont pas bagués, car les chiens très nombreux et chroniquement affamés tiennent les rats à distance du village.

Chaque *faré* compte au moins deux ou trois chiens, souvent plus. Excellents pêcheurs, ils se réunissent en meutes pour traquer les mulets et les petits chirurgiens dans l'eau peu profonde du récif-barrière. Il m'a semblé que leurs pattes sont légèrement palmées ; c'est peut-être à force d'avoir fréquenté le milieu aquatique depuis des générations. Mais ces chiens représentent surtout un précieux cheptel sur les atolls, où tous les Paumotus en mangent de temps en temps pour se changer un peu du poisson et du corned-beef habituel. Il y a aussi quelques poules, qui s'en vont pondre où ça leur plaît. On voit peu de poussins, sans doute à cause des *tupas* qui pullulent dans le village comme sur tous les autres *motus* de l'atoll.

Aucune culture potagère. Cocos à profusion, bananes, fruits de l'arbre à pain, poisson harponné sur place, bœuf en boîtes, lait condensé sucré, farine, huile, riz blanc, sucre et café soluble venus par la goélette... ce régime alimentaire essentiellement basé sur la protéine, l'amidon et le sucre raffiné, ferait frémir un diététicien. De vieux récits nous apprennent que ce peuple plantait autrefois du *taro* sur ses atolls pour subvenir à ses besoins en féculents. C'est oublié depuis longtemps. Une description d'Ahé à l'époque du capitaine Cook dit que huit cocotiers seulement existaient ici. Les mille hectares de cocoteraie actuelle datent du début de ce siècle. C'est presque un accident, provoqué par la révolution industrielle qui a modifié le visage du Pacifique.

Le regard du Paumotu reste tourné vers la mer, l'eau est son élément, il se sent à l'aise avec son *patia* qui ne le quitte jamais sur le récif, et son *pupui* (arbalète sous-marine) à portée de main dans le fond de la pirogue.

Quand un Paumotu mange son poisson, il ne se limite pas aux morceaux de choix, comme c'est souvent le cas en Occident. A part les ouïes, les tripes et les grosses arêtes, il consomme la totalité du poisson. Même les nageoires, la peau, les yeux, la cervelle et les petites arêtes sont mangés. Cette constatation m'a remis en mémoire une visite au professeur Jean Rivolier pendant ma préparation de la longue route sur le plan diététique. Rivolier m'avait appris que tous les membres d'une expédition polaire suédoise avaient péri de carence alimentaire parce qu'ils prélevaient seulement les « meilleurs » morceaux de phoques. Un groupe d'Eskimos hivernant dans les mêmes conditions avait survécu normalement... mais ils mangeaient la totalité du phoque, y compris la graisse et les abattis.

Stéphan est à l'école. Il traverse le platier chaque matin, heureux de retrouver ses quinze camarades, garçons et filles de quatre à onze ans.

L'institutrice, une solide Tahitienne, leur fait commencer la journée devant le robinet de la citerne : tous doivent se brosser les dents ; elle ne veut pas qu'ils aient plus tard des bouches semblables à celles de leurs parents, pleines de chicots. Pendant la classe, elle veille à ce que les enfants parlent français. Les grands aident les petits, leur soufflent les mots, c'est permis ; mais le petit doit ensuite répéter trois fois pour bien montrer qu'il se souvient. Parfois elle menace, mais elle ne tape pas. La classe dure de huit heures du matin à douze heures trente, coupée de quelques récréations où Stéphan apprend le paumotu avec ses copains. Il les retrouve sur le récif frangeant après le déjeuner pour chercher des « oursins-crayons » (dont les larges épines inoffensives servent à faire des colliers), massacrer les petites murènes qui se faufilent entre les coraux, ramasser des algues et des coquillages. Les petits requins peuvent se révéler extrêmement dangereux quand on marche sur le platier avec de l'eau jusqu'aux mollets : ne voyant que cette faible proportion du corps, ils peuvent attaquer « par erreur ». Pendant ces expéditions, les enfants tiennent toujours à la main leur *patia* ou un bâton ; la moindre éclaboussure suffit à effrayer un requin, même assez gros. Là encore, les grands veillent sur les petits, et nul parent ne songerait à s'inquiéter.

Nous ne savons pas si l'école profite beaucoup à Stéphan, mais là-bas sur le platier, parmi ses camarades, il développe son « intelligence du corps » en apprenant à ouvrir les yeux sur des réalités bien présentes. Très indépendant pour son âge, il partage le reste de son temps entre Poro-Poro et ce village où chaque *faré* l'accueille comme un membre de la grande famille polynésienne. Ici, les enfants poussent en liberté, au sein d'une conscience collective qui les laisse découvrir la vie par eux-mêmes.

Le dimanche, pas un bruit au village. Les hommes jouent aux boules, les femmes tressent des couronnes de fleurs, les enfants évitent de crier. Après le concours de boules, les hommes s'accroupissent en demi-cercle sous le grand *maïoré* (arbre à pain) près de la mairie, où les attend Papa Toa. Là, on s'entretient des projets concernant la politique locale : une nouvelle citerne à construire pour récupérer la pluie qui tombe sur le toit du hangar à coprah, ou les *filaos* qu'il faudrait demander au Service de l'agriculture de Papeete pour être plantés au vent du village au cas où un cyclone viendrait un jour jusqu'ici, ou bien c'est le cimetière qui aurait besoin d'une équipe de volontaires pour le désherbage, etc. Papa Toa hoche la tête, parle du budget. Et peu avant le crépuscule, tout le monde se retrouve au temple pour écouter le sermon de Toto. Il est considéré comme l'un des meilleurs à la chasse sous-marine, avec Neti et Tuarué.

Peut-être le pasteur Toto parle-t-il du bon Dieu, mais je crois surtout que ce brassage du dimanche a pour fonction première d'effacer les petites querelles, apaiser les vagues qui auraient pu se produire dans le calme d'Ahé. Ainsi, la semaine suivante repart du bon pied. Avant d'aller chercher plus loin, la religion a trouvé ici son expression la plus évidente, la plus utile pour la vie de tous les jours : elle unit le village.

Après le sermon et les chants dans le temple, Papa Toa, le vieux maire de soixante-douze ans, joue de l'harmonica. Le mien n'est pas accordé sur la même clé, je ne peux donc pas l'accompagner. Puis les guitares prennent le relais de l'harmonica. La fête continue. Chacun apporte un petit cadeau qui est vendu aux enchères par Toto pour l'entretien du temple. Mais à partir de là, Iléana et moi n'y comprenons plus rien : ceux qui ont versé de l'argent pour les cadeaux remettent ces mêmes cadeaux entre les mains du pasteur qui les redistribue à tous. Notre contribution à la fête prend habituellement la forme d'une pastèque, ou d'un petit panier où Iléana dispose quelques tomates et concombres mêlés de fleurs.

Hélas, nul ne connaît le goût de nos citrouilles. Un désastre intégral. Aucun plant n'a résisté. Tous brûlés par le soleil. Là encore c'était avant l'idée des palmes. J'ai creusé sept nouveaux trous pour la génération suivante.

Cette fois, j'ai creusé profond. Je creusais à la pelle et à la pioche, comme d'habitude, comme à Ein Kerem. J'avais à peine commencé quand j'ai vu Phil près de moi, et il a dit : « Que chaque balancement de ton corps, chaque pensée de ton esprit devienne un mouvement de taï-chi, c'est comme ça qu'on fait les choses quand on veut qu'elles soient bien faites. » Alors, j'ai pris la barre à mine et j'ai percé la dalle en cinq heures de travail, jusqu'à la lentille d'eau douce. C'était une idée géniale, elle valait largement mes cinq heures de transpiration : en remontant vers la surface par capillarité comme dans la mèche d'une lampe à pétrole, l'eau humectera les racines, elles auront besoin de moins d'arrosage. On verra si la théorie et la pratique se rejoindront pour dire bravo...

Le lendemain, quand j'ai attaqué le trou suivant, Stéphan est venu : « Pourquoi tu le fais pas où il y a un *tupa*? Ils savent où c'est moins dur. » Et j'ai fait mon trou en moins de trois quarts d'heure, jusqu'à la nappe d'eau, là où mon petit garçon de quatre ans et demi m'avait dit de creuser. Il n'y avait aucune dalle de corail, seulement des blocs pas trop gros, faciles à dégager avec la barre à mine...

Stéphan a un nouveau copain, notre nodie à front blanc, qu'il nourrit tous les jours. C'est un oiseau de mer à peine plus grand qu'une goélette blanche. Iléana l'a trouvé par terre pendant l'une de nos expéditions au *motu* des palmes pour y déposer un rat. L'oisillon était tombé du nid et grelottait, presque mort d'inanition. Capable de voler un mois plus tard, il s'est installé sur une poutre transversale du *faré*. Le chat a pris la rouste de sa vie pour apprendre à ne pas regarder dans cette direction. Dès que le nodie me voit partir avec Stéphan vers le parc à poissons, il nous y accompagne en tournoyant au-dessus de nos têtes.

Nous avons aussi un fou de Bassan, trouvé dans les mêmes circonstances. L'oisillon s'était cassé une aile en tombant du nid. Iléana l'a remise en état, à l'aide d'une attelle. Un mois plus tard, il tentait son premier vol. Depuis, il disparaît pendant la matinée, revient pour m'accueillir au retour du parc à poissons ou de la chasse au *pupui*, et dort chaque soir sur le toit du *faré*. C'est le chouchou d'Iléana. Je les aime bien tous les deux, mais je rêve d'une goélette blanche. Nous n'avons pas pu en trouver. Pourtant nombreuses, elles pondent un œuf en équilibre parfait sur une branche. Cet œuf n'est même pas collé, j'ai vérifié plusieurs fois, incroyable, il tient comme par miracle. Arrivé à terme, l'oisillon perce la coquille, repousse les débris et s'installe à la place. Une fois là, il y reste jusqu'au jour de son envol.

La saison des pluies est faiblarde. Un grain de temps en temps, juste assez pour humecter les feuilles, insuffisant pour que l'eau coule dans les gouttières. Pour la boisson et la cuisine, nous continuons à nous servir dans la citerne municipale du village. Les plantes acceptent l'eau de notre puits, mais elle n'est pas vraiment potable, trop alcaline à cause du sol corallien; il nous faut la ménager, la lentille est probablement très mince sur un *motu* aussi petit. Après un an d'utilisation par Patrick et Diane, l'eau de leur puits était devenue presque aussi salée que celle du lagon. C'est un avertissement formel.

Pas une goutte de liquide n'est gaspillée. Nous nous douchons sur une grande cuvette. L'eau ainsi récupérée va dans le potager. Contrairement à ce que l'on pourrait croire, les racines ne craignent pas le savon de Marseille, bien au contraire; elles y trouvent de la potasse, des graisses et je ne sais quoi d'autre que la plante utilise. Notre eau de vaisselle est recyclée de la même manière. Et notre urine journalière (trois à cinq litres selon les conditions météo) enrichit le compost. Je surveille soigneusement son humidité en y plongeant la main : trop sec, le compost prendrait beaucoup de temps pour mûrir; trop mouillé, il deviendrait acide (sans mûrir pour autant) à cause des bactéries anaérobiques qui s'y développeraient. Aussi, quand notre « production » d'urine dépasse les besoins du compost, l'excédent est versé au pied des plantes, après dilution : un volume d'urine pour trois à quatre volumes d'eau.

Si Léo et Luciano voyaient aujourd'hui ce potager auquel ils ont donné le premier souffle, ils sauraient qu'ils n'ont pas perdu leur temps. Nos tomates feraient rire dans un concours agricole, mais elles sont savoureuses à défaut d'être grosses. D'autres sont en train de germer. Les radis ne donnent que des feuilles... excellentes pour la soupe. Les choux chinois nous stupéfient, ils s'épanouissent à une vitesse incroyable. Nous en mangeons presque chaque jour. En Occident, on parle du rapport « qualité/prix ». Ici, nous raisonnons en « rendement/sueur ». En comparaison des tomates, pastèques et concombres, nous pouvons dire que les choux chinois ont de très loin le meilleur rapport « rendement/sueur ». Nous les transplantons toujours très serrés. J'ai appris cette technique chez Peter et Patchouli en Nouvelle-Zélande. Serrer systématiquement les légumes dont on consomme les feuilles (salades, choux chinois, etc.) économise le travail, la place, et l'eau d'arrosage : à mesure que les plantes se développent, on prélève une feuille par-ci, une feuille par-là, de quoi faire une salade modeste. La nuit, tout rentre dans l'ordre, les feuilles s'étalent de nouveau pour bien couvrir le sol, limitant ainsi le dessèchement du compost et de la terre.

Maximum de rendement dans un espace minimum, c'est ce qu'on appelle en langage technique la « culture intensive ». Nous devons la pratiquer au plus haut niveau, à cause du terrain extrêmement pauvre et sableux, toujours assoiffé d'eau et de matière organique.

Le temps a passé vite. Déjà six mois. Sous la couverture de palmes qui continue à s'épaissir de semaine en semaine, une mince couche de sable a viré au noir. Les insectes pullulent dans la fraîcheur de ce premier humus; ils ne s'intéressent pas à nos plantes, sauf quelques attaques sur les feuilles de tomates. Iléana règle cette légère agression avec de l'eau savonneuse.

A notre arrivée, le village disait qu'à l'exception des cocotiers, rien ne pouvait pousser à Poro-Poro, ce n'était même pas la peine d'essayer. Une image flottait alors devant mes yeux. Assis près de Phil qui conduisait sa Volkswagen entre Tel-Aviv et Jérusalem, je contemplais des forêts de sapins. Des milliers d'hectares de forêt. Puis, sans transition aucune, la route a continué dans le désert intégral. Plus un arbre, de la terre nue et des cailloux. Je ne comprenais pas. La forêt aurait dû s'éclaircir peu à peu avant qu'apparaisse le vide. Phil m'a expliqué ce mystère :

– Cette étendue de forêt n'était autrefois qu'un désert. Nous avons créé l'un des premiers miracles d'Israël en y plantant des millions de jeunes sapins... tous arrosés au goutte-à-goutte... des centaines de kilomètres de tuyau en plastique, avec un petit trou pour chaque pied. Cet arrosage a duré deux ou trois ans, le temps que les racines atteignent la profondeur, là où se trouve l'humidité naturelle. Et le désert est devenu forêt.

Le problème est un peu différent sur notre *motu* de sable et de corail, mais l'essentiel reste le même. Et maintenant, Poro-Poro va son train, sans nous demander trop de sueur.

Un pied dans le jardin, un pied dans l'atelier, Iléana s'est remise à la teinture de ses paréos. Elle a un talent fou, des doigts de fée. La lumière, les nuances et la joie de l'atoll se retrouvent dans son art quand elle joue du pinceau avec les sept couleurs de l'arc-en-ciel. Mais j'ai tripoté suffisamment de liasses de billets d'une piastre pendant mon passage dans la boîte paternelle pour comprendre que ma compagne n'a pas la bosse du commerce. Elle peut passer une journée entière sur un détail. Je lui ai suggéré de se convertir au pochoir pour accélérer un peu sa production, inonder le marché de Papeete :

– N'importe quel abruti peut se servir d'un pochoir ; toi, tu déciderais pour les dessins et les teintes... et bing-bing-bing, je serais ton robot, tu verras, ça va foncer !

Elle a poussé des cris d'horreur...

Moi. J'ai entièrement repeint *Joshua*, de la flottaison à la pomme des mâts. Je passe en moyenne deux matinées par semaine à bord, pour bricoler, recoudre l'artimon qui donne des signes de faiblesse, me recentrer en compagnie de mon bateau, écrire quelques lettres sur la table à cartes que je retrouve chaque fois avec la même émotion... cette table à cartes où j'ai passé des heures et des heures à écouter chanter l'étrave pendant la longue route... et je l'entends chanter encore en écrivant à mes amis, Phil, Israël, la France... leur raconter notre existence parmi tout ce corail... mais les mots sont bien pâles pour parler d'Ahé, on ne peut que vivre l'atoll, pas seulement dans la tête mais dans son être entier. Et *Joshua* me dit : « Tu peux chérir Ahé, je n'en suis pas jaloux... car toujours pour toi je suis et resterai ton grand et bel amour, le symbole et la preuve de ta vraie liberté. »

Depuis que Poro-Poro accepte un rythme de travail beaucoup plus modéré, je nage tous les jours dans l'eau calme du mouillage, prenant le temps d'admirer le corail et de m'intéresser à la vie intense qui gravite autour, avec ces fleurs calcaires de toutes les couleurs où se faufilent les petits poissons bleus et rouges qui ne veulent pas être mangés par les gros. Mais je suis devenu bien plus attentif depuis qu'un requin de moins d'un mètre vingt a failli m'attaquer. Plongé dans les scènes familières qui se déroulaient sous mes yeux, je l'ai vu au dernier moment à quelques longueurs devant moi. Il avait déjà commencé sa danse de guerre, dos arqué, ailerons latéraux tournés vers le bas. J'ai reculé lentement. Il s'est calmé aussitôt.

En principe, le requin de lagon à tache noire sur l'aileron dorsal n'attaque jamais s'il n'y a pas de sang dans l'eau, ou un poisson qui se débat au bout d'une flèche. Quand j'ai parlé à Raumati de mon aventure, il m'a appris que la danse de ce requin a été provoquée par mon intrusion dans un périmètre qu'il considérait comme le sien *à ce moment-là*, pour une raison mystérieuse. Pourquoi était-ce « à ce moment-là », personne ne le sait.

– Dix minutes plus tôt, ou un quart d'heure plus tard, rien ne se serait passé entre vous. Tu es tombé pile au mauvais moment, et heureusement que tu l'as vu à temps, il t'aurait déchiqueté.

Cela ne m'empêche pas de nager tous les jours... mais je nage plus éveillé.

Les samedis, si la houle du large ne cogne pas trop fort sur le récif-barrière, je chasse au *pupui* avec Toto, Neti et Tuarué. C'est juste derrière le village. Mais là, il faut être vraiment éveillé, les requins gris du récif extérieur peuvent se montrer dangereux. On n'y va jamais seul, et nous restons groupés, chacun prêt à faire front quand l'un de nous a tiré. Les carangues sont nombreuses, les perroquets et les mérous nettement plus gros et moins méfiants que dans le lagon. Le repas de la famille est assez vite ramené. A cause des requins, je dois m'efforcer de bien viser la ligne médiane pour que le poisson soit tué net, sans un frémissement. Je fais de mon mieux... mais mon mieux reste encore très inférieur à la moyenne des Paumotu. Cela n'empêche qu'ils m'acceptent dans leur équipe.

Chasser en compagnie des Polynésiens est un régal. Dans l'eau, ils deviennent des dieux, un souffle et un sens de l'affût impressionnants, une sûreté de tir qui me stupéfie. Je suis bon nageur, j'ai du souffle et

La rue Catinat, ombragée de tamariniers comme presque toutes les rues de Saïgon et des villes de province.

Bernard, à Bandol en 1962 (à gauche), et avec sa mère en 1964 (ci-dessus).

Grouillement de *sampans* sur l'arroyo chinois à Cholon (la ville jumelle de Saïgon, l'agglomération de Saïgon-Cholon forme une immense cité).

Joshua entre à Alicante,
en venant de Tahiti
(1966).

Joshua à Bandol pour sa dernière saison d'école de croisière en Méditerranée (1967).

Chez un ami de Tahiti, en 1975. (Photo Dominique Charnay)

Tahiti, juillet 1977, première rencontre avec Antoine, bientôt suivie de retrouvailles sur l'atoll de Suvarov.
(Photos Dominique Charnay)

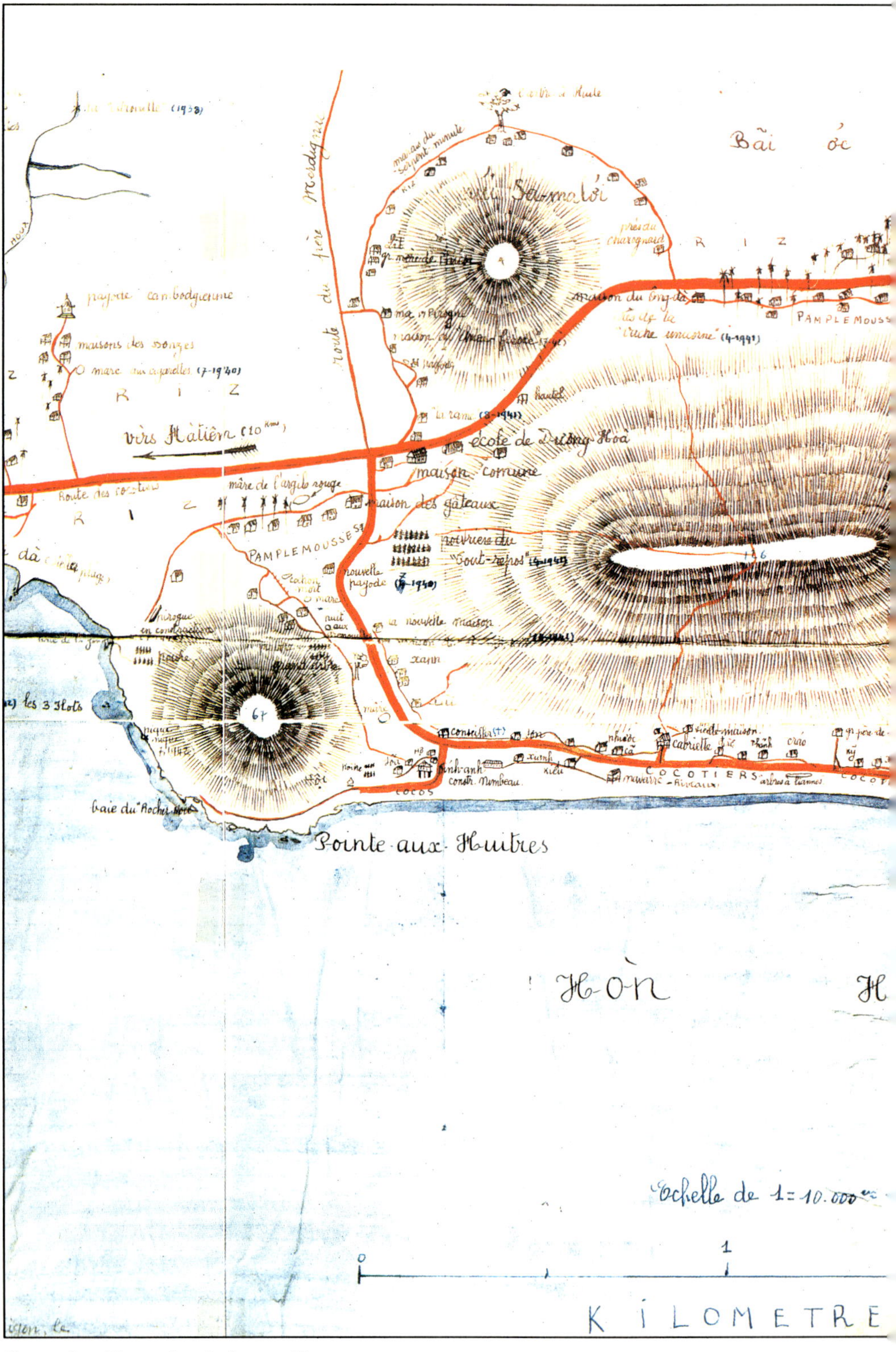

Carte du village dessinée par Françou.

pagode
pagode
pagode
Vers HÒN-CHONG
R I Z
Baĩ - ót
Plage du Poisson-à-Pattes
Baie des Cocotiers
maison du Pangolin (7-1938)
maison des moules. (7-1942)
Pic-nique (7-1942)
Pointe des cocotiers
Baie des graviers
tombeau (7-1942)
pagode
route des Singes
Les Nouvelles Poivrières (7-42)
Baie du Naufrage
Col des Poivrières
Pointe aux singes
détroit des Requins (2-1940)
maison de Ky
1° Île

En mer, sur Joshua, entre Tahiti et l'archipel des Tuamotu. La cabine est bourrée d'arbres fruitiers destinés au village d'Ahé. (Photo Dominique Charnay)

Rattaché au village de l'atoll par un platier de corail, d'une surface d'un demi-hectare : l'îlot Poro Poro. (Photo Dominique Charnay)

En conversation avec Arii, maire du village de Tenukupara, à Ahé, petit atoll des Tuamotu, situé à 295 milles de Tahiti. (Photo Dominique Charnay)

Départ à la chasse sous-marine… (Photo Dominique Charnay)

Avec Iléana, Stephan et le Chat Génie, à Poro Poro, dans le « faré » sur pilotis, au toit et cloisons de feuilles de cocotier tressées.

Iléana au tressage de palmes de cocotiers.

Stephan (deuxième à gauche au premier rang) avec ses camarades de l'unique classe du village de Ahé, tous âges confondus.
(Photos Dominique Charnay)

Vues du «faré» sur l'îlot Poro Poro, dans l'atoll de Ahé. (Photos Dominique Charnay)

Récupération de vieux troncs de bananiers pour la préparation d'un compost capable, avec un peu de bonne terre et beaucoup d'attention, de fertiliser le sol corallien de l'îlot.
(Photos Dominique Charnay)

Plantation d'un pied d'avocatier dans le village de Ahé
et hachage des troncs et feuilles de bananier. (Photos Dominique Charnay)

Départ au village par le lagon. (Photo Dominique Charnay)

Rencontre avec Gaston Flosse, Président du Territoire de la Polynésie Française, en tournée électorale aux Tuamotu. (Photo Dominique Charnay)

1986 : avec les enfants et le maire de Lachelle (Oise), Georges Lambert, premier à répondre à la lettre ouverte invitant les élus de France à planter des arbres fruitiers dans leurs communes.
(Photos Dominique Charnay)

Au Croisic, chez un vieil ami, l'ancien navigateur solitaire du Kurun : Jacques-Yves Le Toumelin.
(Photo Dominique Charnay)

En haut : 1977, Joshua dans le lagon de Ahé. (Photo Dominique Charnay)

Ci-contre : 1993, Tamata au mouillage à Raiatea et devant l'île de Bora Bora. (Photo Véronique Lerebours Pigeonnière)

j'étais le meilleur au mousqueton sur la *Gazelle*. Mais la maîtrise du *pupui* n'est pas seulement une question de nage, de souffle et de bonne visée, il faut bien plus que cela pour approcher le niveau des Polynésiens, il faut une intimité absolue avec l'eau et le poisson, être l'eau et le poisson à la fois. Le Tahitien Jean Tapu a été champion du monde en chasse sous-marine, alors que la Polynésie compte à peine cent vingt mille habitants... contre plusieurs milliards pour le reste de la planète. C'est fabuleux quand on songe à ce rapport. Nulle part ailleurs je n'aurais trouvé meilleurs maîtres.

Une image restera gravée dans ma mémoire... quatre grosses carangues bleues s'approchent de nous... je sais que personne ne va tirer, les requins sont déjà énervés par le mérou que Neti vient de sortir... l'une des carangues passe lentement devant un requin, à deux mètres de Tuarué... et clic, la flèche du *pupui* de Tuarué la foudroie *sous le nez du requin qui ne s'aperçoit de rien* car le poisson a été tué sur le coup.

Raumati contribue rarement à ces chasses au *pupui*. Il semble éprouver un certain mépris envers cette arme qui manque de noblesse tant elle est précise et facile à utiliser. Raumati, c'est le *patia*. Champion indiscutable d'Ahé, il en joue comme Paganini de son archet, superbement, en symbiose absolue avec le corail. De loin, sur le bord du récif, là où grondent les vagues, on croirait un danseur de ballet. Il a tenu à faire lui-même mon *patia*, presque identique au sien, aussi long et droit (environ deux mètres quarante) mais un peu plus léger pour s'adapter à ma modeste musculature. Après de longues semaines sans résultat, mon premier poisson perroquet m'a fait exploser de joie pure, ce même éblouissement que j'avais rencontré avec mon lance-pierres en abattant le premier oiseau de mon enfance.

Au *patia* de chasse, mon niveau n'atteint pas encore la cheville d'un Paumotu. Cependant, je parviens de mieux en mieux à nourrir ma petite famille avec les perroquets du récif quand nous partons quelques jours avec *Joshua* mouiller de l'autre côté du lagon. Il faut dire que le poisson y est moins attentif qu'aux abords du village.

Tous les après-midi, je participe également au lancer du *patia* de compétition avec l'équipe du village. D'un très petit diamètre, à une seule pointe, ultra-léger, il mesure tout juste un mètre soixante-dix et vole comme une flèche... à condition de savoir s'en servir. Le jeu consiste à le planter, d'une distance de trente-cinq à quarante pas, dans un coco fiché au bout d'une perche à sept mètres du sol.

Je m'entraîne depuis des mois, sans succès. Raumati et les autres m'encouragent à persévérer, applaudissent quand mon tir ne passe pas trop loin de la cible : « Tu verras, tu y arriveras, il faut du temps, c'est normal. » Oui, j'y arriverai sûrement... mais ce sera sans doute dans une existence future, si je renais un jour sous la forme d'un Polynésien, avec ses chromosomes.

En attendant, je m'acharne à transformer la chair de *popaa* avec laquelle je suis né... et ça viendra peut-être dans le monde présent...

La saison des pluies est passée. Pourtant, hier dans la nuit, un formidable orage s'est abattu sur l'atoll. Le ciel était devenu mille éclairs, et la subtile odeur de l'ozone entrait dans nos poumons pour atteindre de sa magie nos plus lointaines cellules nerveuses. Nous avions retrouvé l'instinct des animaux, regard tendu vers l'infini. Puis le vent s'est arrêté, un déluge a pris la place du calme. Ensuite, le ciel a continué à se vider, tout doux, tout doux, dans une fine pluie qui a tenu jusqu'à l'aube. Les quatre fûts de deux cents litres sont pleins, le niveau de notre citerne a monté de soixante-dix centimètres d'un coup; presque deux tonnes récupérées par les toits en une seule nuit! Et ce matin, concombres et pastèques irradient le bonheur sous un ciel bleu d'un horizon à l'autre.

Accroupi près du trou de concombres que j'ai creusé hier, je bois une tasse de thé avec Iléana. Elle se prépare à transplanter ses tomates en profitant de la terre gorgée d'eau. Stéphan s'entraîne avec son petit *patia* sur les mulets qui s'approchent de la plage. Ils ne risquent pas encore grand-chose, tellement vifs et méfiants. Mais Stéphan commence à bien se débrouiller. Il a compris le principe de la réfraction qui varie selon l'angle de tir et la profondeur à laquelle se trouve le poisson.

D'un commun accord, nous l'avons retiré de l'école depuis qu'il est revenu un jour en ânonnant : « La bergère garde ses blancs moutons sur l'herbe verte des prairies. » Quand j'étais gosse, les cinq petits Français de la classe et nos trente-cinq camarades vietnamiens ânonnaient de la même manière : « Nos ancêtres les Gaulois aux yeux bleus, etc. »

En reprenant Stéphan sous son aile, Iléana a dit à la maîtresse qu'il était encore un peu jeune pour l'école, elle lui apprendrait elle-même à lire. La maîtresse était d'accord, elle a fait l'éloge de Stéphan, un bon petit garçon très affectueux qui lui apporte souvent des fleurs, mais peut-être un peu rêveur pendant la classe, et très indiscipliné à la récréation avec son lance-pierres qu'elle a dû lui confisquer plusieurs fois.

Après avoir fini mon thé, je planterai les graines de concombre. Ensuite, Stéphan et moi irons ensemble récolter des holothuries. Comme ça, il pourra se perfectionner au *patia*, beaucoup mieux que s'il était à l'école. L'holothurie est vraiment la cible idéale pour apprendre à bien maîtriser le problème de la réfraction. Et dès qu'il y en aura un seau plein, nous les mettrons dans le compost.

Iléana contemple notre potager. Parti de rien, Dieu qu'il est devenu beau ! Sans le compost, il n'aurait certainement pas aussi fière allure. Malgré la sueur. Malgré l'utilisation rationnelle de l'eau. Malgré toutes nos bonnes idées réunies. Malgré la vraie terre apportée de Tahiti, que nous avons mélangée au sable de nos cultures. Elle a été entièrement utilisée, il n'en reste plus un sac depuis longtemps. Cela n'empêche que les nouveaux plants de pastèques et de concombres commencent à fleurir sur leur mélange de sable et de compost.

Je fabrique ce miracle à l'ombre du gros *kaaia*, en hachant menu les troncs de bananier que je ramène du village. Raumati ou un autre m'avertissent lorsqu'un régime est récolté là-bas : le plant porteur est supprimé pour laisser place aux rejets. On l'offre toujours volontiers à Tamata. C'est le surnom qu'ils m'ont donné. En paumotu, *tamata* veut dire « essayer » ou « pourquoi pas ». Le village bien abrité des vents dominants de sud-est à nord-est compte beaucoup de bananiers. Je dispose en moyenne de trois à quatre troncs par semaine.

Une fois cette matière première réduite en charpie à la machette, puis broyée dans les mains, j'y mélange un sac de terre noire prélevée sous les fourrés de *miki-miki* (hédyotis) du *motu* des palmes. La couche de bonne terre disponible est si mince que je dois la racler à la cuillère. Cela me prend en général une demi-journée pour quatre ou cinq sacs de trente kilos ramenés dans le dinghy, avec quelques fagots de palmes en plus. Puis j'ajoute à ma mixture bananier-terre deux seaux d'holothuries coupées en rondelles. L'holothurie (appelée aussi « concombre de mer ») foisonne à faible profondeur sur le banc de sable entre Poro-Poro et le village. C'est de la matière organique riche en azote et en oligo-éléments. Bien entendu, nos déchets de cuisine vont dans le compost : épluchures *toujours coupées menu*, tripailles de poisson, et parfois un requin taillé en dés quand j'en trouve un dans le parc. A chaque retour de la passe, Raumati dépose au pied du vieux *kaaia* des têtes de carangues avec un seau de tripailles, et nous apporte un perroquet ou un mérou de belle taille pour le dîner. Et les villageois font souvent un détour à Poro-Poro pour nous donner un gros poisson si la pêche au *pupui* a été bonne après leur travail de coprah.

Il y a toujours deux tas de compost en route sous le *kaaia*, recouverts d'une feuille de plastique pour maintenir un bon degré hygrométrique. Le plus ancien, bien mûr, est utilisé selon les besoins du potager. L'autre grossit peu à peu, à mesure que je le nourris de bananier et autres matériaux aussi divers que possible [1]. Les plantes sont comme nous, elles ont besoin de variété, elles savent très bien choisir dans leur nourriture ce qui leur convient le mieux.

Ainsi préparé, notre compost est bon pour l'épandage au bout de trois semaines, un mois au maximum. C'est extrêmement rapide. Cela vient en tout premier lieu du fait qu'il est constitué de très petits morceaux, d'où sa transformation accélérée en humus assimilable. Le second facteur propice réside dans le climat chaud et relativement sec des Tuamotu. Quant à sa richesse nutritive pour les plantes, elle provient de la variété des éléments qui entrent dans sa composition. Mais sans l'intervention du Grand Secret, il n'aurait jamais pu atteindre un tel niveau dans sa vitesse de mûrissement et dans sa qualité.

Et je me revois sur les bancs de mon école de Bencat, écoutant notre maître Jean Bouillère nous dévoiler le Grand Secret de la culture maraîchère. Trente-cinq ans après ce cours magistral, je m'en souviens presque mot pour mot :

– Le compost des paysans indochinois est le meilleur du monde, avec celui de la Chine. En comparaison, le fumier de ferme des agriculteurs d'Europe et d'Amérique ne vaut pas tripette. L'engrais *humain* utilisé en Asie fait toute la différence. Lui seul peut donner au compost d'Indochine ce niveau inégalable. Mettez-vous bien dans la tête que l'engrais humain est très supérieur à celui de n'importe quel animal d'élevage. Vous n'ignorez pas que le contenu de toutes les tinettes de ce pays est vendu par le petit peuple laborieux à des commerçants spécialisés qui le revendent aux maraîchers, bien touillé, prêt à l'emploi. En France, il y a des goûteurs de vin professionnels. Ils reconnaissent les crus, détectent les falsifications. En Indochine existe une profession, celle des *thài tho cúc*, ou « goûteurs de merde » pour parler clair. Car ils la goûtent vraiment, je l'ai vu de mes yeux avant d'arriver à le croire. Et le maraîcher a toujours besoin de l'expertise du

1. Quinze ans plus tard, Pierre Deshumeurs m'a appris qu'il avait fabriqué (sur l'atoll Pukarua) un excellent compost nécessitant beaucoup moins de sueur. Il était entièrement constitué de feuilles de veloutier, à l'exclusion de toute autre matière organique. Son compost mûrissait en quatre-vingt-dix jours. Le veloutier, très prolifique, constitue le peuplement originel de tous les atolls. On l'y trouve à profusion.

thài tho cúc s'il ne veut pas être volé sur la qualité de la marchandise. C'est tellement facile de la trafiquer en y ajoutant de la bouse de vache, du crottin de cheval, de l'excrément de porc, ou simplement de l'eau. Le *thài tho cúc* est là pour démasquer les tricheurs.

Notre production moyenne d'engrais humain à Poro-Poro tourne autour des vingt-cinq kilos par mois. Une semaine sur deux je nourris le compost de cette bonne soupe. Vingt-cinq kilos par mois, cela représente, en un an, le volume d'un fût de deux cents litres plein à ras bord, plus à peu près un demi-fût. Et si je retournais un jour provisoirement dans un pays occidental, je crois bien que je me sentirais toujours un peu coupable en actionnant une chasse d'eau.

Stéphan pousse des hurlements... nous nous précipitons, Iléana et moi... ça y est, il s'est fait piquer par un *nohu* ! ça devait arriver un jour ou l'autre... mais non, ce n'est pas un *nohu*, il a eu son premier mulet, il est transfiguré par la joie ! Et le nodie, son grand copain, bat des ailes au-dessus de sa tête avec des cris d'affamé à la vue du poisson qui frétille au bout de son *patia*. J'ai envie de pleurer tellement je suis heureux. Je serre très fort mon petit garçon contre moi, et retourne à mon travail.

Les yeux dans le lointain, je touille le seau-caca près du tas de compost à l'ombre du gros *kaaia*. Et là-bas, tout là-bas, je vois un type qui court en gesticulant comme un fou. Ce cinglé, c'était moi, autrefois, poussé toujours vers un but qui s'éloignait à mesure. A part quelques rares accalmies, il en avait été ainsi depuis mon départ d'Indochine. Maintenant c'est fini, je suis en plein centre du but, et c'est venu tout seul.

C'est bien la première fois que je baigne dans une paix aussi totale vis-à-vis de moi-même, une paix de longue durée, sans projets fous dans ma ligne de mire, sans gros coup à préparer pour « sauver le monde ».

Je contemple ce nageur épuisé qu'une vague a jeté sur la plage. Le soleil me réchauffe lentement. J'ouvre les yeux. Tout est devenu simple. Plus question d'envolées généreuses qui me portaient un moment sur leurs ailes pour me laisser retomber meurtri à la case départ. La planète et ses habitants peuvent aller où ils veulent, c'est leur affaire, pas la mienne. Retraite totale. Je vis dans le présent. Il y a *Joshua*, ma famille et Poro-Poro. Juste à côté, l'amitié du village. Et tout autour, l'atoll qui étincelle de beauté.

Le reste ne me concerne plus.

CHAPITRE 19

La parabole est parfaite... et mon *patia* se plante à trente-cinq pas dans le coco fiché au bout de sa perche. Une formidable ovation jaillit de quinze poitrines. Non, c'est bien plus que cela : c'est le *cri*! Je le reconnais dans un éblouissement. Je l'avais rencontré la première fois quand j'avais vingt-deux ans, à l'issue de notre plus fabuleux match de water-polo, contre l'équipe de Birmanie. C'est là que le *cri* avait jailli de la tribune comme d'une seule grande poitrine, et notre victoire n'aurait rien pesé en dehors de cette foule transformée, retournée par son propre *cri*. Aujourd'hui, le contexte est autre, mais c'est le même *cri* que je viens d'entendre!

. Je reste figé dans une sorte de transe. Il m'a fallu des milliers de tirs échelonnés sur des mois d'entraînement pour que mon *patia* devienne enfin magique. Raumati me serre dans ses bras de colosse, je crois bien qu'il pleure. Les yeux de Neti sont illuminés par la joie. Tous me congratulent. Un halo nous entoure. Cette victoire leur appartient autant qu'à moi.

– Bravo Tamata! On savait que tu y arriverais! Maintenant, tu n'es plus comme un *popaa*... tu es un vrai *taata* Ahé! (citoyen d'Ahé).

Ma pastèque sur l'épaule, je marche sur un nuage. A l'aube, le Doute était venu me bourdonner aux oreilles pendant que je buvais mon café. Je n'avais pas revu ce petit animal visqueux depuis une éternité, je m'en croyais débarrassé; alors je me suis souvenu de la méthode du vieux Tom à Suvarov, j'ai suivi son conseil... et le Doute a disparu comme une fusée. Et maintenant, je marche sur un nuage en traversant le platier ce dimanche matin pour me rendre au village avec Iléana.

Son *patia* à la main, Stéphan est parti longtemps avant nous. Il a rejoint ses camarades sur le récif-barrière pour chasser les petits chirurgiens à tache rouge qui se faufilent dans l'écume laissée par les vagues brisant sur le corail; là, il faut tirer vite et avoir le coup d'œil. Si la houle ne grondait pas si fort, on entendrait leurs cris de joie malgré la distance.

Iléana emmène comme d'habitude un panier de concombres et de tomates; ça ne lui posera pas de problème... un concombre par-ci, une tomate par-là, des tas de sourires en échange, des paroles de bienvenue sortant tout droit des cœurs... et elle regagnera Poro-Poro après une visite à Tépuku, son panier lourd d'un *uru* et de quelques citrons, avec peut-être un poisson en plus, car chacun sait que le courant et les requins ont défoncé le grillage de notre parc déjà bien attaqué par la rouille.

Moi, je porte sur l'épaule cette superbe pastèque de seize kilos pour l'offrir à l'équipe gagnante du concours de boules qui se joue en ce moment. Ils vont se régaler en la partageant avec tout le monde... Mais ce n'est pas pour cette seule raison que mes pieds courent dans le ciel et que ma tête est pleine d'images : dans un instant, devant eux tous réunis autour de la pastèque, je parlerai d'une chose très sérieuse.

Au cours de nos pique-niques sur les *motus*, j'avais déjà abordé le sujet auprès des petits groupes de deux ou trois personnes travaillant au coprah. J'essayais vainement de les convaincre.

– Le feu chasse les rats, et la cendre fait du bien à la terre, tu ne le savais pas, toi un *popaa*? répondaient-ils avec un sourire amical.

Je leur disais que le brûlage des palmes est un massacre pour leur *fénua* (terre, pays), le plus grave fléau des Tuamotu dont le sol corallien, déjà très pauvre au départ, agonise lentement à cause du feu qui prétend lui faire du bien. Et que si la cendre contient en effet du potassium, celui-ci existe de toute manière en totalité dans les palmes, avec l'azote, élément essentiel à la croissance et à la fructification des cocotiers; sans parler de tous les oligo-éléments connus et inconnus que renferme la matière organique :

– Si vous laissiez pourrir les palmes tassées en boudins entre les rangées d'arbres, la potasse, l'azote et toutes les autres bonnes choses retourneraient au sol. En y mettant le feu, vous conservez la potasse mais le reste part avec la fumée. Et la potasse ne peut rien à elle seule, elle n'agit qu'associée aux autres éléments.

Autant parler couleur avec des aveugles, j'usais ma salive sans aucun résultat. Azote, potassium, acide phosphorique, oligo-machinchouette et tout ce bataclan ne ressemblent à rien si l'on n'a pas au moins quelques vagues notions de chimie. Alors, comment ces choses bizarres pouvaient-elles exister ailleurs que dans mes histoires à dormir debout? Du reste, je n'avais qu'à regarder en l'air, n'importe qui pouvait constater qu'il y avait des cocos là-haut, ça ne suffisait pas pour voir l'évidence?

Je n'osais pas demander la parole pendant les réunions du dimanche. Je me savais encore trop nouveau à Ahé, trop *popaa*. C'est une chance. Ils n'auraient rien saisi. Je me serais planté dans un fatras de mots incompréhensibles.

Maintenant je me sens mûr, j'ai enfin compris : ce que je veux leur montrer ne peut se voir qu'à travers les reflets d'une métaphore. Et je vais mettre le paquet pour démasquer l'inconscience, pousser à la révolte, faire voler en éclats des habitudes fossilisées. Dieu merci, j'ai eu la sagesse d'attendre que mon *patia* soit prêt, bien aiguisé, bien à ma main, bien dans ma tête... mais là, mon petit père, il va falloir te surpasser, tu seras seul dans l'arène face au Dragon de l'Ignorance, avec ta pastèque en témoin. Et les yeux du village accompagnant ton âme décideront eux-mêmes où est la vérité.

Plongé dans ma rêverie, je n'ai pas vu passer le temps. Le platier de corail est déjà derrière nous. Voici le *faré* de Maiere à droite du chemin qui conduit à la mairie, puis le *faré* de Mama Fana sur la gauche, puis le *faré* de Téhua au bord du lagon, et celui du vieux Cow-Boy juste à côté avec son manguier planté devant, et me voilà sur le terre-plein où s'est joué le concours de boules à l'ombre des grands arbres à pain. L'équipe Raumati-Toto-Vetea-Siki a gagné. Et ils sont tous là, les hommes, les femmes avec leurs bébés, même l'énorme Sopo qui peut à peine marcher tellement il est énorme, et Mama Téri qui n'a qu'une seule jambe arrive en sautillant pour être là aussi... et je raconte la terre avec les images simples dont mon maître Jean Bouillère illuminait nos esprits en habillant les micro-organismes d'une auréole merveilleuse qui les transformait en magie comme dans un film en dessins animés où le cœur des enfants crépite d'étincelles. Le village ne quitte plus mes yeux, il écoute et regarde avec tout son être... je vois Jean Bouillère à mon côté... il me soulève au-dessus de moi-même... c'est lui qui parle par ma bouche... et ça devient le « Monde Ici » du village habité par les hommes, qui s'imbrique et se fond à l'intérieur du « Monde en Bas » des *taata naï-naï* (petits êtres), ce monde fabuleux, juste là sous nos pieds.

– Comme nous, les *taata naï-naï* ont besoin de boire et de manger, et d'avoir un abri. Nous, on dort dans nos *farés*, on boit l'eau des citernes et le jus des cocos, on mange le poisson du lagon et le fruit de l'arbre à pain. Eux, ils trouvent le boire et le manger dans les choses qui pourrissent en leur servant aussi de *faré* quand le soleil tape trop dur. Si on leur laisse les palmes, alors ils sont heureux, ils font l'amour à tire-larigot et pondent des petits comme s'il en pleuvait. Et leurs petits deviennent adultes en quelques minutes, ils se marient par grappes de plusieurs milliards à la fois pour faire d'autres petits qui font des milliards de milliards de petits. Vous croyez peut-être que je vous raconte des salades et que le « Monde en Bas » n'existe pas? Si j'avais un microscope il me suffirait de prendre un peu de terre à Poro-Poro, là où avant c'était seulement du sable, et vous verriez de vos yeux ces *taata naï-naï* qui grouillent sous les palmes qu'on leur a installées. Mais pour vivre et faire des petits, il leur faut beaucoup à manger, ils ne peuvent pas se nourrir de corail et de cendre; ils ne sont pas difficiles à contenter, ils veulent seulement qu'on leur foute la paix et qu'on leur laisse toutes les choses dont on n'a pas besoin, toutes les palmes qui sont par terre, tous les rejets de *kaaia* qu'on coupe à la machette, c'est ça qu'ils bouffent une fois que c'est pourri à point, c'est ça qui leur permet de se multiplier à l'infini pour travailler la terre et l'enrichir avec leur pipi et leur caca qui nourrissent les cocotiers de la même manière qu'ils ont fait grossir cette pastèque bien sucrée qu'on est en train de manger tous ensemble. Mais en brûlant les palmes au lieu de les laisser pour eux, il ne leur reste que les cailloux et la cendre, plus rien à se mettre sous la dent, plus rien à boire, plus rien pour s'abriter de la chaleur, ils crèvent jusqu'au dernier. C'est comme si un *tupapau* géant mettait le feu à nos *farés*, coupait les arbres à pain et les cocotiers du village, plus tous ceux de l'atoll sans en laisser un seul, et dynamitait tous les poissons du lagon. Qu'est-ce qui resterait? On serait paumés comme des *houri taata* (singes) sur un désert entouré d'eau, avec même pas de quoi fabriquer un radeau pour se tirer de là, et on se boufferait bientôt les uns les autres. Eh bien, c'est exactement la même chose pour les *taata naï-naï*. Pourtant, c'est ainsi que vous les traitez et que vous traitez votre *fénua*, celui de vos enfants, de vos petits-enfants et de vos arrières petits-enfants qui ne sont pas encore nés. Cette terre qui n'est pas seulement à vous, elle est en train de crever lentement sous vos yeux. En continuant à brûler les palmes, vous agissez comme si demain ne devait jamais exister parce qu'il n'est pas encore là, qu'on ne peut pas le voir. Mais « aujourd'hui » est le « demain » d'hier, *vous voyez donc que « demain » existe*! Et dans cette histoire vraie que je vous ai racontée, la seule différence entre « création » et « destruction », c'est une simple allumette. Mais c'est vous qui tenez l'allumette, avec le choix.

La main d'Iléana dans la mienne, je regagne notre *motu* après avoir récupéré Stéphan sur le récif. Il y aura de la carangue pour dîner, du *uru* grillé sur la braise, une salade de choux chinois assaisonnée d'un jus de citron, plus un coco frais pour chacun. Et j'entends chanter en moi le poème de Pic de la Mirandole, ce message qui a traversé déjà quatre siècles de l'histoire des hommes pour nous éclairer encore jusqu'au bout du chemin pendant les siècles à venir : « Je ne t'ai donné ni visage, ni place qui te soit propre, ni aucun don qui te soit particulier, ô Adam, afin que ton visage, ta place et tes dons, tu les veuilles, les conquières et les possèdes par toi-même. Nature enferme d'autres espèces en des Lois par moi établies mais toi, que ne limite aucune borne, par ton propre arbitre, entre les mains duquel je t'ai placé, tu te définis toi-même. Je t'ai placé au milieu du monde afin que tu puisses mieux contempler ce que contient le monde. Je ne t'ai fait ni céleste, ni terrestre, mortel ou immortel, afin que de toi-même, librement, à la façon d'un bon peintre ou d'un sculpteur habile, tu achèves ta propre forme. »

Le soleil se lève et se couche dans notre ciel d'alizé. Les jours se suivent comme les vagues sur le récif. Les semaines passent. *Joshua* le bateau magique nous emmène de temps en temps faire une virée dans le lagon. Voilà bientôt huit mois que nous vivons à Ahé. Notre fou de Bassan et le nodie à front blanc nous ont quittés pour chercher l'âme sœur qu'ils trouveront sur d'autres *motus*.

Stéphan commence à lire; non seulement le français mais aussi un peu de chinois, grâce au superbe petit livre de Rose Quong (une Sino-Américaine) qui contient une trentaine d'idéogrammes élémentaires. Nous sommes confondus par l'aisance avec laquelle cet enfant de cinq ans les mémorise. Je songe au *Anh Hai* rencontré sur la chaloupe après le coup de force japonais quand j'avais vingt ans, et qui m'avait fait entrevoir la possibilité d'une communication au premier degré entre l'Est et l'Ouest si nous voulions comprendre la formidable portée culturelle de ces idéogrammes, dont cent cinquante, bien choisis, suffiraient pour accomplir ce miracle. Peut-être Stéphan deviendra-t-il plus studieux que son père. Sans nous demander notre avis, il est retourné à l'école parmi ses camarades qui se brossent les dents sous l'œil attentif de la maîtresse. Après tout, qu'importe que la bergère soit blonde ou brune et qu'elle garde ses moutons sur les vertes prairies au lieu de tresser des couronnes de fleurs à l'ombre des cocotiers. Notre enfant est heureux, c'est le principal. Et il aime passionnément son *patia*, comme j'aimais mon lance-pierres à son âge.

Iléana, qui a été infirmière pendant dix ans dans les hôpitaux psychiatriques avant de venir en Polynésie, se partage entre quelques visites de routine au dispensaire du village et la teinture de ses paréos; ils deviennent de véritables chefs-d'œuvre, l'intérieur du *faré* en est tapissé; les femmes du village en ont toutes reçu un en cadeau. Elle n'a rien envoyé aux boutiques de Papeete. Je ne songerais pas à l'en blâmer. Pour elle, le temps n'existe plus, semblable aux longues traversées océanes où l'horizon reste le même tout en changeant au fil des jours.

Moi, je ne sais plus très bien où j'en suis. Il fait bon vivre ici, mais mon regard s'est modifié. Poro-Poro tourne trop rond, tel un moteur bien réglé : un peu d'huile de temps en temps, vérification du niveau de carburant dans le réservoir, teuf teuf teuf, pas de problème... quelques trous de pastèques ajoutés aux autres assurent la rotation des récoltes... grâce aux bagues en plastique, les rats laissent nos cocotiers en paix, ils produisent autant de noix fraîches que nous pouvons en boire... le tas de compost a atteint sa plénitude... quinze jeunes *filaos* que j'ai fait venir par la goélette sont installés en bordure du platier... il y a trois barrières anti-vent supplémentaires et j'ai planté trente belles noix germées sur l'arrière du *faré*, plus dix nouveaux papayers... maintenant mes journées se passent à bricoler par-ci par-là sur le *motu*... il n'y a plus grand-chose à faire... et le teuf-teuf est devenu ronron. Je commence à m'ennuyer dans la routine. Le Paradis de Poro-Poro ne me suffit déjà plus.

Neti me propose d'aller faire une semaine de coprah avec lui sur un *motu* appartenant à sa famille, à quatre ou cinq milles du village. J'accepte sans hésiter, heureux de me détacher un peu du train-train journalier pour participer à la vie de l'atoll dans une activité purement polynésienne.

– Je passe te prendre demain matin après le café. Je m'occupe du casse-croûte. C'est à une demi-heure de hors-bord avec mon *cao*. N'oublie pas ton *pupui* pour le retour, je connais un bon pâté de corail pleins de gros perroquets.

On dit souvent des Polynésiens qu'ils sont un peu flemmards. Tout est relatif. Experts dans l'art de se la couler douce et de gratter la guitare, il n'empêche que quand un travail leur plaît, ça ne traîne pas. Débroussaillage à la machette, palmes amassées au pied des troncs puis tassées en boudins entre les rangées d'arbres, j'ai du mal à tenir le rythme de Neti. Une belle surface est nettoyée en quelques heures : à peu près cent mètres sur cinquante, et pas le temps de souffler.

Mais aussi travailleur soit-il, aucun Polynésien ne peut récolter une tonne de coprah dans un périmètre où se trouvent seulement quelques cocos rescapés d'un désastre. Car sur chaque *motu* que j'ai eu l'occasion de visiter avec Stéphan et Iléana, le sol était jonché de jeunes noix percées par les rats. Celui de Neti souffre de cette même calamité qui touche l'ensemble des Tuamotu d'après ce que j'ai pu lire et entendre autour de moi. Neti estime que nous récolterons à peine un sac de coprah dans le secteur nettoyé depuis ce matin. Je songe que cela paiera peut-être l'essence nécessaire à l'aller-retour...

Pause casse-croûte au bord de l'eau. Cigarette après le riz agrémenté de corned-beef. Je demande à mon compagnon s'il a une idée du nombre de jeunes cocos détruits mensuellement par un rat. Il répond que le Service de l'agriculture avance le chiffre de cinq noix en moyenne.

Devant nous, les reflets du soleil ricochent sur le lagon vert et bleu. L'âcre fumée d'un petit feu de bourres de coco écarte les moustiques. Quelle paix, ici, à l'ombre de ce *kaaia*. Mon corps s'imprègne de toute cette beauté tandis qu'un laborieux calcul mental trottine dans ma tête. Je pense tout haut. Neti écoute en sirotant son café : cinq cocos à maturité donnent un kilo de coprah. Chaque rat en éliminerait donc douze kilos tous les ans. A Poro-Poro, qui mesure un demi-hectare, trente-deux rats ont été pris au piège depuis notre arrivée. Sans prétendre extrapoler à coup sûr, trente-deux rats pour un demi-hectare feraient une soixantaine de rats à l'hectare. D'après la carte, Ahé compte environ mille hectares de cocoteraie... où soixante mille rats détruisent chacun douze kilos de coprah potentiel par an... sept cent vingt tonnes au bout du compte !

Neti vérifie en écrivant les chiffres sur le sable. Il recompte soigneusement les zéros. Sept cent vingt mille kilos font bien sept cent vingt tonnes, pas d'erreur.

– Ton calcul est juste, mais ça ne colle pas : même sans les rats, Ahé ne pourrait pas produire sept cent vingt tonnes par an. Les cocotiers sont mal entretenus, il n'y a pas assez de monde ici, la brousse pousse partout entre les lignes.

Il a raison. Mais en admettant que mon estimation de soixante mille rats soit très exagérée, qu'elle doive être divisée par deux, ou par trois, ou même par quatre, le résultat atteint encore les cent quatre-vingt tonnes volatilisées tous les ans. Là, Neti pense que ça tient debout. Il n'en revient pas. Je lis l'ébahissement dans son regard.

Neti et moi travaillons côte à côte depuis une semaine. Beaucoup de sueur a coulé en échange d'une maigre récolte : tout juste huit sacs de coprah, pesant en moyenne cinquante kilos chacun. Et pendant le dernier voyage de retour au village, avec seulement nos huit sacs dans le fond du *cao*, nous contemplons ensemble une masse de cent quatre-vingt tonnes qui devrait se trouver sur le quai, prête à l'embarquement pour l'huilerie de Papeete... mais l'énorme tas est mort avant terme, il n'en reste qu'un fantôme grouillant de rats. Ceux-là sont bien vivants.

Dimanche. Repos. En aidant Neti à extraire une enclume d'un fouillis de matériel entreposé derrière son *faré*, je tombe à la renverse. J'exagérerais à peine en disant que je viens d'être foudroyé par la stupeur : sous un tas de bricoles, il y a un gros paquet de feuilles de zinc, celles qui servent à baguer les cocotiers pour empêcher les rats d'y grimper. J'en compte quatre cent cinquante. Passant ensuite chez Raumati, je lui demande s'il en a aussi.

– Je ne sais pas. Peut-être. On peut regarder.

Et en fouillant quelques minutes dans son appentis, nous dénichons une centaine de plaques sous des sacs de ciment. Je ne comprends plus : Raumati et sa famille séjournent une semaine sur deux dans leur campement, sur leur *motu* en bordure de la passe. J'y suis allé plusieurs fois avec Iléana et Stéphan, pour changer d'air quelques jours et lui donner un coup de main dans son parc à poissons. Une trentaine de cocotiers entourent le campement... mais pas un seul coco à boire n'est disponible, les rats s'en occupent à mesure qu'ils grossissent. Or, s'il est une chose qui répond à un besoin *vraiment* essentiel pour un Paumotu, c'est de pouvoir cueillir tous les jours quelques jeunes noix à boire. Mais Dieu seul sait depuis combien d'années ces feuilles de zinc dorment dans la poussière.

– Si tu en as besoin à Poro-Poro, emmène-les là-bas, me dit gentiment Raumati.

J'en prends une trentaine pour remplacer les feuilles de plastique qui commencent à s'effilocher sur nos cocotiers. Le lendemain, en compagnie d'Iléana et de Stéphan, je lève l'ancre pour aller mouiller *Joshua* devant le parc à poissons de Raumati. Ce n'est pas la première fois que Stéphan fait l'école buissonnière avec le consentement de ses parents. Et en une journée et demie d'un travail paisible, plongé dans un abîme de réflexion, je bague les trente-deux cocotiers qui égaient et ombragent le campement de nos amis en bordure de la passe.

Iléana me dit qu'elle n'a jamais rencontré des yeux aussi lumineux que ceux de Raumati et Tépuku. Ce n'est pas grâce aux bagues que j'ai clouées sur leurs cocotiers, c'est ainsi depuis notre arrivée à Poro-Poro. Ils nous aiment d'un profond amour et nous le leur rendons avec le même élan. Ils représentent pour nous ce qui existe de plus pur et de plus vrai dans le miroir de cette Polynésie où le cœur englobe tout.

Avec Neti, c'est différent. Nous nous sommes reconnus dès le premier jour, comme deux frères qui se retrouvent après quarante ans d'une séparation pendant laquelle ils ont mené des vies totalement différentes. Deux frères jumeaux unis par la même fibre, ayant sucé le même sein au berceau, vibré aux mêmes histoires contées par leur mère. Quand nous travaillons ensemble je me retrouve très loin dans mon passé, là où Xaï et moi courions la forêt derrière le village, en quête de l'Oiseau Enchanté. Et comme avec Xaï autrefois, Neti et moi pouvons maintenant communiquer sans le véhicule du langage, en prise directe par la pensée.

Et quand Neti a remorqué son *cao* ce matin le long du banc de sable entre le village et Poro-Poro, il n'a pas eu besoin d'ouvrir la bouche pour que j'entende sa question... « tu viens faire encore un petit coup de coprah? »... et moi non plus je n'ai pas eu besoin de remuer les lèvres pour qu'il entende ma réponse... « pas le coprah mais les cocotiers si tu veux, à toi de décider »...

Il a continué à marcher en tirant son *cao* avec un sourire si plein de lumière que j'ai tout de suite senti qu'il me réservait une surprise. Et quand il est arrivé sur la plage devant notre *faré*, il y avait le gros paquet de feuilles de zinc au fond du *cao* avec les clous et le marteau. Alors j'ai pris mon *pupui* et mon marteau, et nous sommes partis ensemble baguer les cocotiers sur ce même terrain qui nous avait donné huit sacs de coprah deux semaines plus tôt.

Tac-tac-tac-tac... un de plus. Je redescends de mon échelle bricolée sur place avec du *kaaia*. Neti s'active sur l'autre rangée de cocotiers. La moyenne se maintient depuis une semaine : soixante-dix cocotiers par jour à nous deux. Je déplace mon échelle et la dresse contre le tronc suivant. Si les bagues étaient à hauteur d'homme, le rat les franchirait en prenant son élan. Il faut aussi prévoir que la végétation repousse entre les périodes d'entretien : le rat grimperait sur les rejets de *kaaia* et passerait facilement au-dessus des bagues. Pour ces deux raisons, elles doivent être placées à cinq ou six mètres du sol.

Tac-tac-tac-tac... c'est simple mais terriblement répétitif. On travaille en équilibre plus ou moins stable sur l'avant-dernier échelon, reins cambrés, tête rejetée en arrière et bras en l'air pour clouer. A la longue, cette position tétanise la nuque et les épaules. Au suivant!

Tac-tac-tac-tac... Je n'arrête pas de penser. Ils sont plantés tous les cinq mètres : quatre cents à l'hectare, soit quatre cent mille cocotiers pour les mille hectares d'Ahé. A raison de trente-cinq bagues par jour en vitesse de croisière, ça représente douze mille journées par homme... quarante ans pour un gars qui voudrait faire le boulot tout seul, perché sur son échelle trois cents jours dans l'année avec les deltoïdes complètement tétanisés. Au suivant!

Tac-tac-tac-tac... une pincée de clous serrés entre mes lèvres, je maintiens la cadence de Neti; nous travaillons en parallèle chacun sur son cocotier en pensant à la même chose : le village compte quinze gars, seize avec moi... et même si on pouvait se procurer les quatre cent mille feuilles de zinc, il faudrait trois ans à nous tous... trois ans de boulot en ne faisant que ça du matin au soir... arrêtons de rêver. Au suivant!

Tac-tac-tac-tac... juste après la Seconde Guerre mondiale, le gouvernement a voulu régler le problème des rats dans les îles hautes (Tahiti, Moorea, etc.) : l'État fournissait gratuitement le zinc, avec en plus une prime substantielle pour chaque cocotier bagué. Eh bien, m'a raconté un fonctionnaire digne de foi, il a fallu vingt ans pour venir à bout des îles hautes. Autrement dit : on me donne le zinc, on me l'apporte devant mon *faré*, on me paye pour que je bague les cocotiers dont je suis propriétaire... et je mets vingt ans pour finir le boulot, ce n'est pas une blague... et ce soir Iléana me massera les épaules. Au suivant!

Tac-tac-tac-tac... alors le gouvernement a tenté quelque chose de moins long et de moins fatigant pour aider les Tuamotu. En théorie, ça devait marcher facile : tous les atolls ont reçu en cadeau des milliers de petites boîtes, les villages devaient râper du coco, le faire frire pour que la bonne odeur attire les rats, mélanger ensuite ce festin avec le poison fourni gratuitement, et en mettre une petite boîte par hectare, clouée au tronc d'un cocotier. Au suivant!

Tac-tac-tac-tac... râper beaucoup de cocos, installer des quantités de petites boîtes, renouveler le poison tous les mois... mais le travail de longue haleine n'est pas le point fort de ce merveilleux peuple polynésien qui vit dans le présent... et les petites boîtes sont restées à pourrir dans la cour, on a enterré le poison au pied d'un cocotier. Au suivant!

Tac-tac-tac-tac... ma tête grouille de rats... on ne peut quand même pas les laisser faire la loi... ils vont et viennent à leur guise, ils n'ont pas de prédateurs... j'écarquille les yeux... et qu'est-ce que je distingue vaguement, là, dans ma tête, surgie de nulle part?... la silhouette d'un chat!

Tac-tac-tac-tac... j'ai planté tellement de clous depuis une semaine que je peux travailler les paupières fermées... oui c'est bien un chat, pas d'erreur... et une petite voix prudente murmure à mon oreille : « Fais gaffe où tu mets les pieds, ne t'embarque pas dans cette aventure, tu vas y laisser des plumes, reste paumotu, c'est tellement plus simple... » et l'autre voix chante au fond de mon cœur : « Il faut pousser la vie vers le haut, sans quoi, jusqu'à la fin des temps nous demeurerons singes »... et l'enfant danse dans mes yeux en criant : « Chic! on va bien s'amuser avec cette histoire-là, ça va être formidable! »

Pause casse-croûte à l'ombre du *kaaia* au bord du lagon. Neti est allé sur le récif avec son *patia.* N'ayant pas trouvé de poisson, il ramène quelques bénitiers. J'ai allumé le feu pour le riz. L'eau du café réchauffe dans une boîte de conserve près de la braise où grillent les bénitiers. Nous fumons une cigarette en attendant que le riz soit cuit. Neti est silencieux comme d'habitude, et mon esprit voyage au loin, à l'époque où ma raison de vivre consistait à courir la mer sans autre but que de profiter au maximum des belles choses de l'existence. Puis il y avait eu ce long face-à-face avec moi-même pendant le tour du monde sans escale, amorce d'une vision plus haute et plus étendue de nos responsabilités sur cette planète. Alors j'avais tenté le coup des droits au pape... ai-je visé trop loin? Certainement pas : on ne vise jamais trop loin quand c'est d'évolution qu'il s'agit; tout au plus risque-t-on de se prendre une bonne châtaigne en s'attaquant à un trop gros morceau. Là, ça n'a pas fait un pli, je me suis retrouvé au tapis. Après ça, l'histoire du *Fri* m'a laissé sur le carreau pour le compte. Phil et Ein Kerem ont réussi à me remettre un peu sur mes pattes, mais cela n'avait pas duré. Et je m'étais tiré complètement sonné par toutes ces aventures. C'est alors que Suvarov m'avait tendu la perche. Puis Ahé, tel un miracle. Bien décidé à ne plus jeter le moindre regard sur le passé, et encore moins sur le futur, j'ai cru avoir trouvé ici le havre qui me permettrait de construire une solide barrière entre « avant » et « après », une double cloison étanche avec un nid bien protégé où seul existerait le présent. J'ai voulu devenir paumotu. La greffe a pris, mais je constate aujourd'hui que l'autre branche de mon être a préservé sa sève, nourrie par mes racines plongeant dans le lointain à la recherche d'un chemin neuf en direction de l'avenir.

Maintenant, tout est clair dans ma tête, le chat que j'y distinguais à peine tout à l'heure est devenu vivant, les rats commencent à se tenir tranquilles. Et je peux voir la grande vague qui accourt de l'horizon pour me reprendre sur sa crête et m'emmener je ne sais où.

– Neti, je crois qu'on peut réussir un gros coup! Laisse-moi le temps de bien y réfléchir.

A quelques jours de là, j'apprends qu'à part Neti et Raumati tous les autres continuent à brûler les palmes dans leurs cocoteraies, pour faire propre, parce qu'ainsi veut la coutume. Là, ça frôle carrément le sublime... et je songe à une chanson de Léo Ferré qui évoque la venue du Grand Jour : « Oui, dans dix mille ans... quand les microbes de la connerie seront tous morts. »

Plus jeune, je m'envolais à l'aise sur les ailes de mes illusions. Je les ai perdues depuis quelque temps. Non pas au sens négatif du « à quoi bon insister », mais résolument dans l'esprit du « on continue quand même à pied ». Et toutes ces histoires commencent à me passionner pour de bon, je sens mon être dilaté par une sorte d'exaltation, ma pensée voltige dans tous les sens, elle essaie d'y voir plus clair, de cerner le problème, de trouver l'ouverture dans la cuirasse de cette fatalité qui semble coller à la Polynésie... la petite Hina, morte alors qu'il suffisait au village de consacrer deux jours de son temps pour maîtriser les moustiques... ce bel atoll qui continue de s'appauvrir par le feu... les rats qui pullulent... les noyaux de mangues jetés aux ordures quand il serait si simple de les mettre en terre pour avoir des manguiers devant chaque *faré*... l'énorme gâchis des technocrates coupés de la réalité dans leurs bureaux de Tahiti, dilapidant un budget colossal en tape-à-l'œil prestigieux alors que toutes les pentes des îles hautes pourraient être reboisées de forêts utiles grâce à ce même budget qu'ils jettent par la fenêtre... et je vois devant mes yeux ce tableau de la mythologie grecque où le gars pousse un rocher en haut d'une montagne : arrivé presque au sommet... balaboum-balaboum-balaboum... le rocher dégringole la pente, et le gars doit retourner en bas pour pousser son rocher jusqu'à la saint-glinglin.

Mais j'ai un atout maître dans les mains : *je n'ai jamais cru à la fatalité*. Les choses ne peuvent pas être écrites à notre place par le Destin avec de l'encre indélébile. Ou alors, si elles sont vraiment écrites, c'est au crayon, et nous avons la liberté de gommer un mot ici et là, le remplacer par un autre, modifier le sens d'une phrase avec laquelle nous ne sommes plus d'accord, infléchir ainsi le futur vers une direction qui dépend seulement de nous autres les hommes, pas d'une prétendue fatalité qui nous mènerait par le bout du nez.

Ce matin, j'ai eu la chance de tomber d'entrée de jeu sur un très gros poisson perroquet; ma flèche l'a foudroyé juste derrière les ouïes, et je suis sorti de l'eau moins de trente secondes après avoir plongé. Iléana m'attendait en bordure du récif-barrière. Elle n'aime pas me voir chasser seul à l'extérieur, en pleine mer où les requins ne sont pas toujours tranquilles. Elle dit que j'aime jouer à *trompe-la-mort*. C'est parfois un peu vrai. L'enfant se régale avec ce genre d'émotions qui fait battre le cœur et avive les sens; c'est très important, pour lui autant que pour moi. Jouer de temps en temps à *trompe-la-mort* nourrit notre amitié, apporte à ma vie un certain piment et m'aide à prendre une conscience plus aiguë de la réalité. *Joshua* est bel et bien un bateau *trompe-la-mort*, et nous nous sommes beaucoup amusés ensemble; il n'empêche que nous n'avons jamais pris de risques incontrôlés, pas plus que je n'en ai pris aujourd'hui avec mon *pupui* derrière le récif. Et il nous fallait assez de poisson pour un dîner copieux de cinq personnes, dont trois gros mangeurs. Stéphan passera la nuit au village avec Tutaïna chez les parents de Neti.

Le ciel rosit de l'autre côté du lagon. L'air est calme, le chat repose sur mes genoux. Il adore se faire gratter la tête entre les oreilles et ferme les yeux de bonheur quand mes doigts lui massent le cou, sous le menton. Nous ne rêvons pas à la même chose, mais sommes aussi heureux l'un que l'autre. Je songe au groupe politique que j'ai constitué avant-hier. C'est la « bande à Tamata »; elle comprend six individus au total : Raumati, Tépuku, Neti, Iléana et moi-même. Le chat y a été incorporé d'office. Sur lui reposeront tous nos plans, il en sera le pivot, le flambeau, le symbole, notre porte-drapeau.

Autrefois, je considérais la politique comme le champ de bataille d'une race de singes à courte vue, extrêmement bavards et parfois redoutables, vivant en petites bandes menées chacune par un chef. Vaccinés de longue date contre la moindre angoisse métaphysique, leur génie consistait à prendre le pouvoir en éludant avec un soin extrême la question essentielle posée par le gigantesque combat que se livrent depuis la nuit des temps l'Intelligence et l'Imbécillité.

Mon sentiment sur la politique s'est beaucoup nuancé depuis que je vis à Ahé, véritable microcosme de notre planète. D'ici, je vois mieux à quel point mon atoll de soixante âmes répond aux mêmes mécanismes mentaux que l'humanité entière, tout comme ma Rolex fonctionne sur un principe identique à celui de la première montre inventée il y a deux siècles. Et je suis maintenant convaincu que ceux qui se consacrent aux affaires publiques utilisent une grande part de leurs moyens cérébraux et spirituels pour essayer de construire un monde meilleur [1]. Alors, comme dit le poète : « Ne tirons pas sur le pianiste, il fait de son mieux. »

La bande à Tamata a bien l'intention, elle aussi, de faire de son mieux. Iléana et Tépuku préparent une bassine de poisson cru au jus de citron mariné dans du lait de coco. Je me sens fier d'avoir tiré ce perroquet arc-en-ciel de huit kilos en si peu de temps ce matin. Le riz est presque cuit ; nous pourrons bientôt passer à table ; façon de parler car il n'y a aucun meuble dans notre *faré* où les repas se prennent accroupis autour d'une natte à même le plancher. Iléana met un morceau de poisson à frire pour le chat, c'est comme ça qu'il le préfère, bien frit et croustillant. Raumati est déjà là. Neti arrive. Notre groupe politique est au complet, réuni aujourd'hui à Poro-Poro pour discuter à fond du gros coup que j'évoquais la semaine dernière avec Neti pendant le baguage des cocotiers.

Chat, joli Chat Fainéant qui n'a jamais eu la curiosité de goûter à un rat, joli Chat bien dodu qui ronronne sur mes genoux en reniflant la délicieuse odeur de poisson frit venue chatouiller tes narines délicates... si tu lisais dans nos pensées, tu dresserais une oreille attentive et un peu inquiète. Car après ce repas que nous allons prendre en commun, il sera essentiellement question de toi. Quand Kipling racontait ses belles histoires du Bois Sauvage au temps des Tout Commencement, il n'imaginait pas que l'Homme ton Ennemi réussirait un jour à te mettre au boulot. Je ne vois vraiment pas en vertu de quelle Loi tu serais le seul à ne pas bosser sur cette terre, le seul à ronronner en attendant l'heure de la bouffe, en attendant que la Femme ton Alliée t'apporte le poisson frit bien croustillant trois fois le jour, à jamais. Figure-toi que les temps ont changé depuis les Tout Commencement où tu avais conclu le Pacte avec la Femme. Ça va peut-être t'étonner, nous avons enfin trouvé pour toi un boulot sur mesure. Cependant je m'engage à respecter l'ancien Pacte, en ce qui te concerne personnellement. Alors ne te fais aucun souci, tu resteras flemmarder autant qu'il te plaira dans notre *faré* pour jouer avec Stéphan et te frotter contre les douces jambes d'Iléana : le vrai boulot costaud, nous le réserverons à ceux de ta descendance. Allez, ouste ! le riz est cuit, arrête de te faire les griffes sur mes genoux en ronronnant comme un idiot, c'est l'heure de la bouffe pour nous aussi.

La cuisine polynésienne n'atteindra jamais en finesse celle du Vietnam. Mais ici comme là-bas, elle se déguste au milieu d'un silence

1. Les femmes possèdent, plus que les hommes en général, ce qu'on appelle l'intelligence du cœur, et elles représentent 53 % de l'électorat occidental. Avec elles au pouvoir, je crois que le monde aurait visage plus humain. 53 %... le choix est donc entre vos mains.

reposant, presque religieux. Autour de notre natte, comme autrefois sur les bat-flanc des familles de mon village d'Indochine, on savoure vraiment ce qu'on mange, on se remplit le ventre, plus rien n'existe en dehors de ça. Et quand on se lèche les doigts à la fin de la cérémonie, ce n'est pas une image.

Café, cigarette, et on passe à la suite : le coprah, les rats, les chats. Durant ces derniers jours, j'ai soigneusement préparé le coup, tout est rangé dans un ordre parfait, avec les chiffres très lisibles écrits au feutre noir sur le dos d'un carton de lait condensé. Je commente à mesure, comme on construit un *faré* pour qu'il tienne bien debout, étanche et solide :

1° Un rat détruit douze kilos de coprah potentiel chaque année. 100 rats en détruisent donc 1 200 kilos. Et 300 rats représentent 3 600 kilos de coprah qui disparaissent.

2° Si on largue un chat dans la nature (avec un trou d'eau douce pour qu'il puisse boire à sa soif) il n'aura d'autre solution que de manger au moins un rat par jour. L'eau est là, les rats sont là, à lui de se débrouiller s'il veut vivre, c'est son problème, pas le nôtre. Et comme le chat n'est pas un animal stupide, ça fera un minimum de trois cents rats liquidés chaque année, trois tonnes et demie de coprah en plus pour Ahé. Et avec dix chats, ça devient trente-six tonnes cadeau, moyennant un peu de sueur pour aménager quelques trous d'eau.

3° Une chatte fait normalement deux portées par an. Étant donné les conditions de vie relativement difficiles, on peut estimer qu'elle limitera d'instinct les naissances à, disons, un seul petit par portée, soit deux dans l'année. C'est vraiment le minimum. Tépuku et Neti sont d'accord avec ce chiffre. Raumati et Iléana pensent qu'il y en aura davantage, au moins deux par portée. Mais il vaut mieux rester en dessous de la barre, nous maintenons le chiffre initialement prévu. Et on peut être certain que les chatons ne risqueront pas de se faire attaquer, car ces rats des Tuamotu sont minuscules, plus proches de la souris que du rat.

4° Ainsi, une femelle deviendra trois chats au bout d'un an. Dix femelles deviendront trente chats. Et ces trente chats mangeurs de rats donneront à peu près cent tonnes de coprah au bout de l'année qui suivra le début de l'opération.

5° Les dix femelles d'origine (avec quelques mâles en plus) se seront donc métamorphosées en trente chasseurs au bout d'un an, soixante-dix à quatre-vingts après deux ans, plus de deux cents avant la fin de la troisième année. A partir de là, plus de problème, la pompe du Gros Coup sera bien amorcée... les noix mûres se mettront à pleuvoir des cocotiers... la goélette augmentera ses rotations pour charger tout ce coprah miraculeux.

Notre réunion se poursuit tard dans la nuit. Peu de mots sont échangés. Une bribe d'idée lancée par l'un ou par l'autre prend forme lentement, comme germe une semence, comme les morceaux d'un puzzle qui s'emboîtent au fil des heures.

– Tous ces jeunes partis chercher du travail à Tahiti vont enfin revenir, dit Tépuku.

Depuis des années, l'exode des jeunes pose un problème insoluble. Les bébés grandissent, deviennent adolescents qui contemplent l'horizon... et les jeunes ont quitté peu à peu ces atolls où le coprah se faisait de plus en plus rare, laissant les vieux se débrouiller avec le *fénua*... ils trouveraient du travail à Tahiti où l'argent coule à flots d'après la rumeur... et quand ils seraient *fiu* (marre) de tout ça, ils sauteraient sur la goélette vers le calme des Tuamotu, un poste de radio tout neuf, des cadeaux pour les parents, plein d'histoires à raconter sur la ville-lumière... puis ils repartiraient à Tahiti ramasser l'argent facile avant de revenir... un pied là-bas où la vie trépide dans les bruits de la cité, l'autre pied au bord du lagon qui les a vu naître avec un *patia* dans les mains... mais le rêve était trop beau, il n'y avait pas de travail à Tahiti pour les Paumotus, pas même assez d'emplois pour les Tahitiens de souche... et nombreux parmi ces jeunes accourus des atolls ont échoué dans la délinquance pour finir en prison.

– Quand ils seront revenus au *fénua*, alors il y aura assez de monde pour remplacer les vieux cocotiers, murmure Raumati après un long silence.

Là, ça fait tilt dans ma tête ! Il ne s'agit plus seulement d'Ahé, petit atoll paumé au milieu du Pacifique. Les technocrates de Papeete qui tirent des plans grandioses dans leurs bureaux à air conditionné rêvent au développement de la Polynésie par le tourisme et la culture des huîtres perlières. Ils ne semblent pas se rendre compte que tout cela n'est que du vent. S'ils faisaient l'effort d'ouvrir un peu les yeux, ils verraient que leur politique s'enlise dans le clinquant. La Polynésie est un pays sous-développé qui se vautre depuis des décennies dans une richesse factice, entièrement soutenue par des subventions orchestrées de discours où la crétinerie associée à la foire d'empoigne domine le débat. Pendant ce temps le *fénua* s'en va à la dérive, semblable à un bateau qui a perdu ses ancres. Près de quatre-vingts pour cent de la cocoteraie des Tuamotu et des îles hautes ont été plantés avant ma naissance, déjà un demi-siècle. Or, tout le monde sait qu'après soixante ans les cocotiers ne donnent pratiquement rien, pressés jusqu'à la dernière goutte. Nul besoin d'être prophète pour comprendre qu'un jour, proche ou lointain, se produira le crash économique majeur qui mettra en échec le Veau d'or de l'Occident et secouera la planète entière. Ce jour-là, ni les discours, ni les hôtels, ni les colliers de perles ne viendront nourrir ce pays démâté où l'asphalte et le béton ont remplacé les arbres à pain. Le coprah est une denrée passe-partout, une matière comestible qui s'échangera toujours contre d'autres aliments, farine, sucre, lait condensé, etc. Contre des planches aussi, pour construire les goélettes qui ravitaillent les îles. A condition que le coprah soit présent à l'appel. Replanter les cocotiers représente la priorité absolue en prévision de l'avenir qui s'annonce par de multiples signes, comme s'annonce un cyclone si on observe le ciel et la mer.

Nos amis ont regagné le village à deux heures du matin. Iléana dort paisiblement avec le chat blotti à son côté. Mon exaltation est si grande que je ne parviens pas à trouver le sommeil. « Quand ils seront revenus au *fénua*, alors il y aura assez de monde pour replanter »... ces mots de Raumati résonnent au fond de moi, surgis d'un très lointain passé d'où je contemple les premières pirogues parties des rivages de l'Asie pour plonger leurs nouvelles racines derrière l'horizon. Je me sens étreint par une force prodigieuse qui m'arrache du sol. Je survole maintenant l'immense archipel des Tuamotu, dont la superficie est aussi vaste que l'Europe. Je monte encore un peu pour essayer de lire le futur. Ce ne sont pas seulement les Tuamotu que je vois de là-haut, c'est la Polynésie dans sa totalité, terres et hommes. Et le chat serait surpris d'apprendre qu'il va participer non seulement au sauvetage d'Ahé mais à celui de toutes les Tuamotu et des îles hautes par-dessus le marché, sans blague, je ne déraille pas, regarde : chat = coprah = retour des jeunes sur les atolls où il y aura du travail à la fois payant sur le plan pécuniaire et dans le sens créatif = diminution de la délinquance et des tensions sociales à Tahiti = amorce d'un virage de la conscience polynésienne vers le chemin du haut. C'est bien plus beau que le Veau d'or, et ça tient beaucoup mieux sur ses pattes que le géant aux pieds d'argile qui essaie de nous conduire avec un bandeau sur les yeux. Peut-être les jeunes sauront-ils empêcher leurs parents de continuer à détruire la terre par le feu. Mais ce n'est pas le plus important, car la terre est patiente, elle peut tenir le coup. Ce qui est vraiment important, c'est que les jeunes reviennent, pour désengorger Tahiti et replanter les cocotiers de l'avenir.

Depuis plus de huit mois, *Joshua* n'est pas sorti du lagon. Hier, j'ai brossé sa carène en plongée. Le réservoir d'eau est rempli. Au précédent passage de la goélette, nous avons acheté un sac de farine, trois caisses de lait condensé, du sucre, de l'huile, du pétrole, des piles électriques et un tas d'autres choses. Tout cela est bien rangé sous les couchettes. Les voiles et les écoutes sont à poste, le pont en ordre, et j'ai vérifié les miroirs du sextant. Tout est paré pour le départ.

Joshua, mon beau bateau fidèle, tu m'as emmené sur les plus hautes cimes pendant la longue route. Tu m'as donné la foi. Tu as transporté ici de la terre et tout ce qu'il fallait au fond de nous pour qu'on puisse s'épanouir sur ce morceau de corail. Et demain ton étrave chantera sa joie en dévalant la mer jusqu'à Suvarov où le vieux Tom a besoin de ravitaillement, où les jeunes cocotiers de l'île aux Oiseaux ont besoin de mes mains et de celles d'Iléana. Nous en planterons encore une trentaine, puis tu remonteras l'alizé vers Tahiti où nous chercherons les chats que tu amèneras à Ahé. Ce sera notre deuxième période de Poro-Poro, il est probable que nous y resterons sept ou huit mois. Ensuite, nous repartirons à Tahiti et reviendrons avec un chargement d'arbres fruitiers destinés au village, afin qu'il y ait plusieurs manguiers, citronniers et avocatiers autour de chaque *faré* en prévision du jour où les jeunes retrouveront leur *fénua*. On peut tomber amoureux d'un peuple comme on tombe amoureux d'une femme. Mon amour pour la Polynésie remonte à mon premier passage, il y a des années de cela. Je sais que je ne vivrai pas toujours dans ce pays, mais pour le moment j'y suis et me sens prêt à donner beaucoup pour aider ce peuple à sortir de sa torpeur et regarder les choses en face. Cependant, je mesure aujourd'hui à quel point Ahé me fait songer à un territoire devenu trop étroit pour un oiseau dont les ailes auraient grandi et qui regarderait plus loin, plus haut, en direction du vaste monde.

Assis devant la table à cartes, je prépare une lettre qui s'adresse aux maires et conseillers municipaux de France :

Voici une idée que je crois bonne, même si je l'ai vue dans un rêve : planter des arbres fruitiers le long de toutes les rues de nos villes, le long de toutes nos routes et de tous nos chemins dans tous nos parcs publics et même dans nos forêts pour les essences donnant du bon bois de construction ou d'ébénisterie et des fruits comestibles. Car un arbre fruitier donne à la fois l'ombrage et la verdure dont nous avons besoin, avec les fruits en plus. Mais au-delà de ces considérations pratiques, des arbres fruitiers qui appartiendraient à nous tous (y compris aux oiseaux et aux abeilles) sans être la propriété exclusive de personne représenteraient un symbole pour l'époque de mutation dans laquelle nous devons entrer si nous voulons réussir la construction de l'Europe, et de notre planète. Ces arbres fruitiers pourraient devenir, en grandissant, une participation réelle et sans phrases à la création de quelque chose de plus grand que nos petites personnes, une œuvre généreuse et simple, qui aiderait à unir les hommes dans le sens d'une évolution de l'intelligence du cœur. Ce rêve, que je ne suis pas le seul à faire, sera combattu par toutes sortes de lois qui parleront des guêpes venues se cacher dans les fruits mûrs pour piquer nos enfants, de la colique due à la consommation des fruits verts et de tous les maux imaginables, sans en oublier un seul. Mais si nous avons fait les lois, il nous incombe également de les modifier dans le sens de la Création, afin de ne pas rester ce que nous sommes, c'est-à-dire pas grand-chose en vérité pour le moment. Les hommes ont bâti les cathédrales, et je crois qu'un pays aux routes, chemins et rues bordés d'arbres fruitiers serait encore plus beau que la plus belle cathédrale imaginable.

J'avais prévenu Iléana que je resterais la nuit à bord pour préparer tranquillement *Joshua* en vue du départ vers Suvarov. Le soleil commence à se coucher de l'autre côté du lagon. Je n'ai pas vu passer les heures, tout à mon écriture. Un monceau de brouillons traîne sur le plancher, comme à l'époque où je travaillais à *La Longue Route* en écoutant les voix du lointain. L'enfant est venu s'accroupir près de moi sur la banquette, et nous relisons ensemble le texte de la lettre aux maires. Cet enfant que j'ai emmené avec moi en quittant l'Indochine est mon ami depuis toujours. C'est lui qui m'a appris à viser le plus haut possible, même si le but semble hors de portée, même si on le distingue à peine dans une sorte de brume. Je songe aux palmes que nous installions Iléana et moi sur le sable nu de Poro-Poro, sans pouvoir imaginer combien cela transformerait l'ancien désert en même temps que notre vision des choses. L'écriture est une histoire très semblable à celle des palmes : on couche en charabia sur le papier une idée encore diffuse pour essayer d'y voir plus clair, on la malaxe comme le potier pétrit sa glaise sans regarder passer le temps, et la glaise prend la forme d'un acte qui se développe lentement. Si ça ressemble encore un peu à du charabia, ce n'est pas grave puisque l'idée a trouvé un début de substance et poursuivra son chemin, relayée par d'autres cœurs. Ahé m'a demandé du temps, comme cette lettre aux maires de France; je la fignole avec l'enfant, à la lueur de la lampe à pétrole qui fait danser les ombres dans la cabine de *Joshua.* Et nous voilà partis ensemble vers les pays d'Afrique, l'Inde, le reste de l'Asie et l'Amérique latine, où des populations entières ont du mal à survivre. Et je me revois à Poro-Poro, ma pelle à la main, en train de méditer sur cette évidence qu'un trou de concombre qui produira pendant un mois représente le même travail que la plantation d'un arbre à pain ou d'un manguier pouvant nourrir et ombrager plusieurs générations. Il faudra que l'essentiel de cette lettre aux maires arrose la planète... autant viser carrément au plus haut pendant que nous y sommes! Mais on ne peut pas tout faire à la fois... je m'occuperai de cette belle histoire dans quelques années, après avoir mis bien au propre le boulot commencé en petit dans le microcosme d'Ahé.

Le ciel blanchit déjà. Plongé dans mes réflexions, je n'ai pas fermé l'œil de la nuit. L'aube arrive, le soleil se lèvera bientôt. Je me retrouve à Ein Kerem, près de Phil qui répétait souvent : *« The work is teaching you the work. »* Sans doute voulait-il dire qu'à force de contempler une image mentale en y ajoutant ce qu'il faut de sueur et de foi, elle prend alors du recul et de la précision. Comme dans l'histoire du *patia* qui finit par devenir magique et atteint le coco fiché tout en haut de la perche.

CHAPITRE 20

Joséphine Baker chantait qu'elle avait deux amours : son pays et Paris. Nous, c'est Suvarov et Ahé. Entre les deux, l'immense Pacifique aux milliards de perles brassées par la vague d'étrave.

L'alizé souffle beau. Le bateau est heureux. Les mille milles qui nous séparent de notre rêve sont dévorés en une semaine. Déjà le bout-dehors hume l'entrée de la passe... pas de courants vicieux, les récifs sont parés à bâbord et tribord, tout est clair devant pour le dernier galop qui conduit au lagon de lumière.

Le temps s'arrête là.

Suvarov!

Le vieux Tom est occupé à nourrir ses volailles avec des cocos germés qu'il ouvre à la hache. Ces quarante à cinquante poules représentent le pivot d'équilibre sans lequel l'existence de Tom partirait à la dérive : pour empêcher que les noix sèches tombées des arbres ne transforment son île en une jungle inextricable, il les ramasse avant qu'elles prennent racine. Leur pulpe oléagineuse et légèrement sucrée alimente les poules. En échange, elles lui donnent un demi-bidon de fiente par semaine, indispensable à son potager.

Tom est un bain de jouvence. En riant, il dit que ses poules lui ont appris le secret du mouvement perpétuel. Planté comme pour l'éternité sur ses jambes de soixante-quatorze ans, il n'arrête pas. Tout seul, il a construit une jetée de corail qui lui ressemble. Elle part de la plage pour atteindre l'eau profonde. Les blocs de corail ont été plusieurs fois éparpillés par des cyclones; à chaque fois, il recommençait. La patience et l'acharnement d'une fourmi. Comment parvenait-il à entasser des masses aussi énormes sur pareille distance... c'est pour moi un mystère. Des hommes ont construit temples et monuments qui inspirent d'autres hommes. Tom a bâti cette digue de colosse tout en créant son île.

Quelques jours auprès de Tom, puis *Joshua* s'en va mouiller devant l'île aux Oiseaux. Nous y restons trois semaines. Sur les cinquante cocotiers plantés l'année dernière, douze ont passé le cap, les autres sont morts. Douze sur cinquante, ce n'est pas un trop mauvais résultat quand on considère la pauvreté du sol. Ne nous plaignons donc pas. Le visage de l'île aux Oiseaux se transforme peu à peu. « Le buffle est lent... mais la terre est patiente. » Nous plantons encore une trentaine de noix germées avant de lever l'ancre.

Retour vers Tahiti par le chemin des écoliers, *via* Bora Bora. Un mois à Bora Bora, on n'est pas pressés. Carénage à Tahiti sur la cale de halage du copain Ellacott. Son père a vu passer Gerbault, Éric de Bishop, Le Toumelin, Bardiaux.

Le carénage est terminé. On commence à regarder autour de nous. On cherche des chats. Beaucoup de chats. Un maximum de chats. Plus question de rêver. Mais pas de précipitation non plus. Il faut préparer soigneusement le gros coup d'Ahé...

... Et *Joshua* lève l'ancre quelques semaines plus tard avec un chargement de seize chatons, tous sevrés, tous en parfaite santé, plus deux femelles presque adultes. Cette aventure me fait songer à un camion bourré de jeunes arbres fruitiers sortis de pépinière, qu'on s'en va transplanter ailleurs pour embellir un paysage et le rendre productif en plus. Iléana, qui a l'odorat sensible et souffre facilement du mal de mer, partira dans trois jours par la goélette à coprah, avec Stéphan. Neti m'accompagne. Je l'avais averti par télégramme et il a profité d'un yacht de passage sur l'atoll pour me rejoindre avant le départ de Tahiti. C'est un excellent marin, une présence utile à bord d'un voilier.

Le temps est beau, nous marchons bien. Les deux chattes explorent la cabine sans paraître trop intimidées; je me rassure en voyant l'une d'elles renifler le bac à sciure. Quant aux seize petits, ils sont enfermés dans un vaste carton sur les parois duquel nous avons découpé une vingtaine de trous; ils n'auront qu'à y passer les narines pour respirer. Le carton est bien calé dans le poste avant; l'eau et la nourriture se trouvent dans des boîtes de conserve ficelées aux angles.

Mais il ne nous faut pas longtemps pour apprendre que les chats ont besoin d'espace vital, la promiscuité leur est insupportable. Dès le lendemain, plusieurs ont réussi à élargir les trous d'aération en y forçant la tête jusqu'au cou; ils essaient de passer les épaules, paniquent, bavent déjà, sur le point de s'étrangler. D'autres gisent complètement amorphes; entassés à la gîte dans un coin du carton, ils étouffent, baignant dans leur vomi et leurs ordures. Un jour de plus, et il y aura des cadavres. Je dois me résoudre à les libérer tous, pour empêcher qu'ils ne meurent asphyxiés. Les voilà qui ressuscitent en quelques minutes, l'œil vif, la détente rapide...

En quatre jours de louvoyage, le bateau devient un véritable capharnaüm, du caca et du pipi de chats partout à l'intérieur, sur les matelas, sur les coussins, sur les planchers, sous l'évier, dans les moindres recoins. Rangeant une pince dans la caisse à outils que j'ai eu l'imprudence de laisser ouverte le temps de desserrer une manille sur le pont, je trouve un minou lové dedans... et j'en ai plein les doigts. Un placard s'est ouvert, je le referme vivement. C'est celui qui contient le précieux tissu dont Iléana fait ses paréos. Une heure plus tard, je redescends allumer le Primus pour réchauffer une boîte de conserve. J'entends gratouiller. Je tends l'oreille. Ça vient de ce même placard... et j'y trouve un chat. Comment est-il entré sans que Neti ni moi ne nous en soyons aperçus, je n'en sais rien!

Répandus dans tout le bateau, les chatons occupent les lieux. Il y a les timides, les effrontés, les malins, les voraces, les prudents, les grandes gueules, les sournois, les râleurs et les diplomates, tous les caractères sont présents. La seule chose qu'ils aient en commun de manière indiscutable, c'est cette odeur de plus en plus pestilentielle à mesure que le temps passe. Et rien ne peut décourager leur détermination à faire ce qui leur plaît, quand ça leur plaît.

Aïta péa-péa (ça n'a pas d'importance), clé de la philosophie polynésienne, le « sésame ouvre-toi » qui débouche sur l'art de planer à si haute altitude que les pires calamités s'estompent à l'horizon, disparaissent, volatilisées.

Aïta péa-péa... les chats sont là mais nous avons des ailes et nous sommes ailleurs, au loin dans nos pensées, à manœuvrer les voiles pour tirer du bateau sa vitesse maximum. C'est un régal, de naviguer avec Neti!

Aïta péa-péa... et la joie nous transporte en embouquant la passe avec nos dix-huit chats pleins de vitalité.

Aïta péa-péa! Bonjour Ahé la belle! Mission accomplie!

Iléana et Stéphan m'attendent à Poro-Poro. Elle a réussi a emmener six chatons par la goélette, récupérés au dernier moment. Et un yacht ami arrive quelques jours plus tard, avec encore trois chatons pour Ahé. Cela fait vingt-sept futurs mangeurs de rats en une seule fournée... alors que l'idée initiale prévoyait tout juste une dizaine de chats.

Le village est en liesse. Trois chatons pour Neti, trois pour Tépuku et Raumati, les deux jeunes femelles pour Poro-Poro. Le chat personnel d'Iléana, ce paresseux que Tépuku gardait en pension pendant notre absence, fait déjà des avances à la plus mûre de ces demoiselles; elle ne tardera pas à être mère. Papa Toa distribue les dix-neuf chatons restants, un ou deux par *faré*.

Le samedi suivant, assemblée générale de la « bande à Tamata » autour du repas traditionnel de riz au poisson frit, à Poro-Poro. Il y a une salade de papaye verte en plus, et une bouteille de vin. Notre réunion a pour objet de définir la meilleure suite possible à cette affaire de chats, si bien emmanchée. Le lendemain dimanche, après le concours de boules devant la mairie, Raumati prend la parole :

– Au lieu de les envoyer au boulot sitôt qu'ils seront en âge de se débrouiller seuls, gardons-les au village où ils feront des tas de petits. Ce sera comme les cocotiers sélectionnés, dont on prend soin, et qui donnent de belles noix qu'on plante ensuite sur les *motus*.

Papa Toa hoche la tête. Tout le monde est d'accord. En quelques mois, chaque *faré* peut devenir une véritable usine à chats. Il y a des usines qui produisent des boîtes de petits pois ou de sardines à l'huile, d'autres font des tanks, des avions à réaction et des canons. Ahé fabriquera des chats. C'est très simple : en grandissant, les vingt-sept chatons de cette fournée, bien nourris et conservés au village, donneront régulièrement naissance à un grand nombre de jeunes, qui, eux, seront alors envoyés au travail sur les *motus* après être devenus adultes à leur tour. Non seulement c'est simple, mais c'est carrément génial. Car il est évident que les chats gardés au village en tant que procréateurs, alimentés au poisson et au riz, se révéleront nettement plus féconds que leurs congénères luttant pour la survie à l'état sauvage et nourris de rats quand ils pourront les attraper. De plus, si les chats sauvages rencontraient de trop grands problèmes pour élever leur progéniture, les *motus* seront néanmoins assurés d'un apport constant, grâce aux nouveaux chats produits par le village. Après cet exposé de Raumati, Neti ajoute que le village pourrait même, dans l'avenir, envoyer des chats sur l'atoll Manihi (distant d'une dizaine de milles) où chaque famille d'Ahé possède aussi des cocoteraies. Aucun doute ne subsiste : le gros coup de la bande à Tamata démarre sur les chapeaux de roues!

Notre absence avait duré quatre mois, entre Suvarov, le louvoyage du retour sur la Polynésie, l'escale de Bora Bora, le carénage à Tahiti, la récolte des chatons, puis la réintégration de nos pénates à Poro-Poro avec un moral de haute altitude, batteries rechargées à bloc.

Les papayers mis en terre voilà bientôt un an sont lourds de fruits. Les trente cocotiers que nous avons plantés derrière le *faré* étirent leurs palmes au soleil, apportant une certaine fraîcheur à cette zone autrefois désertique. Et il semble que le vent s'est un peu calmé sur l'ensemble du *motu*, grâce aux *filaos* disposés en quinconce le long du platier après le vieux *kaaia*. Ils poussent vite, nourris seulement de corail et d'air salin.

Mais le potager redémarre à zéro. Pioche, pelle, barre à mine, dix trous de pastèques, dix trous de concombres, dix trous de citrouilles, trois plates-bandes pour les tomates et choux chinois, les semis en pépinière, la réfection des poteaux et du grillage dans le parc à poissons, d'innombrables fagots de palmes rapportés en dinghy du *motu* voisin pour continuer à enrichir le sol. Il faut aussi remettre du pétrole dans les trous de *tupas*, celui-ci s'étant évaporé pendant notre longue absence.

Depuis notre retour, déjà quatre semaines, Iléana et moi n'avons pas revu le village, complètement absorbés par la remise en marche de Poro-Poro. Même les week-ends restent actifs; les seuls temps morts – en admettant qu'on puisse les qualifier de temps morts – sont utilisés en menus bricolages. J'ai perdu, provisoirement, tout intérêt pour le tir au *patia* qui regroupe habituellement les hommes en fin d'après-midi sur le terrain de foot, et je ne me rends plus aux réunions du jeu de boules des dimanches matin devant la mairie. De son côté, Iléana a trop à faire entre ses paréos, le potager, les leçons de chinois à Stéphan et la cuisine, pour aller rendre visite aux uns et aux autres; si un malade avait besoin de ses conseils ou de ses soins, elle en serait avertie.

Levés avant le jour, moulus de fatigue au coucher du soleil, nous avons retrouvé le rythme et la sueur des premiers temps de notre installation. L'une de nos chattes a le ventre rebondi, elle donnera bientôt naissance à des petits. L'autre est encore un peu jeune, mais ça ne tardera pas non plus. Et la fatigue du soir se transforme en un immense bien-être quand nous songeons aux vingt-quatre chatons du village, bien nourris, bien soignés, qui deviendront opérationnels sur le reste de l'atoll. Une ère nouvelle se dessine à l'horizon d'Ahé. Dans un an au plus tard, on commencera à remarquer la différence. Et cette poignée de chats va faire tache d'huile! Encore quelques années, les rats seront mis en échec dans une bonne partie des Tuamotu... plus besoin de s'user les pattes à marcher en zigzag entre les lignes de cocotiers pour remplir les sacs de coprah. Le plus extraordinaire, c'est la manière dont ce sera venu, comme ça, en humant le vent et en réglant bien la voilure avec le village. Tout ce chemin parcouru en si peu de temps, c'est à n'y pas croire!

C'est alors que Stéphan rentrant de l'école nous annonce une nouvelle stupéfiante. Je lâche ma barre à mine, Iléana laisse tomber sa pelle et nous traversons le platier comme des somnambules...

... Eh oui... la parabole était superbe... mais le *patia* s'est heurté à un obstacle invisible sur la trajectoire qui le menait au but. Sauf les chatons de Tépuku, de Papa Toa et de Neti (ceux-là se portent à merveille) tous les autres sont morts, ou presque. Deux ou trois rescapés se cramponnent encore, ils n'en ont pas pour longtemps, on dirait des squelettes. Éteints! Liquidés! Cela semble incroyable!

C'est pourtant facile à comprendre : la nourriture destinée aux animaux est jetée en vrac dans un coin de la cour, chacun n'a qu'à se débrouiller, c'est son problème... mais les chatons n'ont même pas le temps d'approcher, les chiens ont déjà tout mangé. Et ils sont morts de faim, morts de misère. Il suffisait de les nourrir à l'abri des chiens, un peu de poisson, un peu de riz, pas grand-chose, juste le minimum d'effort mental permettant de se projeter ne serait-ce qu'à deux ou trois pas en direction de l'avenir. Mais l'avenir, qu'est-ce que c'est que ce truc-là? C'est bien compliqué, l'avenir. Et il se pourrait aussi que l'avenir soit rempli d'un tas de choses qu'on n'a pas trop envie de rencontrer là-bas, des choses un peu inquiétantes, un peu trop nouvelles, un peu trop remuantes, et qui risqueraient de nous fatiguer les méninges. On transpire déjà bien assez avec la récolte du coprah, faut quand même pas nous demander de penser en plus, alors *aïta péa-péa*, c'est tellement plus simple, inutile de se casser la tête. Si les chatons n'ont pas envie de se battre contre les chiens pour bouffer, ça les regarde. *Aïta péa-péa...* et la vie continue sur le chemin peinard, celui du présent éternel où aucune surprise ne viendra bouleverser les saintes habitudes. Je dois me cramponner pour ne pas laisser paraître mon indignation devant tant d'inconscience. Mais cela aurait porté atteinte à une règle immuable : en Polynésie, on ne se mêle pas de ce que font les autres. Il y avait un avocatier au village. Cet arbre appartenait à un vieux, toujours souriant. Bien entendu, les gosses lui chipaient ses fruits chaque fois qu'il tournait le dos. Le vieux n'aimait pas ça. Mais personne n'est intervenu en le voyant prendre une hache et couper cet unique avocatier, afin que les enfants ne viennent plus jamais lui chaparder ses fruits. On croit rêver. Pourtant, ce peuple est infiniment généreux, aucune méchanceté au fond de l'âme polynésienne... même s'ils ont laissé crever les chats dans le *aïta péa-péa*.

De retour au *faré*, Iléana explose. Elle est écœurée. Elle parle même de quitter la Polynésie. En plus, elle me reproche de n'avoir pas eu un mot de pitié pour ces pauvres bêtes dont nous avions pris la responsabilité, et qui sont mortes misérablement. Mais je ne suis pas expansif. En cela, je ressemble à ce qu'était Françou. De toute manière, on ne ressuscite pas les morts. Comme dans un flash, je viens de voir Françou devant moi, avec Baï Ma. C'est à cause de ce mot « responsabilité » qu'a évoqué ma compagne.

Pendant deux jours, ses yeux parfois embués de larmes et perdus dans le vague, elle n'ouvre plus la bouche. Moi, je me tâte. Je songe à une histoire que nous contait ma vieille Assam.

Un artisan portait sur sa tête un chaudron en bronze. Il l'avait moulé de ses mains et l'emmenait à sa nouvelle paillote. Son pied a buté sur un caillou, le chaudron est tombé... et l'artisan a poursuivi son chemin sans même se retourner : il avait reconnu le son mat rendu par la fêlure à l'instant où le métal heurtait le sol pierreux. Plutôt que réparer un chaudron fendu, il en ferait un autre, plus beau et plus solide.

Je continue à me tâter. Je dois admettre que nous avons encaissé une rude châtaigne, avec nos rêves démesurés. Mais ce serait idiot de tout laisser tomber maintenant, ramasser nos cliques et nos claques, mettre les voiles. Pour aller où ? Et y faire quoi ? Ne serait-ce que pour Stéphan, nous devons rester ici deux ou trois ans de plus. Nul autre coin du monde accessible à *Joshua* et à nos moyens ne lui offrira une enfance aussi heureuse, aussi riche, pleinement animale... ses pieds nus, ses copains, son *patia*, l'horizon à perte de vue sur le récif-barrière où déferle l'Océan primitif qui aiguise les réflexes et forge l'intelligence du corps. Nous ignorons ce que fera plus tard ce gosse lancé dans la vie, mais Ahé restera au fond de son cœur une balise sûre, un repère essentiel.

Voyons, Iléana, ne pleure pas, oui, je sais, on voulait faire de cette histoire de chats une belle histoire d'amour entre nous et la Polynésie, une histoire d'amour qui aurait pu voler très haut... elle a pris du plomb dans l'aile, nous n'y pouvons rien. Ne pleure pas, c'est vrai qu'on en a gros sur la patate mais oublions tout ça, redevenons paumotus comme à notre arrivée l'an passé. Attends !... on peut faire encore mieux !... un système que j'avais mis au point avec *Marie-Thérèse* dans la mousson de l'océan Indien quand tout allait trop mal et que la déprime arrivait au galop ; j'entrais carrément dans la peau d'un protozoaire, la déprime s'y cassait les dents et le bateau continuait sa route mine de rien. Eh bien, on va faire pareil. Là, je te le garantis, balayés les problèmes, plus la moindre pensée, le grand calme intérieur, pas l'ombre d'un soubresaut dans l'électro-encéphalogramme, allez, viens, on va commencer par s'offrir un gentil câlin tous les deux, ensuite un bon dodo, et demain on se réveille protozoaires dans un *aïta péa-péa* poussé à l'altitude maximum !

Couchers de soleil sur le mauve du lagon... doigts de pieds en éventail dans la brise parfumée qui fait chanter les palmes... et notre esprit fonctionne à l'extrême ralenti dans une brume bienfaisante qui estompe les contours. Désormais, plus rien ne presse. Retour à la case départ. Le passé est enterré, l'avenir n'existe pas. Nous consacrons à l'embellissement de Poro-Poro l'essentiel de nos journées. A Poro-Poro et à notre bien-être.

Le *tupa* est devenu notre gourou. A force de l'observer, nous en avons conclu que son mécanisme est à peine plus sophistiqué que celui du protozoaire, mais sans doute beaucoup mieux adapté à l'écoulement du temps sur un atoll des Tuamotu. Bien à l'abri dans sa carapace, peinard à cent pour cent, ce n'est pas lui qui se cassera la tête sur des problèmes existentiels... il n'a pas de tête, et encore moins de problèmes. Il s'occupe seulement de son petit confort, ramasse un gravier par-ci par-là pour décorer son trou, mâchouille une brindille qui traînait devant lui. Si c'est un peu loin – disons à plus de deux mètres – il n'y va pas. Aucun risque de se faire du bobo, inutile de se compliquer la vie. Quand le soleil est là il se réchauffe sur le sable, et quand il pleut des cordes il en profite encore. Il a tout compris sans avoir besoin de penser. Depuis qu'il nous a transmis son message, nous vivons mentalement très proches de lui, centrés sur le présent, dans la jouissance de l'instant. Ça ne fatigue pas trop le corps, ni ne perturbe les neurones.

Et par un beau week-end de Pâques, laissant le *tupa* rêvasser au bord de son trou, nous sommes partis nous promener sur le lagon. Là, j'ai eu l'impression que *Joshua* me demandait de le laisser choisir sa route en toute paix, de ne pas intervenir jusqu'au moment de mouiller l'ancre. Quand une tête de corail se montrait en chemin, une risée en éventail survenait comme par hasard et corrigeait le cap juste assez pour permettre à l'étrave de passer au ras du danger. Puis le vent retrouvait sa direction initiale, rétablissait le cap. On aurait dit que le bateau, le corail et la brise légère jouaient ensemble à se faire un peu peur. Je surveillais quand même cette histoire-là du coin de l'œil, mais je n'ai presque pas eu besoin de toucher à la barre pendant tout le parcours. Iléana chantonnait sur le pont en tressant un panier en feuille de cocotier, et Stéphan taillait une fourche de *miki-miki* avec son Opinel pour un nouveau lance-pierres. Moi, j'avais l'âge de Stéphan, j'étais accroupi à côté du père de Hao devant une jonque de mon village, il me montrait comment on peigne l'écorce du *cai tram* afin qu'elle entre bien dans la rainure du calfatage. Et comme ça, tranquillement, *Joshua* est arrivé tout au bout du lagon, près de la pointe nord-est, le plus loin possible. C'était là qu'il voulait nous conduire.

D'abord, j'ai cru qu'il avait choisi ce coin pour nous faire connaître un endroit boisé de *kaaia* particulièrement touffus, où couper des rejets impeccables pour les nouveaux pare-vent prévus à Poro-Poro. Mais juste un peu après... nous découvrons la minuscule forêt aux arbres gigantesques ! C'est Stéphan qui l'a dénichée en suivant le vol d'un nodie pendant que j'écorçais notre fagot de perches avec Iléana.

Je n'en crois pas mes yeux. Comment pareils colosses parviennent-ils à se nourrir sur un socle aussi pauvre, de sable et de corail ? Les troncs mesurent parfois quatre mètres de circonférence, peut-être davantage, et s'élèvent au niveau des plus grands cocotiers. Frégates, fous de Bassan, nodies et goélettes blanches nichent par centaines dans les ramures, si hauts que leurs cris nous parviennent tamisés à travers l'épaisseur du feuillage d'où les rayons très pâles descendent du ciel en éclaboussures de lumière bleutée. Un halo de mystère et de surnaturel se dégage de ce lieu que Stéphan baptise « la terre aux oiseaux ». La fraîcheur, le clair-obscur, l'intense majesté qui règnent dans le sous-bois donnent à Iléana le sentiment de visiter l'intérieur d'une cathédrale, dôme entouré de vitraux, soutenu par d'énormes colonnes à l'écorce de marbre.

Nous marchons en silence. J'entends parler les dieux. Je revois la forêt insondable des contes de mon enfance, habitée de dragons, de génies et de fées. Certains jours ainsi m'emmènent sur des ailes. Alors je me retrouve à la lisière des deux mondes, celui d'ici et l'autre, où un miroitement venu de l'au-delà transforme à son image les lois qui m'étaient familières. Sous nos pieds nus le sol est spongieux, couvert de fins débris végétaux mélangés à la fiente des oiseaux de mer. Ce sera excellent dans le compost de Poro-Poro. Notre réserve de sacs vides est au *faré*, mais Iléana pense qu'elle en trouvera quatre ou cinq dans un placard du poste avant. Elle ramènera aussi de l'eau, un bon casse-croûte, du café soluble et du bois sec pour le feu. Stéphan l'accompagne, il avait oublié son lance-pierres dans le cockpit.

Je poursuis seul mon exploration. A peine la moitié d'un hectare, cachée derrière le rideau des *kaaia* qui bordent la grève, inaccessible côté lagon à cause des patates de corail qui s'étendent au loin comme pour protéger un secret, elle demeure invisible du mouillage. Et d'où qu'on vienne par la terre, aucun indice n'y conduit. Il a fallu que Stéphan tombe pile dessus pour qu'elle révèle son existence. J'ai souvent fréquenté les forêts d'Indochine ou d'ailleurs, mais jamais je n'ai vu semblable unité : là-bas, même quand une espèce domine par endroits, on y rencontre forcément des lianes, des fougères, des arbustes d'essences différentes qui vivent en symbiose ou en lutte à l'ombre des grands maîtres. Ici, point de partage, tous les arbres de cette futaie appartiennent à la même espèce géante (*Pisonia grandis)*, sans aucune exception.

Deux goélettes blanches m'accompagnent un bout de chemin. Je marche lentement. Leurs ailes transparentes dessinent des arabesques au-dessus de ma tête, si proches qu'il suffirait d'étendre la main pour pouvoir les toucher. Elles me conduisent à la lisière, où le *motu* retrouve son aspect habituel. Mon regard est attiré par un monticule d'environ un mètre de hauteur et très allongé ; sa forme évoque la carapace d'une immense tortue de mer. Je m'assieds sur son dos pour me reposer quelques minutes. J'ai soif. Cette « tortue » m'intrigue. Il s'agit évidemment d'un hasard de la nature créé par un ancien cyclone, mais aucune végétation ne pousse dessus, et le corail dont elle est faite est presque lisse, couvert seulement d'un peu de mousse et de feuilles mortes. Ce n'est pas normal. Il devrait y avoir au moins des fougères.

Je me lève pour continuer ma prospection. La tête me tourne, une sorte de vertige. J'ai très faim, et terriblement soif. Je me rassieds sur le dos de la tortue. Je sens une présence à mon côté, comme si quelqu'un m'observait. Mais il n'y a personne, je suis seul avec moi-même. Et là, dans une hallucination fulgurante, je vois Françou et Baï Ma qui me regardent et disparaissent. Depuis le jour où Françou m'était apparu dans le labyrinthe avant la longue route, c'est la troisième fois que je le revois, avec Baï Ma, l'un près de l'autre. La première fois au passage du Horn, plus tout à fait dans le Pacifique et pas encore dans l'Atlantique. La deuxième fois quand Iléana avait prononcé le mot « responsabilité ». Et je viens de les rencontrer à nouveau. Le temps qui a passé n'a donc pas réussi à effacer la trace. Mais c'est ainsi, je n'y peux rien et je dois vivre avec.

Je m'enfonce à nouveau dans la cathédrale aux grands arbres. La plante de mes pieds décèle par tous ses pores l'odeur du terreau. Du bout de ma machette, je sonde çà et là. Cela fait bien longtemps que je n'avais connu pareille exaltation. La couche d'humus varie entre cinq et dix centimètres un peu partout. Je flotte dans un rêve, mais je ne rêve pas. Au voisinage des troncs, entre les grosses racines, elle est bien plus épaisse, dense de vie et légère à la fois, véritable compost... des tonnes et des tonnes concentrées dans cette forêt comme un cœur qui palpite au milieu de l'atoll.

Faute de pelle, je racle à l'aide d'une coquille de bénitier, je ratisse à mesure avec les bras. Ça vient sans effort. Je songe que nous avons passé huit mois sur cet atoll à notre premier séjour, et déjà quatre mois maintenant depuis notre retour... douze mois durant lesquels Raumati a pu voir combien je me crevais la peau pour faire du compost... et il ne m'a jamais parlé de cette source intarissable!

Mon tas d'humus grossit. J'écoute le silence chanter au fond de moi. J'évolue à l'intérieur d'un nuage, dans une sorte d'état second. Je ne vois pas passer le temps, vingt minutes? Deux heures? Iléana est de retour avec quatre sacs. Ils pourront contenir entre vingt-cinq et trente kilos chacun, en tassant bien. Elle contemple l'énorme tas d'humus, muette d'étonnement. Poro-Poro explosera de joie en voyant arriver ce fabuleux trésor venu tout droit de la Terre aux Oiseaux sur le pont de *Joshua.*

Nous remplissons les sacs. Mon corps s'active ici, mon esprit est au loin, ma tête pleine d'étoiles. Phil me disait à Ein Kerem que la pensée ressemble à la matière au point qu'elle est matière, de densité infime mais matière cependant, comme cette coquille de bénitier brillante dans ma main est matière, comme l'air invisible que je respire en ce moment, comme le bruissement du vent là-haut dans les feuilles, et ce parfum d'humus qui me transporte au ciel.... tous matière issue d'une origine unique, tous composés d'atomes centrés sur un noyau avec des électrons animés de vitesses que même la pensée ne peut pas concevoir. Par la suite, j'ai trouvé dans un bouquin la définition qu'un prix Nobel de physique proposait pour l'électron : « torsion du néant négativement chargée ». Et pourtant je suis là, *moi*, oui *moi*, chair et âme habitées par ces milliards et ces milliards de torsions du néant, semblable à l'homme de Cro-Magnon assis devant sa grotte le menton dans les mains, essayant de percer le mystère du feu.

De retour à Poro-Poro le surlendemain, avec nos quatre premiers sacs, nous voyons Tépuku et Raumati qui nous attendent sous le vieux *kaaia* près du compost. Ils *savaient* d'où nous venions. Le *mana* leur avait annoncé la nouvelle.

Le *mana* des Paumotu désigne une « chose » que véhicule la pensée dans certaines conditions. Quelle est cette « chose », à vrai dire je n'en sais rien. En cela je me vois identique à mon frère le singe, perché sur la même branche que lui devant le vide sidéral. Cependant, Iléana et moi pouvons affirmer que depuis notre installation sur l'atoll d'Ahé, le *mana* paumotu nous a déjà fait plusieurs clins d'œil au passage. Après tout, puisque la pensée est matière, comme dit Phil et comme je le crois moi-même, formée des mêmes éléments que le caillou qu'on peut lancer exprès ou sans le faire exprès, alors aucune raison ne l'empêchera de ricocher sur un lagon ou traverser le ciel vers un autre rivage si ça lui fait plaisir.

Toujours est-il que Tépuku et Raumati nous attendent sous le vieux *kaaia.* Nous sommes tout imprégnés par la Terre aux Oiseaux, son parfum, sa beauté, son auréole de mystère et le souffle reçu là-bas qui va donner à notre *motu* un nouvel élan grâce aux tonnes d'humus que nous pourrons trouver dans la forêt magique. Mais eux, ils sont inquiets parce que nous l'avons découverte : elle est hantée par un dangereux *tupapau.*

Raumati parle en phrases courtes et rythmées de silences où l'on croirait entendre une musique primitive où rien n'est superflu, comme un lancer de son *patia.* L'histoire qu'il nous raconte enfonce ses racines dans le *namua roa* (le passé très lointain), bien avant l'arrivée du premier *popaa*, quand les îles se livraient des guerres féroces. Il nous prend par la main, Iléana et moi, ensemble nous traversons le temps jusqu'au *namua roa.* Là, il nous montre la grande pirogue double qui franchit le récif-barrière en passant sur le dos de la déferlante. Et nous la voyons vraiment s'élancer dans le grondement de la vague, comme si elle nous arrivait dessus.

– Regardez : pas de femmes ni d'enfants... rien que des hommes, des *patia* et des casse-tête en bois de rose, très pointus, très lourds, très durs ! Le premier jour, Ahé perd beaucoup de monde. Mais nous, on est meilleurs au *patia.* Bien meilleurs. Il fallait voir voler nos *patias* à longue pointe en aiguillon de raie !

« Et avant la fin du deuxième jour, ils sont tous morts sur le corail. Sauf un, d'une force et d'une agilité incroyables, tu ne peux pas imaginer. Celui-là, on n'a pas réussi à l'avoir. Quand il a vu que c'était fini pour les autres, il a plongé dans les brisants. Il n'est pas remonté. Il avait choisi de se laisser plutôt manger par les requins et les murènes. »

Au fond des yeux de Raumati, cette épopée de l'ancien temps se transforme en images si denses que je me retrouve dans la tranchée de Saigon où Jacky vient de descendre le Viêt à deux cents mètres d'un coup de mousqueton. J'entends au même instant Abadie me parler de ces idoles carnivores que l'odeur de la poudre peut faire naître en nous... la guerre... encore la guerre... alors le passé de mes vingt ans se déroule implacable au fond de ma conscience... le passé de mes vingt ans où j'ai trahi Baï Ma... juste après l'effroyable massacre de la cité Hérault par les Viêts... mes sandales souillées de sang et mon cœur gonflé par la haine... je parle à Françou du fusil que Baï Ma cache dans sa paillote... et Françou se fait pistonner par Abadie pour être affecté à Hatien... et de Hatien il arrive avant l'aube au village avec sa patrouille de tirailleurs cambodgiens... et à bout portant, devant tout le village, Françou tue Baï Ma d'une balle dans la tête.... ensuite il s'engage dans les parachutistes... et un jour Françou se suicide parce qu'il voit que Baï Ma était son frère comme tous les autres hommes sur cette terre.

Raumati marque un long silence. Il se roule une cigarette et pousse vers moi le paquet de tabac sans quitter l'horizon du regard. Son doigt dessine sur le sable des ronds et des carrés qui me rappellent Xaï à l'ombre du grand manguier de Rach Gia quand les jonques se reposaient sur l'arroyo en attendant le retour du vent.

– Mais quelques mois plus tard on l'a revu près de l'endroit où vous avez trouvé l'humus. D'abord, on a cru que c'était son *tupapau*. Mais ce n'était pas un *tupapau*. Il était bien vivant. On l'a observé longtemps, de loin à cause de sa force qui nous faisait peur. Chaque matin à l'aube, il plongeait au lagon pour chercher sa nourriture. Il y passait la journée entière. On le voyait très rarement sortir la tête. Il savait respirer comme les poissons. Pas question de l'attaquer dans l'eau, il nous aurait noyés les uns après les autres.

« Il respirait vraiment sous l'eau, mais il était obligé de revenir sur le *motu* après le coucher du soleil, pour dormir. On n'arrivait pas à découvrir sa cachette, il ne laissait aucune trace et déjouait toutes nos embuscades. On a pensé à un moment qu'il pouvait se transformer en arbre; peut-être il était devenu moitié homme, moitié poisson, moitié *tupapau*. Et puis une nuit de pleine lune, quelqu'un l'a vu grimper le long d'un vieux tronc pourri cassé à mi-hauteur, dans cette forêt justement, et sauter dans le trou. C'est là qu'il dormait. Alors le lendemain, on a planté quatre *patias* pointe en l'air au fond de la souche. Il s'est empalé au retour du lagon. C'est comme ça qu'on a fini par l'avoir! »

« *Maï-taï roa* (très bien) », conclut Raumati. Et ses yeux luisent d'une flamme sauvage en évoquant cet exploit du passé de son peuple.

« *Aïta maï-taï* (pas bien) », répond Tépuku. Sa voix semble venir d'ailleurs, et forme des images aussi denses que celle de Raumati. Mais elle y ajoute une beauté qui irise ses yeux d'une flamme différente où même un aveugle verrait très clairement que c'était une lourde faute de l'avoir tué.

– On doit laisser sa chance au dernier, même s'il ne vaut pas cher. Celui-là valait très cher, il avait beaucoup de qualités. Grand, fort, courageux et doué de pouvoirs, il aurait apporté un sang neuf à la descendance d'Ahé. Un peu de patience pouvait l'apprivoiser. On ne s'est même pas donné la peine d'essayer. Les hommes ont tout de suite pensé aux *patias*... alors qu'ils auraient très bien pu déposer un signal de paix au fond de la souche, plutôt que les *patias*. Lui offrir une place dans la communauté de l'atoll. Le laisser racheter le sang versé sur le récif. C'est ce que nous avons demandé, nous autres les femmes. On s'est fait rouer de coups. Les hommes ne pensaient qu'aux *patias*. Ils l'ont tué comme une bête. Pire qu'une bête.

« Depuis, son *tupapau* hante cette forêt. Il est *vraiment* dangereux parce qu'il était très fort dans la vie et qu'il n'a pas reçu le pardon. Vous feriez mieux de ne pas y retourner. Mais nous savons qu'aucun avertissement ne pourra vous en empêcher. Alors, prenez de grandes précautions, ne laissez pas de traces, recouvrez à mesure de brindilles et de feuilles mortes tous les endroits où vous ramasserez l'humus. Et rentrez au bateau avant le coucher du soleil. »

Joshua mouille l'ancre chaque week-end à la Terre aux Oiseaux. Pour les tonnes d'humus que nous apportons à Poro-Poro. Pour la balade sur le lagon. Et pour mes rendez-vous secrets. Mais j'évite de tenir Iléana au courant de cette histoire. Son expérience d'infirmière en hôpitaux psychiatriques pourrait lui faire craindre que l'isolement et le calme apparent d'Ahé ne me poussent vers un tourbillon redoutable.

D'après Raumati, le monticule en forme de tortue s'était créé tout seul, à l'emplacement de la souche où ils avaient tué le dernier. C'est là mon rendez-vous secret. Auprès de cette tombe surgie des temps anciens, je retrouve Françou et Baï Ma.

A chacune de ces rencontres avec mon lointain dans le clair-obscur de la cathédrale aux grands arbres, je vois l'enfant à mon côté, semblable à une sentinelle tenant l'éclair dans sa main. La douceur d'avant est revenue dans les yeux de Françou, la douceur du temps où il écrivait ses poèmes. Mais les yeux de Baï Ma restent durs, ils refusent toujours les miens. Et je suis seul à nouveau dans la forêt enchantée, seul devant mon propre miroir et ne sachant comment exorciser cette très vieille affaire qui nous lie tous les trois.

Cependant il faudra bien que je parvienne un jour à défaire le nœud autrement que par un haussement d'épaules disant « tout cela est trop ancien, il y a prescription ». Le fantôme de Françou accepte la prescription, mais pas celui de Baï Ma. Une note fondamentale me manque encore pour trouver le pardon au fond de ce regard qui se détourne de moi.

Deux couches de peinture blanche sur le pont, deux couches de rouge sur la coque, un liseré noir le long du pavois et sur la ligne de flottaison. Il est temps de songer au départ. Ce deuxième séjour sur l'atoll dure depuis bientôt dix mois. Je repasse aussi une couche de noir brillant sur les bittes d'amarrage, les taquets d'écoute, les balcons, le bout-dehors, les chandeliers et les filières. *Joshua* a toujours été ainsi : contre toute logique apparente, le noir se voit très bien la nuit *en mer*. Car même par nuit d'orage, le ciel et la mer ne sont jamais couleur d'encre, mais gris foncé. Et devant ce gris plus ou moins dense où court le bateau, tout ce qui est peint en noir se distingue au premier regard.

Encore un peu de rangement dans la cabine et sur la table à cartes, nous voilà presque parés. Il ne me reste qu'à brosser la carène en plongée pendant qu'Iléana réinscrit Stéphan pour la prochaine rentrée scolaire. Nous ne serons sûrement pas revenus à temps, mais quelle importance? L'école de Stéphan est partout, sur le bateau, sur le récif, à Suvarov, aussi bien qu'au parking du port de Papeete où il rencontrera des tas de nouveaux copains avant de revenir se brosser les dents au robinet de la citerne sous l'œil de la maîtresse. L'école en zigzag...

Les chatons rescapés de l'ancien désastre sont presque adultes, capables de chasser. Douze au total, y compris les trois nés de notre chatte. Avec Neti, Tépuku et Raumati, nous les installons, par familles de trois, sur divers *motus* éloignés du village. Un puits est creusé pour chaque peuplement. L'eau est parfaitement douce, et comme elle se trouve à environ soixante-dix centimètres de la surface, nous construisons un plan incliné tapissé de coraux : ils pourront descendre boire à l'aise, et le sable ne risquera pas de combler le trou en glissant sur les bords. L'un dans l'autre, une heure de travail par puits.

Un regret dans les yeux, un pincement au cœur... c'est bien loin du Gros Coup prévu à l'origine, le village transformé en usine à minets, les consciences qui s'élargissent, l'essaimage des chats dans les Tuamotu, le sauvetage de la Polynésie. Eh oui, il ne reste pas grand-chose de nos rêves... mais comme disait Tchu en bricolant le moteur de la grosse Hotchkiss avec du fil de fer et des bouts de chambre à air : « Quand on n'a pas ce que l'on veut, il faut faire avec ce qu'on a. »

Et maintenant, que les chats se débrouillent, ils ont l'eau, ils ont les rats, à eux de jouer [1]. Nous leur souhaitons bonne chance, et hissons les voiles vers Tahiti pour le plein de provisions, puis Suvarov où le vieux Tom et l'île aux Oiseaux seront heureux de nous revoir.

1. A notre retour, six mois plus tard, il y avait beaucoup moins de cocos percés par les rats sur ces *motus*. Par la suite, nous avons appris que la même expérience avait réussi trente ans plus tôt sur l'atoll Tetiaroa, où un colon avait largué une dizaine de chats. Ils s'étaient reproduits, éliminant les rats. Parade simple et efficace, qui aurait pu s'étendre depuis longtemps à l'ensemble des Tuamotu.

CHAPITRE 21

Aujourd'hui, la lumière est si pure qu'elle nous offre le reflet vert et bleu du lagon de Suvarov projeté comme par un miroir sur la base d'un cumulus, bien avant d'être en vue de l'atoll.

Quelques heures plus tard, du haut des barres de flèches, le dos d'une vague se fige à l'horizon. C'est bien ça... elle reste immobile et grossit au fil des minutes. Apparaît alors la touffe des cocotiers, semblable à une pelote d'épingles.

A partir de là, le temps se précipite à notre rencontre, tout s'accélère, tout se condense... les gros rouleaux frangés de perles éclatent contre le récif-barrière... la passe nous emmène d'un seul jet vers le grand cœur bleu du lagon... et cette même joie, pourtant toujours nouvelle, cette joie immense nous étreint comme chaque fois que nous entrons à Suvarov!

Joshua mouille devant l'île de Tom, à une cinquantaine de mètres d'un gros ketch battant pavillon américain. Un Zodiac s'en détache, avec un homme, une femme et un enfant. L'homme est en tenue de plongée. Ils nous font des signes de bienvenue et filent vers la passe. Rencontrer un bateau où se trouve un enfant est une aubaine pour les deux équipages.

Sitôt l'ancre crochée, le pont mis en ordre, nous chargeons le dinghy et partons ravitailler le vieux Tom. Il est toujours aussi alerte, toujours aussi occupé par ses poules, son potager et son mouvement perpétuel.

Stéphan reste jouer avec les chats de Tom, Iléana et moi traversons le *motu* par le sentier qui va au récif extérieur. Là, une profonde échancrure permet de se mettre à l'eau sans être trop bousculé par les vagues. C'est un bon secteur où j'ai toujours fléché au moins un mérou de taille respectable, parfois une carangue. Iléana récolte du bois sec et m'attendra sous le pandanus habituel devant la plage de corail.

Moins d'un quart d'heure plus tard, je sors de l'eau complètement écœuré : cette année-là, pour je ne sais quelle raison, le coin est bourré de requins... jusqu'à six en même temps autour de moi. Des *black tips* (aileron à tache noire). Cette variété de requin se révèle d'ordinaire assez timide. A condition de pouvoir les tenir à l'œil. Six à la fois, c'était au moins quatre de trop. Chasser en solitaire dans ces conditions eût frisé l'inconscience. Il faudra donc se contenter d'un reste de riz et d'une boîte de haricots verts réchauffés sur la braise.

Au retour en fin d'après-midi, nous passons par le ketch américain pour y déposer des cocos et rencontrer nos voisins de mouillage. Les cocos sont toujours bienvenus sur le pont d'un bateau ; rares sont les Occidentaux qui savent grimper aux cocotiers. Chez Tom, les plus bas mesurent cinq à six mètres.

– Merci pour les cocos, ça nous fait très plaisir. Mais le dîner sera bientôt prêt, montez donc le partager avec nous si vous aimez le poisson aux spaghetti.

L'invitation nous est adressée en français. A bord, Ugo, Isabella et leur fils Maurice ; il a un an de plus que Stéphan et l'emmène jouer dans sa cabine. Nos compagnes descendent à leur tour. Ugo et moi restons dehors.

Une tête de carangue est suspendue au balcon arrière. Sous le banc de quart où sèche une combinaison Néoprène, mon œil est attiré par un puissant fusil de chasse sous-marine à air comprimé. Le diamètre et le poids de son harpon m'impressionnent. Comparé aux fines flèches des arbalètes polynésiennes à sandows, c'est du calibre pour gros gibier.

– Quelle est sa précision ?

– A un mètre cinquante du bout de la flèche, je peux atteindre en plein milieu un poisson pas plus large que deux doigts réunis. Disons huit fois sur dix. Tom nous a dit que vous venez souvent à Suvarov et que tu sors de beaux mérous avec ton fusil tahitien. Qu'est-ce que tu as pris aujourd'hui ?

– Zéro. Jamais vu autant de requins. Rien que des *black tips*, mais ils ont réussi à me flanquer la trouille. Tu as piqué cette carangue dans la passe ? J'y suis allé une fois, la première année. Ça m'a suffi. La passe est le quartier réservé des requins gris, ceux-là ne rigolent pas...

– J'utilise la technique de l'affût rapproché : on mouille le Zodiac au tombant d'une patate de corail, Maurice et Isabella restent dedans et je me mets à l'eau, sans m'éloigner à plus de deux mètres maximum. Tant que le jeu n'a pas commencé, les requins ignorent ma présence, et les carangues viennent presque toujours aux nouvelles. Tu sais comme elles sont curieuses et tu as vu mon fusil, un vrai bazooka. Même un très gros poisson est séché net avec ça, en visant bien la tête, trois doigts derrière l'œil, ou la ligne médiane. Mais je ne tire qu'à coup sûr et jette vite ma carangue dans le Zodiac. Jusqu'à présent, j'ai réussi à ne pas laisser aux requins le temps de se poser trop de questions. N'empêche que ça serait plus sympa de chasser ensemble... et peut-être aussi plus prudent pour nous deux.

Cet homme dégage une force tranquille, mon instinct n'y décèle aucun bluff. Le temps d'un petit tour de pont, il me présente *Phobos*. Robuste coque en bois d'environ quinze mètres, bordée classique, bien entretenue mais sans fioriture. Franc-bord généreux avec pourtant des lignes d'eau élancées, ce bateau est probablement rapide. Ugo confirme : plusieurs fois deux cents milles en vingt-quatre heures dans l'alizé du Pacifique nord, souvent cent quatre-vingts milles. L'échantillonnage du gréement inspire confiance et le bout-dehors fait plaisir à regarder. *Phobos* fleure bon le vrai bateau de haute mer. Tout y est clair sur le pont, écoutes proprement lovées, drisses assurées en pied de mât : ainsi, pas de voltiges incontrôlables quand on affale en vitesse. Et Ugo a laissé à ses drisses juste ce qu'il leur fallait de longueur supplémentaire pour éviter la pagaille, tout en prévoyant de quoi rattraper une usure ultérieure au portage des poulies. Pas de radar, pas de Satnav, pas de pilote électrique ni même aérien. Cette absence de pilotage automatique en croisière lointaine me surprend quand même un peu.

– L'un de nous deux veille toujours dans le cockpit. Question de sécurité, cargos ou pêcheurs, mais pas seulement ça : veiller chacun douze heures sur vingt-quatre resserre notre contact avec la mer et le bateau. Il y aura plus tard un solide modèle actionné par le vent. Mais l'heure n'est pas encore venue. En attendant, le vieux système de pilotage par retour d'une écoute sur la barre nous oblige à fignoler le réglage des voiles et à rester attentifs aux exigences du bateau. C'est la meilleure école pour les débutants que nous sommes.

Là, je me demande ce qu'il veut dire. Tout sur ce bateau témoigne d'un profond sens marin. Ugo, un débutant?! Il se contente de me sourire et indique le panneau de cabine :

– Ça sent bon là-dedans, ne laissons pas refroidir la bouffe.

Elle est délicieuse. Ragoût de carangue aux oignons et fines herbes, une marmite géante remplie de spaghetti et deux bouteilles de vin californien. Je me baffre sans aucun complexe tandis qu'Iléana tente de modérer l'ardeur de Stéphan qui se dépêche de vider son assiette pour retrouver plus vite les albums de bandes dessinées sur la couchette où l'attend Maurice; il a fini avant lui. Nos hôtes ont eux aussi un bon coup de fourchette. Ouf... ça va mieux, l'appétit reste solide, c'est l'air marin, la nage, le soleil accumulés dans la journée. Je dois me retenir pour ne pas roter de satisfaction béate en étirant mes jambes sous la table.

Ugo et Isabella sont italiens d'origine, naturalisés américains depuis une dizaine d'années. Après avoir terminé leurs études à Rome, ils réunissent leurs économies et partent au Canada qu'ils traversent au volant de leur camionnette équipée avec couchettes et cuisine, s'arrêtant un peu partout pour tâter le terrain. Pas question de prendre racines trop vite. On avance piano piano. Mobilité indispensable. Isabella fait des ménages, Ugo des petits boulots, menuiserie, électronique, réparation de postes radio et télé, ce qui se présente. Arrivés en Colombie britannique, ils passent la frontière des États-Unis et descendent la côte ouest, Washington, Oregon, Californie. Ils flairent le vent. L'Amérique leur fait grosse impression. Un immense pays, actif, bien organisé, où le travail consciencieux n'effraie pas les gens, où syndicats et patrons savent discuter cartes sur table pour rechercher des compromis satisfaisants et ne pas casser la baraque. Encore des bricolages assez bien payés sur la route, et ils arrosent de curriculum vitae toutes les grandes écoles. Mais pas de décision prématurée avant d'être allé voir un peu plus loin à quoi ressemble le Mexique. Là, dans la mer de Cortez, avec des copains de rencontre qui vivent comme eux de bric et de broc, ils tournent un film documentaire dont une partie est axée sur la chasse sous-marine. Entre-temps, plusieurs universités californiennes ont répondu. Il ne leur reste qu'à choisir pour signer les contrats... et c'est fait. Isabella donne des cours de psychologie à l'université de Berkeley près de San Francisco, tout en préparant sa thèse de doctorat. Et Ugo, qui est géophysicien, occupe un poste dans la recherche scientifique à Berkeley. Parallèlement, il travaille sur une histoire de minerais qu'on détecte par des faisceaux d'ondes provenant de gigantesques orages qui naissent à la surface du soleil... mais ça commence à devenir trop compliqué pour ma petite cervelle, d'autant plus que le vin glisse doux.

Alors je lui demande de m'expliquer une chose simple : « Comment les flammes d'un feu s'y prennent-elles pour dessiner des formes aussi belles, vivantes et toujours imprévisibles ? » Je ne doute pas qu'un scientifique de son niveau répondra enfin à cette question que je me suis souvent posée. Mais là, il me sidère :

– Comme les tourbillons d'une rivière ou le remous des vagues brisant contre un rocher, les flammes sont un phénomène chaotique.

Avec l'aide des plus puissants ordinateurs, on essaye de découvrir les lois du chaos. Personne n'a encore pu lever ce voile. On suppose que le chaos se cache derrière la plus profonde énigme. Et pour répondre à ta question, la seule bribe que la science a trouvée dans ce domaine, c'est qu'il est *théoriquement* impossible de prévoir la forme et les nuances que choisissent les flammes d'un simple feu de bois.

Bon... je ne suis pas mieux éclairé qu'avant... mais je comprends mieux maintenant notre fascination pour cette fleur mystérieuse qui danse librement et enchante nos yeux depuis l'Age des Cavernes.

Les enfants dorment serrés l'un contre l'autre dans la couchette de Maurice. Sur la grande table du carré où brûlent trois chandelles, les bouteilles se vident en réchauffant les cœurs. La nuit entière est devant nous. Décontraction totale. Ils me connaissaient un peu à travers mes bouquins et avaient vu à la télévision les images de la « longue route ». Cette chevauchée fantastique évoque dans leur esprit une sorte de miracle, symphonie orchestrée par les dieux avec pour instruments la mer, un bateau et son skipper. En d'autres circonstances, ce genre de témoignage m'eût repoussé au fond de ma coquille. Mais ici rien de tel, notre contact est pur comme l'aube et le chant des oiseaux dans la rosée du matin, aucun masque ne résisterait à Suvarov.

Récemment encore ils ne savaient rien de la voile, à part la théorie glanée dans les bouquins et les revues nautiques. Ils ont acheté le bateau, l'ont rebaptisé *Phobos*, sont sortis une dizaine de fois dans la baie de San Francisco, ont ajouté des bastaques pour mieux raidir les mâts, et hop... en route vers l'horizon. Ils comptent sur leur année de congé sabbatique pour faire le tour du monde, mettre de l'ordre dans leur tête, prendre du recul, découvrir le large et y vaincre la peur (d'où le nom de *Phobos*). Alors je vois que c'est la même histoire universelle... notre histoire à tous... une histoire de Dragon. Et je songe qu'un des grands privilèges accordé aux gens du voyage est cette faculté de communication extrêmement rapide, comparable à celle des fourmis qui se tâtent les antennes pour se transmettre leurs messages. On ressent l'envie et le besoin de mieux se connaître, ou alors on n'éprouve aucune attirance l'un pour l'autre mais la question est vite réglée. Un lien très subtil nous unit déjà.

Boucler le tour du monde en un an exige des escales assez courtes et soigneusement planifiées. *Phobos* s'apprêtait à lever l'ancre hier après-midi quand une fuite dans la pompe d'eau de mer les a retenus : démonter l'ensemble, nettoyer sous le plancher, remplacer deux boulons mangés par l'électrolyse, changer la membrane et tout remettre en place, la nuit approchait, trop tard pour négocier la passe. En voyant arriver *Joshua*, ils ont décidé de rester une semaine de plus.

Trois heures du matin ! Nous n'avons pas vu défiler le temps, leur conversation nous passionne. Ils s'intéressent énormément aux problèmes de la planète. En ce qui concerne la course aux armes nucléaires qui oppose l'Amérique et l'U.R.S.S. depuis des décennies, la théorie d'Ugo et d'Isabella nous surprend :

– Pour la première fois dans l'histoire de l'humanité, un pays peut être moins « fort » que son adversaire potentiel, sans pour autant mettre en péril sa propre sécurité.

Je regarde Iléana. Elle ouvre de grands yeux. Elle ne comprend pas mieux que moi. Devant notre air ébahi, ils décortiquent ce paradoxe :

– Imaginons deux voisins, John et Popov, qui ne peuvent pas se sentir, chacun a peur que l'autre l'attaque. Chacun possède une centaine de grenades incendiaires. Quand Popov en fabrique dix de plus, John se dépêche d'en faire autant. Ils n'arrêtent pas de se surveiller. C'est l'escalade de la terreur. Ils ne pensent qu'à leurs grenades. Ils n'ont pas le temps de désherber autour de leurs légumes qui rabougrissent faute de soins. Pas le temps de réparer leurs gouttières percées par la corrosion, ni de nettoyer et désinfecter leur citerne bourrée de microbes. Pas le temps non plus de s'occuper de leurs gosses qui ne fichent rien à l'école et deviennent des voyous. C'est exactement où en sont arrivés l'Amérique et la Russie [1], avec chacun trente mille fusées intercontinentales à tête nucléaire... prêtes à jaillir. De la folie à l'état pur. Et maintenant, imaginons que l'Amérique se débarrasse des neuf dixièmes de ses réserves atomiques. Cette décision *unilatérale* présenterait-elle un risque ? Absolument pas. Deux mille fusées – ou même deux cents – ont un pouvoir de dissuasion identique à celui de trente mille. Et une désescalade dans cette course aux armements permettrait à l'Amérique de consacrer son potentiel financier, intellectuel et créatif à des œuvres mille fois plus utiles, mille fois plus exaltantes : progrès social, agriculture, enseignement, recherche scientifique. Tous en bénéficieraient. Sans parler de l'apaisement que cela apporterait à l'extérieur de nos frontières. D'autre part, un tel geste unilatéral venant de l'une des deux superpuissances contiendrait des semences de grandeur dont notre pauvre monde a le plus grand besoin.

1. Nous étions en 1977, en pleine escalade nucléaire.

L'alizé vire au sud-sud-est, souffle frais, lève un dur clapot. Nos chaînes se tendent, raguent contre les sous-barbes. Le lagon est déjà blanc de petites crêtes rageuses. Ce mouillage va devenir intenable. Je propose d'aller ensemble à « notre » île, totalement abritée dans ces conditions météo. Les deux milles qui nous en séparent sont vite parcourus. Une ancre à l'avant par deux mètres de fond sur le banc de sable, une autre à l'arrière dans une patate de corail, et voilà nos bateaux bien au calme sous le vent de l'île aux Oiseaux.

Stéphan emmène son copain Maurice admirer les frégates et les fous de Bassan qui nichent à l'ouest de l'île. Nos compagnes commenceront à nettoyer le puits et à tresser des palmes. Nous les aiderons un peu plus tard à récolter du bois de feu en prévision du déjeuner et à finir d'installer le campement. Ugo a été ébloui par mon Zodiac macaque, seconde annexe de *Joshua.* Il veut l'essayer avant d'en acheter une au prochain port. Quand on est plusieurs sur un bateau, une seconde annexe offre les avantages du vélo pour un couple disposant d'une voiture dans un quartier isolé : le vélo assure la liberté à celui qui rêve au coin du feu pendant que le conjoint vadrouille avec l'auto... et notre dinghy-bicyclette est tout bonnement une grosse chambre à air (n° 13.00-24/14.00-24) enveloppée de forte toile. Un sanglage bien réglé lui donne la forme ovale qui allonge ses lignes d'eau. Ultra-léger, capable de porter deux adultes ou d'aller mouiller une ancre, il se range dans un placard du poste-avant. Et en quelques minutes de tâtonnements, Ugo parvient à reproduire de manière presque parfaite le coup de godille inversé par lequel on obtient un sillage rectiligne, comme avec les paniers en bambou tressé des jonques d'Indochine.

Puis nous partons sous le couvert des veloutiers, à la recherche d'un *kaveu (Birgus latro)* pour le déjeuner ; il s'agit d'un énorme bernard-l'hermite sans coquille. Son goût rappelle celui du crabe, et les plus gros peuvent peser trois ou quatre kilos. Ce crustacé d'allure préhistorique peuple la plupart des atolls, se nourrissant de jeunes pousses et de débris végétaux. Armés de pinces redoutables, les adultes parviennent à débourrer les noix germées. Leur nombre a nettement augmenté depuis notre premier passage, il y a bientôt cinq ans. Peut-être est-ce l'un des facteurs qui a rendu la sélection aussi sévère pour nos cocotiers : sur les deux cents plantés en trois vagues successives, une vingtaine seulement a gagné le combat contre les veloutiers, les *kaveu,* la sécheresse et le vent. Mais ceux-là sont tirés d'affaire. Le vétéran qui ombrage notre puits annonce déjà la naissance d'une grappe.

– Ce serait chouette d'en planter quelques-uns ensemble, propose

Ugo. J'aimerais bosser un peu avec toi, laisser quelque chose de moi-même sur cette île.

Et voilà, c'est parti... sept de plus dans la foulée! Ça suffira pour aujourd'hui. Sept cocos germés aux trois feuilles vigoureuses, que nous avons sélectionnés sous les grands cocotiers plantés par Tom quinze ou vingt ans plus tôt.

– Souviens-toi où je mets celui-là. Je t'avoue que j'y crois seulement à moitié... mais je lui ai donné toutes mes bonnes pensées. Après notre retour à San Francisco, je veux que tu m'écrives pour me dire s'il a bien passé le cap. Et apporte-lui mon bonjour quand tu reviendras l'an prochain, veinard!

Une semaine a passé comme un rêve. Personne n'a prononcé le mot que nous redoutons... le mot « départ ». L'île aux Oiseaux s'est encore enrichie de vingt jeunes cocotiers plantés en compagnie d'Ugo. Le campement au bord du puits regroupe les deux familles midi et soir autour du feu pour nos repas de poisson grillé, mérou et chirurgiens. Quant aux carangues, nous allons les chercher dans la passe où on est sûr qu'elles nous attendent.

Prudent et déterminé, quatorze ans de moins que moi, muscles longs de nageur, aussi à l'aise dans l'eau qu'un marsouin, doué d'un jugement rapide guidé tout à la fois par la raison, l'expérience et l'instinct, Ugo ne recherche pas l'exploit et tire seulement pour manger. Un superbe compagnon de chasse sous-marine, je ne pouvais pas espérer mieux. En plus, il se révèle excellent au lance-pierres! Nous rions comme des gosses en évoquant notre adolescence, lui tirant sur les réverbères des ruelles de Rome, moi sur ceux de Saigon. Et il fait voler en éclats une dangereuse certitude que je traînais depuis longtemps : faute de n'avoir pas relu avec assez d'attention le bouquin de Bombard, j'étais resté sur l'illusion qu'un naufragé pouvait tenir en se *nourrissant* de poisson cru. A première vue, c'est l'évidence puisque les oiseaux de mer, les dauphins et les phoques vivent sans eau douce; elle existe donc en quantité suffisante dans le poisson qui leur donne à la fois le boire et le manger. Eh bien, m'apprend Ugo, ce qui est vrai pour eux est archifaux pour nous : l'organisme des mammifères marins et des oiseaux de mer fabrique certains enzymes qui leur permettent de digérer les protéines malgré le peu d'eau douce contenu dans la chair du poisson. Mais nous ne disposons pas de ces enzymes-là.

– Si tu *manges* ton poisson sans apport d'eau supplémentaire, l'eau de tes cellules sera drainée par l'estomac pour digérer ces protéines. D'où une déshydratation accélérée de ton organisme. Le seul moyen de s'en tirer consiste à *boire* le sérum contenu dans la chair du poisson, comme faisait Bombard. Et comme lui, d'attendre que vienne la pluie avant de commencer à te nourrir. Sauf, évidemment, si tu as prévu un *solar still* (distillateur d'eau de mer par évaporation) dans ton matériel.

Eh oui... on navigue depuis longtemps... on dévore trop vite un ouvrage majeur concernant la survie en mer... on croit avoir assimilé un enseignement essentiel... et vingt ans plus tard une rencontre organisée par le hasard s'occupe de remettre les pendules à l'heure sur un atoll du Pacifique.

Depuis le formidable flash de notre premier séjour cinq ans plus tôt, Iléana et moi considérions l'île aux Oiseaux comme un refuge personnel, notre jardin secret, lieu de recueillement sous le halo de Tom, poussière de Paradis que l'effort et la foi transformaient lentement dans la grande patience où petit à petit mûrit la création. Pourtant le voisinage de *Phobos* n'a pas rompu le charme. Bien au contraire, un fort courant s'est établi entre nous tous.

Au fil de nos dix-huit mois d'Ahé – en deux périodes – une trentaine de voiliers avaient croché leur ancre devant Poro-Poro. Ces escales duraient deux ou trois jours, parfois une semaine, rarement davantage. Ils reprenaient ensuite la route vers Tahiti, soucieux de ne pas laisser moisir leur courrier à la poste restante. Et nous restions sur notre soif. La brièveté de leur passage excluait un contact en profondeur. C'étaient des rapports chaleureux mais forcément superficiels, limités aux mots de nos conversations pendant quelques repas pris en commun dans le *faré.* Certes les mots sont utiles en tant que véhicules de la pensée qu'ils transforment en images mentales. Mais il faut que ces images soient encore transformées par l'esprit *et* les mains de ceux qui cherchent le vrai contact. Autrement dit, *faire* quelque chose *ensemble* est essentiel. Et il importe aussi que ces choses qu'on fait ensemble soient neuves, arrachées du néant. Alors vient la sublimation où se crée le contact *réel.*

L'ancre de *Phobos* s'est enfouie dans le sable, aucun signe n'annonce un départ imminent. Stéphan et Maurice se retrouvent tous les matins au petit jour pour disparaître ensemble en quête de trésors qu'ils déposent au bord du puits avec dans leurs yeux des tas d'histoires merveilleuses. Nos compagnes ne se quittent pas non plus. D'après ce que j'ai compris, la thèse de doctorat d'Isabella a pour sujet l'étude des processus mentaux et émotionnels qui engendrent la créativité au sein d'un groupe humain. De son côté, Iléana a derrière elle dix ans de pratique psychiatrique en milieu hospitalier; ce bagage, ajouté à l'expérience « brute de fonderie » qu'elle ramène d'Ahé, passionne Isabella.

Quant à Ugo et moi, nous vivons l'un par l'autre dans une sorte de symbiose accélérée, conscients que le temps presse et qu'il ne faut pas en perdre une miette. Il s'exerce au lancer du *patia* sur les perroquets du récif. Je lui apprends comment sortir de sa tanière et à mains nues un *kaveu* dont les pinces pourraient broyer un doigt. Puis, d'un simple trait de machette sur la nervure centrale d'une palme, comment les Paumotu obtiennent un lien solide pour ligoter ce monstre de puissance. Et dès ma troisième « leçon cocotier », Ugo réussit à grimper cueillir les noix selon la méthode asiatique avec un foulard noué autour des chevilles afin que les pieds adhèrent au tronc glissant... un coco... deux cocos... trois cocos...

J'observe sa descente. Je n'en reviens pas. Il a trouvé le style adapté à sa morphologie. Là, je ne pouvais pas l'aider, personne n'aurait pu l'y aider. A partir d'un certain cap, on doit chercher seul. Et il a trouvé! Je songe à la rencontre de l'aborigène d'Australie et de l'explorateur blanc. L'un se faufile pieds nus parmi les serpents du désert avec son boomerang façonné au caillou dans une branche tordue. L'autre chaussé de cuir avance d'un bon pas en tenant ferme dans la main sa Winchester à lunette infrarouge qui tire aussi la nuit. Et malgré les années-lumière qui les séparent sur le plan culturel, ils se regardent frères au fond de leur instinct, s'en vont chasser ensemble et s'ouvrent mutuellement deux mondes fabuleux qui se rejoignent dans la magie.

On voit en général les hommes de science perdus sur leur nuage, bien plus à l'aise dans le maniement des belles théories que dans la vie courante. Je reste confondu par le niveau d'intelligence pratique qui a permis à Ugo de métamorphoser son Zodiac en un chef-d'œuvre d'avant-garde : deux fines dérives latérales profilées comme des ailes d'avion, un mât flexible et emplanté à toute épreuve, une voile de grande surface... et voilà cette annexe gonflable qui plane aux allures portantes *et remonte le vent* presque aussi vite qu'un 420, nous deux au rappel pour ne pas rentrer à la nage!

Mais ce Zodiac, me révèle Ugo, n'est que le brouillon d'un rêve beaucoup plus vaste, qu'il a l'intention de matérialiser après le retour de *Phobos* en Californie : un Super-Zodiac de huit mètres, capable de traversées océaniques dans un confort et une sécurité acceptables. Là, je ne marche pas... cette histoire est vraiment un peu trop grosse! Un canot pneumatique autonome et bien conçu pour la survie, d'accord, mais il ne faudrait quand même pas se mettre à délirer. Alors un soir autour du feu, Ugo dessine son rêve dans ma tête. C'est presque de l'hypnotisme. Raumati faisait renaître le passé, Ugo raconte l'avenir avec une clarté stupéfiante. Et en regagnant nos bateaux dans la nuit je vois que son rêve tient debout [1].

Et à chaque lever du soleil, comme cela se passe entre Stéphan et Maurice, entre Isabella et Iléana, nous ressentons Ugo et moi l'urgence de nous insuffler l'un à l'autre ce que nous portons de meilleur en nous-mêmes, sorciers doués de pouvoirs différents qui se croisent dans un oasis et se transmettent leurs secrets. Il prend la mesure des arceaux en fer à béton qui me permettent d'escalader les mâts pendant une traversée. Il essaye mon perchoir (un solide bâton grossièrement cloué en travers du grand mât, à un mètre du sommet) sur lequel on peut s'asseoir en sécurité absolue pour changer une drisse ou vérifier une poulie sans les inconvénients de la chaise à calfat. Il note l'astucieux système qui empêche les drisses de s'enrouler autour des barres de flèche quand on affale en catastrophe. Et il a remarqué au premier coup d'œil mes rabans amarrés à poste fixe le long des bômes pour ferler rapidement les voiles : ainsi, plus besoin de tâtonner la nuit sur les filières ou dans un coffre du cockpit, chaque raban est à sa place exacte et ne risque pas de s'envoler. Bien entendu, ces améliorations qui tiennent depuis des années portent ma marque : « boulot macaque » dans le style du dinghy-chambre à air. Tout est simple à l'extrême, efficace, facile à mettre au point sans se compliquer la vie... mais macaque assurément, certes pas présentable dans un salon nautique sous une forme aussi primaire. Cependant Ugo perçoit d'un bloc pourquoi de tels détails peuvent rendre le bateau plus sûr et la mer beaucoup plus amicale. Alors il sort ses outils et perfectionne *Phobos* à travers sa propre vision. Du beau travail de professionnel, digne des meilleurs chantiers.

Mais je n'imaginais pas qu'un ingénieur couvert de diplômes à ce point (je suppose qu'il en a beaucoup pour travailler dans la recherche à Berkeley) puisse jouer d'une aussi large palette de

1. Quatre ans plus tard, seul à bord d'un engin gonflable qu'il baptisait *Emteess*, dont la conception, le gréement et la voilure sortaient tout droit du futur, Ugo Conti effectuait le parcours San Francisco-Honolulu (2 500 milles) à la moyenne de 100 milles par jour. Et trois fois au cours de cette prodigieuse épopée, il a atteint 140 milles en 24 heures. *Emteess* est une forme d'anagramme imaginé par Ugo pour l'expression latine « *morituri te salutant* » (ceux qui vont mourir te saluent).

compétence manuelle et d'inventivité. Il compose, improvise joliment, gratte la guitare et siffle à merveille. Depuis plusieurs années, il essaie de fabriquer un instrument de musique encore inconnu pour moduler son sifflement. La mise au point de cette nouveauté, estime Ugo, lui demandera encore de nombreux tâtonnements, réflexions et calculs sur ordinateur. Au stade actuel, on dirait une calebasse africaine croisée de tambourin de brousse... mais en observant le lointain je suis émerveillé de voir comment il tente d'unir l'électronique, la poésie et les racines carrées de la mathématique dans cette création de l'*Oiseau enchanté*. Et je commence à voir aussi pourquoi Ugo me rappelle si souvent Henry Wakelam : ils possèdent l'un et l'autre un cerveau de chercheur, des mains habiles d'artisan, et *ce regard de visionnaire* qui embrasse l'ensemble et le détail pour en extraire la substance. Henry fabrique ses miracles en fouillant les poubelles, Ugo fabrique les siens parmi les tourbillons de laboratoires hypersophistiqués... pourtant Henry et lui cheminent côte à côte à l'intérieur du même symbole.

Le lancer du *patia* sur le récif-barrière, les cocotiers, le puits, la hutte que les enfants ont tapissée de coquillages, la chasse sousmarine, les bricolages sur nos bateaux... trois semaines ont passé, nos amis vont bientôt lever l'ancre. La saison des cyclones approche du détroit de Torres, la route de *Phobos* sera longue jusqu'à l'Australie.

A l'époque où *Wanda* et *Marie-Thérèse II* reposaient de longs mois aux escales avant de cingler ensemble vers le large pour se rejoindre plus loin, le temps devant nous s'étirait à l'infini. Mais ici à l'île aux Oiseaux, le temps s'est contracté au point d'atteindre une intensité presque tactile.

Nos réunions le soir autour du feu sont de précieux instants de réflexion. C'est là que le jour se repose et que les âmes sont à l'écoute. Ugo et Isabella évoquent leurs amis de Berkeley qui naviguent à tâtons dans le brouillard des hautes cimes de la science. L'un d'eux s'occupe d'une prodigieuse histoire de particules élémentaires qu'on lance tête contre tête à des vitesses approchant celle de la lumière. Un autre travaille sur les mutations génétiques qui permettront à certaines graminées de donner des récoltes en terres ingrates où ne poussaient que les joncs. Et un troisième est immergé si loin dans la chimie qu'on n'y distingue plus où finit la matière, où commence l'esprit.

– C'est fantastique, toutes ces choses que vous nous révélez!

– Oui... mais on risque aussi de se retrouver avec des œillères. Je bossais à des problèmes de physique tellement coriaces que je ressemblais au bûcheron couvert de sueur et qui voit seulement l'arbre sans plus entendre la forêt. Heureusement qu'Isabella a pris ses distances et décelé le piège. Là, nous avons tout largué pour essayer d'y voir plus clair pendant une année de décantation sabbatique en compagnie de l'horizon.

La fleur jaune et rouge danse au-dessus des braises. Les enfants la nourrissent de brindilles en jouant avec elle. Demain, *Phobos* ne sera plus là. Devant le *kaveu* qui grille au bord du puits, Ugo et Isabella nous aident à discerner les ombres du superbe défi que le proche-lointain va imposer à la conscience des hommes. Ils nous arrachent à notre trou de *tupa*, ils nous poussent dehors, ils éclatent nos limites et nous réveillent aux impérieuses réalités du vaste monde où rôde le Dragon. Raumati nous avait emmenés dans un *namua roa* dominé par la loi du *patia*. Eux, nous guident parmi les méandres d'un autre *namua roa* qui s'imbrique à la fois dans le présent et l'avenir.

Isabella se lève, choisit une jolie branche de veloutier bien sèche et la plonge dans ce feu qui nous a unis chaque jour un peu plus. Alors elle se révèle magicienne en faisant apparaître à travers les flammes une immense bande de singes...

... venus des tous premiers balbutiements de notre humanité, ces millions et ces millions de singes essaient de déplacer un gigantesque tronc d'arbre. Ils veulent le conduire à l'autre bout des plaines pour en faire là-bas le Temple de la Connaissance. Ils poussent de leurs épaules, ils poussent de toutes leurs forces. L'énorme tronc n'avance pas. Nous les voyons inventer la corde en liane, le chanvre toronné, le palan multibrins à cinquante-deux vitesses, le câble d'acier, le titane et sa suite en passant par le réacteur nucléaire et la télévision. L'énorme tronc continue de s'enliser. Pourtant depuis toujours, étouffés dans cette multitude, il y en a qui lancent des appels. Ceux-là essaient de dire que pour atteindre le but il faudrait élever le regard, chercher là-haut l'inspiration qui permettra de découvrir un autre futur libéré des lianes du passé comme de celles du présent. Faute de quoi le tronc magique disparaîtra en noyant les consciences dans le grand marécage de la médiocrité.

– Perdu au fond du temps, un rameau des primates a franchi le *pas de la Réflexion.* En rencontrant ce flash inouï, ses yeux se sont entrouverts... et il a vu qu'il pouvait comprendre. Mais pour que le

Singe Originel conquière visage humain, il doit franchir le second pas, essentiel maintenant : le *pas de l'Intelligence.* Et là, il ne s'agit plus de l'intelligence au *i* minuscule qui s'est bouché les yeux et les oreilles pour construire le Temple Carnivore érigé à la gloire de la Finance et des Technocraties.

Les yeux d'Isabella sont aussi beaux que ceux de Tépuku. C'est notre dernier soir autour de ce feu qui a enchanté nos âmes. Et demain, quand le soleil éclairera les tables de corail éparpillées comme des nénuphars sur l'écrin du lagon, *Phobos* lèvera l'ancre pour continuer sa route vers le Grand Horizon.

CHAPITRE 22

Deux ans et demi ont passé depuis *Phobos*. Autour de notre feu à l'île aux Oiseaux, Ugo m'avait appris une chose époustouflante : les scientifiques auraient constaté qu'un *même* électron peut entrer *en même temps* dans deux trous *différents*. Cela semble impossible. A moins de se dédoubler, un même « objet » ne peut pas frapper au même instant deux cibles séparées. Mais quand on y réfléchit en y ajoutant le brin de magie indispensable, alors on est amené à pressentir que ça peut tenir debout. Eh bien, c'est tout simplement un coup semblable que je veux réussir ! Ni plus, ni moins !

J'ai largué vers midi le ris de la grand-voile, remplacé le foc de 22 M2 par le génois et envoyé la trinquette de 18 M2. Un petit arc-en-ciel danse dans les embruns sous le vent de l'étrave, les sommets de Tahiti s'estompent déjà dans le lointain. Et le ciel me dit que la nuit sera belle. La route est libre sur l'avant, jusqu'à perpète. Je suis heureux. Destination l'Amérique. Je pars en éclaireur. Iléana et Stéphan me rejoindront là-bas quand j'aurai soigneusement étudié le terrain. Ça va être passionnant. Du reste, je suis presque certain que le père de Hao m'avait déjà parlé du coup de l'électron – mais sous une autre forme – un jour où nous calfations la jonque de Baï Ma, sous le grand badamier. Il avait eu un mal fou pour maîtriser cette voie d'eau à double entrée. Il faisait souvent une pause en chiquant son bétel. Je crois que ça l'aidait à remettre ses idées en place pendant qu'il caressait entre ses doigts l'écorce de *cai tram*, comme s'il conversait avec les dieux. Il ne parlait pas beaucoup, mais quand il parlait, ses mots se transformaient en images qui bougeaient dans ma tête. Et ce qu'il y a de lumineux dans les histoires que racontait le père de Hao, c'est qu'elles savent rebondir à travers les âges pour se mouler plus tard aux circonstances du présent.

L'alizé souffle beau, ni trop fort, ni pas assez. Le génois tire comme un cheval. La trinquette aussi. Attention quand même de ne pas les éclater, ils ont trois ans de plus que Stéphan, rapiécés de partout. J'aurais l'air malin si je les perdais l'un après l'autre. D'autant que le foc de 22 M2 n'arriverait pas entier à San Francisco, il est deux fois plus cuit que le génois et la trinquette.

J'écoute l'eau courir le long de la carène. Sept nœuds au près bon plein, sans taper dans la vague. *Joshua* se régale. Moi, je me recentre après les fatigues et la tension nerveuse des dernières semaines qui ont précédé le départ. Et je rêvasse devant la table à cartes en faisant le point de la situation. Au premier abord, elle est simple. Stéphan aura bientôt neuf ans. A l'école, il est encore plus cancre que ne l'était son père. Le *tupa* lui a enseigné une certaine manière de vivre... mais ça suffit comme ça. Il est temps que ce gentil flemmard se frotte à une culture différente, qui le rendra bilingue par la même occasion. Quant à Iléana, dix ans de cocotier à haute dose lui suffisent aussi, elle en a fait le tour, elle ressent le besoin viscéral de se régénérer sur le plan artistique dans un décor alerte et vivifiant. De plus, elle rêve du climat de la Californie où neiges et déserts se côtoient. En ce qui me concerne, je n'ai besoin ni de neiges, ni de déserts, je me sens bien sous les tropiques... mais il fallait se décider, arracher l'ancre avant qu'elle ne s'enfonce trop profond avec nous dans les ambiguïtés de la Polynésie.

Commencer par changer d'air.

Pointer l'étrave sur du *nouveau.*

Associé à ces nobles considérations, un autre problème beaucoup plus terre à terre nous avait propulsés vers la sortie : après tant d'années à jouer les cigales sous le ciel polynésien, la caisse du bord presque vide annonçait l'approche des vaches maigres. Je les ai longuement fréquentées à l'époque des *Marie-Thérèse*. Jeune et les dents solides, je mastiquais leur cuir en le trouvant acceptable. Mais à cinquante-cinq ans bien sonnés, avec femme et enfant, tirer des bords serrés parmi ce troupeau de bestioles agressives deviendrait périlleux.

Ainsi, l'heure est venue de m'engager sur une piste nouvelle. Pour débusquer des dollars. Sans doute y aura-t-il aussi quelques digressions sur les chemins éthérés de la conscience universelle... mais je veux d'abord mes dollars! Le Dragon en restera sur le derrière, ses yeux ronds d'étonnement. Il s'imaginera que nous sommes enfin tombés dans le piège. Je le laisserai à ses cogitations idiotes et ne perdrai pas une minute pour me mettre en chasse. Un maximum de dollars! Mais là, mon petit père, il te faudra bon pied bon œil et réflexes rapides... prépare ton *patia.* Ugo et Isabella m'attendent à San Francisco. Ils m'aideront à mieux régler le tir. Et quand la caisse commencera à déborder, mon esprit sera libre pour attaquer la deuxième partie du programme.

Le soleil va se coucher. Tahiti n'est plus visible. Tout est propre derrière moi, toutes les miettes balayées. Je sens mon cœur léger comme ces nuages de beau temps qui voyagent dans le ciel et me parlent de l'horizon. J'ai rarement connu pareille paix en regardant la mer où court *Joshua*... cap sur notre formidable aventure. Une aventure à deux cibles qui sont pourtant la même. Là, ça devient passionnant pour le Singe. Les branches hautes! Car il va de soi que réactiver nos neurones et assainir les finances représente seulement l'une des deux frappes de l'électron. Si je devais m'en contenter, ça ne m'intéresserait pas assez. Ma vraie motivation gravite autour de l'autre frappe : *le bouquin*... Un bouquin dont je me sens responsable depuis le jour où l'île Phu Quoc disparaissait dans le sillage de *Marie-Thérèse* avec les âmes errantes qui m'escortaient en ce clair matin. Et elles sont devenues plus insistantes depuis Ahé.

Près de moi dans le cockpit, l'enfant écoute chanter les vagues pendant que je lui raconte l'histoire de l'électron à tête chercheuse. Il n'y comprend rien. Trop compliqué pour lui. Je lui résume alors la chose en quelques mots, le principe de base, pivot du mécanisme : « Toi et moi on est *deux*... et pourtant on est *un*... tu piges? » L'enfant éclate de rire, et je peux voir combien il est heureux que je me sois enfin décidé à larguer les amarres pour me reprendre en main. Cependant je connais la musique, je l'ai dansée à trois reprises... chaque fois c'était plus difficile. Le *Vagabond* m'avait demandé six mois, *Cap Horn* un an, *La Longue Route* deux solides années d'un terrible labeur. Je ne me berce pas d'illusions, celui-là se révélera bien plus coriace que les trois autres réunis. Quel en sera le prix? Combien d'années me faudra-t-il pour reconstituer tout le tableau du puzzle éparpillé dans mon lointain? Je dois m'attendre à une longue et redoutable épreuve, face à la page blanche où les fantômes des jours anciens exigeront aussi que je les ressuscite. Pour pouvoir engager ce combat sans me voir coincé par le temps ni aller au tapis dès les premières escarmouches du passé, il est urgent d'assurer nos arrières, à ma famille et à moi-même. Autrement dit, amasser le plus vite possible un magot suffisant pour nous mettre à l'abri du besoin pendant les années d'écriture. Et si les dieux de mon Asie natale veulent bien m'accorder un petit coup de pouce en souvenir de notre vieille amitié, alors j'atteindrai le but sans y laisser ma peau.

Orion dessine son beau losange dans le ciel avec Sirius et Aldébaran, l'alizé fredonne sur la bordure du génois, la houle est régulière, l'étrave brasse des perles, *Joshua* taille sa route à travers la nuit. L'exaltation qui m'habite en ce moment ressemble à celle que j'ai connue douze ans plus tôt quand je pointais l'étrave en direction des caps pour répondre à un appel. Et je sais au fond de moi que ce nouveau bond dans l'espace est une autre facette de la même aventure. Les dieux là-haut battent les cartes, mais c'est nous qui jouons. Le *patia* et le lance-pierres sont à bord. Le *patia* depuis Ahé, le lance-pierres depuis toujours. Le *patia* me servira en Californie pour conquérir une clairière tranquille où Stéphan et Iléana s'épanouiront au large des vaches maigres. Là, je leur laisserai le *patia* et continuerai seul dans la Grande Forêt avec l'enfant tout au chaud de mon cœur, et mon village aussi... alors ça deviendra le vrai jeu du yin et du yang unis par le souffle dont parlait le vieux bonze de la grotte des Sapèques... et quand je me retrouverai en face de moi-même dans la Grande Forêt pour écrire le livre, c'est là que notre lance-pierres magique sera indispensable... mais arrête un peu de rêver!... chaque chose en son temps... d'abord l'Amérique pour y chercher les sous!

Dieu qu'il est doux de retrouver le large et son rythme paisible de voiles et d'écoutes, me laisser vivre en animal irradié de soleil, m'emplir les yeux de ces milliers de milles devant le bout-dehors pointé sur l'infini, seul avec mon bateau, seul avec le vent et les vagues, seul avec l'horizon et tous mes souvenirs. J'écoute les murmures de l'eau sur la coque en feuilletant le grand album pour y ranger bien à leur place les images de ces dernières années. Elles se déroulent dans la vague d'étrave comme un film au ralenti... Poro-Poro et le *faré* construit de nos mains... le patient tas de compost à l'ombre du *kaaia* près du platier de corail... le sable blanc converti en fertilité par les *taata naï-naï* œuvrant jour et nuit sous leur matelas de palmes... nos papayers lourds de fruits, nos pastèques géantes... les bruits silencieux du village où tout se conjugue au présent... Neti, Tépuku, Raumati, la bande à Tamata qui voulait donner une existence au futur... la prodigieuse histoire des chats qui se noient dans le *aïta péa-péa*... la rencontre de *Phobos* autour du feu de Suvarov... le retour vers Ahé parce que le temps n'était pas vraiment mûr pour que nous quittions si tôt la Polynésie... et *Joshua* qui embouquait la passe pour la troisième et dernière fois, son pont au ras de l'eau, cabine et poste avant bourrés d'arbres fruitiers : douze manguiers, douze avocatiers et douze agrumes (citronniers, pamplemoussiers). Ce serait notre cadeau d'adieu au village...

... et quand nous avions trié les arbres à Tahiti au Service agricole, quand nous les avions transportés en six ou sept voyages dans une vieille 2 CV jusqu'au débarcadère, puis rangés à l'intérieur du bateau, Iléana et moi étions presque certains que cette ultime tentative se solderait encore par un échec. Mais nous savions aussi qu'il fallait quand même essayer malgré tout une dernière fois de faire jaillir l'étincelle dans l'avenir des Tuamotu. Quelque chose d'apparenté à l'amour, bien plus qu'à la logique. Peut-être une manière à nous de terminer le boulot commencé avec l'affaire des chats. Et de poser ainsi la question jusqu'au bout. Ou bien le village regarderait les jeunes arbres crever de soif dans leurs pots en plastique, ou bien il s'en occuperait. A lui de choisir entre la pelle et le *aïta péa-péa.*

Neti, Raumati et Tépuku nous rejoignent à Poro-Poro. Nous nous consultons. La cause est entendue, nous sommes bien d'accord. Le lendemain, Papa Toa (le maire) accepte de se charger du partage entre les douze *farés.* Il attendra vendredi soir que tout le monde soit rentré du travail de coprah. Mais la bande à Tamata pose une condition : si chaque famille n'a pas planté ses trois arbres avant lundi matin, alors nous planterons les laissés-pour-compte devant la mairie. En riant, Papa Toa indique le cimetière :

– Qu'ils aillent dans le village ou devant la mairie, pour moi c'est pareil... J'ai soixante-quinze ans et bientôt je serai là-bas... j'espère qu'ils comprendront avant que je m'en aille... en tout cas, c'est leur affaire.

Et ce coup-là, ils ont choisi la pelle!.. tous plantés le samedi qui a suivi notre arrivée. Plantés dans de vrais trous, avec du tronc de bananier haché pour nourrir les racines, un matelas de palmes sèches autour des jeunes pieds afin de maintenir l'humidité du sol, permettre aux *taata naï-naï* de prendre le relais. Porté par un rêve, j'allais d'un *faré* à l'autre, « *Maï-taï tera*? » (C'est bien, comme ça?) Chaque fois je répondais sans une ombre d'hésitation : « *maï-taï roa* ». Et le lendemain dimanche était fête au village devenu verger.

Les six mois de ce dernier séjour ont défilé au petit trot. Stéphan grandissait, il aurait bientôt besoin d'une école plus avancée, à Tahiti ou Moorea. Après ces trois années où notre âme s'était concentrée sur Ahé, le moment approchait de faire nos adieux et de tourner la page. Subtil mélange de joie et de tristesse, nos escapades vers la forêt magique à l'autre bout du lagon s'allongeaient avec le temps. Parfois nous y restions deux semaines entières. Raumati et Tépuku ont quitté leur parc à poissons pour s'installer sur l'atoll voisin Manihi. Neti a réussi son examen de navigation au cabotage, il embarquerait sous peu comme officier en second d'une goélette à coprah. Et notre relation avec le village faisait songer à ces amants qui se promènent main dans la main en sachant qu'ils vont se quitter pour toujours dans un beau sourire d'amitié.

Chaque nuit devant l'étrave, la Grande Ourse et Cassiopée se voient plus hautes dans le ciel. Derrière mon bateau, la Croix du Sud est plus basse chaque nuit. Et sur le grand routier du Pacifique, la lointaine Polynésie prend la forme d'une étoile qui clignote au fond de moi. L'alizé de sud-est commence à faiblir. Il sera bientôt remplacé par les vents de nord-est. Quelques jours encore et nous aurons changé d'hémisphère en douceur. Mais ce dernier virement de bord n'a pas été facile...

... Après Ahé, nous nous étions repliés sur Moorea, l'île sœur de Tahiti. *Joshua* reposait sur son ancre, à quatre cents mètres de chez nous, en sécurité dans la grande baie de Cook. L'école de Stéphan bourdonnait comme une ruche, pleine de nouveaux camarades. Nous habitions un *faré* entouré de verdure, cédé par un ami pour un loyer symbolique; c'était d'autant mieux venu que mes droits d'auteur, autrefois fleuve intarissable, ont beaucoup réduit leur débit au fil des ans.

Sitôt installés sous notre toit de tôle ondulée, mon cœur se réchauffe en regardant Iléana mettre de l'ordre dans sa boîte à pinceaux. Elle aligne ses flacons de teinture sur une planchette, aère ses coupons de tissus. La lumière est revenue au fond de ses yeux... elle cherche ses marques. Ça s'arrange donc pour elle aussi. Car le bilan de nos trois années aux Tuamotu me fait songer à un bateau des temps anciens parti en voyage d'exploration, secoué par diverses fortunes de mer, gouvernail branlant, cordages usés à cœur. Perdus dans la brume au milieu de la grande eau salée, nous ne savions plus vers où nous diriger. Et voilà qu'avait surgi devant nos voiles inquiètes cette île du Repos et de la Réflexion. Alors, comme dans les histoires de la mythologie, nous observerons les augures et ne quitterons pas ce refuge providentiel en attendant qu'un message des dieux éclaire notre prochaine destination. Ainsi nous a conduits la vie sur ses chemins pleins de mystères, jolies brises toutes voiles dehors, calmes sans fin qui mettent la patience à l'épreuve, coups de vents négociés au bas ris où l'étrave remonte le temps. Et elle nous a déposés là sans qu'on sache très bien pourquoi ni comment.

Le train-train s'organise. Un peu d'hésitation au début, puis c'est le coup d'accélérateur : Iléana déniche ses premières clientes avec la joie d'une gamine qui trouve des œufs de Pâques en fouillant les buissons. Cinq paréos vendus coup sur coup! Encouragée pas ce joli début, elle prospecte les boutiques à touristes, liquide le stock d'Ahé, prend des commandes fraîches.

Et moi aussi, j'ai retrouvé mes marques : la pelle et la pioche! Je démarre le potager. Une terre superbe qui se laisse pétrir dans les mains et coule entre mes doigts, promesse de fécondité! Dès avant le lever du soleil, l'enivrante odeur de l'humus mêlée à celle de la rosée me transporte en plein ciel. Un homme du désert arrivant au pays où chantent les ruisseaux éprouverait chaque matin ce même éblouissement.

L'isolement d'Ahé avait fait naître en nous la soif de renouer avec nos racines culturelles. Mon vieux copain Bernard Calvet, Kristine et leur fille Sabrina – deux ans de moins que Stéphan – occupent le *faré* voisin, juste en retrait de la petite route défoncée qui gravit la colline vers les champs d'ananas surplombant la baie de Cook. Et autour de nous, à quelques minutes de vélo, un médecin, trois restaurateurs, un agent d'assurances, un architecte, deux importateurs, trois peintres talentueux, un sculpteur sur bois, un ingénieur chimiste embauché par l'usine de jus d'ananas, un pharmacien, un artiste en bandes dessinées, un superbe joueur de clarinette, un journaliste qui veut créer une librairie au fond de la baie de Cook, trois maîtres d'école et l'écrivain Jean-Marie Dallet, auteur du livre le plus vivant que je connaisse sur Gauguin. Tous attirés ici par l'appel des Melville, Slocum, Gerbault, Pidgeon, Éric de Bishop... la carte de l'immense océan aux îles innombrables sous le halo du rêve... l'aventure du grand départ où on largue derrière soi les fatras du passé...

Venus à bord de leurs voiliers, les uns depuis des décennies, les autres plus récemment, aucun ne semble regretter ce choix d'une existence différente, loin du pays de ses ancêtres. Plusieurs ont conservé leur bateau, mais la plupart vivent à terre ou essaient de s'y fixer. Au total, huit nationalités différentes : Français, Allemand, Italien, Suédois, Belge, Américain, Suisse, Mauricien. Un bon tiers de ces *popaa* a épousé une Tahitienne. Le service de l'immigration se montre bon enfant par tradition, les visas de séjour définitif s'obtiennent à l'usure ou au sentiment, les coups de cœur sont fréquents au sein de la bureaucratie polynésienne, sourires et gentillesse de part et d'autre aplanissent presque toujours la rigueur des règlements administratifs. Peut-être cet état d'esprit changera-t-il dans le futur... mais pour le moment (1978-1980), les choses ne sont pas trop difficiles. Nous nous sentons en harmonie avec cette communauté fraternelle de la voile et du voyage, devenue sédentaire par adoption de la Polynésie.

Baignée dans son écrin de montagnes découpées sur le ciel, de vallées verdoyantes et de lagons bleutés, Dieu que cette île est belle ! Et je peux trouver ici un chemin accessible en direction de l'écriture... le bouquin que je porte en moi depuis l'Indochine comme une graine qui attend la pluie. J'avais déjà songé m'y mettre à Ahé. Impossible. Nous avons connu là-bas une vie pleine à ras bord, dense et riche de mille choses. En contrepartie, notre subsistance exigeait des prouesses pour qu'un peu de verdure équilibre tant bien que mal nos menus poisson-riz. Au plan matériel, nous étions continuellement sur la brèche, propulsés dans une sorte de mouvement perpétuel qui me faisait songer au vieux Tom de Suvarov. Sans parler de notre « grande œuvre » d'évolution des mentalités au village.

La Sueur et la Foi sont les deux mamelles qui nous ont nourris sur l'atoll... mais un tel investissement du corps et de l'esprit ne laissait nulle place à un travail d'écriture, même sous une forme embryonnaire.

Moorea, c'est l'autre face de la médaille. Tout est devenu simple, accessible sans effort ; on pourrait presque se laisser vivre. Poisson, poulet et œufs s'achètent à la boutique, cinq minutes aller-retour. Cette abondance coûte un peu cher, mais la fée du logis se débrouille assez bien avec ses paréos, les ventes commencent à étaler nos besoins journaliers, il n'est plus nécessaire de trop solliciter la caisse du bord. Pour le reste, nous vivons au Jardin d'Éden. Chez nos voisins Bernard et Kristine, des bananiers à profusion, quatre manguiers, une centaine de plants d'ananas, deux jujubiers couverts de fruits. Au bord du chemin, trois avocatiers sauvages produisent fort. Et dans notre potager, salades, choux chinois, radis, concombres et haricots poussent encore plus vite que ne pourront bientôt les consommer nos deux familles.

Quant à l'évolution des mentalités dans les îles du Pacifique, ça ne me tourmente plus le moins du monde, j'en suis vacciné pour un bon bout de temps !

L'ombre s'étire sur notre baie de Cook entourée de montagnes. Un délicieux parfum de poulet rôti se dégage du four. Je réduis la flamme sous la bassine de riz. Le chat ronronne sur les genoux d'Iléana, sa place favorite. Stéphan et Sabrina font des bisous à leurs cochons d'Inde qui couinent de ravissement. Kristine apporte une tarte à l'ananas. Joel House et Bernard Calvet se roulent une cigarette. Et au milieu de notre cercle, Moea chante des airs tahitiens qu'elle accompagne à la guitare. Nous attendons P'tit Louis qui viendra avec sa maquette de bandes dessinées; il y travaille d'arrache-pied depuis trois mois.

Moea joue maintenant les « Jeux Interdits ». On l'écouterait des nuits entières. Elle joue merveilleusement de la guitare. Elle en joue de toute son âme. Et je songe à Suvarov où nous regardions danser la fleur rouge et jaune avec nos amis de *Phobos*. Ugo avait choisi un soir semblable à celui-ci pour nous conter la théorie du chaos en images aussi limpides que le « Jeux Interdits » de Moea.

– A l'instant même du big-bang le chaos était absolu. Ensuite il est devenu de moins en moins dense au cours des temps considérables où l'univers s'organisait. Puis ont surgi les premiers embryons doués du pouvoir de se reproduire sur notre Terre qui hésitait. Alors, dans un combat démesuré de patiences infinies et de luttes sauvages, la vie a rampé vers les hauteurs... jusqu'à ce qu'elle ait enfin réussi à créer la conscience. Et avec cette conscience, la vie nous a donné le choix de construire le futur au lieu de le subir. Cependant, les choses ne baignent pas dans la béatitude pour autant. La science comme la philosophie reconnaissent que le chaos demeure présent à des degrés divers dans tout ce qui existe, sans aucune exception. Ainsi le feu et les ressacs de la mer conservent le chaos à l'état pur... mais le cerveau humain porte aussi dans ses méandres des traces indélébiles de ce même chaos.

La guitare de Moea chante dans la nuit. Et j'ai dépoussiéré mon matériel d'écriture! Chaos ou pas chaos, rien désormais ne pourra me barrer la route. Ciel dégagé, mer calme, vent force quatre au près bon plein... toutes conditions enfin réunies pour torcher de la toile vers cet archipel fabuleux où je m'en vais unir du même souffle le présent, le passé... et le futur!

L'île du Repos et de la Réflexion... jamais au cours de mon existence je ne me la suis coulée aussi douce pendant une telle durée : presque deux ans à contempler le défilement des jours dans la douceur de vivre! J'étais redevenu *tupa*, réflexes de *tupa*, comportement de *tupa*, trou de *tupa*, ça faisait diling-diling dans ma boîte crânienne et quand j'y plongeais le profondimètre par curiosité pour voir ce qui se passait là-dedans... c'était le vide quasi absolu. Ou alors une forme de chaos extrêmement subtil.

Un emploi du temps pas trop compliqué. Je chouchoutais mon tas de compost, versait de loin en loin deux ou trois gouttes de sueur dans notre potager qui n'en demandait pas davantage, ça poussait tout seul. En de rares occasions, je gratouille quand même un peu la rouille qui dévorait l'accastillage de *Joshua.* Mais le plus clair de mes journées se passait à bord de mon vélo pour aller voir les copains, continuellement fourré chez les uns et les autres.

Et l'écriture? Hou là là, sujet tabou, qu'on ne vienne pas me bousculer... un bouquin se prépare avec le même soin qu'un atterrissage dans la brume après une traversée incertaine. Surtout celui-là! Et comme il n'y avait pas de vent ici, aucune traversée et encore moins d'atterrissage, inutile de me fatiguer les méninges sur un problème qui n'existait pas. Le soleil brillait, c'était l'essentiel, profitons-en au maximum.

Les semaines passaient ainsi. Et les mois coulaient pareils, sitôt évaporés tout au fond de nulle part. Loin de moi le bouquin. Et quand je commençais à me sentir vaguement mal à l'aise dans ma peau, alors je larguais tout en bloc, famille, potager et copains... vite un coup de peinture à séchage rapide sur le pont de *Joshua*, puis je hissais les voiles pour m'en aller à Suvarov en pèlerinage solitaire. Quatre fois en dix-huit mois j'ai tout envoyé dinguer de cette manière.

Suvarov... là, ça frôlait le sublime... *tupa-tupa-tupa...* les neurones au repos absolu... la paix des vastes profondeurs... rien que du grand bleu partout... pas une ride sur l'eau... je retrouvais l'éclat du regard de Tom en train d'affûter sa machette magique... je me ressourçais devant le puits de l'île aux Oiseaux, plantais mes noix de cocos germées en songeant à *Phobos* et à la théorie du chaos. Mais le chaos de Suvarov, je peux en témoigner, c'est le plus doux chaos du monde.

Et je rentrais au bercail après cinq ou six semaines... pour replonger dans le ronron paisible d'une existence régie par les lois du hasard... tandis que la rouille mangeait lentement l'accastillage de mon bateau négligé depuis si longtemps.

A Ein Kerem, Phil disait que la *routine* est notre pire ennemi parce qu'elle approche à pas de velours et sans lever la moindre vague pour mieux vous piéger dans ses mailles. Iléana ne me reconnaissait plus. Elle avait toujours vu en moi une boule de nerfs évoluant au sein d'un maelström où action et pensée créative me portaient sur des ailes. Ici, quasiment rien en deux ans de farniente, aucun projet solide. Pourtant, c'est là aussi, à travers mon passé, qu'est apparu le lien fondamental unissant cette période apparemment creuse de Moorea et celle que j'avais rencontrée dans l'océan Indien pendant la longue route.

Je venais de doubler le cap de Bonne-Espérance. Mes épaules étaient écrasées par trois mois de fatigues et de tensions nerveuses accumulées depuis le départ de Plymouth. Et peu après Bonne-Espérance, un autre coup de vent m'avait mis sur le flanc, au bord de l'abandon. C'est alors que les dieux m'ont offert deux semaines d'un calme plat étincelant sur ce miroir de platine sillonné d'albatros. Calme inconditionnel qui m'a donné le temps de rétablir mon équilibre avant le retour de belles brises d'ouest. Quand le vent est revenu sur l'immense paix de la mer, nous étions parés, mon bateau et moi-même, pour continuer ensemble jusqu'aux derniers dangers de la Nouvelle-Zélande. Et les dauphins attendaient là pour nous indiquer l'ouverture qui conduisait au Pacifique... avec le Horn mythique tout au bout du chemin où j'allais retrouver l'Alliance.

Ainsi, à dix ans d'intervalle, la traversée d'Ahé a pris le visage du cap de Bonne-Espérance, et Moorea celui du calme réparateur de l'océan Indien.

Mais Iléana en avait déjà sa claque, estimant que j'aurais dû m'attaquer depuis longtemps à mon bouquin au lieu de lui raconter des histoires-prétextes toutes farcies de dieux et de dauphins sauveurs pendant qu'elle se tuait au travail pour faire bouillir la marmite avec ses paréos. Et moi, dans cette affaire, je découvrais enfin l'art de planer sur de longues distances, porté par les courants légers de la Polynésie. Je fignolais une expérience nouvelle... et combien reposante !

Au milieu de cette torpeur, il arrivait cependant qu'un souffle du lointain vienne parfois gonfler un peu mes voiles pendant de brèves périodes. Je sortais alors de mon trou pour un raid éclair, comme le marin englué dans un anticyclone utilise la moindre risée qui l'aide à quitter le royaume des Sargasses où la volonté risque de se liquéfier si le surplace dure trop longtemps.

L'idée de ce premier raid me trottait dans la tête depuis Ahé : *les caractères chinois*. Stéphan, qui aurait bientôt huit ans, savait reproduire de mémoire les trente idéogrammes du manuel de Rose Quong. Nous regrettions que ce petit livre n'aille pas plus loin. Dans une lettre aussi simple et explicite que possible, j'ai suggéré au gouvernement chinois de mettre au point un ouvrage inspiré du *même esprit que celui de Rose Quong*, mais couvrant les cent cinquante idéogrammes essentiels que les élèves de nos écoles sauraient apprendre sans difficulté entre la maternelle et les autres classes. Cela suffirait amplement pour une communication au premier degré, du genre : « Toi venir maison moi, dormir manger, demain aller la pêche ensemble. » Ou bien : « Semaine prochaine moi venir maison toi, aider planter riz. » C'est du charabia, mais on se comprend sans phrases compliquées. A Toboali, Deshumeurs et moi connaissions moins de cent mots d'indonésien; cela suffisait déjà pour nous faire autant d'amis que nous voulions.

De plus, les idéogrammes chinois autorisent la formulation de *concepts* par association de mots communs, ces choses qu'on peut toucher ou regarder : « toit » et « femme » deviennent le concept « paix ». « Soleil » et « lune » mis ensemble font « brillant ». Et « brillant » associé à « clair » se transforme en « comprendre ». Mais l'autre aspect génial de cette écriture, c'est qu'elle sollicite simultanément les deux lobes du cerveau : celui de la pensée logique et celui de l'intuition. En enseigner la base élémentaire dans nos écoles ne pourrait qu'élargir l'esprit des générations futures. Et je pense qu'on ne risque rien à scruter l'horizon et préparer avec foi un pont d'échange culturel entre deux grandes civilisations, la Chine imprégnée de nuances subtiles, et notre Occident cartésien souvent imbu de son savoir. Cela semble un rêve naïf... mais depuis son origine le monde n'a pu évoluer qu'à partir de rêves épars comme les bouteilles à la mer ou ces poussières de pollen transportées par le vent.

Le deuxième raid éclair a été déclenché par de longues conversations avec Joel House. Venu des États-Unis, Joel vit en Polynésie depuis cinq ou six ans. Passionné dès son enfance par l'océanographie, très documenté dans ce vaste domaine, il a eu de nombreux contacts avec le milieu scientifique. Et Joel s'inquiète, entre autres sujets, du massacre des thons.

Autrefois, le thon se pêchait à la ligne. L'homme ne pouvait donc pas détruire un banc comme cela se passe maintenant, avec d'immenses filets et des moyens technologiques de plus en plus performants, sonars, hélicoptères de repérage, navires-usines. Quand un banc de thons est cerné, il n'en reste plus rien qui lui permette de se reconstituer. Même les dauphins qui vivent en symbiose avec eux sont liquidés et mis en boîtes de conserve dans la foulée. Aucun accord international ne limite les dimensions de ces engins ni les méthodes de pêche. Il paraît que l'Océan appartient à tout le monde, chacun agit au plus pointu de ses intérêts à court terme. Pas de lois, pas de police, pas de gendarmes, c'est la foire d'empoigne... alors autant y aller carrément. On a bien exterminé les bisons, pourquoi pas la mer puisque c'est le « progrès » qui le veut?

Joel m'apprend que la pisciculture comporte deux étapes clés. La première est simple, rapide et peu coûteuse, facile à maîtriser. En revanche, la deuxième étape est extrêmement compliquée, longue et aléatoire.

La première étape consiste à faire pondre une femelle dans un bac. Environ trois millions d'œufs sont pondus par un seul thon; la technique est au point depuis des décennies, elle ne pose aucun problème. Et presque tous les œufs survivent dans ces bacs, protégés des prédateurs que sont le zooplancton et les autres petits animaux voraces fourmillant dans la mer. Ainsi, les œufs éclosent en paix, donnent naissance à des larves qui deviennent alevins (bébés-poissons). Les alevins sont alors transférés dans un bac plus grand. Cette première étape (œufs-larves-alevins) dure seulement *quelques semaines* pour le thon.

Puis commence la deuxième étape. Mais à partir de là, les difficultés s'enchaînent en cascades. Les alevins exigent un espace de plus en plus vaste à mesure qu'ils grandissent. On doit les nourrir abondamment et les protéger contre les maladies. Tout cela implique de lourds investissements, une technologie délicate, de vastes bassins et un savoir-faire encore mal maîtrisé. Et le coût final est astronomique puisqu'il faut entre dix-huit mois et deux ans pour qu'un alevin de thon devienne poisson adulte. De plus, s'il est possible de faire grandir par ce procédé industriel des truites, des saumons et des poissons-chats, Joel me dit qu'on n'a jamais réussi de manière satisfaisante avec les thons; du moins, pas à une échelle rentable au plan financier. Il ajoute que de toute manière, les poissons d'élevage sont bourrés d'antibiotiques et autres produits chimiques qui ne peuvent que provoquer des dégénérescences génétiques tout en matraquant la nature, comme font les herbicides et les nitrates en agriculture.

Pour en revenir aux thons de haute mer, l'idée de Joel me fascine. Elle consiste tout simplement à court-circuiter la deuxième étape de cette pisciculture industrielle : au lieu de transférer dans des bassins coûteux les bébés-thons issus du premier stade (et de s'en occuper pendant deux ans avec les aléas et frais que cela implique)... *on pourrait les rendre directement à la mer*, après les avoir produits à bord de navires spécialisés. Certes, ils rencontreraient des prédateurs, mais beaucoup moins que sous forme d'œufs ou de larves. Une fois libérés ensemble dans des zones océaniques judicieusement choisies, la multitude d'alevins nés de la ponte d'un seul thon en milieu artificiel se grouperait d'instinct pour constituer un banc qui s'organiserait très vite, nourri-logé par la nature. La mer pourrait être ainsi réensemencée en jeunes thons.

Ce qu'on peut tenter une fois, on peut le tenter mille fois... jusqu'à ce que ça fonctionne. C'est comme ça qu'on a réussi à faire décoller le premier avion. Mais Joel ajoute en riant que cette histoire de thons ne soulève pas seulement des questions technologiques. Le vrai casse-tête est de savoir *à qui appartiendraient les thons!* Là ça devient philosophique. Et les problèmes philosophiques... ce n'est pas la science qui saura les résoudre.

Tout ce que m'a dit Joel s'est retrouvé dans une missive adressée à mon vieil ami Bombard qui s'occupe d'océanographie. Peut-être Alain Bombard parviendra-t-il à intéresser d'autres chercheurs dans ce domaine. Encore une bouteille à la mer... elle arrivera tôt ou tard quelque part... demain, ou dans dix ans, ou dans vingt ans... peu importe la durée du voyage... elle arrivera un jour entre des mains habitées par une conscience planétaire.

Le troisième raid a eu lieu six ou huit mois plus tard, après un retour de Suvarov. C'était un vieux compte que je voulais régler avec *La Marseillaise.* Dans une lettre au chef de l'État (copie à plusieurs journalistes en métropole), j'ai donné mon opinion sur ce chant guerrier qui porte aux nues l'orgueil et la haine... « Le jour de gloire est arrivé... L'étendard sanglant est levé... Qu'un sang impur abreuve nos sillons... » Deux siècles après la grande Révolution, c'est une nouvelle ère qu'il faut inventer, celle de la *main généreuse tendue vers son prochain.* Pour faire face aux défis du futur, notre monde inquiet a besoin de valeurs *morales*, pas de canons ni de gros drapeaux. Et qu'on n'ait pas encore changé les paroles de cette *Marseillaise*, dégoulinante de sang, me fait honte pour une France qui se prétend le phare des autres peuples.

Ici à Moorea, la vie suivait le cours de sa lenteur nonchalante. Les notes de Stéphan devenaient catastrophiques; rien ne l'intéressait en dehors des caractères chinois et du tir au lance-pierres. De son côté, Iléana perdait la foi; son pinceau à la main et les yeux dans le vague, elle cherchait désespérément un peu d'inspiration. Ça ne venait pas. Ressort cassé. Peu de clientes pour les paréos. Elle percevait l'approche des vaches maigres. Quant à moi, je restais des semaines entières vautré dans un coin du *faré*, à bouquiner jusqu'à l'abrutissement. Calme plat sur toute la ligne. Notre bel enthousiasme du début s'était enfui depuis longtemps.

La frontière est difficile à percevoir entre la routine et l'attente. Dans *Terre des hommes*, Saint-Exupéry disait que du plus grand monarque au plus modeste berger nous sommes tous des « sentinelles de l'État ». J'attendais quelque chose. Et puis voilà qu'un soir où j'arrosais mes concombres et mes haricots verts, l'enfant est venu s'asseoir près de moi. J'étais heureux de le revoir. Il m'a donné son merveilleux sourire avant de me transmettre le message : « Il est grand temps pour toi de songer très sérieusement à la seule stratégie qui puisse te permettre d'écrire un jour ton bouquin. Sans quoi tout partira à la dérive. »

Eh oui... depuis notre arrivée j'ai fait comme l'autruche qui se cache la tête dans le sable. Et maintenant, mon petit père, te voilà devant ton miroir.

Iléana me trouve songeur pendant le dîner. Songeur et abattu. Bientôt deux ans que nous sommes ici. J'étais certain de pouvoir écrire. Jean-Marie Dallet s'en sort très bien. Moi, pas la première page... ni même un plan cohérent dans ma tête. Je ne sais plus où j'en suis... un bateau paumé en plein brouillard, cerné par les récifs.

Elle me masse doucement le visage, prend mes mains dans les siennes et entre tout entière jusqu'au fond de mes yeux.

– J'ai beaucoup réfléchi quand j'étais seule avec Stéphan pendant tes escapades à Suvarov. Surtout la dernière fois. Moi aussi, j'ai l'impression d'être entourée de récifs. Quant à Stéphan, c'est la débâcle à l'école. Et toi, tu es en train de devenir un *has been*. Regarde-moi en face. Il faut que tu te réveilles. *Joshua* est un prolongement de toi-même. Tu sais très bien que tu ne pourras jamais commencer ton bouquin tant que l'accastillage ne sera pas remis en ordre. Ça coûtera cher mais on se débrouillera. On s'est toujours débrouillé.

– Ce n'était pas difficile, on avait des sous. On n'en a presque plus.

– Les sous viendront plus tard. Tu as besoin avant tout de ta paix intérieure pour écrire. Ton bateau ne te l'accordera pas si tu le laisses tomber en ruine une deuxième fois. Tu as déjà pris une rude leçon avec *La Longue Route*. Ce coup-là, ce serait bien pire. Il faut d'abord que *Joshua* redevienne ce qu'il était au temps de sa splendeur. Ce sera le premier pas vers l'ouverture. Ensuite, on file en Amérique...

– Non mais tu es dingue ! Tu nous vois arriver là-bas sans un radis, la bouche enfarinée dans le pays du roi-dollar où une simple banane se paie comptant ! Tu dérailles, ou quoi ?

– Écoute-moi, je t'en supplie. Même quand *Joshua* sera remis à neuf, pas une ligne ne sortira de ton stylo à Mooréa. Ni ailleurs en Polynésie. *La Longue Route* est née d'un grand souffle à Tahiti parce que tu avais toutes les cartes maîtresses dans la main, des atouts formidables : tu arrivais intact de tes dix mois de mer avec un moral à très haute altitude, assez d'argent devant toi pour tenir la durée, et un bateau impeccable. Ces atouts, tu ne les as plus. Mais tu peux les recréer. Commence par *Joshua*, c'est le nœud du problème, l'étape incontournable.

– Remettre *Joshua* en parfait état veut dire changer tout ce qui est bouffé par la rouille sur le pont, chandeliers, mains courantes, balcons, taquets, bittes d'amarrages et j'en passe. Tu n'as aucune idée de ce que ça représente. Un boulot qui me dépasse de très loin. Il ne s'agit plus de bricolage macaque. C'est un travail de vrais professionnels, outillés jusqu'aux dents. Sans parler du tirage à terre de longue durée. A Tahiti, le moindre travail qu'on ne peut pas faire soi-même prend un temps fou, *aïta péa-péa*. Et au bout du compte, une facture délirante qui nous laisserait raides sur la paille.

– Si tu ne veux pas que la Polynésie soit notre cimetière des éléphants, il faut que tu rendes ses ailes à *Joshua*. Quel que soit le prix à payer. Mais regardons la suite. A Suvarov, Isabella et Ugo nous ont souvent parlé de la Californie. Du nord au sud, toute cette côte pullule de yacht-clubs... et tu es archiconnu là-bas. Attends, ne te braque pas, laisse-moi aller au bout de ma pensée : tu disposes du film tourné pendant la longue route. Ces images sont belles à couper le souffle. Avec toi en plus pour les commenter en conférences, tu rempliras des salles. Ce film sera ton *patia*. Grâce à lui, tu peux rétablir nos finances, mais aussi communiquer en profondeur avec des tas de gens. Tu te souviens des spéculations de Ugo et Isabella sur la course aux armements? Ils ont semé de précieuses graines en nous. Ces mêmes graines, tu peux les propager pendant tes conférences appuyées par le film. Et ça ne t'empêchera pas d'arrondir notre compte en banque dans la foulée. Ensuite tu seras libre pour te consacrer entièrement au bouquin. L'Amérique sera la clé finale qui t'ouvrira enfin la porte vers l'écriture. Mais la première clé, c'est *Joshua*.

Et maintenant, dodo, il est minuit passé! Il n'y a pas eu de dodo. Nous avons parlé jusqu'au matin, remué des tas de choses dans nos têtes et dans nos cœurs. Iléana est un petit bout de femme absolument prodigieux. C'est elle qui m'avait remis sur la voie à l'instant crucial où j'hésitais à faire le grand bond dans l'inconnu au dernier chapitre de *La Longue Route*. Elle encore qui m'avait envoyé auprès de Phil à Ein Kerem quand tout basculait au fond de moi. Toujours elle qui avait découvert Ahé. Chaque fois que je me suis senti perdu dans le noir, sa paisible intuition m'a guidé vers un chemin de lumière. La seule chose que j'aie refusée net, c'est quand elle a voulu que nous partions bouchonner dans les eaux de Mururoa pour protester contre la bombe après mon retour de Nouvelle-Zélande. Là, je n'avais plus la foi, écœuré par l'incroyable désintéressement des médias et de l'opinion publique pendant la tentative du *Fri*. Mais pour le reste, ma compagne avait toujours vu juste. Hier soir, je pataugeais dans les ténèbres. Le ciel s'est dégagé peu à peu. A l'aube, tout était clair devant l'étrave.

Ainsi on peut se voir encalminé longtemps sur une mer d'huile... et puis boum ! le vent revient grand frais, la mer se transforme d'un horizon à l'autre. Pourquoi ? Tout simplement parce qu'on vise un objectif qui vole haut. L'Amérique sera notre prochain gros coup. Il faudra le préparer avec soin. Stéphan et Iléana resteront ici en attendant que j'aie terminé les travaux à Tahiti. Combien de mois pour en venir à bout ? Je préfère ne pas y penser. En tout cas, ce sera long, difficile... et ruineux.

Une forêt de mâts bouche le quai de Papeete. Pas une place libre. C'est la poisse. Je finis par découvrir un trou de souris entre un ketch bleu et un sloop. Les gars du ketch me font signe que ça ira. Ils donnent du mou à leur aussière. Je mouille. Ils prennent mes amarres de quai. On se serrera un peu. Nous voilà bientôt bord à bord.

Ceux du ketch s'appellent Bruno, Claude, Daniel et Michel. A eux quatre réunis, ils ont à peu près le double de mon âge. Visite de nos bateaux respectifs. Un formidable courant d'amitié nous enveloppe immédiatement. *Kim* a été construit de leurs mains, sans faire appel à un chantier ni à des soudeurs professionnels. Onze mètres cinquante de bel ouvrage, tout acier y compris le pont. J'admire le travail. Rien que du fonctionnel solide et simple, aucune fioriture, pas une trace de rouille. Leur escale sera courte, un mois au maximum. Ensuite, direction l'Australie pour y refaire les finances. Retour en France par le cap Horn. Avec peut-être un hivernage en Terre Adélie, comme *Damien*.

– Et toi ?

– La Californie. Mais remettre d'abord mon bateau en état. Vous avez vu le pont, ça va être un sacré boulot.

– Peut-être pas autant que tu le crois. Ça nous ferait plaisir de te donner un coup de main. Si tu peux te débrouiller pour monter à l'arsenal, on liquide ça en une semaine. Cadeau évidemment. Le chef de l'atelier chaudronnerie est un ami. Une fois dans la place, on aura tout le matériel pour bosser vite et bien, chutes de métal, bouts de tubes, outillage complet, chalumeaux, disqueuses, poste à soudure, tu vois d'ici le tableau...

Je reste cloué sur place, K.O. debout. J'ai reconnu la main des dieux. Et quand les dieux se manifestent, mieux vaut jouer rapide. Deux minutes plus tard, je déboule dans le bureau de mon vieux copain Jean-Roland de Marigny. Il dirige une importante maison d'importation qui a des antennes un peu partout. L'arsenal... la caverne d'Ali Baba. Mais le problème, c'est qu'on n'y entre pas en jouant de l'harmonica et en fabriquant des lance-pierres pour les gosses comme à Toboali à l'époque du *Snark*. Autrefois, c'était possible, l'arsenal acceptait les voiliers de passage. Depuis, les artisans ont proliféré, ils se sont plaints qu'on leur enlevait le pain de la bouche. Les politiciens sont entrés dans la danse. Résultat : la porte du Saint des Saints est fermée aux civils... à moins, peut-être, d'un très gros coup de piston.

Jean-Roland décroche son téléphone, compose le numéro direct du grand patron... et en quarante-cinq secondes, c'est réglé!

– La grue te montera demain matin à huit heures pile. Tu seras remis à l'eau dix jours plus tard, dernier délai. A titre exceptionnel, pas de facture pour le grutage ni pour le séjour au sec. Tes camarades du *Kim* auront un sauf-conduit pendant la durée des travaux.

Un immense flash dans ma tête. D'un simple effleurement de leur baguette magique, les fées viennent d'ouvrir la grille qui sépare deux réalités distinctes, l'ancienne et la nouvelle. C'est la baraka, le point d'équilibre, l'exaltante cavalcade sur le dos de cette crête blanche où la vie étincelle en laissant mes derniers doutes au loin dans le sillage.

Iléana n'en croit pas ses yeux. Elle m'avait vu hisser les voiles deux semaines plus tôt vers Tahiti pour une épreuve que j'estimais devoir durer un temps considérable et engloutir le reste de notre compte en banque. Me voilà déjà de retour, transporté par la joie. Non seulement tout l'accastillage est neuf, mais aussi le bout-dehors, la tête du gouvernail et l'ensemble des cadènes. Incroyable, ce que quatre gars décidés et compétents ont abattu comme boulot en huit jours à peine!

Six mois de vivres sont embarqués. Rutilant de peinture fraîche qui ne camoufle plus ancun vice, *Joshua* est paré pour son départ vers San Francisco. Ugo et Isabella nous attendent là-bas. Stéphan et Iléana ont leur billet d'avion. Grâce au miracle de *Kim* et à celui du patron de l'arsenal, la caisse du bord contient encore une somme assez coquette malgré ces dépenses.

Mais avant de faire nos adieux à la Polynésie, nous aimerions rendre opérationnelle une lettre aux maires et conseillers municipaux de France, écrite quelques années plus tôt quand nous étions à Ahé... et que j'avais laissé dormir dans un placard de la cabine : une belle histoire d'arbres fruitiers. Iléana et moi la relisons ensemble. Le dernier paragraphe tient bien sur ses pattes :

« Des hommes ont construit les cathédrales, et je crois qu'un pays aux routes, chemins et rues bordés d'arbres fruitiers serait encore plus beau que la plus belle cathédrale imaginable. »

Oui, ce serait beau. Mais pour le moment, ce ne sont que des mots jetés sur du papier, un vague bruissement. Et si nous voulons que les mots se transforment en acte, si nous voulons vraiment voir cet appel toucher le but visé, il faut y ajouter autre chose que des mots :

« Un chèque de quinze mille francs sera envoyé par retour du courrier à la première mairie qui s'engagera à utiliser intégralement cette somme pour planter des arbres fruitiers dans le domaine public de sa commune. »

Voilà, c'est fait, le paragraphe qui manquait a été ajouté, et maintenant la lettre tout entière tient vraiment sur ses pattes.

Photocopies. Courrier accompagnateur pour les journaux et magasines de métropole. Un gros boulot.

Attente. Rien ne se passe.

Je relance la presse. L'attente se prolonge. Toujours rien dans notre boîte postale.

Quelques rédacteurs en chef répondent que cette histoire d'arbres fruitiers « qui appartiendraient à tout le monde – y compris aux abeilles et aux oiseaux – sans être la propriété de personne en particulier », ne les intéresse pas. Décourageant. C'est l'opinion publique que je voulais atteindre grâce à la presse.

J'ai envoyé un dossier très complet à mon vieil ami journaliste Dominique Charnay, qui a vécu les prémices de cette affaire à Ahé où il était présent quand tout le village s'était mis à planter les arbres fruitiers. Dominique était également du voyage sur *Joshua*, quand j'avais amené ces fameux arbres de Tahiti à Ahé.

Et un beau matin, le premier télégramme débarque dans notre boîte postale. Il est signé du maire de Lachelle qui m'annonce une lettre de confirmation... *Le Figaro* avait enfin publié l'appel!

Le gros coup est amorcé. *Le Nouvel Observateur* emboîte le pas au *Figaro. Le Sauvage* d'Alain Hervé entre à son tour dans le jeu, suivi par *Voiles et Voiliers*. La boule de neige commence à grossir. Dominique publie un long article dans *Les Cahiers du Yachting*, puis dans *V.S.D.* Grâce à l'appui d'Antoine – que j'avais rencontré deux ans plus tôt à Suvarov – le journal télévisé d'Antenne 2 reprend la balle au bond. Ensuite, c'est une série d'émissions radio sur France Inter, animée par Antoine et Charnay qui poussent à fond sur l'accélérateur... alors ça devient l'avalanche. Me voilà bientôt englouti sous un déferlement de soixante-trois mairies éparpillées dans l'Hexagone. Parmi ces lettres, beaucoup sont belles, pleines d'émotion et de sensibilité. L'une d'elles, fort instructive, vient du maire de Roumagne :

« *Je suis intéressé par votre proposition qui rejoint certaines idées que j'avais depuis un séjour effectué en Tchécoslovaquie. Dans ce pays, en effet, les routes sont bordées d'arbres fruitiers, cerisiers et abricotiers notamment. Je suis donc candidat à la réception de votre chèque.* »

Soixante-trois maires ! En démarrant cette croisade, je n'imaginais pas devoir y consacrer une telle somme d'énergie et un temps aussi long. Je m'attendais à un sprint de quelques semaines... c'est devenu un véritable marathon. Quatre mois de boulot acharné, des kilos de photocopies, une correspondance monstre. En pages manuscrites ou dactylographiées sur ma table à cartes, l'ensemble représente, à la fin du parcours, l'épaisseur d'un bouquin. Il a fallu écrire à chacun de ces maires une lettre personnelle accompagnée d'un lourd dossier. Je les ai tous mis en contact les uns avec les autres. Georges Lambert, maire de Lachelle (trois cents habitants) a reçu le chèque promis, c'est lui qui avait répondu le premier. Et ma réponse aux soixante-deux autres candidats peut se résumer ainsi :

« *Puisque vous aimeriez planter des arbres fruitiers dans le domaine public de votre commune, rien ne vous empêche de consacrer une parcelle de votre budget à cet acte porteur de symbole et d'espoirs.* »

J'écoute l'eau glisser le long de la carène. Je pourrais passer des journées entières devant la table à cartes à écouter la musique de la mer. Surtout quand il fait beau. Et le temps s'est maintenu au beau depuis que la Polynésie a disparu dans le sillage avec sa poussière d'îles.

Voilà des jours et des jours que la Croix du Sud m'a fait ses adieux. Je n'ai pas besoin de prendre le sextant pour savoir que la Polaire est à trente-deux degrés au-dessus de l'horizon, c'est la latitude que le soleil m'avait donnée aujourd'hui à midi. Sur la carte de l'immense océan, je contemple les trois mille milles déjà tracés depuis Moorea.

La nuit est superbe, toutes les étoiles de l'hémisphère nord éclatent dans le ciel. Les dieux là-haut ont bien veillé à ce que notre voyage se déroule sous les meilleurs auspices. Depuis le départ, *Joshua* a pu tenir un cap presque direct sur San Francisco. Mais la semaine dernière, un cyclone avait montré son vilain nez à cinq cents milles dans notre est. D'après les messages de la station météo W.W.V., il commençait à prendre son élan dans l'intention évidente de nous intercepter quarante-huit heures plus tard pour une sérieuse bastonnade.

Pelotonné dans ma couchette, j'avais mal dormi cette nuit-là en essayant de me convaincre que je n'étais pas vraiment inquiet. Le gréement est robuste. Six haubans tiennent le grand mât sur chaque bord, et les bastaques restent à poste toutes les deux quand la voile est au bas ris; cela simplifie beaucoup les manœuvres de gros temps. N'empêche qu'un cyclone reste un cyclone, autrement dit une bestiole de gros calibre qu'aucun marin au monde ne souhaite rencontrer sur sa route.

L'aube du lendemain ressemblait à un ciel de cataclysme. Alizé complètement déglingué sur une houle anormale de nord-ouest. La baisse barométrique n'était pas encore là, mais je ne pouvais plus douter que la sale bête nous avait bel et bien repérés, elle ne tarderait pas à nous sauter dessus. J'ai sorti le tourmentin, mis un ris préventif dans la grand-voile et l'artimon. Je m'apprêtais à regagner le calme de la cabine après avoir longuement observé les grimaces de la mer, quand un poisson a mordu à la ligne de traîne. Je l'ai vite ramené sur le pont. Une superbe dorade! Et c'est alors que l'enfant a pris les choses en main sans perdre une seconde : « Dépêche-toi de la remettre à l'eau, je vais lui dire d'aller tout de suite raconter ce miracle au cyclone, je te parie que ça va le calmer. »

Après tout, pourquoi pas? Quand le temps est au noir, quand l'inquiétude nous ronge et qu'on ne sait plus très bien où donner de la tête, une boîte de corned-beef est plus simple à cuisiner qu'une dorade. Et ça a marché! Au bulletin suivant, W.W.V. annonçait que cette dépression tropicale se comblait légèrement tout en modifiant sa trajectoire; au lieu de nous venir dessus, elle passerait sur notre arrière. J'ai souhaité longue et heureuse vie à ma dorade, largué mes ris préventifs et renvoyé le génois. Deux jours plus tard nous étions loin, poussés par un vent modéré de sud-est en pleine zone d'alizé de nord-est!

Le vent de sud-est tient bon, force quatre, l'idéal, *Joshua* file grand largue, tribord amures. Puis le vent passe au sud-ouest.

Incroyable! San Francisco n'est plus qu'à trois cents milles. Je rêve devant la table à cartes. Je rêve à l'Amérique. Je rêve aux paquets de dollars que je vais ramasser là-bas.

Mais je ne me contenterai pas seulement des dollars. J'ai beaucoup réfléchi à ce que disaient Ugo et Isabella quand nous étions à Suvarov : « Pour la première fois dans l'histoire de l'humanité on peut être moins " fort " que l'adversaire potentiel, sans pour autant mettre en péril sa propre sécurité. »

Eh oui... cette évidence crève les yeux. Il faudra faire comprendre aux Américains l'aberration de leur course aux armes atomiques, raconter l'histoire des deux voisins, John et Popov, expliquer à John pourquoi il ne risquerait rien en engageant une désescalade nucléaire *unilatérale*. Et c'est de cela que je vais m'occuper, parallèlement à la récolte des dollars pendant les présentations de mon film. Coup double dans un même lancer de *patia*... ce sera passionnant.

Encore cent trente-deux milles et nous serons arrivés à bon port, sans un seul jour de vrai mauvais temps depuis le départ. Un grain a quand même eu la peau du génois... puis celle du foc. Ils sont bel et bien morts; j'en récupère les ralingues, utilisables comme amarres de quai. L'ancre est parée, avec ses vingt mètres de chaîne et son cablot nylon de cinquante mètres correctement lové près du grand mât. Tout est en ordre sur le pont. A l'intérieur aussi.

Bientôt le port... il faudra me réadapter à d'autres bruits que ceux de la mer et du vent. L'une des merveilles de la voile hauturière, c'est qu'elle donne le temps de regarder vers le lointain. Hier, j'ai recopié une page de l'*Appel aux vivants* [1] de Roger Garaudy, une page dont le souffle m'a littéralement envoyé sur orbite. Alors j'ai voulu que ces lignes inspirées par le ciel entrent dans le journal de bord pour que Stéphan puisse les méditer quand il aura grandi :

« L'expérience fondamentale et la révélation en nous du divin, c'est l'acte créateur.

« Ouvrir cette brèche de transcendance en nous exige que l'on se place en ce lieu unique de jaillissement où l'acte de foi, la création poétique et l'action révolutionnaire ne font qu'un.

« Le grand art nous offre le modèle le plus évident de cette transcendance. J'appelle grand art (en me référant, pour l'essentiel, aux arts non occidentaux ou à l'art occidental avant la Renaissance) le

1. Paris, Le Seuil, 1979.

contraire de l'art individualiste qui cherche la singularité à tout prix, à la fois parce qu'il vise à l'intégration au marché et à la concurrence, et parce qu'il n'est que *reflet* d'un monde en miettes et sans espérance.

« Le grand art n'est pas reflet mais *projet*, exploration et expérimentation de mondes possibles. Au-delà de celui qui la crée, l'œuvre suscite non des spectateurs ou des consommateurs passifs, mais des célébrants de cette vie en train de naître, des co-créateurs de la création. Pas seulement de la création artistique, mais de la création tout court.

« Cette imagination a valeur prophétique, subversive, car elle fait entrevoir des possibilités dont les conditions ne sont pas contenues dans ce qui existe déjà. Elle nous suggère que le monde n'est pas une réalité déjà faite, mais une œuvre à créer.

« Dans cette perspective, l'éducation consiste non à préparer l'enfant à s'adapter à l'ordre existant ou à ses exigences techniques ou politiques, à le gaver de savoirs et de respects, mais à lui montrer les chemins pour accéder à la transcendance, c'est-à-dire à l'invention du futur. A faire émerger la transcendance au-delà de tous les conditionnements.

« La véritable éducation n'est pas dogmatique mais prophétique. Elle est subversive car elle apprend à vivre de façon créatrice, même au milieu du chaos, à ne pas fonder notre espérance sur les dérives de la nature ou de l'histoire, mais à faire prendre conscience qu'il est possible de vivre autrement.

« Les conséquences pratiques, concrètes, de cette affirmation intransigeante de la transcendance sont essentiellement révolutionnaires.

« Les seules révolutions possibles sont des révolutions qui ne font pas abstraction de cette dimension transcendante de l'homme, qui ne font pas abstraction du divin, celles qui se fondent sur cette certitude de la foi : le fond dernier de la réalité est un acte de cette liberté créatrice qu'on appelle Dieu.

« Être révolutionnaire, c'est être un créateur de cette réalité, c'est participer à la vie divine. »

Je referme pensivement le journal de bord. J'ai relu une bonne dizaine de fois ce matin la page de Garaudy en songeant à Stéphan et à son attirance pour le lance-pierres. J'ignore où le conduira la vie, mais je souhaite le voir comprendre un jour qu'avec son lance-pierres et sa foi, le minuscule David a fait mordre la poussière au terrible Goliath qui croyait seulement aux vertus de son glaive, de sa cuirasse et de son or.

Le soleil se lève sur les collines de San Francisco après trente-huit jours d'horizons. Une traversée sans problèmes ni dégâts, sauf le génois et le foc. Quant à la trinquette, elle arrivera épuisée mais encore entière pour son galop final. Devant le bout-dehors, les premières balises du long chenal en forme d'entonnoir conduisent au Golden Gate Bridge qui enjambe le goulet.

Joshua entre avec moi dans le Nouveau Monde. Un immense plan d'eau protégé de partout. Des centaines de voiles sillonnent la baie. Je mouille dans une anse tranquille, entre deux marinas. Terminé pour la manœuvre! Non, pas tout à fait. Un hors-bord me longe au ralenti. Je l'invite à venir prendre une tasse de café. Nous le sirotons dans la cabine. J'écris sur une feuille de carnet le numéro de Ugo et Isabella. Il me promet de leur téléphoner dans une heure au plus tard.

Ugo et Isabella! La mer, c'est formidable... mais la Californie aussi. J'ai tâté le terrain, c'est du solide. Nous allons bientôt commencer le boulot. J'ai câblé à Iléana qu'elle peut sauter avec Stéphan dans le premier avion en partance pour San Francisco. Et la vie tout entière est formidable!

CHAPITRE 23

La Californie m'a laissé une forte impression. Tout excès de vitesse en ville ou sur autoroute se voit sévèrement réprimé ; la voiture est un moyen de locomotion, pas de défoulement. J'ai trouvé ce pays ouvert aux idées neuves, les contacts directs, un courant qui passe sans complications, un sens civique très développé, de l'ordre, du calme, jamais un mot plus haut que l'autre, des gens aimables dans la rue et au travail, une efficacité remarquable au sein des services administratifs, une sainte horreur du mensonge et de l'entourloupe, de l'entraide naturelle, on communique simplement, on écoute et on respecte l'autre. Bien sûr, les problèmes existent, il y a les riches et les pauvres. Mais il y a aussi, dans toutes les couches sociales, un grand désir de justice.

Côté alimentaire, le choix est vaste : dans chacune des villes où j'ai projeté mon film, on trouve des magasins très bien fournis en produits diététiques et en fruits et légumes cultivés sans engrais chimiques ni pesticides ; leur prix est à peine plus élevé que celui des denrées courantes dans les grandes surfaces.

Il y a aussi, dans toutes les villes, des magasins de vêtements d'occasion, capables de tenir encore longtemps la route. Un jour où Isabella m'a trouvé trop mal fagoté pour mes conférences, elle m'a emmené dans l'un de ces lieux bénis par les petites bourses. J'en suis sorti avec de solides chaussures, deux paires de chaussettes pure laine, un pantalon de velours quasi neuf, deux chemises et un superbe veston fourré... tout cela pour vingt dollars au total !

Cela n'empêche que l'Amérique est un pays où l'on ne peut pas s'arrêter de ramer dur si on veut garder les narines au-dessus de l'eau. Mary Crowley m'aide beaucoup à rédiger les lettres que j'envoie tous azimuts pour présenter mon film. Mary est fondatrice de l'agence de charters *Ocean Voyage*, tout près de la marina où se repose *Joshua*. Elle trouve merveilleux que j'utilise mon film pour transmettre, en plus, l'idée des arbres fruitiers et de la désescalade nucléaire unilatérale. Sa photocopieuse est à mon entière disposition. Et Mary décroche souvent le téléphone pour essayer de me faire obtenir de meilleures conditions auprès des yacht-clubs et des universités.

Mais après un départ fulgurant de mes projections-conférences, le rythme se ralentit à mesure que j'écrème la côte californienne. Au bout d'un an, les fins de mois deviennent acrobatiques : marina hors de prix, téléphone indispensable à bord, école de Stéphan, multiples frais divers s'accumulant... et c'est la lutte au couteau pour obtenir des cachets acceptables pour mes projections. Et *Joshua* n'a pas de foc, ni de génois. Quant à la trinquette, n'en parlons pas, elle est cuite. Impossible de nous échapper dans ces conditions. Le piège se referme lentement. C'est alors que Sam est intervenu d'un formidable coup d'épaule.

Sam est entrepreneur en bâtiment. Il a son bateau dans la marina voisine. Un jour, sans aucune idée de derrière la tête, je lui raconte nos difficultés financières. Il me dit : « Tu veux du boulot sur mon chantier? » Et malgré mes cinquante-sept ans passés, il m'embauche sans hésiter une seconde.

Six mois d'affilée, une pelle à la main ou poussant des brouettes de graviers, j'ai travaillé deux à trois jours par semaine dans les chantiers de Sam, à dix dollars de l'heure, comme mes camarades. Deux à trois jours par semaine, parce qu'à cinquante-sept ans passés on n'a pas la résistance physique d'un gars de trente. Le reste du temps est consacré à mes conférences quand l'occasion se présente, et aux cours de navigation astro que je donne à bord de *Joshua* pendant les week-ends. Tout cela mis ensemble, le niveau de la caisse est remonté. Mais c'est bel et bien Sam qui nous a sortis du trou. Et en bossant côte à côte avec mes copains du chantier, en touchant à pleine main la conscience professionnelle qui les portait, j'ai compris pourquoi l'Amérique s'en sortira toujours. Quelles que soient les épreuves que lui réservera la politique aveugle de Reagan [1].

Sam Vahey a un diplôme d'ingénieur des Travaux publics. Cela ne l'empêche pas de bosser aussi dur que ses quinze ouvriers. Il a également fait une école de journalisme, et pratiqué cette profession – entre autres jobs occasionnels – durant plusieurs années. Et dans son équipe de bâtiment, tous mes camarades de sueur et de pioche sont polyvalents, comme lui. Merveilleuse flexibilité de l'emploi, où chacun peut maîtriser autre chose qu'une spécialité rigide.

De cela, j'ai souvent parlé avec Mary Crowley, Sam, Ugo et Isabella. La qualité majeure de l'Amérique repose sur cette faculté

1. C'était, en 1982, la pleine course aux armements et dépenses militaires.

qu'ont les gens de savoir se lancer dans différents boulots, d'être capables de tenir alternativement la plume, la pelle ou la règle à calcul.

Ici en Amérique, on n'a pas peur de changer son fusil d'épaule. On n'a pas peur des nouveaux horizons, on les regarde en face et on y va. On n'a peur de rien. Ce pays est dur, mais ce n'est pas un pays d'assistés.

Deux ans après son arrivée en Californie, *Joshua* reprend la mer avec ses voiles neuves, génois, foc et trinquette offerts par Giulio Frezza et Franco, amis de passage, amis au grand cœur. Nous nous étions rencontrés sur le ponton de la marina, puis nous avions dîné à bord. Ils m'avaient dit : « Nous rentrons demain en Italie, dessine en vitesse les voiles qui te manquent, nous les enverrons par avion, cadeau »... et les voiles étaient là trois semaines plus tard.

Stéphan et Iléana sont restés à San Francisco. Elle travaille au noir, et les progrès scolaires de Stéphan se révèlent très satisfaisants.

L'acteur Klaus Kinski est du voyage. Il rêve de faire un jour le tour du monde, et m'a proposé une somme non négligeable pour naviguer une semaine avec l'oiseau rare... en quelque sorte, un cours particulier d'école de voile. Je le déposerai au Mexique, puis continuerai vers le Costa Rica, un pays où la vie n'est pas chère. Ce détail important me laissera les coudées franches pour m'engager enfin dans l'écriture. De plus, le Costa Rica est proche de la Californie. Ma famille pourra me rejoindre plus tard. Et je pourrai aussi prendre l'avion de loin en loin pour un petit séjour à San Francisco. Bref, notre plan tient à peu près sur ses pattes, et la vie m'a appris à ne pas demander la lune.

La vie est une aventure fascinante aux rebondissements imprévus. On décide de faire ceci, on décide de faire cela... alors le Chaos intervient avec sa Loi incontournable, parce que le Sort a lui aussi son mot à dire. Il y a le gentil Sort... mais parfois l'autre aussi. Et quand c'est le Sort aux grosses dents qui nous dévale dessus, le ciel tout entier s'écroule sur nos pauvres carcasses, l'impensable devient réalité, on se retrouve nu sur la plage.

C'était pendant ma brève escale dans la superbe rade foraine de Cabo San Lucas (Mexique) où Kinski devait me quitter. Et cette brève escale a duré douze heures de trop... parce que j'ai laissé ma vigilance s'endormir. Pourtant, les lourds nuages aux ailes de chauve-souris étaient venus me dire, le troisième jour en fin de matinée, que tout n'était pas sain dans les parages. La mer aussi m'avait prévenu à travers les messages d'une houle anormale, venue en début d'après-midi, le même jour. Au large, à vingt milles des côtes, tourmentin et grand-voile au bas ris, je m'en serais sorti sans le moindre bobo. Mais le vrai mauvais temps est rarissime en décembre dans cette zone, pas plus d'un coup de torchon deux fois par siècle d'après les statistiques. Alors, je n'ai pas tenu compte des signes que m'adressaient le ciel et la mer, je suis resté dans ce mouillage tranquille au lieu de lever l'ancre vite fait pendant qu'il en était encore temps.

Et le cyclone a frappé dans la nuit.

Et à l'aube, cette belle plage, au sable si doux la veille, était un cimetière arrosé de nos larmes, un cimetière où tonnaient les monstrueuses déferlantes. Vingt-cinq bateaux massacrés dans la nuit. Pas de pardon. Les coques défoncées à perte de vue. *Joshua* démâté, mèche du gouvernail en deux morceaux, chandeliers aplatis sur le pont, bout-dehors plié, écoutilles et balcons arrachés, hublots en miettes, cabines et poste avant remplis de sable, de graviers et d'horreur.

Et moi, ressort brisé, les yeux éteints, déambulant sur ce rivage comme un fantôme de mon bateau. Nous étions morts tous les deux.

Bill et Laura Cutter m'ont recueilli dans leur maison sur la dune devant la mer. Ils m'ont donné leur souffle. Alors ils ont vu renaître l'espoir, tel un lumignon qui vascille. Mais leur souffle était là pour empêcher que la petite flamme ne s'éteigne à jamais.

Ensemble, nous commençons à retirer quelques affaires en fouillant dans le sable et les gravillons dont la coque est pleine. Prévenu par téléphone, Ugo a sauté dans l'avion, il arrive le soir même. Avec Ugo en plus, ça devient le grand souffle. Deux jeunes gars, Joe et Reto, viennent nous aider. Ils font partie de l'équipage d'un bateau qui a tenu sur ses ancres, au-delà du secteur où la mer brisait le plus fort.

Deux jours à nous six pour récupérer tout le matériel enfoui sous les tonnes de sable : ancres, chaînes, aussières, rouleaux de cordage, paquets de cartes, voiles en réserve dans le poste avant, outillage, poulies, pièces de gréement, ridoirs, vit-de-mulet et colliers de mâts, affaires personnelles. C'est fou ce qu'un bateau de grande croisière contient d'équipement. Et maintenant... le sable à nous six... des tonnes et des tonnes de sable... et l'enfant près de moi dit qu'il ne faut surtout pas me poser de question... travailler, travailler, travailler, ne regarder que le présent... vider le sable, vider le sable, vider le sable, refuser la fatigue des muscles qui demandent grâce... vider le sable, vider le sable... travailler en robot increvable... vider le sable, vider le sable, même si on ne sait pas pourquoi... vider le sable, vider le sable, travailler de toutes mes forces pour alléger le bateau, vider le sable, alléger le bateau, vider le sable, vider le sable, alléger le bateau, crier mille fois non à l'épuisement... vider le sable, vider le sable, vider le sable... on commence à voir la quille... et l'enfant nous crie à tous qu'on travaille comme des dieux parce qu'il faut sauver *Joshua* qui porte en ses entrailles l'immensité de la longue route.

En une semaine d'intensité maximum, nous avons libéré le bateau de ses tonnes de sable puis tout nettoyé à l'intérieur. Bien que profondément cabossée par endroits, la coque ne révèle aucune fracture, elle a tenu bon! Et dans trois jours, ce sera la grande marée de pleine lune!

Si nous parvenons à le remettre à flot, *Joshua* repartira vers d'autres horizons avec Joe et Reto quand ils l'auront remis en état : ils ont offert de me racheter l'épave. Mais vendre *Joshua* serait vendre mon âme. Par contre, je peux leur en faire cadeau. Non seulement j'en ai le droit, mais aussi le devoir. Je n'ai plus les moyens financiers ni la force de tout reconstruire par moi-même dans ce coin paumé du Mexique. Et en admettant que j'y arrive par un fabuleux rétablissement, je me retrouverais là, complètement épuisé, sans un sou devant moi pour me permettre d'atteindre le *seul* but qui donnerait encore un sens à ma vie : le bouquin. Autrement dit, j'ai bientôt cinquante-huit ans et je repars de zéro sur le sable... rien dans les mains, rien dans les poches. Joe et Reto sont jeunes, ils sont forts, ils sont pleins d'enthousiasme... et ils aiment *Joshua*. Moi aussi, je l'aime de toutes mes fibres, je l'aime de toute mon âme. Mais le verdict est là... une page est tournée sur le plus beau chapitre de ma vie, une histoire d'amour qui a duré vingt et un ans... une grande histoire d'amour entre un homme et son bateau.

Nous courons à la capitainerie du port pour établir le nouveau titre de propriété. Le fonctionnaire n'accepte pas d'entériner la donation : il faut inscrire un prix de vente pour que les choses soient légales. Vingt dollars, ça ira? L'acte de vente est signé.

La grande marée de pleine lune est fidèle au rendez-vous. Tout au long de la journée, nous avons soigneusement préparé le sauvetage. La mer est calme, les vaguelettes lèchent le sable, de plus en plus près. L'eau commence à remplir la tranchée que le bulldozer a creusée pendant la marée basse entre l'épave et la mer. Une forte aussière doublée d'un cable métallique relie l'avant du bateau à un chalutier. Ce sera aujourd'hui ou adieu. Si nous ratons notre coup, les autorités locales débiteront l'épave au chalumeau pour dégager la plage... et je ne m'en relèverais plus jamais...

Marée haute... le bulldozer pousse de toute sa puissance... le chalutier tire à mort... premier crissement du sable sous la coque... ce n'est déjà plus vraiment une épave... *Joshua* glisse tout doucement vers la vie... un long hourra s'élève de la foule des curieux venus assister au miracle... et deux minutes plus tard le bateau magique se balance au bout de son ancre.

Et mon cœur éclate de joie.

A partir de là, les événements se sont déroulés à une telle vitesse que j'ai l'impression de flotter à l'intérieur d'un rêve. Pourtant, je ne rêve pas. Trois mois après le cyclone, me voilà en train de peindre la carène de mon nouveau bateau dans le chantier de Rick Wood, à Richmond (baie de San Francisco). Eh oui... la vie est une aventure fascinante. Surtout quand on a la chance d'être aimé des dieux. J'ai cette chance, c'est comme ça.

J'avais connu Rick en Polynésie. Il venait de doubler le Horn sur son robuste ketch acier, le *Sea Lion.* Puis il avait gagné la Californie pour y créer un chantier à Richmond. C'est là que mon nouveau bateau est né, du cœur d'une multitude d'amitiés.

Mais sans John Hutton et sa compagne Ned, je n'aurais pas eu ce bateau. Eux aussi, je les avais longuement connus en Polynésie quelque dix ans plus tôt. Ils arrivaient sur leur gros cotre en bois. Nous avons tout de suite sympathisé. Le courant passait fort. En visitant *Joshua* de fond en comble dans le port de Papeete, plus une sortie à la voile, ils ont touché du doigt tous les avantages du métal. Alors ils ont construit leur *Fairy Tern* (Goélette Blanche), et depuis, une quantité impressionnante de bateaux acier à bouchain vif, au hasard des escales, à la demande et sur leurs propres plans. Déjà dix-sept à leur actif, ici et là. C'est leur passion. Et quand les dieux m'ont retiré *Joshua*, le Hasard associé au Chaos – ce Hasard qui organise parfois si bien les choses – a voulu que John et Ned soient occupés à finir une dix-huitième coque pour un client de Rick. Alors, deux jours à peine après le retour de Ugo à San Francisco, John m'a téléphoné chez les Cutter :

– Ton nouveau bateau, Ned et moi le construirons dans le chantier de Rick. Inutile d'ajouter que notre travail sera gratuit, on te doit bien ça, Ned est cent fois d'accord. Je te passe Rick... attends, Ugo veut te parler d'abord, il est avec nous dans le bureau de Rick.

La voix de Ugo, à deux mille kilomètres :

– J'ai déposé le chèque entre les mains de Rick pour qu'il commande la tôle. C'est notre participation, à Isabella et à moi. Et pas de discussion s'il te plaît, tu ne pourras jamais écrire ton bouquin si tu n'as pas un bateau sous les pieds. Je te passe Rick, il t'expliquera la suite.

A l'autre bout du fil, Rick prend le combiné :

– Je peux me faire livrer la tôle demain après-midi. Il y a la place chez moi pour ton bateau. John et Ned disposeront de tout l'outillage du chantier. Et je ne te demanderai pas un sou, ce sera ma participation. Je te repasse John.

Là, nous discutons dur. John et Ned veulent que je reparte du bon pied avec un douze mètres, la taille de *Joshua*. Je refuse net. C'est un petit bateau qu'il me faut : minimum d'armement, minimum d'entretien, minimum de complications... juste assez grand pour une table à cartes où je pourrais écrire... pas trop petit quand même pour pouvoir circuler dans la cabine autrement qu'à quatre pattes... disons huit mètres cinquante, neuf mètres à tout casser. Mais là, je tombe sur un os : ils n'ont pas de plan sous la main pour un bateau dans ces tailles. Ni le temps d'en dessiner un.

– On a aussi un plan valable pour un onze mètres, O.K.?

– Onze ou douze c'est pareil, c'est la famille des grands bateaux. Je serais coincé avec des tas de problèmes, je connais l'engrenage. Il me faut du petit super simple pour pouvoir écrire, sans quoi je n'y arriverai jamais.

– Écoute... ça nous embêterait de te laisser tomber. Ce plan de onze mètres, on peut à la rigueur le réduire à dix, mais pas moins. Si on descendait au-dessous, les lignes d'eau ne colleraient plus, ça deviendrait un veau. Pas question pour Ned et moi de nous lancer dans le médiocre. Dix mètres, dernier carat. A prendre ou à laisser.

– O.K. pour dix mètres... vous êtes formidables tous les deux, fais une grosse bise à Ned!

Pendant ce temps, Mary Crowley en Amérique, Jean-Michel Barrault en France, Jeannot Rey à Tahiti, déclenchent dans la presse une campagne de solidarité auprès des gens de bateaux. Alors, une multitude de chèques accourent à la rescousse pour renflouer la caisse du bord. Merci du fond du cœur à vous tous, généreux anonymes.

Et maintenant, trois mois après le drame de Cabo San Lucas, je suis là, devant mon bateau neuf, à rêver que je ne rêve pas. La fabrique d'accastillage inox Wichard m'a envoyé en cadeau toutes les manilles et ridoirs dont j'ai besoin. Sam me donne un gros paquet de serre-câbles pour les haubans. Un gars qui avait suivi mes cours de navigation astro l'an passé m'offre un superbe poteau télégraphique. Le lendemain, un inconnu vient me voir :

– Je m'appelle Scott Wood, charpentier de marine. Tes putains de bouquins m'ont tellement fait planer que je veux te donner une semaine de ma vie pour faire ton mât.

En trois jours à la tronçonneuse, Scott équarrit l'énorme poteau, sur huit pans impeccables. Il termine le travail au rabot électrique, puis visse le rail des coulisseaux. Entre-temps, j'ai préparé la bôme et les barres de flèche, John soude la ferrure de tête... et boum !... le mât est emplanté avant la fin du week-end, tous les haubans raidis. Et Peter Sutter, maître voilier à Sausalito, me fait cadeau d'une grand-voile neuve !

La bonne santé de la caisse du bord autoriserait l'achat d'un moteur. J'y ai beaucoup réfléchi. Un moteur, même très petit, grèverait lourdement les finances. Si je veux tenir la durée sans trop de problèmes pendant l'écriture du bouquin, mieux vaut éviter le piège d'une grosse dépense qui n'est pas indispensable.

Mais les dieux là-haut ont tenu conseil... et un nouveau miracle me déboule dessus. Il s'appelle Cliff, patron d'une agence du côté de Seattle, en Oregon. Cliff a fait toute la route au volant de sa voiture pour me voir d'urgence. Il m'emmène dans un café voisin et annonce la couleur : « Je songe à un bateau. Avant de prendre ma décision, j'ai besoin de connaître un peu mieux la mer. Avec toi, ce serait l'idéal. Si tu es d'accord pour m'emmener à Hawaii, je t'offre un moteur neuf, de ton choix. » L'affaire est conclue en trente secondes. Et le surlendemain, John installe mon Diesel 12 CV, refroidissement à l'air, démarrage à la manivelle. Ainsi, pas d'ennuis de pompe à eau pour le refroidissement, pas de batteries à surveiller pour le démarrage. Et le tuyau d'échappement débouche sur le pont, à l'intérieur de l'hiloire de cockpit, aucun risque d'entrée d'eau de mer par là, sécurité sur tous les plans. Et en plus, un moteur refroidi à l'air fait un potin d'enfer et chauffe tellement la cabine qu'on préfère l'utiliser le moins possible... ce qui limite au minimum l'usure de la joyeuse mécanique !

Et ça continue de galoper à fond de train.

Cliff et moi chargeons deux tonnes de plomb en lingots pour le lest. On les range dans la quille creuse, puis une plaque de tôle est boulonnée par-dessus avec un joint étanche découpé dans ma réserve de chambres à air.

John et Ned ont déjà soudé balcons, chandeliers et bout-dehors.

Le gouvernail est à poste.

Nous alignons le fletner du pilote automatique.

Cliff déniche une chambre à air de tracteur aussitôt baptisée *Dinghy-Bombard.*

Il serait temps de baptiser aussi le bateau. Je penche pour *Iléana.* Elle se rebelle et propose *Tamata.* J'hésite un peu... mais elle a raison, *Tamata* convient tout à fait. Et tandis qu'elle peint le nom sur l'hiloire de cockpit, l'enfant murmure à mon oreille : « Ajoute l'idéogramme chinois " cœur-esprit ", comme ça ton joli bateau aura aussi un nom porteur de symbole. » Génial! Absolument génial!

L'aménagement intérieur n'est pas encore commencé, mais Jacques Toujan est là. Son cœur est grand comme une montagne, il voyage de par le monde en donnant un coup de main à tous ceux qu'il rencontre, il sait voir les choses et les êtres dans leurs trois dimensions au premier regard.

Et en dix jours de boulot côte à côte avec Jacques, c'est liquidé bing-boum!... surtout pas de chichi, rien que du simple au superlatif, trois couchettes, un Primus monté à la cardan, un évier, pas de cloisons ni de placards, de l'espace, on peut respirer à l'aise dans cette cabine, la bouffe et l'équipement lourd sous les couchettes et le plancher, cinq lignes de sandows tendues entre les membrures depuis l'avant jusqu'à l'arrière pour coincer le petit matériel qu'on veut toujours vite sous la main sans avoir besoin de fouiller partout... et une table à cartes géante où j'écrirai peinard quand le moment viendra de passer au bouquin.

Nous dénichons des matelas-mousse presque neufs dans les poubelles du voisinage, Iléana les retaille à la mesure, fait des collages au Néoprène, fabrique housses et coussins avec ses doigts de fée, ça devient tout mignon là-dedans.

Ugo me ramène le sextant dont il a remplacé les miroirs.

Cliff range les boîtes de conserve sous le plancher.

Le gréement est en ordre, la grand-voile est ferlée sur la bôme, génois et trinquette endraillés, écoutes et drisses lovées à postes. Jacques et moi bricolons de toute urgence la girouette du pilote automatique. Dieu que ça fleure bon la mer et la grande liberté de l'horizon!...

– Dis donc, Jacques... qu'est-ce que tu penserais d'un petit coup de San Francisco-Hawaii, toi, Cliff et moi sur ce joli bateau pour voir comment il taille la route?...

Jacques réfléchit un dixième de seconde et répond dans un sourire chaud comme le soleil. Nous partirons donc tous les trois pour

Hawaii! Ensuite je continuerai seul vers la Polynésie, au lieu du Costa Rica.

La Polynésie parce que mieux vaut frapper mes amarres dans un coin où on me laissera séjourner à ma guise, sans être dérangé par des fonctionnaires d'un bureau de l'Immigration.

Seul, parce que Stéphan et Iléana resteront à San Francisco. Elle a trouvé dans ce pays des amitiés solides et les stimulations indispensables pour sa quête. Quant à Stéphan, il mord bien à l'école, ça pèse gros dans la balance. Mais en ce qui me concerne, une chose est sûre : bien que le rythme de l'Amérique m'ait beaucoup apporté dans certaines zones de mon intellect, ce rythme ne me convient absolument pas pour écrire. Revenir m'installer ici serait renoncer au bouquin. Et finir en épave.

Le baromètre est haut, le vent est favorable, tout est paré à bord, *Tamata* est impatient de pointer son étrave sur la Grande Aventure. Nous avons déjà conscience, Iléana et moi, que notre séparation est devenue incontournable... et sans doute définitive. Parce que les dieux l'exigent. C'est ainsi. C'est la vie. Mais ce n'est pas une rupture dans le sens où on l'entend habituellement. Loin de là. Elle sait qu'elle restera pour toujours dans mon cœur, quoi qu'il advienne. Et je sais que je resterai moi aussi pour toujours dans le sien, quel que soit le futur. Nous savons l'un et l'autre que le lien qui nous unit traversera le temps sans perdre de sa force. Car ce lien est sacré, il est le résultat de tout ce que nous avons fait ensemble de solide et de beau depuis notre première rencontre.

CHAPITRE 24

Enfoui dans le silence de la brousse et des arbres géants de la Grande Forêt, j'ai marché longtemps longtemps longtemps pour retrouver l'un après l'autre tous les morceaux du puzzle. Je songeais aux marins pêcheurs du golfe de Siam, récupérant les bouées de leurs lignes de fond dispersées aux quatre vents par la tempête et les courants imprévisibles.

Alors le Temps avait changé de dimension, comme un voyage astral aux bordures de l'ailleurs. Un pied ici, un pied là-bas, je ne savais plus très bien sur quel bateau je chevauchais les vagues en direction de l'Inconnu... l'une de mes deux *Marie-Thérèse... Joshua... Tamata...* le *Snark...* ou la jonque légère du père de Phuoc avec sa jolie voile en feuilles de latanier... le gros fil de fer transformé en solides hameçons par les hommes du village... les femmes qui chantonnent sous le grand badamier en roulant dans leurs doigts la fibre devenue longue-ligne... et le père de Hao entre dans la fente avec l'écorce de *cai tram* que Xaï et moi avons cherchée ensemble au cœur de la forêt lointaine... alors Baï Ma nous emmène à la Grotte des Sapèques où le vieux Bonze a traversé les trois écoles du *Voir*, du *Faire* et du *Transmettre.*

Dieu que la Grande Forêt est loin déjà dans le sillage... et si proche encore cependant! J'avais d'abord erré au milieu d'une contrée glaciale, aride, caillouteuse, privée d'ombres et de lumières. Aucune semence n'aurait eu la moindre envie de germer dans pareille désespérance. Là, j'ai failli perdre le feu sacré, laisser choir la trop lourde épreuve, lever l'ancre vers n'importe où pourvu que ce soit ailleurs et le plus loin possible.

Après six ou huit mois de cette morne grisaille où je tournais en rond devant ma page blanche, les dieux ont commencé à vraiment s'inquiéter. Alors ils m'ont envoyé une Fée. Elle a mis la chaleur de sa main dans la mienne, nos deux cœurs ont fondu l'un dans l'autre et nous sommes sortis ensemble du redoutable Désert de la Solitude.

Ensuite, gréement vérifié dans ses moindres détails, j'ai pu franchir sans y laisser de plumes les deux Marécages aux Sables Mouvants bourrés de crocodiles à trois têtes. Il fallait beaucoup de temps pour prendre les repères, ajuster mes tirs avec grande prudence, éviter de mettre en fureur les nids de guêpes à double dard qui vivaient en symbiose avec les caïmans. Mais l'extraordinaire précision de mon lance-pierres magique faisait déjà merveille. Je parvenais à récupérer des éléments du puzzle dans la gueule même des cerbères. C'était un jeu formidable, parfois dangereux mais combien exaltant pour l'Enfant dont la joie palpitait dans le chaud de mon cœur.

Après les marécages, c'est devenu coriace. Là on ne jouait plus. J'étais continuellement aux prises avec le dragon lance-mirage, l'énorme bourdon croqueur de neurones et le petit lézard brouilleur d'ondes fondamentales. Ces trois mauvais génies n'arrêtaient pas de me harceler, accumulant des montagnes d'obstacles. Ils semaient le Doute, la Fatigue et le Découragement sous mes pas, effaçaient les traces, m'enveloppaient d'épaisses ténèbres suivies d'éclairs fulgurants où je ne distinguais plus l'avant ni l'arrière du bateau. Et mon lance-pierres magique perdait presque son pouvoir... ils se transformaient en courants d'air sitôt que je les entrevoyais dans le brouillard. Sans cesse ils bloquaient ma progression pour m'empêcher de mettre la main sur les mille morceaux du puzzle que les vents du Hasard avaient éparpillés au profond de mon âme.

Alors le père de Hao venait voir si j'arrivais à m'en sortir... et je retrouvais ensemble mes deux vieilles alliées, Patience et Tenacité.

Cette quête du Graal a duré ainsi huit longues années de terribles batailles. Contre les fantômes du passé. Contre ceux du présent. Contre ceux que je détectais çà et là parmi les ombres du futur. Et contre moi-même, pour démasquer les plus infimes tentatives de la Compromission qui cherchait à s'introduire par la ruse dans l'écriture. Tous ces combats, je les ai gagnés à la file. Souvent plusieurs ensemble sur un même front. Mais chacun me laissait moulu d'épuisement, parfois au bord de la détresse.

De loin en loin une clairière égayée par le chant des oiseaux m'accordait un répit. Là, je me recentrais au soleil du village, étirais voluptueusement mes doigts de pieds avec Xaï dans la mare aux grenouilles près de la paillote de Xian, affûtais les neurones ébréchés, réactivais mes électrons défaillants ou paresseux avec l'aide du Souffle. Mais j'évitais la tombe de Baï Ma... c'était encore trop tôt.

Puis je reprenais la piste incertaine, difficile et pleine d'embûches dans la Grande Forêt qui n'en finissait plus. Et l'enfant me soutenait en disant à chaque aube nouvelle : « Quand on commence une tâche on la termine, un point c'est tout. »

Entrer dans la fente comme le père de Hao... seul moyen de relier le Yin et le Yang du vieux bonze avec le Souffle de l'Alliance. Et reconstituer ainsi le puzzle en entier dans ses trois dimensions.

Regarder seulement l'Essentiel.

Écouter les messages que m'adressaient les voix du lointain.

Ne jamais oublier que « les mots sont là pour *montrer*... non pas pour se montrer [1] ».

Et puis voilà qu'un jour particulièrement dur où je me glissais à travers un fouillis de lianes, de racines entremêlées et de plantes carnivores... la Bête m'a intercepté très méchamment. Et cette rafale me tombait dessus en plein cœur de la Grande Forêt.

La Bête est une chose insaisissable que le clair-obscur de la Science appelle « prolifération anarchique de cellules géantes ». Le langage commun dit « Cancer ».

Sitôt ma trace reniflée, la Bête a vomi sur moi un oiseau couleur d'épouvante qui s'est mis à tournoyer dans ma tête avec ses ailes en forme de tenailles. Je l'ai tout de suite reconnu... je l'avais rencontré pendant la guerre sur les berges du Mékong... c'était la Peur... mais pas la peur normale, ni même la grosse peur. Là, c'était vraiment la Peur aux grosses grosses dents, la Peur qui paralyse, renverse les défenses, nous jette hébété dans le vide.

Voyant ça, l'enfant m'a tendu l'un des meilleurs cailloux de notre collection : « Commence par descendre cet Oiseau de Malheur ! » Et un seul coup de lance-pierres magique lui a cassé l'aile, il s'est planté en vrille dans un nid de fourmis rouges. Ensuite l'enfant a cherché un caillou dense comme l'uranium, dix fois plus dur que le diamant, aussi pointu qu'un microcospe électronique.

Là, j'ai atteint la Bête entre les deux yeux, tir magistral qui aurait dû la sécher net à mes pieds. Mais elle a lancé un rire puissant comme le tonnerre de dix tempêtes tropicales avant de me bondir sur les épaules en arrachant cinq kilos de ma solide musculature... et c'est moi qui suis allé à terre dans une immense lassitude où ma foi partait en lambeaux.

Alors l'enfant a vite escaladé le Ciel tout là-haut pour demander conseil aux dieux. Et à son retour il a dit : « Apprivoise la Bête ! »

Génial ! Pourquoi pas?...

1. Expression de Dominique Charnay.

Apprivoiser la Bête... c'est devenu comme si je doublais le Horn d'est en ouest au louvoyage dans la purée de pois. Roches baveuses d'écume sur un bord. Glaces tapies au ras des vagues sous l'autre amure. Et les déferlantes recouvrent le bateau qui se demande si le gréement tiendra et combien de temps le cirque va durer. Cela n'empêche que cette navigation s'est révélée passionnante. Même si elle n'a pas été toujours drôle drôle en ces eaux tumultueuses négociées au bas ris jusqu'à l'autre bout de la Grande Forêt.

Mais j'avais retrouvé tous les morceaux du puzzle!

Ainsi, plus de huit ans de ma vie ont passé entre le jour où je pénétrais dans la Grande Forêt et celui où j'en sortais avec mes voiles rapiécées... mais le bouquin presque fini.

Autour du bateau, la mer scintille d'allégresse. Le soleil est là, bien chaud, bien doux. Et devant mes yeux éblouis, le monde n'est plus comme avant. Je dirais même que l'inimaginable a sidéré notre planète.

L'Est s'est ouvert dans un désir de paix.

Le mur de Berlin n'existe plus.

L'amorce d'une sincère désescalade des missiles nucléaires a remplacé la guerre froide, où une étincelle un peu plus grosse que les autres pouvait tout faire sauter.

Popov et John réconciliés jettent leurs grenades à la poubelle de l'Histoire, s'occupent du potager, réparent les gouttières et nettoient la citerne. Qu'importe si dans pareil chambardement cette conscience nouvelle titube encore avec ses béquilles... elle tiendra peut-être un jour sur ses pattes après les innombrables trébuchements qui accompagnent la création.

La conscience progresse, c'est là un fait indiscutable à mon avis. Mais elle a ramassé une de ces châtaignes, la pauvre, sous le cynisme et les mensonges qui ont orchestré la guerre du Golfe... au nom d'un prétendu « nouvel ordre international »... alors qu'il s'agissait uniquement de maintenir à l'intérieur d'un gant de fer l'ancien ordre établi par la loi du plus fort et la rapacité d'un Occident indigne, ce géant aux pieds d'argile qui marche main dans la main avec son complice le Veau d'or.

Hélas, un peu partout sur notre planète commune, la haine, la bêtise, la violence et la lâcheté poussent comme des plantes vénéneuses entretenues par le Dragon.

Massacre de populations entières.
Déportations massives.
Tortures légalisées.
Dictature des canons vendus par les pays riches aux dirigeants sanguinaires de peuples sous-développés... où les tanks sont plus nombreux que les charrues!
Exodes, par millions, de dépossédés qui ne savent plus à quel saint se vouer.
La guerre est le pire monstre que les hommes aient créé. La chose la plus hideuse, la plus imbécile que l'on puisse imaginer pour régler un problème. Toutes les guerres sont fratricides, quel que soit le nom qu'on leur donne. Quelle que puisse être la « bonne conscience » avec laquelle on les déclenche.
J'ai rencontré bon nombre de crétins qui demeurent persuadés que l'aventure spatiale n'aurait pas vu le jour s'il n'y avait eu d'abord les fusées de Hitler pour ouvrir le chemin. Que sans la guerre américano-japonaise et ses monceaux de cadavres, les antibiotiques n'auraient jamais pu être mis au point un jour ou l'autre. Et aussi, entre autres inepties, que les guerres sont indispensables pour maîtriser la surpopulation. Ceux qui pensent ainsi n'ont jamais entendu claquer les balles d'un fusil-mitrailleur, ni vu les bombes descendre du ciel.
L'Est s'est effondré. L'Ouest est en train de s'écrouler à son tour. La Politique essaie de se raccrocher aux branches... elles sont pourries. L'Économie essaie désespérément, elle aussi, de se raccrocher aux branches... elles sont encore plus pourries. L'immense majorité refuse de voir qu'il s'agit non pas d'une crise politique et économique, mais d'une crise des valeurs *morales*. N'étant pas habitués à naviguer dans ce genre de mer, ça nous fait peur pour la simple raison qu'il n'est pas toujours facile de se décoller les paupières et de se déboucher la comprenante. Mais il faudra bien que nous finissions par choisir entre une avancée fulgurante de la trique robotisée... ou une élévation des consciences individuelles et collectives.

Le Pas de l'Intelligence qu'évoquait Isabella Conti autour de notre feu à Suvarov semble encore loin à l'horizon. Je suis habité par la certitude intuitive que l'homme sera prêt à franchir cette étape majeure de son évolution à partir du moment où il mettra dans la balance toutes ses ressources physiques, mentales et spirituelles pour construire *d'abord* la Paix.
La vie m'a enseigné que l'homme tient le Choix dans sa main. Il a donc le Pouvoir de guider son destin au lieu de le subir. Non seulement le pouvoir, mais aussi la *Responsabilité*.

Quand nous aurons construit la Paix, quand nous l'aurons solidement haubannée en passant la grosse éponge qui efface les vieilles querelles et pardonne les offenses d'antan... alors Esprit et Cœur marcheront côte à côte sur le Chemin du Haut. Et ce chemin-là, nul besoin de savantes équations pour voir qu'il nous conduirait vers une *possibilité* inouïe : celle de créer ensemble un monde enfin digne de l'Homme. Un monde où ne régneraient plus l'Injustice, le Sang, la Misère et la Honte.

Le monde meilleur auquel nous aspirons tous, je ne le connaîtrai pas de mon vivant. La Goélette Blanche est venue me frôler de son aile légère pour m'apporter un message des dieux : « Petit frère, il ne te reste sans doute plus beaucoup d'eau à courir avant d'atteindre ton dernier mouillage. »

Eh oui... je n'ai pas réussi à vraiment apprivoiser la Bête. Ni à modifier sa nature carnivore. Chaque fois qu'elle se réveille et retrousse les babines dans ma carcasse fatiguée, le Temps se contracte un peu plus devant le bout-dehors. Et les dieux dont l'amitié m'accompagne depuis toujours ne disposent d'aucun pouvoir sur le Temps.

Le sillage s'étire très lentement derrière l'étambot. Le peu de brise qui me poussait encore est devenu souffle léger. Je songe au clair matin où j'étarquais mes voiles dans la fraîche mousson pour découvrir le monde avec *Marie-Thérèse*. En ce temps-là mon horizon n'avait pas de limites, toutes les îles étaient nouvelles dans l'aventure de ma vie.

Maintenant le crépuscule approche, l'album d'images est plein, et j'ai entièrement reconstitué le puzzle. Mais un dernier morceau refuse d'y entrer... celui de Baï Ma. Ses yeux disent toujours la guerre malgré le demi-siècle qui a léché année après année la trace du sang près de sa tombe.

Calme plat. Je crains fort d'arriver trop tard. Je contemple l'horizon en regardant le Ciel. Je sais que l'homme ne peut rien sans le souffle de Ton esprit. Et que Tu ne peux rien sans nos mains. Toi et nous les humains, sommes associés comme l'Architecte et le Bâtisseur. Associés à travers la fabuleuse Alliance... que nous sommes libres d'accepter ou non. Libres parce que Tu as placé le Choix entre nos mains quand un rameau issu des primates franchissait le pas de la Réflexion. Quelques millions d'années déjà!

Tout au long de mon existence éphémère, je ne T'ai rien demandé à titre personnel. Tu avais bien assez de soucis avec notre humanité chancelante. Je ne voulais pas Te déranger en Te parlant de mes problèmes dérisoires. Mais le mouillage n'est plus très loin, j'aurai bientôt fait le tour de ma vie. Et j'ai besoin d'un coup de pouce : étire un peu le Temps pour que je puisse régler une très vieille histoire. Sans quoi, le dernier morceau ne retrouvera jamais sa place dans le puzzle. Il faut que je parle à Baï Ma, devant la tombe, au village de son enfance et de la mienne. Peut-être alors écoutera-t-il... et prendra-t-il la Grosse Éponge. Dans l'univers entier, seul Baï Ma détient le pouvoir d'effacer la trace du sang qui nous sépare encore.

Suspendue entre le rêve et la réalité, l'écume du sillage se déroule en longue chevelure blanchie par la mer, blanchie par les ans. Une mousson bien établie du nord-est m'apporte la senteur des forêts et des rizières du pays de mon enfance, Indochine de ma jeunesse, terre de mes racines.

Dès le retour du vent, j'ai arrondi avec grande prudence la pointe de Camau [1] aux traîtres bancs de vase déposés là par le Mékong. Ensuite j'ai fait voile en direction de Tamassou. Dieu que cette île est belle dans le soleil levant. Je la laisse quand même à une certaine distance sur tribord, pour ne pas trop allonger ma route.

Les yeux emplis de Tamassou, je borde un peu les voiles pour continuer au près, cap entre Hon Chong et l'île Hon Heo. Je ne sais pas si je pourrai frôler Hon Chong sans avoir à tirer un bord. Mais voilà que le vent adonne de trente degrés... sans mollir ! C'est du jamais vu par mousson de nord-est. D'ordinaire, quand elle dévie un tant soit peu, le calme arrive presque aussitôt. Aujourd'hui, rien de tel : du vent, du vent, du vent ! Je reconnais la main des dieux. Et à ma stupéfaction, je vois que ce bateau qui m'emmène vers mon dernier mouillage... c'est *Marie-Thérèse* ! Une joie indicible vient m'inonder le cœur. *Marie-Thérèse*, la belle jonque de mes premières amours, ma belle jonque au parfum de résine et de forêts lointaines.

Hon Heo défile sur bâbord. Hon Chong sur tribord. Mon village n'est plus qu'à une dizaine de milles. Dans le ciel je vois apparaître, lumineuse, la petite jarre du vieux bonze de la Grotte des Sapèques. Et aussi le cortège des fantômes de mon premier départ vers l'immense horizon... tous ces frères immolés sur l'autel de la Guerre,

1. Extrémité sud du Viêt-nam.

toutes ces âmes errantes à qui j'avais promis de revenir un jour pour témoigner.

Mon gréement est en ordre, écoutes et drisses claires, aussières bien lovées, deux ancres sur le pont. Paré à mouiller. Et voilà le village... la mer et la forêt... sa plage au sable fin où une vague vient mourir après son long voyage... le doux chemin de terre qu'ont foulé tant de pieds nus... les paillotes protégées par l'autel des ancêtres... la pagode des bonzes où le tam-tam résonne pour chasser le *Ma Qui*... les baguettes d'encens qui parfument chaque tombe.

Baï Ma est là, parmi les anciens qui ont quitté depuis longtemps le monde des vivants. Et parmi les nouveaux, nés pendant mon absence. Mais Baï Ma continue de leur parler le langage des guerres et de la rancune éternelle.

S'apercevant de ma présence, Baï Ma est resté sans voix pendant un bref instant. Puis il a rugi :

– Voyez-donc ce pourri qui ose revenir! Que ce fils de chienne s'en aille crever chez le *Ma Qui*! Souvenez-vous toujours que les siens ont froidement envisagé la bombe atomique pour nous exterminer à Diên Biên Phu! S'ils ne l'ont pas utilisée, c'est seulement parce qu'ils n'ont pas réussi à s'en procurer une!

Alors l'enfant a lancé l'éclair en nous criant à tous, les vivants et les morts :

– *On ne se trompe jamais en pardonnant!*

Baï Ma contemple l'éclair... hésite comme le voilier qui se retrouve quille en l'air sous la formidable déferlante... nous regardons le bateau se redresser lentement... Baï Ma prend la Grosse Éponge... il efface la trace du sang devant la tombe.

Et le dernier morceau est entré dans le puzzle.

APPENDICE

TOUR D'HORIZON SUR LA CROISIÈRE

Du fait de mes différents bouquins, j'ai reçu nombre de lettres émanant de personnes – pas forcément des jeunes – qui avaient entendu résonner en eux l'appel du large. De manière plus ou moins directe selon les tempéraments, ils me demandaient conseil pour préparer le grand départ. A tous, je réponds à peu près ceci : éviter de se compliquer inutilement l'existence. Priorité absolue à l'essentiel. Laisser résolument de côté le superflu. Ne pas hésiter une seconde entre le simple et le compliqué : le compliqué se révélera presque toujours source de difficultés immédiates ou futures, dépenses d'argent inutiles, perte d'un temps précieux et gaspillage d'énergie.

Cette « philosophie » du simple m'a guidé comme un ange gardien depuis le premier départ. Faire avec ce qu'on a. Ne pas avoir les yeux plus gros que le ventre. La question fondamentale est celle-ci : ai-je vraiment envie de vivre et voyager sur un bateau à voiles ? Une fois que l'on a répondu à cette question sans se cacher la tête dans le sable, les choses se clarifient... puisqu'on ne se ment plus à soi-même.

Les pages qui suivent ne prétendent pas dire comment on doit faire, mais seulement comment je vois, comment je fais.

La théorie :

A moins de posséder de solides bases théoriques et pratiques, je pense que le plus sage est de commencer modestement par le début. L'expérience des autres se transmet dans des livres. L'ouvrage des Glénans constitue, à mes yeux, une base extrêmement solide. On le trouve dans la plupart des librairies nautiques. J'apprécie également beaucoup le livre d'Antoine *Mettre les voiles* (Arthaud). Ces deux ouvrages aideront à bien déblayer le terrain. Je connais aussi un livre américain d'excellente qualité, écrit par Larry et Lin Pardey : *The Self-Sufficient Sailor* (publié par Norton & Cie).

Début de la pratique :

En parallèle avec l'enseignement apporté par les livres, n'hésitez pas à faire vos premières armes sur Optimist : vous en retirerez un *immense* profit. Peut-être hausserez-vous les épaules : « Quoi !.. moi sur un Optimist !... mais c'est un bateau pour moutards !... les gens vont se moquer de moi ! » Là, je réponds carrément : « Attention à l'orgueil ! »

Il y a quelques années de cela, à Tahiti, mes amis René et Jocelyne venaient de se rendre acquéreurs d'un sloop de huit mètres. Lui, trente-trois ans, sportif confirmé : arts martiaux, parachutisme, body-surf et un peu de plongée, entre autre choses. Elle, vingt-cinq ans, aucune attirance pour les sports, mais du sens pratique. N'ayant jamais fait de bateau l'un et l'autre – à part une virée à Moorea avec une bande de copains sur un ketch de dix-huit mètres – ils me demandent de les dégrossir. Le yacht-club d'Arue nous prête une Caravelle. A première vue, ce gros dériveur peu gitard sera idéal. Mais en arrivant au yacht-club, nous sommes accueillis par une nuée d'enfants de dix à douze ans qui se préparent à sortir sur Optimist. En attendant que le plan d'eau soit redevenu libre, nous observons leur départ. L'un des enfants, manifestement nul et complètement paumé dans cette histoire qui le dépasse, réussit quand même à se dégager du chenal sous la bousculade et les quolibets de ses camarades. Une heure s'écoule. Ils reviennent comme un essaim d'abeilles. Là, nous ouvrons de grands yeux : le paumé de tout à l'heure s'est métamorphosé... il se débrouille aussi bien que les autres, injurie ceux qui lui contestent le « tribord », négocie parfaitement les révolins qui sévissent dans l'étroit chenal, remonte sa dérive et aborde le plan incliné. Nous l'aidons à ranger son matériel. « Ça fait combien de temps que tu fais de l'Optimist? » Réponse : « C'est la première fois. » Et dans un flash d'intensité maximum, l'évidence nous pulvérise. René, Jocelyne et moi embarquons aussitôt sur la merveille des merveilles, chacun sur un Optimist. Près serré, près bon plein, vent de travers, empannages, virements de bord au lof et au vent arrière, démonstration du culage en inversant la barre, on en profite pour voir comment le bateau tient la cape avec la voile bordée et la barre dessous à quarante-cinq degrés. Le vent augmente un peu, surveillance des risées, anticipation des embardées dans une force quatre qui commence à former des petites crêtes blanches sur le lagon... ils ont déjà le bateau en main... Nous commençons à régater pour le plaisir... c'est l'illumination, nous voilà en plein septième ciel!...

Et à notre retour deux ou trois heures plus tard, personne n'aurait pu dire lequel de nous trois avait parcouru le plus de milles dans sa vie. Tout simplement fabuleux : *en une seule sortie, ils avaient cerné l'essentiel.* Parce que chacun était responsable, depuis A jusqu'à Z. Quand on est seul à bord, la moindre faute ou baisse d'attention se voit sanctionnée par le bateau lui-même. Mais l'Optimist est bon enfant, il prévient. Pour dessaler (chavirer) sur un Optimist, il faut vraiment le vouloir. Un 420 n'aurait absolument pas le même comportement : ce dériveur de course est trop volage, trop rapide, beaucoup trop imprévisible à mon avis pour un débutant. Si on n'a rien d'autre sous la main, c'est mille fois mieux que de rester à la terrasse du yacht-club, évidemment; mais dès que le vent augmente un tant soit peu, le 420 dessalera sans qu'on ait eu le temps de comprendre pourquoi ni comment. Je ne crois vraiment pas que ce soit la meilleure façon d'apprendre *vite et bien* du même coup.

Quant à l'apprentissage en groupe sur Caravelle, j'y vois aussi toute une série d'inconvénients et pertes de temps : il y a forcément un chef de bord (le barreur) plus ou moins compétent, plus ou moins pédagogue. Et l'équipage : les exécutants. Les deux plus dégourdis s'emparent habituellement de l'écoute de foc. Les autres deviennent « lest mobile » : pour eux, ce n'est pas très motivant; leur attention faiblit dès qu'ils commencent à s'ennuyer ou avoir froid. Pendant ce temps, les deux foquiers songent que ça dure un peu trop; ils aimeraient prendre la barre. Mais la barre, on ne la prend pas comme ça. La barre, il faut d'abord la mériter, il faut en être vraiment digne... « Borde un peu mieux ton foc... mais non, pas comme ça!... tu roupilles ou quoi!... mais qui est-ce qui m'a foutu une équipe comme celle-là!... et en plus tu voudrais que je te laisse la barre? »

D'accord, je caricature peut-être un peu. N'empêche que c'est bel et bien le fond du problème. La barre, vous pouvez la prendre tout de suite, sur un Optimist. Je ne connais pas meilleure école de base. Vous y verrez clair très vite. Je considère cette modeste coquille de noix comme la voie royale conduisant au bateau de croisière. Avec l'Optimist, vos sens s'aiguiseront tout naturellement. Les seules voix que vous y entendrez seront murmurées à votre oreille par la carène, la voile, le vent, la mer, les cailloux. A travers ces messages instantanément compréhensibles, l'Optimist vous offrira les *réflexes fondamentaux* qui sont nécessaires à bord de n'importe quelle autre unité, petite ou grande. Que l'on soit sur la dunette d'un trois-mâts de deux mille tonnes, dans le cockpit d'un cotre de neuf mètres, sur un 420 ou sur une Caravelle, la base est strictement la même, les autres différences étant des extrapolations ajustables selon le tonnage. Mais cette base, un débutant la découvrira autrement mieux et plus vite – et de manière plus claire – avec un Optimist. Certes, j'ai rencontré d'excellents marins qui n'avaient jamais touché à un dériveur – ni même tâté au moins un peu à la voile comme équipiers en croisière côtière – avant de se lancer dans la grande aventure avec des bateaux de huit à quatorze mètres. Ceux-là ont appris sur le tas, je leur tire mon chapeau. Mais combien d'autres ont abandonné parce qu'ils avaient brûlé les étapes? N'oublions jamais que la mer et les dieux n'aiment pas la hâte excessive, le manque de préparation, la désinvolture et l'insouciance. Surtout pour les choses capitales.

Encore quelques mots avant de clore ce sujet : pendant ses trois saisons d'école de croisière dans les années soixante, *Joshua* a vu défiler environ trois cent cinquante équipiers. Il y avait à peu près 30 % de débutants intégraux. Les autres (70 %) avaient déjà une certaine expérience : stages aux Glénans, ou propriétaires de bateaux de croisière. Et j'ai constaté une différence frappante entre ces deux catégories de non-débutants : ceux qui étaient passés par les Glénans – même s'ils y avaient pratiqué seulement du Vaurien – se trouvaient tout de suite « dans le coup » à bord des quinze tonnes de *Joshua*. Par contre, la catégorie des proprétaires de bateaux de croisière – s'ils n'avaient jamais pratiqué le dériveur – étaient presque toujours dépassés par les événements... au point que je me suis souvent demandé s'ils se servaient parfois des voiles sur leur bateau, ou surtout du moteur. Et j'espère que malgré le passage du temps et l'arrivée en force de la technologie, l'école des Glénans aura su conserver les belles traditions des années soixante où la voile dominait.

Le choix du type de bateau :

C'est la deuxième phase dans la préparation du grand départ. Mais attention, doucement, doucement. Là encore, je crois prudent de ne pas brûler les étapes *si l'on peut faire autrement.* Méfions-nous du coup de cœur : il peut nous éblouir au début... pour nous laisser plus tard malheureux et désemparé sur un bateau qui ne répond pas du tout à nos aspirations réelles. Avant de se décider pour tel ou tel type de bateau, mieux vaut avoir d'abord une vision pas trop éloignée de ce qui nous conviendra. La sagesse consiste à naviguer un peu sur plusieurs types de bateaux, en traînant dans les marinas pendant nos vacances *et nos week-ends*, avec seulement un léger baluchon, une bonne dose de culot et une *énorme détermination.* Les dieux adorent ça. Plus on naviguera sur différentes unités – en croisière comme en régates, été comme hiver – plus on y verra clair. Cela peut exiger plusieurs saisons, mais ce ne sera pas de l'énergie gaspillée. Cette attitude est d'autant plus intéressante qu'elle permet d'atteindre trois objectifs dans le même coup : se faire une idée sur les différents types de bateaux, apprendre un tas de choses sur la manière de naviguer (prises de ris, fignolages pour les réglages de voilure, courants de marée, cartes marines, mouillage, Livre des Feux, Instructions Nautiques, etc.), et enfin, dévérouiller bien des mystères pour un minimum de frais.

Il peut sembler difficile d'obtenir le premier « oui » qui vous permettra – sans autre référence que votre bonne mine – d'embarquer sur un bateau qui se prépare à une sortie en mer. Comme dit mon vieil ami René Tournoüer : « Le " non ", tu l'as déjà. Tu ne risques donc vraiment rien en insistant pour décrocher le " oui ". »

Le choix du matériau :

Si l'on veut aller loin et garder longtemps son bateau, je ne vois pas mieux que la construction métallique. Pendant la nuit du cyclone de Cabo San Lucas, nous nous sommes retrouvés à vingt-six bateaux sur la plage. Presque tous, de série, en polyester. Au petit jour, la plage ressemblait à une immense décharge publique : moitiés de bateaux, quarts de bateaux, grandes plaques de polyester, débris partout, un massacre épouvantable. Au cours de cette même nuit, un ketch de quinze mètres est tombé sur *Joshua* échoué au plus bas de la marée : ce gros bateau en polyester s'est vu détruit en quelques heures. Le mien s'en est tiré avec de sérieuses cabosses mais sans la moindre fissure. Deux autres – échoués à marée haute – ont survécu à l'hécatombe; le premier, un bateau de course d'environ douze mètres, ultra léger, en bois moulé : quille décentrée, mais réparable. L'autre, un solide cotre de huit à neuf mètres, bordé classique sur membrures en lamellé : du gros bobo mais pas mortel. S'ils s'étaient échoués à marée basse ou à la mi-marée, ils y auraient laissé leur peau, comme les autres. Parmi nous tous, plusieurs bateaux en polyester sont arrivés à marée haute sur la plage. Ils y sont restés, irréparables.

Métal, polyester, bois moulé, contre-plaqué, bordé classique :

L'acier :

J'ai connu six ou sept bateaux en acier, très bien construits par des amateurs compétents, avec pour outillage principal un chalumeau et un poste à soudure. Ce type de construction est particulièrement rapide en comparaison du bois ou du polyester. L'entretien est simple, *mais à condition de n'employer aucune cornière ni fer à « T »* : varangues, membrures et lisses doivent être en fers plats; ainsi, le pinceau pourra passer partout; c'est là une condition *sine qua non* si on ne veut pas se voir confronté un jour à des problèmes majeurs de corrosion intérieure, qui seront insolubles. Les recoins inaccessibles (jonction quille-étrave, quille-étambot et sous le mât) doivent être rendus étanches par une plaque soudée par-dessus. Sur les bateaux en bois, les varangues sont toujours munies d'anglières pour que l'eau de mer qui entre à l'occasion des petites voies d'eau circule librement le long de la quille; cela évite les risques de pourriture. Pour un bateau métallique, *il ne faut pas d'anglières* : dans le cas assez fréquent où un paquet de mer s'engouffre par le panneau de descente, on n'aura qu'une petite section des fonds à éponger – puis à rincer à l'eau douce – au lieu de toute une longueur de quille. Sur le pont et le roof, éviter résolument de visser ou boulonner du bois, quelle que soit la qualité du mastic utilisé entre ces deux matériaux : pavois, mains courantes, glissières de capot, s'ils sont en bois, deviendront presque à coup sûr des nids à corrosion; une jolie main courante en bois verni peut vous tenter, un tube galvanisé (ou en inox) est bien plus raisonnable. Mais *jamais d'inox pour les cadènes de haubans* sur un bateau en acier si on ne veut pas risquer de se retrouver un jour avec le mât sur le pont : l'inox peut cristalliser à la longue. J'ai cependant utilisé les manilles inox de Wichard pendant quinze ans sur *Joshua*, sans le moindre problème. Depuis sa construction, *Tamata* est également gréé avec des ridoirs Wichard, en plus des manilles. Mais tout ce matériel inox est surdimensionné (manilles et ridoirs de 12 mm, alors que du 10 ou même du 8 suffiraient en théorie). Mieux vaut ne pas jouer à la roulette russe avec le mât. On rétorquera que tous les bateaux de série en polyester sont munis de cadènes en inox, et qu'ils ne s'en portent pas plus mal. C'est exact, mais les alliages et la technologie qui ont donné naissance à ces pièces majeures sont le fruit de longs tâtonnements. De plus, ces cadènes sont boulonnées à la coque (ou noyées dans la masse du polyester) *et non pas soudées*. N'importe quel physicien vous dira que la soudure sur inox peut provoquer des modifications moléculaires à l'intérieur de cet alliage. Si c'est pour une glissière de capot de cabine ou une main courante, c'est sans danger; mais les cadènes subissent des efforts considérables pendant toute la vie d'un bateau de croisière lointaine.

Protégée de l'électrolyse par les anodes en zinc, la partie immergée d'un bateau en acier restera impeccable. En principe, ces anodes doivent être soudées à la carène par leurs pattes de fixation. Mais j'ai vu très souvent des carènes en excellent état avec des anodes boulonnées, pour simplifier leur remplacement après usure : on peut ainsi effectuer cette opération en apnée.

Les anodes « 3 Z » fabriquées par Zinc & Alliages sont couramment utilisées dans la Marine nationale, qui ne choisit pas son matériel à l'aveuglette. Sur *Joshua*, les « 3 Z » duraient cinq ou six ans. Sur *Tamata*, les mêmes « 3 Z » doivent être remplacées après deux ou trois ans, en particulier celles qui sont placées près de l'étrave. Pourquoi cette différence de longévité? Mystère. Mieux vaut, de toute manière, partir avec un bon stock d'anodes de réserve à fond de cale, on ne les trouve pas n'importe où dans le monde.

Un bon sablage de carène et des œuvres mortes (coque et pont) est la solution idéale avant la première couche de peinture. Si on peut sabler aussi l'intérieur, c'est le bonheur parfait. La peinture anticorrosion la plus efficace que je connaisse (et de très loin) est le *Dox Anode*. Cette peinture au zinc silicaté est tout simplement fabuleuse; elle doit être appliquée sur la tôle, immédiatement après sablage. *Dox Anode* est commercialisé par le chantier **Méta** (à Tarare, Rhône) sous le nom de *Métagrip*, et protège également la carène de toutes les unités construites en aluminium dans ce chantier. Outre sa remarquable propriété anticorrosion, *Métagrip* est antifouling dans une certaine mesure. *Joshua* a navigué pendant les sept premières années avec seulement ce zinc silicaté sur la carène; mais je devais gratter plus fréquemment les anatifes, en plongée.

En ce qui concerne les peintures de finition, j'ai utilisé la bonne vieille glycérophtalique pendant vingt et un ans sur *Joshua* (coque, pont et intérieur). Mais les peintures ont fait d'énormes progrès durant ces dix ou quinze dernières années. Sur *Tamata* (pour l'extérieur), j'utilise les Epoxy à deux composants : elles donnent une surface extrêmement résistante, poudrent un peu à la longue (à cause du soleil), mais cela ne semble pas affecter leurs stupéfiantes qualités protectrices. Voici, pour résumer, le tableau d'entretien des œuvres mortes sur *Tamata* : à la construction en 1983, trois couches d'Epoxy *International* pour usage industriel, à deux composants (après sablage). En 1985, deux couches d'Epoxy *Matersol « O »* pour usage industriel à deux composants sur le pont, et deux couches de Polyuréthane *Hempell* à deux composants sur la coque jusqu'à la flottaison. En 1987, deux couches d'Epoxy à deux composants sur le pont (la *Matersol « O »* pour usage dans l'industrie), mais rien sur la coque parce que la polyuréthane passée deux ans plus tôt était toujours en parfait état (et de toute manière je n'en trouvais plus chez le shipchandler de Raiatea). En décembre 1989, une couche seulement d'Epoxy *Matersol « O »* sur le pont (c'était le dernier pot disponible chez ce fournisseur à Raiatea), et rien sur la coque parce que je ne trouvais plus d'Epoxy ni de polyuréthane nulle part sur l'île. Mais la polyuréthane *Hempell* à deux composants, passée quatre ans plus tôt sur la coque, était encore comme neuve. A notre retour à Raiatea en février 1993, coque et pont étaient aussi impeccables qu'à notre passage précédent, trois ans plus tôt. La *Hempell* (âgée de sept ans) avait seulement un peu terni, *sans s'écailler le moins du monde*. Quant au pont, malgré le léger poudrage qui est le lot de tous les Epoxy en climat ensoleillé, on aurait pu croire qu'il venait d'être repeint. Hélas, plus une goutte de ces peintures miracles à deux composants n'était disponible sur place. Il a donc fallu nous rabattre sur une polyuréthane monocomposant (en principe moins résistante aux intempéries, mais très supérieure, malgré tout, aux glycérophtaliques traditionnelles).

Ne pas oublier que les Epoxy dégagent des *vapeurs extrêmement toxiques* pendant leur application et jusqu'au durcissement complet. Je ne les utiliserais en aucun cas dans un espace clos (cabine), même sous ventilation maximum. Les polyuréthanes (celles-là ne poudrent pas) sont tout aussi dangereuses pendant l'application en espace clos. A noter que l'intérieur des réservoirs d'eau potable peut être peint à l'Epoxy : une fois bien sèche, aucun risque d'empoisonnement. Il n'en va pas de même pour toutes les peintures, il faut se renseigner.

Les glycérophtaliques – beaucoup moins résistantes que les Epoxy et polyuréthanes – font parfaitement l'affaire pour l'intérieur du bateau : à l'origine, l'intérieur de *Joshua* a reçu deux couches de chromate de zinc glycéro de très bonne qualité fabriqué par *Galia Color* dans la région lyonnaise (je crois), puis deux couches de finition blanche (également *Galia Color*). Par la suite, une ou deux couches d'entretien pour l'intérieur, tous les quatre ou cinq ans si mes souvenirs sont bons. Comme sur tous les bateaux métalliques, le « coin-cuisine », le « coin-toilette » et le boulonnage du Plexiglas sur la tôle au niveau des hublots, exigeaient davantage de surveillance et d'interventions éventuelles. Quant à l'extérieur (coque et pont), ces grandes surfaces planes ne posaient aucun problème sur *Joshua* : avec deux couches de bonne glycéro une ou deux fois par an, j'étais tout à fait tranquille. Pendant les trois ou quatre premières années qui ont suivi la construction, j'ai accumulé les couches de peinture sur les œuvres mortes, afin d'obtenir une bonne épaisseur protectrice sur la coque et le pont. Ensuite, une ou deux couches par an. Bien entendu, les pièces d'accastillage qui subissent des frottements (en particulier les taquets d'écoutes, rateliers de drisses, bittes d'amarrage) demandent une surveillance particulière et des retouches de peinture assez fréquentes si on veut éviter les petites coulures de rouille sur le pont... et des ennuis plus sérieux au fil du temps. L'idéal serait que tout l'accastillage soit en inox (bien peindre au niveau des soudures sur la tôle pour éviter les risques d'électrolyse). A défaut d'inox, la galvanisation au trempé (ou tout au moins un bon choopage) réduira considérablement le temps passé à l'entretien du bateau.

Au début de cette rubrique, je disais que l'entretien d'un bateau en acier est « simple ». Pour une personne vivant à bord, oui. Mais je ne conseillerais pas ce type de construction à un médecin ou à un avocat très pris par leur profession, et qui peuvent naviguer seulement quelques semaines par an. Ils risqueraient de passer une bonne partie de leurs vacances dans le port, occupés à des bricoles d'entretien indispensables.

Encore un mot sur les Epoxy et polyuréthanes : qu'elles soient à usage « industriel » ou « marine », à qualité égale, ce sont exactement les mêmes... sauf pour le porte-monnaie.

L'aluminium :

L'acier a derrière lui plus d'un siècle d'expérience. La construction en aluminium est encore jeune. « Si on veut un bateau en alu sans prendre trop de risques – me disait un ami – mieux vaut l'acheter d'occasion après une expertise très poussée : si tout est sain, on augmente ses chances de tomber sur un bon numéro. »

D'après les informations que j'ai pu glaner par-ci par-là, ce matériau ne montrera pas trop les dents – côté électrolyse – *si le circuit électrique est parfaitement isolé,* et si on évite les séjours prolongés dans un port industriel où fourmillent les « courants vagabonds ». Antoine m'a parlé de la frayeur que l'aluminium inspire aux Américains : « Ils parlent de voiliers en alu ayant passé deux ou trois ans amarrés aux pontons, et attaqués comme si un ouvre-boîte géant les avait découpés sur toute la longueur de flottaison ». Courants vagabonds et protection cathodique insuffisante (ou inexistante) sur la carène? Antoine pense que le problème est venu de ces deux facteurs conjugués. A noter en passant que *Voyage* et *Banana Split* d'Antoine ont été construits par le chantier Méta selon le procédé *Strongall* : tôles d'aluminium extrêmement épaisses, sans membrures. Plus l'aluminium est épais, plus sûres seront les soudures.

Encore une information avant de clore : plusieurs propriétaires de bateaux en aluminium m'ont dit (1993) qu'ils ne peuvent plus se procurer d'antifouling vraiment compatible avec l'aluminium en ce qui concerne les problèmes d'électrolyse, parce que les nouvelles lois internationales interdiraient désormais l'étain dans la composition des peintures antifouling (protection de l'environnement). J'ignore s'il s'agit là d'une rumeur ou d'une réalité. Mieux vaut se renseigner. Antoine, quant à lui (et cela depuis le lancement de son premier bateau en aluminium), préfère s'en tenir au *Dox Anode (Métagrip)*, qui est, je le rappelle, antifouling dans une certaine mesure. Antoine brosse donc un peu plus souvent sa carène en plongée et estime qu'en contrepartie il limite au minimum les risques d'électrolyse (grâce à l'usage exclusif du *Métagrip*). J'avais rencontré Antoine pour la première fois à Tahiti en 1979. Mais là où je l'ai vraiment rencontré avec ce que j'appelle « *intensité maximum de contact* », c'est quelques mois plus tard, à Suvarov : un soir où nous dînions en tête à tête dans la cabine de *Om* après une journée pleine à rasbord, je lui ai posé la question devant l'île aux Oiseaux : « Qu'est-ce que tu as appris de plus important pendant tes études d'ingénieur à Centrale? » Réponse d'Antoine : « *D'avoir appris à apprendre.* »

Le polyester :

Les chantiers construisent vite leurs bateaux de série... et presque toujours léger pour des raisons de prix de revient. Même les choses aussi essentielles que le gréement, les cadènes et la solidité du gouvernail me laissent parfois rêveur... peut-être aiment-ils jouer à *trompe-la-mort*? Une *bonne* construction amateur m'inspire autrement plus confiance. J'en ai vu d'excellentes : coques épaisses et soigneusement renforcées, *cadènes nombreuses* et d'échantillonnage vraiment respectable, épontille de mât à toute épreuve, fixation du safran de gouvernail sans lésiner sur le poids des ferrures, quille large et relativement longue tenant bien à la coque... de vrais bateaux faits pour durer, capables d'affronter sans inquiétude le gros mauvais temps, de talonner parfois un récif de corail sans y laisser leur peau, et ne demandant presque pas d'entretien.

Une telle construction en polyester se révélerait trop lourde pour bien marcher? Jean-François Coste m'a appris une chose fort intéressante : sur un tour du monde par les trois caps (départ et retour en Europe), la différence de vitesse *moyenne* entre un bateau ultra léger et un autre exactement semblable, mais nettement plus lourd, serait d'environ 2 %. Autrement dit, quand l'ultra léger marque deux cent milles dans les vingt-quatre heures, son robuste cousin marquera « seulement » cent quatre-vingt seize milles.

Bois moulé :

Cette construction « en forme » donne un bateau très rigide à la mer, léger et bien étanche si les jonctions pont-roof, pont-coque et coque-rablures (au niveau de la quille, de l'étrave et de l'étambot) sont faites avec beaucoup de soin. Mais la construction est bien plus longue qu'on pourrait le croire à première vue.

On voit souvent des coques en bois moulé ou en contre-plaqué revêtues d'une couche de tissu de verre et de résine polyester pour mieux les protéger contre les tarets. Je pense que c'est *très dangereux* : si ce revêtement subit la moindre craquelure avec le temps (cela se produira forcément un jour ou l'autre, soyez-en certain), les tarets s'y infiltreront sans que l'on puisse s'en douter; à partir de ce moment-là, ils grignoteront de plus en plus vite le bordé (qui est mince, ne l'oublions pas). On ne pourra pas toujours s'en apercevoir, et après quelques années, les dégâts seront quasiment irréparables. A mon avis, le tissu de verre en revêtement est une protection absolument illusoire, qui peut faire d'un bon bateau une épave abandonnée au fond d'un port. Mais si, par chance, on s'aperçoit à temps de la présence des tarets, il y a sûrement un moyen de s'en sortir. En telle circonstance, j'estime que le plus sûr serait de mettre le bateau à terre pendant plusieurs mois pour être certain qu'il n'y reste plus de tarets (ni larves) vivants, que l'eau enfermée dans les galeries s'est complètement évaporée (on peut accélérer l'évaporation en perçant des petits trous qu'on rebouchera plus tard). Je laisserais tout sécher à cœur. Trois ou quatre mois ne seraient pas de trop à mon avis. Une fois tranquille de ce côté-là, injecter à la seringue un produit Epoxy très fluide (*Everdur* par exemple) qui est habituellement utilisé pour « vitrifier » le bois quand il est devenu spongieux. Mais ce ne sont là que des suggestions, d'autres personnes plus compétentes pourront vous aider mieux que moi à résoudre ce problème assurément coriace.

Contre-plaqué :

Beaucoup plus rapide à construire que le bois moulé, pas aussi rigide évidemment – puisqu'il s'agit d'un bateau à bouchains – et confronté aux mêmes problèmes concernant les tarets. J'ai souvent entendu dire que les couches de colle du contre-plaqué ou du bois moulé font obstacle aux vers marins. C'est absolument faux, j'ai vu des catastrophes.

Construction à bordé classique :

Assurément très solide et pouvant naviguer pendant des décennies sans poser de problèmes majeurs si la construction est bien faite, avec des matériaux de première qualité. A moins d'être soi-même très compétent, le plus sage à mon avis est de passer par un chantier d'excellente réputation. Ou de trouver un bon artisan et de travailler le plus souvent possible avec lui pour apprendre un maximum de choses utiles. De toute manière, il faut avoir les reins solides sur le plan financier pour pouvoir mener à terme une bonne construction à bordé classique.

Avant la Seconde Guerre mondiale, et même un peu après, ces bateaux étaient superbement construits. Les billes de bois séjournaient entre huit et douze années enfouies dans la vase (donc à l'abri des tarets, ils existent sous tous les climats) pour desséver tranquillement. Puis on laissait la bille sécher très longtemps à l'ombre, avant de la transformer en plateaux et en planches que l'on entreposait dans un hangar sec, bien aéré, de longues années encore. Les chantiers disposaient de stocks considérables. Le bois était vraiment prêt, sans la moindre parcelle d'aubier. Et le plus modeste bateau de pêche était construit avec le même amour qu'une cathédrale. On avait le temps. Cette époque est révolue.

Cela n'empêche qu'une belle charpente moderne en lamellé-collé (pièce d'entrave et d'étambot, varangues, membrures, serres, renforts d'angles, barrots de pont et de roof) se révélera *fabuleusement solide* si on ne lésine pas sur l'échantillonnage. Mais à moins d'être millionnaire, on ne retrouvera sans doute plus jamais les bonnes vieilles longues planches de nos grands-pères pour vêtir cette charpente exceptionnelle.

Contrairement à une croyance largement répandue, les tarets ne sont pas un problème pour un bateau bordé classique. Pendant mon année à Durban avec *Marie-Thérèse II*, j'ai été ouvrier pendant un an dans un chantier de réparation et calfatage de bateaux en bois. J'y ai beaucoup observé, beaucoup appris parce que cela me passionnait. Tout au long de mes autres escales, j'ai continué à fréquenter les cales de halage, tantôt pour un coup de main aux copains, ou par attirance naturelle comme chez la plupart des gens de bateaux. Et j'ai rencontré nombre de jeunes gars qui remplaçaient des bordés qu'ils disaient « dévorés ». *C'était toujours inutile.* Je répète : *toujours.* Le problème n'est pas le taret mais la peur presque superstitieuse qu'il inspire.

Voyons donc les choses calmement. Le bordé d'un Tahiti Ketch (neuf mètres) mesure entre vingt-sept et trente-deux millimètres d'épaisseur. C'est nettement plus que le nécessaire sur le plan mécanique, mais cette forte épaisseur permet un bon calfatage. Quelques galeries de tarets ne diminuent vraiment pas la solidité de l'ensemble, ni même celle du bordé en question. Mais il faut s'en occuper sérieusement.

Et maintenant, au travail. Le bateau monte sur slip pour son carénage habituel. La carène, proprement brossée et bien rincée, sèche vite. Si une petite tache d'humidité subsiste *sur la carène* (mais en dehors des lignes de calfatage) *et que cette tache humide est circulaire* (quelques centimètres de diamètre), c'est la signature presque certaine d'un taret. L'entourer d'une marque à la craie. En se servant d'un ciseau à bois mince et bien affûté, pousser le tranchant horizontalement sur quelques centimètres au centre de la tache humide, pour y enlever un léger copeau de bois (comme avec un rabot). Apparaîtra alors un trou minuscule. C'est l'ouverture de la galerie. En poussant encore juste un peu le ciseau, le trou s'agrandit. Arrêter aussitôt qu'on peut y introduire un fil de fer brûlant. Pour augmenter les chances (et au cas où il y aurait d'autres tarets non repérés dans ce secteur immédiat) chauffer *très fortement* toute la zone avec une lampe à souder. Insister longtemps, c'est plus sûr. Aucune importance si la peinture brûle : mieux vaut mettre le bois à nu sur cinquante ou soixante centimètres en chauffant à bloc plutôt que de prendre le risque de rater son coup. (Dans le golfe de Siam – et probablement partout dans le Sud-Est asiatique, la carène des jonques est très fortement chauffée avec des torches en palmes de cocotier tressées, à chaque carénage.)

Après le feu, le Xylophène. A la seringue dans les galeries, et en applications répétées plusieurs fois de suite au pinceau sur les zones de bois qui ont été mises à nu. Et après le Xylophène, tout reboucher à l'Epoxy avant la première couche de peinture d'apprêt. La vie se cramponne parfois d'une manière incroyable et j'en sais quelque chose. Pour ma part, je n'hésiterais pas à rester au sec deux ou trois jours de plus pour prendre le temps d'y voir bien clair et de mieux neutraliser l'imprévu. Par exemple, pendant le repérage des taches humides au premier jour de la montée sur slip, ne pas oublier d'inspecter aussi les bordés qui ne sont pas peints à l'antifouling (au-dessus de la flottaison) : j'ai vu *souvent* des attaques de tarets jusqu'à dix ou quinze centimètres *au-dessus de la ligne de flottaison*; c'est probablement dû à la gîte pendant une traversée, où une larve a réussi à pénétrer. Cela n'a donc rien de très mystérieux. Quand on arrive au port après la traversée d'un océan, il y a presque toujours des algues qui se sont installées sur les œuvres mortes de la coque. Faute de mieux, elles continuent à vivre au sec en espérant qu'un petit clapot viendra de temps en temps leur apporter un peu de boire et de manger. Le taret en fait autant, il s'adapte dans l'attente de jours meilleurs. Réhausser l'antifouling de trente bons centimètres au-dessus de la flottaison évitera ce genre de surprise. C'est moins élégant qu'une jolie bordure de laque brillante au ras de l'eau, mais beaucoup plus prudent.

Si on repère des tarets dans la quille, l'étrave ou l'étambot, cela devient plus sérieux. Sans pour autant justifier la panique ou le découragement. Il faut d'abord savoir que les tarets peuvent vivre un bon mois au sec dans une grosse pièce en bois. Sur ce point-là je suis formel, l'ayant constaté de mes yeux. Je laisserais donc mon bateau au sec pendant deux ou trois mois, avant d'injecter de temps en temps quelques giclées de Xylophène ou autre produit plus efficace disponible sur le marché. Ensuite, de l'Epoxy. A ma connaissance, aucun bouquin n'existe sur la vie des tarets. Mais il est probable qu'un propriétaire de bateau en bois peut dénicher de précieux renseignements dans ce domaine à la Bibliothèque nationale et à la Documentation française (adresses dans le Bottin); ces deux organismes sont une mine de connaissances accumulées depuis des siècles. Ce que je peux affirmer, en tout cas, c'est que le doublage en cuivre est loin de protéger un bateau contre les tarets. Quand j'étais ouvrier à Durban, la clientèle du chantier se composait principalement de gros bateaux de pêche (soixante à cent tonneaux). Ils étaient tous doublés cuivre depuis une dizaine d'années, et prenaient l'eau. Alors ils montaient en cale sèche, et mon équipe retirait les feuilles de cuivre pour commencer le calfatage. Mais là, le spectacle offert à nos yeux méritait réflexion : tous ces bateaux, *sans aucune exception*, étaient profondément attaqués par les tarets à l'étambot, au talon de quille et au galbord. J'en ai vu défiler comme ça une dizaine. Leurs patrons en restaient médusés. Les meilleurs ouvriers du chantier réparaient les dégâts du mieux possible (mais très vite parce que la saison de pêche battait son plein), tandis que le reste de mon équipe calfatait à tour de bras, parfois soixante-douze heures d'affilée avec un petit somme d'une demi-heure de loin en loin sur le lieu du travail. Puis le bateau repartait à la pêche en jurant ses grands dieux que deux bonnes couches d'antifouling tous les six mois valent mille fois mieux que tous les doublages en cuivre.

Laisser longtemps au sec un bateau en bois n'est pas recommandé en principe : les virures (jonctions des bordés l'un contre l'autre sur toute la longueur du bateau) s'écartent un peu sous l'action du séchage. Mais tout rentrera dans l'ordre quelques jours après la remise à l'eau, et ce tirage à terre prolongé aura été une excellente occasion de vérifier le calfatage de la carène et de reprendre quelques zones suspectes çà et là. Je ne vais pas me lancer ici dans un cours de calfatage. Voici juste quelques renseignements essentiels : *A*) Le mastic – aussi bon soit-il – sert *seulement* à protéger le cordon de calfatage; ce n'est pas le mastic (même le mastic miracle qu'un ship shandler essaiera de vous vendre) qui empêchera l'eau d'entrer si les cordons d'étoupe ou de coton ne sont pas correctement tassés à l'intérieur des virures. *B*) J'ai souvent entendu dire qu'un cordon d'étoupe ou de coton très tassé dans les virures risque de « faire éclater » les bordés parce que le calfatage gonfle en s'humidifiant au contact de l'eau, et que pour cette raison il faut calfater « mou ». La vérité, c'est qu'un calfatage « mou » est beaucoup plus rapide qu'un calfatage sérieux où le cordon est bien tassé. Et s'il y a vraiment des gens qui croient sincèrement que le « mou » est supérieur au « bien tassé », peut-être ont ils raison en ce qui concerne un très vieux 6 m J.I. bordé très mince pour la régate entre trois bouées, mais certainement pas pour un bateau de croisière normalement bordé. *C*) Le bon coton à calfater permet d'obtenir une étanchéité supérieure à celle de l'étoupe en chanvre goudronné. La longévité du coton est sans doute moindre que celle de l'étoupe, mais reste cependant excellente; quand j'ai le choix, je n'hésite pas. Mais il y a deux types de coton à calfater : l'un ressemble un peu à de la ficelle, couleur de toile écrue, assez rêche au toucher. L'autre est d'un blanc presque pur, pelucheux et très doux au toucher; c'est celui-là qu'il faut prendre, vous ne le regretterez pas.

Pour clore le chapitre des tarets, on peut dire qu'un bateau caréné régulièrement, tous les six ou huit mois sous les tropiques, n'aura pas d'ennuis de ce côté-là. Mais ne pas oublier que les tarets et autres vers marins amateurs de bois existent aussi en Atlantique et Méditerranée.

La pourriture est également l'un des problèmes majeurs que le bateau en bois peut rencontrer au cours de son existence. Si cela se produit, il faut s'en occuper sérieusement. Mais comme avec les tarets : sans panique. Sans angoisses non plus. Réfléchir au calme. La pourriture ne se propage pas comme une traînée de poudre. Ça va très lentement. Et tout est surdimensionné dans un bateau en bois. Ce n'est pas un petit coin pourri dans une membrure ou n'importe où ailleurs qui réduira la solidité de l'ensemble. Si on commence à remplacer une membrure, c'est le doigt dans l'engrenage, l'immobilisation dans un port, les grosses dépenses d'argent et d'énergie. Peut-être même l'écroulement d'un rêve qui avait, au départ, toutes les chances de se transformer en belles chevauchées océanes et rencontres de copains d'escales.

Voici l'histoire de Peter, un Américain que j'ai rencontré il y a une quinzaine d'années à son passage en Polynésie. Sur un coup de cœur, Peter avait acheté un bon bateau d'occasion, aux Antilles (environ dix mètres, bordé classique). Et puis voilà qu'un jour il découvre une grosse zone de pourriture sur la face interne de l'étrave. Sitôt relevé de ce K.O, il réfléchit : la solidité intrinsèque n'est pas atteinte, c'est évident; et même si l'étrave était à moitié bouffée (ce qui n'était pas le cas, il avait soigneusement sondé toute l'étrave, après cette découverte inquiétante), ça resterait bénin grâce à l'épaisseur de cette pièce. A condition de bloquer la pourriture, l'empêcher d'aller plus loin. Ce raisonnement tenait debout. La suite aussi : Peter a tiré au sec, à Panama. Il y est resté deux bons mois. *A*) Il a commencé par percer des trous minuscules dans la zone incriminée (diamètre d'une grosse aiguille de seringue) pour faciliter l'évacuation de l'humidité. *B*) Chauffage à la lampe à souder, plusieurs fois par jour pendant trois semaines ou un mois, bateau bien aéré. *C*) Injection d'acétone plusieurs jours de suite dans les petits trous percés au début : extrêmement volatile, l'acétone aiderait l'évacuation des dernières traces d'humidité en s'évaporant. *D*) Injection d'*Everdur*, à dose massive, pour imprégner à cœur toute la zone pourrie et devenue parfaitement sèche. *Everdur* est un Epoxy à deux composants, extrêmement fluide, et qui serait fongicide tout en « vitrifiant » la pourriture. En d'autres termes, une éponge bien sèche et imprégnée avec ce produit deviendrait aussi dure qu'une brique. Pour ma part, j'ai employé *Everdur* avec succès pour une petite zone de pourriture aux extrémités des deux barres de flèches sur *Joshua*. Trois ans plus tard, ça n'avait toujours pas bronché, et je pouvais considérer ce « replâtrage » comme définitif.

La taille du bateau :

Attention... pas trop grand ! Les yeux plus gros que le ventre, cela se paye presque toujours très cher en argent et en soucis. Un bateau de neuf ou dix mètres peut tracer un superbe sillage. Quelques exemples parmi d'autres : *Legh II*, tour du monde en trois étapes par les trois caps. *Suhail*, les trois caps sans escale. *Damien* : Groenland, Amazone, les trois caps et la Terre Adélie. Un *Vertue* (moins de huit mètres cinquante), les trois caps. De très nombreux bateaux plus petits ont fait le tour du monde par la route classique des alizés, et en doublant Bonne-Espérance. Certes, un quatorze mètres est beaucoup plus confortable et rapide qu'un neuf ou dix mètres, mais la différence de prix à l'achat (ou à la construction si on sait le construire soi-même), et d'entretien à l'usage, est colossale.

Faute de pouvoir construire soi-même, je pense que le plus sage est de passer commande à un bon chantier pour une coque nue (coque, pont, roof, gouvernail). L'avantage de ce choix, c'est qu'on aura l'essentiel en deux ou trois mois. Si vous optez pour un bateau métallique (ce que je vous souhaite) et que le patron vous autorise à travailler dans le chantier, fabriquez de vos mains tout l'accastillage (chandeliers, balcons, taquets d'écoutes, bittes d'amarrage, mains courantes, etc.), on imagine difficilement le nombre de pièces et d'heures que cela représente : non seulement vous aurez exactement ce que vous vouliez, mais cela coûtera aussi beaucoup moins cher. Participer au travail avec des professionnels apporte deux atouts supplémentaires : apprendre pas mal de choses utiles pour l'avenir, et connaître son bateau sur le bout des doigts.

Le gros-œuvre terminé en quelques mois à peine, on peut dire qu'on est sauvé. Le plus sûr est alors de continuer sur la lancée : mât, gréement, voiles (d'occasion éventuellement), quelques rouleaux de cordage, trois ancres, de la chaîne, un réservoir pour l'eau potable (ou des jerricanes), quelques casseroles, un réchaud à pétrole ou un camping-gaz, un aménagement intérieur hyper simple... et voilà, on est chez soi ! Pas très confortable ? Pour le moment, c'est un détail. L'essentiel est en main. Les fignolages d'aménagement intérieur peuvent se bricoler petit à petit pendant les escales. L'énorme avantage de cette méthode du « petit à petit », c'est qu'elle permet de savoir exactement de quoi on a vraiment besoin ; elle donne aussi le temps de bien réfléchir à la manière de s'y prendre, et évite toutes sortes d'erreurs coûteuses qui se révéleront trop souvent inutiles à l'usage. Mieux vaut lever l'ancre avec une caisse de bord bien à flot, plutôt que de s'encombrer d'un fatras de matériel non indispensable. Pendant les cinq ou six premières années, *Joshua* a parcouru nombre de milles avec un aménagement intérieur du genre « planche à clous ». Et sans winch sur le pont. Je ne prétends pas qu'une cabine plus confortable et des winches soient inutiles, mais il fallait choisir entre deux solutions : hisser les voiles avant le plein hiver... ou grelotter dans le port de Marseille en liquidant nos réserves financières. Une fois l'étrave pointée vers le large, on se débrouillera toujours. Vingt ans plus tard, *Tamata* quittait San Francisco avec seulement quelques paquets de bougies pour l'éclairage. Les lampes à pétrole, puis le panneau solaire et la batterie sont venus par la suite.

Surface de toile et choix du gréement :

En ce qui me concerne, je m'en tiendrai toujours à deux principes fondamentaux : *maximum de toile,* et *voilure divisée.* Pouvoir porter beaucoup de toile par petit temps ou par vent modéré permet de marcher nettement plus vite. Et une voilure divisée est plus facile à manier en solitaire et par gros temps. Un bout-dehors de deux mètres, par exemple, permettra au bateau de porter nettement plus de toile qu'un autre bateau en tous points semblable, mais sans bout-dehors. Et si le premier allonge son mât d'un mètre, la différence de surface de toile qu'il sera en mesure de porter par vent faible ou modéré deviendra impressionnante. La différence de vitesse aussi. Par brise légère, la vitesse d'un bateau n'est pas seulement fonction de la poussée du vent dans les voiles, *mais aussi de la régularité de cette poussée.* Voyons cela concrètement : *A*) La brise est fraîche, les deux bateaux naviguent sous voilure plus ou moins réduite, entre le vent de travers et le près bon plein vers la même destination ; *B*) le vent commence à mollir, puis faiblit nettement. Les deux bateaux ont renvoyé toute la toile, mais la mer est restée houleuse et devient assez confuse. C'est là qu'une grande surface totale de voilure fait toute la différence : le bateau très toilé (bout-dehors et mât plus haut) avancera nettement mieux que l'autre, non seulement grâce à la poussée supplémentaire du vent, mais aussi parce qu'il butera moins dans les vagues (à toutes les allures entre le près serré et le grand largue) et que, d'autre part, les filets d'air sont beaucoup plus efficaces sur des voiles qui restent bien gonflées : avec beaucoup de toile par brise légère ou modérée dans une mer un peu confuse, le bateau sera moins secoué, les voiles seront plus stables, le bateau a tout à y gagner. En contrepartie, il sera désavantagé au près par brise fraîche par rapport à l'autre bateau, à cause de son fardage plus important dans les hauts. C'est donc une question de choix. Le mien est fait depuis longtemps.

Quand au gréement divisé, là aussi mon choix est fait depuis longtemps. Mais j'en suis venu à préférer le cotre au ketch : moins de fardage et de poids dans les hauts, un pont plus dégagé, de meilleures performances au près, possibilité de remonter un vent fort sous trinquette seule, et aussi de rester évolutif (y compris les virements de bords) avec seulement la trinquette ou la grand-voile pour choisir tranquillement son mouillage par brise légère et mer plate. Si je devais regréer *Joshua*... ce serait un cotre. Cela n'empêche que le ketch a lui aussi des avantages : possibilité d'envoyer une voile d'étai (augmentation considérable de la surface de toile et diminution du roulis, d'où une meilleure efficacité pour l'ensemble de la voilure), et empannages tout en souplesse par brise fraîche : *a)* je commence par border plat la grand-voile ; *b*) je règle la girouette du pilote automatique pour le plein vent arrière ; *c*) je file en grand l'écoute d'artimon (qui dévente alors la grand-voile) ; *d*) je règle la girouette pour l'empannage (la grand-voile passe alors sur l'autre bord sans brutalité puisqu'elle est déventée par l'artimon et reste bordée pour le moment) ; *e*) je passe l'artimon (aucune difficulté vu sa surface relativement modérée) ; *f*) puis je passe le foc et la trinquette (qui étaient à contre après cet empannage) et je choque l'écoute de grand-voile en fonction du nouveau bord. Ainsi décrite, cette manœuvre paraît compliquée et on se demandera peut-être pourquoi je ne me suis pas encore décidé à utiliser l'amortisseur d'empannage disponible chez les shipchandlers. Réponse : d'abord ce n'est pas compliqué. Ensuite, cet appareil coûte cher. Et je le trouve encombrant; je préfère un pont simple et dégagé : ainsi je me sens vraiment à l'aise sur mon bateau, où je veux avoir la liberté de circuler très vite et en toutes circonstances, sans risques de buter sur quoi que ce soit.

Gouvernail à jaumière ou bien gouvernail extérieur?

Je préfère, et de très loin, le safran extérieur : *A*) Possibilité d'y adjoindre un fletner de pilote automatique à girouette, *extrêmement simple* et robuste (je dirais même : *à toute épreuve*) et qu'on peut bricoler soi-même pour un prix défiant toute concurrence. Quand on voit les prix de ses cousins sophistiqués et trop souvent fragiles, cela peut donner à réfléchir; d'autant plus qu'il faut ensuite les installer : encore du temps et de l'argent que l'on pourrait consacrer à des choses plus utiles, rouleaux de cordages, vivres supplémentaires, quelques bonnes ancres en réserve, par exemple. Et sans vouloir faire prospérer mon « petit commerce personnel », cela vous coûtera beaucoup moins cher de jeter d'abord un coup d'œil attentif sur l'appendice de *La Longue Route* où vous trouverez des croquis très clairs pour bricoler vite fait un excellent pilote à girouette qui vous emmènera loin et sans ennuis (bien entendu, je parle de croisière, pas de régate) : *B*) Un gouvernail à jaumière peut coincer un jour ou l'autre sur ses bagues, alors que le gouvernail extérieur ne peut donner aucun souci, c'est du robuste et du simple de A jusqu'à Z. Quant à accepter un gouvernail à jaumière pour un bateau en bois, je pense que ce serait vraiment courir après les ennuis : malgré toutes les précautions, tôt ou tard les tarets viendront s'installer dans la gorge d'étambot, et bien plus grave encore, dans la jaumière.

Croisière hauturière :

Le sujet est inépuisable, on pourrait en remplir des pages et des pages... ça resterait comme l'horizon, qui recule à mesure qu'on fait route. Quoi qu'il en soit, j'ai déjà donné mon point de vue sur un certain nombre de problèmes pouvant intéresser ceux qui veulent cingler vers le large, au fil des appendices techniques de mes trois bouquins précédents. Et il est temps de clore celui-ci. Voici donc, au galop, quelques autres considérations que je pense être utiles.

Solidité des voiles et de la mâture :

Dans l'appendice de *La Longue Route*, j'ai écrit une dizaine de pages illustrées de croquis détaillés sur cet important sujet. J'en résumerai ici les points capitaux :

Voilure : A) De nombreuses observations m'ont prouvé que des voiles cousues avec du très gros fil sont beaucoup plus solides et durables qu'avec le fil fin habituellement utilisé en voilerie. Mais la confection de ces voiles est plus longue (donc plus coûteuse) puisqu'il faudra remplir bien plus souvent la canette de la machine à coudre. J'ai souvent entendu dire que le fil fin « s'use moins au ragage, puisqu'il pénètre à l'intérieur du tissu au lieu de rester en surface ». Cet argument ne tient absolument pas debout : que le fil soit gros ou fin, il reste forcément en surface. C'est pour les voiles en coton d'autrefois que le fil pénétrait (à condition cependant que les coutures soient faites à la main, pas en points zigzag de machine à coudre). **B**) Des petits placards de tissu *en forme de triangle* (et non pas rectangulaires) cousus à la jonction des laizes sur la chute augmentent considérablement la résistance des voiles, en diminuant les risques de déchirure pendant les faseyages violents (par exemple quand on affale en catastrophe dans un grain à tout casser). **C**) Des placards (nécessairement rectangulaires, ceux-là) cousus à la jonction des laizes au portage des barres de flèche et des bas-haubans permettent de maîtriser l'usure du fil à ces endroits névralgiques.

Ainsi, A + B + C donnera des voiles beaucoup plus solides et durables pour la longue croisière (mais probablement pas pour la régate, où la moindre aspérité sur la surface d'une voile diminue les performances au près).

Mâture : Cadènes nombreuses, haubans nombreux et ridoirs nettement surdimensionnés... c'est le meilleur moyen que je connaisse pour dormir à peu près tranquille dans le mauvais temps. Sept ou huit knock-down sévères (plus un abordage avec un cargo) n'ont pas eu raison du grand mât de *Joshua* (tenu par six haubans sur chaque bord, plus les bastaques). Bien entendu, *Tamata* est mâté de la même manière. Certes, cela représente du fardage et du poids supplémentaire à un endroit où l'on préférerait en avoir le moins possible au près. A chacun de choisir.

Encore une chose capitale à mes yeux : pouvoir escalader la mâture jusqu'en haut, en toutes circonstances et très facilement (pour remplacer une drisse, décoincer un coulisseau bloqué, jeter un coup d'œil de là-haut pour trouver une balise, apercevoir une côte basse, un récif, etc.). Je signale l'excellence des *Seabird Mast Steps* fabriqués par *Seabird Marine*, 25 Contra Costa Street, Point Richmond, California 94801, aux États-Unis. Les drisses ne peuvent pas s'y emmêler ni s'y user, et ces *Mast Steps* en inox malléable s'adaptent à toutes les formes de mâts, qu'ils soient en bois ou en aluminium.

Ancres, mouillage :

Ce sujet a été longuement évoqué dans l'appendice de *Cap Horn à la voile*. En ce qui me concerne, je ne me souviens pas avoir connu le moindre problème de tenue de mouillage dans les fonds de sable ou de vase avec la CQR, la Fob, la Britania et la Trigrip. Pour les fonds rocheux, j'utilise plutôt ma bonne vieille ancre à jas américaine Hershof; elle offre l'énorme avantage de ne pas surpater trop souvent grâce à la forme « en fer de lance » de ses deux pointes : lors d'un évitage à plus de cent quatre-vingts degrés, la chaîne tend à glisser le long de la patte exposée, au lieu de s'y accrocher.

Dans la mesure du possible, j'évite de mouiller plus profond que mes capacités de plongeur (pour pouvoir éventuellement dégager une ancre en plongée). Sauf exceptions rarissimes, j'utilise directement ma grosse ancre plutôt qu'une plus petite : que l'ancre pèse (par exemple) vingt kilos au lieu de quinze, cela ne fait pas une grande différence d'effort musculaire au moment de l'appareillage; en revanche, la différence de tenue sur le fond sera bienvenue si le vent se lève pendant qu'on est encore au mouillage.

Il y en a qui préfèrent le « tout chaîne ». D'autres préfèrent le mouillage mixte : quinze à vingt-cinq mètres de chaîne manillée sur une aussière. Pour diverses raisons (légèreté, facilité de maniement, élasticité de la ligne de mouillage), je fais partie du second groupe. Mais attention au ragage de l'aussière à l'étrave, *et surtout sur un fond rocheux ou corallien.* Mais la parade est simple (croquis A et B).

Pour le « tout en chaîne » par faible profondeur, on ne bénéficie plus de l'amortissage naturel dû au poids et à la courbure de la chaîne; à l'occasion d'un violent coup de boutoir, celle-ci pourra casser, surtout si elle s'est prise sous une patate de corail. Parade : quelques mètres de cablot reliant la bitte d'amarrage à la chaîne, par un nœud de bosse *bien assuré* (croquis C).

Freinage provoqué par l'hélice :

L'hélice de *Joshua*, très petite et à deux pales, faisait quand même perdre une dizaine de milles par vingt-quatre heures. Je la retirais donc (à l'aide d'un arrache-moyeu, en plongée) avant une longue traversée. Pour éviter ces complications, l'hélice de *Tamata* est du type « bec de canard », nettement moins efficace mais qui présente l'avantage de ne pas ralentir le bateau.

Mettre en panne :

C'est exactement la même technique que la cape (trinquette à contre, grand-voile bordée plat et barre dessous. Ou bien d'autres variantes, par exemple foc et artimon au lieu de trinquette et grand-voile). La cape, évidemment, se prend sous voilure réduite puisqu'il s'agit d'une allure de mauvais temps. Ce n'est pas de la cape que je voudrais parler ici (je l'ai déjà fait ailleurs, en détail), mais de la panne, qui s'est révélée, pour moi, d'une extrême utilité en diverses circonstances. Voici d'abord une vue d'ensemble : pour mettre en panne, il suffit de border plat toutes les voiles, puis de virer de bord (au lof ou à l'empannage, comme on préfère) sans toucher aux écoutes, et d'amarrer la barre dessous quand le virement de bord est terminé. Le bateau dérive alors très lentement, et la mer semble être devenue toute calme. Cela me laisse le temps de me reposer ou de réfléchir sans risquer de prendre une décision hâtive ou stupide. Quelques exemples :

A) Après une étape où je me suis fait secouer les trois derniers jours, j'arrive affamé en vue de terre, hébété de fatigue, sans avoir pu repérer le moindre phare avant l'aube, vidé, faisant presque de la navigation à tâtons dans le « je n'en sais vraiment plus rien », neurones grippés, gelés, inutilisables. Que faire? C'est tout simple : mettre en panne! Là, ça ne bouge plus, les neurones commencent bientôt à remonter en surface, un café brûlant les réconforte, un grand bol de soupe avec des biscuits trempés dedans et vingt

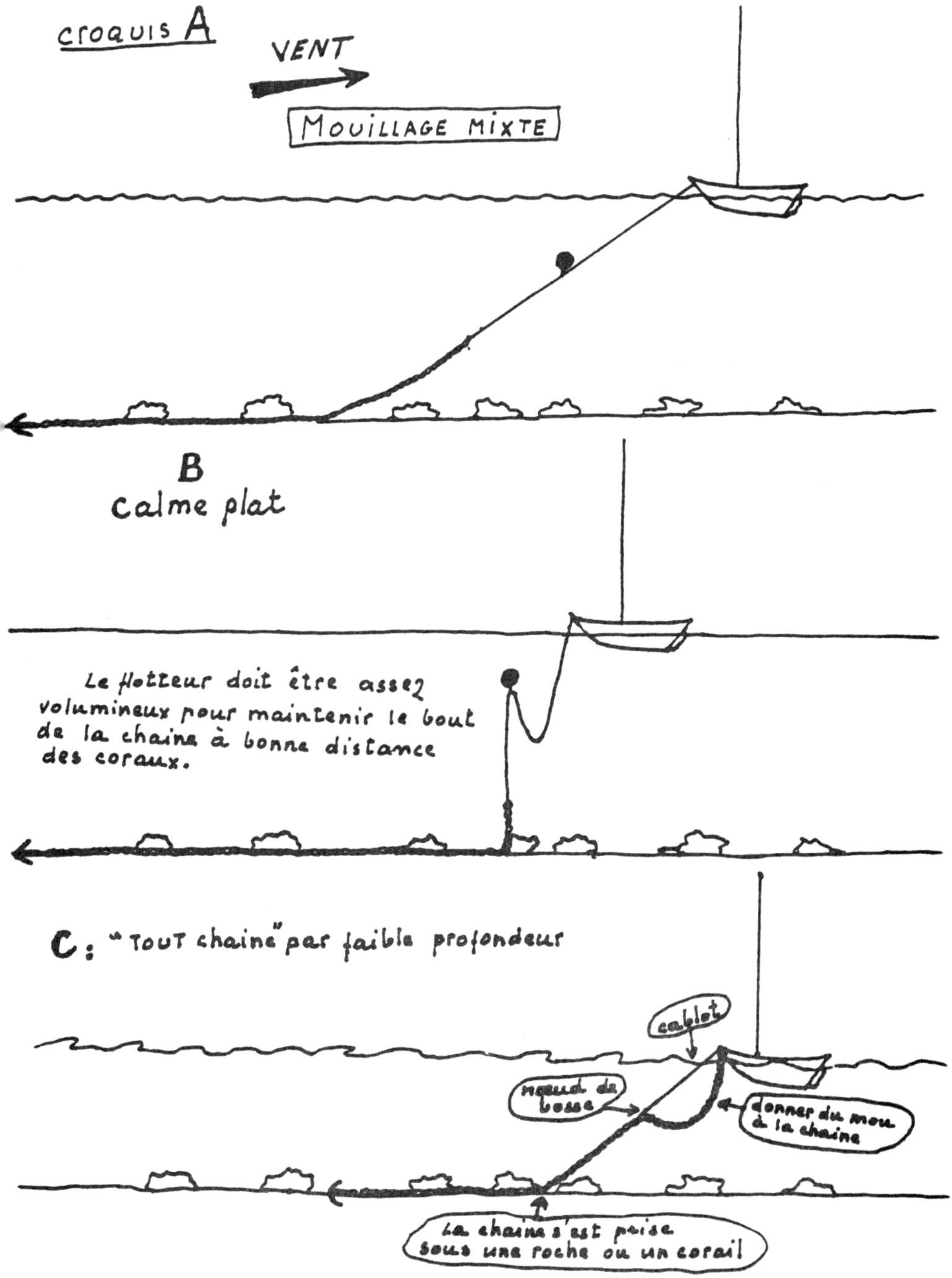
croquis A
VENT
MOUILLAGE MIXTE
B
calme plat
Le flotteur doit être assez volumineux pour maintenir le bout de la chaine à bonne distance des coraux.
C : "TOUT chaine" par faible profondeur
cablot
noeud de bosse
donner du mou à la chaine
La chaine s'est prise sous une roche ou un corail

minutes de dodo font le reste. Après ça, un bon casse-croûte, tout fonctionne à nouveau.

B) Je fais route vers un atoll. Le voilà en vue. Formidable! Le bateau fonce, approche de la passe, je suis hypnotisé tellement je me sens heureux d'être arrivé là après une semaine de mer... attention... il faudrait peut-être vérifier qu'il n'y a pas trop de courant sortant avant de m'engager dans la passe, et lover un peu mieux mes drisses pour ne pas risquer le cafouillage au dernier moment. Je mets en panne, ça me donne le temps de tout mettre bien en ordre sur le pont et de réfléchir calmement à la meilleure manière de négocier la passe.

C) Je traverse les Tuamotu. Le temps n'est pas très beau. Il fait nuit. Même avec un G.P.S. je ne serais sûr de rien puisque la cartographie des atolls n'est pas toujours parfaite. Alors, je mets en panne de temps en temps, pour écouter si par hasard on n'entendrait pas gronder la houle brisant sur un récif-barrière tapi dans le noir.

Mettre en panne est précieux pour *écouter*. En voici une illustration de première grandeur : par une nuit de pleine lune et un temps superbe, je longeais à environ un demi-mille le récif-barrière de Bora Bora, sous le vent de l'île, au près bon plein. La brise était légère, force deux au maximum, vitesse du bateau environ trois nœuds, mer absolument plate sur une longue houle du sud-ouest que je voyais distinctement briser sur le récif en *énormes rouleaux*. Et pourtant, j'avais beau tendre l'oreille, je n'entendais rien d'autre que le froissement de l'eau sur l'étrave. Alors je me suis approché du récif que j'ai continué à longer à moins d'un quart de mille, tant était beau le spectacle de ces formidables déferlements éclairés par la pleine lune. Et je n'entendais toujours rien! J'ai voulu en avoir le cœur net une fois pour toutes : j'ai mis en panne. Et là, un véritable roulement de tonnerre, je pouvais même l'entendre très clairement de la cabine quand je suis descendu allumer le réchaud pour un café. Depuis cette expérience, il y a au moins une chose que je peux affirmer avec certitude : un bateau qui avance, même à vitesse très réduite, ne peut pas être averti par le bruit d'une très grosse houle brisant sur le récif. Et encore moins si la houle est faible. Dans tous les cas, *le seul moyen d'avoir la moindre chance d'entendre la mer battre sur un récif, c'est de mettre en panne.*

Inutile d'ajouter qu'il ne faut *aucune lumière* sur le pont – ni même dans la cabine – si on veut y voir à peu près la nuit.

Le radar :

Disons tout de suite que le radar peut jouer de vilains tours dans les Tuamotu si on oublie qu'en principe il ne détecte pas les brisants : on pourra voir sur l'écran une terre à deux milles (par exemple) alors qu'il peut s'agir d'un îlot situé assez loin à l'intérieur du récif-barrière qui, lui, ne donnera pas forcément un écho. Mais le radar peut être un auxiliaire inestimable en multiples occasions : navires, flottilles de pêche, alarme réglable, entrée de nuit dans un port, la liste serait longue et ce n'est pas à moi d'en parler puisque je n'en ai aucune expérience personnelle. Mais si je projetais de longues navigations, je n'hésiterais pas à m'équiper d'un radar. Leur prix, leur taille et leur consommation d'énergie diminuent au fil des ans, pendant qu'augmente leur capacité à détecter et *avertir* (alarmes sonores). Viendra un jour où le radar tiendra dans une boîte de biscuits et sera disponible dans tous les supermarchés.

Le G.P.S. :

Là aussi, c'est hallucinant. Le point à cent cinquante ou deux cents mètres près sur l'immense océan ! Mais là encore, se souvenir que les cartes marines sont parfois erronées de plusieurs milles dans les zones maritimes peu fréquentées. Il ne faut pas oublier, aussi, que les pannes sont irréparables par les moyens du bord. Pour ma part, je n'hésiterais pas à acheter un G.P.S... mais pas avant d'avoir bien équipé mon bateau de tout l'indispensable. Et si je pouvais m'offrir le G.P.S. en plus, ce serait avant tout pour devenir excellent dans la maîtrise du sextant. Je signale à ce sujet que les tables HO 249 peuvent se révéler carrément dangereuses si on compte aveuglément sur elles pour le point aux étoiles, car elles fournissent un nombre très limité d'étoiles pour une heure donnée : elles sont prévues pour les avions, ils volent à une altitude où tous les astres sont visibles en même temps. Ce n'est pas notre cas si le ciel est couvert avec seulement de fugitives éclaircies entre les nuages. Après m'être fait méchamment piéger par HO 249, j'utilise désormais les NO. 229, à peine moins rapides pour les points aux étoiles mais sûres en toutes circonstances. Elles sont publiées par : Defense Mapping Agency, Hydrographic/Topographic Center, à Washington. On trouve probablement les mêmes en Angleterre.

Panneau solaire :

Encore une merveille ! Et les prix continuent de baisser avec la demande et les nouvelles techniques de fabrication. *Tamata* est parfaitement à l'aise avec un panneau qui alimente son unique batterie de soixante-dix ampères-heure pour un plafonnier plus un néon dans la cabine, et le feu blanc de tête de mât. Ce panneau est *amovible*, au lieu d'être à poste fixe. Cela me permet de l'amarrer où je veux (pour qu'il soit toujours au soleil) et de l'orienter à la perfection : il charge donc la batterie avec une efficacité maximum dès le lever du soleil et jusqu'à son coucher. En mer, par mauvais temps, ou en vue du mouillage, je le rentre à l'intérieur ; le pont est ainsi bien dégagé pour la manœuvre.

Feu de tête de mât :

Autrefois le poisson foisonnait, les bateaux de pêche étaient beaucoup moins nombreux qu'aujourd'hui. Les temps ont changé, et les pêcheurs hauturiers écument les coins les plus inattendus, on peut en rencontrer presque partout au grand large. Mon feu de tête de mât est blanc, visible sur trois cent soixante degrés. Ce n'est pas « réglementaire » mais je préfère être aperçu de loin pendant mon sommeil. Je préfère aussi naviguer tous feux éteints quand je suis sur le pont, et choisis prudemment de modifier mon cap pour passer sur l'arrière des navires de rencontre si nos routes se croisent. Pour les entrées de port, j'utilise mes petits feux vert et rouge *amovibles*, alimentés chacun par une pile ordinaire de 1,5 volt. Cela me permet d'avoir un minimum de fils électriques à l'extérieur, et de limiter les risques de pannes et les problèmes d'entretien en général. Avant de refermer cette rubrique, signalons que j'ai failli être abordé en plein jour, la première fois sur *Marie-Thérèse II*, entre Cape Town et Sainte-Hélène, la seconde fois sur *Joshua* dans l'Atlantique à une demi-journée de Gibraltar. Nous ne sommes plus à l'époque des Slocum, Voss et Gerbault; la vigilance s'impose en toute circonstance. Et c'est là qu'un radar avec alarme bien réglée, de jour comme de nuit, se révélera un précieux compagnon de repos.

Documents nautiques essentiels :

Pilot Charts :

Absolument géniales. Quelques albums peu coûteux couvrent tous les océans, avec une multitude d'informations pour chaque mois ou chaque trimestre de l'année, selon les océans. Il s'agit là de données statistiques, valables pendant une dizaine d'années. Avec un jeu complet de *Pilot Charts*, il est facile de planifier un tour du monde, sans avoir vraiment besoin de se plonger dans un tas d'autres documents. Elles sont éditées par The Hydrographic Office, à Washington. Je n'imaginerais même pas de partir sans elles : dans un seul regard, elles donnent les renseignements utiles pour une vue d'ensemble qui simplifie grandement le tri des options raisonnables.

Livre des Feux :

Auxiliaire indispensable. Chaque volume couvre de très grandes zones côtières et d'îles océanes.

Éphémérides :

Les calculatrices électroniques, programmées pour dix ou vingt ans et miniaturisées, sont bien pratiques et ultra rapides. Mais quelques gouttes d'eau de mer peuvent leur faire rendre l'âme. Je ne partirais pas sans éphémérides. Je trouve les éphémérides américaines plus commodes que les françaises, plus résistantes et moins volumineuses. De plus, elles coûtent *beaucoup moins cher* (une quinzaine de dollars chez les shipchandlers de Los Angeles, en 1993). Les éphémérides anglaises ont la même présentation que les américaines, et leur prix est sans doute assez semblable.

Star Finder :

Série de petits disques en matière plastique, permettant de connaître très rapidement – par avance et pour toute heure de la nuit – les hauteurs et azimuts approximatifs des étoiles utilisées en navigation astro. Le *Star Finder* est extrêmement précieux par ciel couvert, quand une étoile bien observable apparaît dans une brève éclaircie en nous laissant tout juste le temps de la relever au sextant.

Je signale également l'excellent opuscule de l'amiral Pierre Sizaire *Le Guide des étoiles*, qui nous met en prise directe avec le ciel.

Marées dans les Tuamotu :

Contrairement à toute logique, la marée est haute au lever et au coucher de la lune. Elle est basse au passage de la lune au méridien (supérieur et inférieur). J'ai eu maintes occasions de constater l'exactitude de cette information trouvée dans les *Instructions nautiques* datant de la fin du XIXe siècle, et qui est donnée d'une manière beaucoup plus compréhensible que dans nos *Instructions nautiques* modernes.

Cartes marines :

Elles coûtent un prix effarant, partout. De nombreux navires de commerce (surtout les pétroliers) disposent parfois de stocks périmés qui ne leur servent plus, et qu'ils n'ont pas encore débarqués. Il suffit souvent de demander, pour qu'avec un peu de chance on redescende la passerelle avec un gros rouleau de cartes sous le bras. Périmées pour un navire qui cale entre cinq et dix mètres, elles sont précieuses pour nous.

Sextant :

Je l'utilise « sans lunette, les deux yeux ouverts ». La différence n'excède pas un quart de mille en général par mer calme, pour le soleil. Et par mer houleuse, on aura la certitude de poser le soleil sur l'horizon, non pas sur le dos d'une vague (la lunette du sextant rétrécit considérablement le champ de vision). Par ailleurs, la visée est *beaucoup plus rapide* avec les deux yeux ouverts; c'est précieux par temps couvert, où le soleil joue à cache-cache parmi les cumulus.

Pour un point aux étoiles, la question ne se pose même plus : avec la lunette, on voit l'étoile mais l'horizon est complètement flou, on ne sait parfois même pas s'il s'agit de l'horizon ou du ciel. Sans lunette et les deux yeux ouverts, on voit parfaitement l'étoile... mais en plus on distingue suffisamment bien l'horizon pour pouvoir y poser correctement l'étoile. Par nuit claire, on peut ainsi réussir un point aux étoiles remarquablement précis. Quand la nuit est moins claire, on y parvient encore en « mouillant » plus ou moins l'étoile. Mouiller l'étoile consiste à la poser un peu plus bas que l'horizon apparent (plus ou moins bas, selon que l'horizon est plus ou moins incertain).

Grâce à l'extrême précision du G.P.S., on peut devenir un véritable jongleur d'étoiles... retrouver alors une intensité toute neuve au contact du ciel... et réserver l'électronique comme alliée en cas d'urgence.

Météo :

Je recommande chaudement le petit ouvrage d'Alan Watts *Instant Weather Forcasting* (Adlard Coles, éditeur). Il m'a permis d'apprendre *en quelques minutes* comment prévoir l'évolution du temps. C'est tout simplement fabuleux : il suffit de comparer la direction du vent de surface (cumulus) avec celle du vent d'altitude (cirrus), et d'appliquer ensuite la « règle des vents croisés ». Elle est illustrée par un croquis d'une extrême clarté dans ce livre d'Alan Watts.

A terre, il y a toujours un point fixe (arbre, poteau, toit d'une maison) pour permettre d'observer d'une manière précise le lent déplacement des cirrus. En mer, la lune, quand elle est là, permet de suivre facilement le déplacement des cirrus devant le disque lunaire. Et pour le soleil, j'utilise les filtres du sextant (des lunettes fumées ne suffisent pas, le rayonnement est beaucoup trop intense).

Les dieux...

Voici, pour clore, un tuyau que je crois inestimable si on le prend par le bon bout : devenir ami avec les dieux en vaut la peine. Cela leur fait plaisir et ils nous emmènent alors de temps en temps dans la troisième dimension où les choses s'éclairent et se transforment en évidences limpides et efficaces. Peut-être pensez-vous que le singe déraille en fin de parcours? Il n'en est rien, je sais de quoi je parle, je les ai souvent fréquentés... ici et là-bas. Et encore une fois : bonne chance à tous!

TOUR D'HORIZON CHRONOLOGIQUE

1925. Naissance à Hanoi. Quelques mois plus tard la famille s'installe à Saigon.

15 août 1945. Fin de la Seconde Guerre mondiale.

Septembre 1945. Début de la guerre d'Indochine.

1946. Service militaire.

1947. Cabotage commercial dans le golfe de Siam, sur une jonque. Ruiné en six mois, je réintègre la maison de commerce paternelle.

1948. Huit mois de congé en Europe, puis de nouveau employé chez mon père.

1951. Départ sur le *Snark* avec Deshumeurs. Retour à Saigon six mois plus tard.

1952. Départ de Kampot (Cambodge) sur *Marie-Thérèse*. Naufrage aux Chagos, la même année. Un navire de la Royal Navy me dépose à l'île Maurice où je tâte à divers métiers jusqu'en 1955. Puis *Marie-Thérèse II* est construite en trois mois.

1958. Naufrage aux Antilles.

1960. Écriture du *Vagabond des Mers du Sud.*

1961. Mariage avec Françoise. Construction de *Joshua*, puis deux saisons d'école de croisière.

1963. Françoise et moi mettons le cap vers la Polynésie.

1966. Retour en Europe. Écriture de *Cap Horn à la voile.*

1968-1969. Départ en solitaire de Plymouth et arrivée à Tahiti.

1969-1971. Écriture de *La Longue Route.*

1971. Rencontre d'Iléana.

1973. Nouvelle-Zélande, via Suvarov. Puis Israël en 1974.

Octobre 1975 à août 1978. Ahé. Puis Moorea pendant deux ans, et départ vers San Francisco le 25 août 1980.

1982. Naufrage de *Joshua* au Mexique, le 8 décembre.

1983. Construction de *Tamata* et départ vers Hawaï. J'y reste dix mois, occupé à rédiger six cents lettres à six cents quotidiens d'Amérique, pour enfoncer le clou sur les bienfaits qu'apporterait une désescalade nucléaire unilatérale. J'avais alors écrit dans mon journal de bord : « Il faut bien admettre que l'espèce humaine est conduite par des hommes à moitié fous. Espérons que les femmes sauront un jour se réveiller pour préserver la Vie en attendant l'éveil de l'Intelligence au sein de l'humanité. »

1984. Départ en mai vers Tahiti, via Suvarov. Arrivé à Papeete début octobre 1984, je commence l'écriture. Mais me voilà dans le désert, à barbouiller des pages illisibles pendant plus de six mois.

1985. Rencontre de Véronique. Je l'emmène à Suvarov. Le flash ! Je la rejoins quelques mois plus tard à Paris.

1986-1992. Écriture de *Tamata et l'Alliance*, en France. *Tamata* est gardienné par de bons amis à Raiatea (près de Bora Bora). Véronique me fait découvrir la Bretagne Sud. Dieu que cette région est belle... un pays de lumière ! Nous revenons de temps en temps à Raiatea pour naviguer un peu sous le soleil des tropiques. L'écriture ne souffre pas de ces quelques mises en veilleuse, bien au contraire.

1993. *Tamata et l'Alliance* est terminé courant juillet, à Raiatea.

Post scriptum :

Après son naufrage au Mexique et sa remise en état par Joe et Reto, *Joshua* retrouvait l'horizon, jusqu'à Seattle près de la frontière canadienne. Cédé quelques années plus tard à une jeune femme américaine, il a poursuivi son chemin sur les vagues de la côte ouest des États-Unis. En 1990, le musée maritime de La Rochelle en faisait l'acquisition. Non pas pour l'installer comme une maquette dans une bouteille... mais libre sur la mer avec des voiles neuves ! A l'heure où sort ce bouquin, le bateau magique continue à humer les embruns en école de croisière sous le commandement d'un bon skipper du musée maritime. Quant au singe, il tient toujours sur ses pattes, malgré la Bête; sans doute est-elle un peu apprivoisée puisqu'elle n'a pas eu envie de m'envoyer des métastases depuis notre premier contact... déjà quatre ans et demi.

Et avec l'enfant qui porte l'éclair dans sa main, je vous dis à tous : Salut et Fraternité !

Glossaire

Ce glossaire est destiné aux personnes qui ne font pas de bateau et qui veulent suivre cette histoire. Je l'ai donc rédigé d'une manière aussi simple que j'ai pu. Les marins n'en ont pas besoin, ils me pardonneront donc des explications parfois un peu superflues, ou écrites en termes pas toujours marins.

Amure. On dit que le bateau navigue *bâbord amures* quand le vent vient de bâbord, et *tribord amures* quand le vent vient de tribord. Bâbord est la gauche du bateau. Tribord est la droite. Sur les anciennes corvettes à voile, il y avait écrit le mot *Batterie* sur le panneau de la soute à munition. Alors les matelots ont commencé à dire « côté bâ » pour la gauche (bâbord) et « côté tri » pour la droite (tribord).

Artimon. Le mât d'artimon est le mât arrière. La voile d'artimon est la voile établie sur le mât d'artimon. On emploie le mot « artimon » pour désigner la voile d'artimon, par contraction.

Atterrissage (ou atterrir). Passer en vue d'une terre, d'un phare, d'une île. Les marins sont presque toujours nerveux pendant la période qui précède un atterrissage, ils ont un peu peur de s'être trompés dans leurs calculs.

Balancine. Cordage servant à soutenir l'extrémité de la bôme lorsque la grand-voile ou l'artimon ne sont pas en service. La bôme, c'est la pièce de bois horizontale sur laquelle est amarré le bas (on dit *bordure*) de la voile. Les focs et trinquette n'ont pas de bôme en général, donc pas de balancine.

Bôme ou beaume. Voir plus haut à *balancine*. Une bôme peut être en bois ou en alliage d'aluminium, comme les mâts. Les bômes de *Joshua* sont en bois. Ses mâts aussi.

Bonnette. Voile supplémentaire de beau temps qu'on peut placer (on dit : établir) sous une autre voile, pour augmenter la surface de toile.

Bout-dehors. Pièce de bois (de fer pour *Joshua* et pour la plupart des bateaux en acier) qui prolonge l'étrave sur l'avant. A l'heure actuelle, peu de bateaux ont un bout-dehors, mais je trouve le bout-dehors bien pratique car il permet d'envoyer (d'établir) plus de voiles. En revanche, le bout-dehors est parfois de trop dans les ports.

Capeyer. Tenir la cape. C'est difficile à expliquer en quelques lignes. C'est une manœuvre de mauvais temps, qui permet de laisser le bateau se débrouiller tout seul quand la mer est très mauvaise. Il y a différentes méthodes : par exemple, on peut baisser (amener) toutes les voiles, puis amarrer la barre du gouvernail « sous le vent » (à tribord si le vent vient de bâbord) et aller dormir. Le bateau se mettra alors à faire tranquillement le bouchon, sans avancer, en attendant la fin du mauvais temps. Mais il est parfois dangereux de ne porter aucune voile à la cape. Alors, on met un peu de grand-voile, et la trinquette à contre (bordée vers le côté d'où vient le vent) toujours barre du gouvernail amarrée sous le vent à l'aide de sandows. Ainsi le bateau dérive un peu, et cela crée une sorte de remous protecteur du côté « au vent ». Ce remous protecteur empêche les lames de déferler. Mais depuis que les bateaux naviguent, on a écrit des tonnes de papier sur la manière de prendre la cape, et cela n'empêche pas toujours le bateau de se faire retourner par une déferlante. Mais si le bateau a une quille lestée, il se redresse avant d'avoir eu le temps de se remplir, c'est le principal.

Carène. Partie immergée de la coque. On dit parfois aussi « les œuvres vives », par opposition aux « œuvres mortes » tout ce qui n'est pas immergé.

Choquer. Laisser filer un peu, donner du mou, dans un cordage, une écoute, une drisse.

Cockpit. Genre de caisson ouvert sur le pont et à l'arrière de la cabine, où l'on peut se tenir sans être trop exposé au danger. C'est du cockpit qu'on barre en général.

Draille. Câble d'acier partant de l'étrave et allant en général jusqu'aux deux tiers de la hauteur du grand mât. Cela consolide la tenue du mât et permet en outre d'établir la trinquette (voir étai).

Drisse. Cordage (ou câble d'acier de petit diamètre très souple) passant dans une poulie en haut du mât et servant à hisser les voiles. Il y a une drisse pour chaque voile.

Écoute. Cordage servant à orienter les voiles par rapport au vent, et placé à l'extrémité basse de la voile (point d'écoute). On dit qu'on borde la voile (ou l'écoute) quand on tire l'écoute vers l'intérieur du bateau. On choque la voile (ou l'écoute) quand on « laisse filer » l'écoute vers l'extérieur. Il est évidemment beaucoup plus facile de choquer que de border, puisque pour choquer une voile, il suffit de laisser filer l'écoute, la force du vent se charge du reste. Pour border, il faut des muscles ou un winch (ou un palan).

Empanner. Faire passer (volontairement ou par accident) les voiles d'un bord à l'autre, au vent arrière. Quand le vent est fort, cela peut provoquer la rupture de la bôme sous le choc, si le bateau porte trop de toile pour le vent.

Espar. N'importe quelle pièce de bois allongée, comme la bôme, le bout-dehors, etc.

Étai. C'est à peu près la même chose que la draille, mais à cette différence que l'étai relie l'étrave (ou l'extrémité du bout-dehors) au sommet du grand mât. L'étai sert à tenir le mât et aussi à établir le foc, tourmentin, génois.

Étarquer. Hisser à bloc, raidir à bloc.

Ferler. Amarrer une voile le long de sa bôme, après avoir amené (baissé) la voile. S'il n'y a pas de bôme, on ferle quand même, ça ne fait rien. On ferle en se servant de rabans, petits bouts de cordages ou petites lanières de tissu.

Foc. Voile triangulaire placée sur l'avant du bateau.

Génois. C'est un grand foc. On portera donc le génois quand le vent n'est pas trop fort, sans quoi, c'est le mât qui casse. Le tourmentin est également un foc, mais tout petit, pour quand ça souffle dur.

Gaffe. Perche solide, de deux à trois mètres de long, avec un crochet arrondi au bout, servant à ramasser un objet tombé à la mer, à repousser un quai pendant une manœuvre de port, etc. « Tenir à longueur de gaffe » est donc une expression imagée qui veut dire « se méfier ».

Guindeau. Genre de cabestan servant à relever la chaîne de l'ancre. Plus un bateau est petit, moins le guindeau est nécessaire, puisqu'on peut alors hisser l'ancre en tirant à la main sur la chaîne. De nombreux bateaux de régate, même grands, préfèrent se passer de guindeau, puisque l'équipage est nombreux et que le guindeau pèserait lourd et gênerait les manœuvres de voiles parfois. En croisière, il en est tout autrement.

Haubans. Câbles d'acier servant à soutenir les mâts latéralement.

Hiloire. Partie verticale de la cabine au-dessus du pont et aussi partie verticale du cockpit qui sert à protéger l'homme de barre contre les embruns et le vent.

Loch. Appareil servant à enregistrer la distance parcourue et qui fonctionne sans doute à la manière d'un compteur de vitesse sur une automobile. Dans le loch, une petite hélice remorquée par une ligne entraîne le compteur, qui, lui, est fixé sur le pont, à l'arrière du bateau. En régate, on utilise de préférence un loch beaucoup plus perfectionné et minuscule, fixé sous la carène, avec une hélice de quelques centimètres de diamètre (2 ou 3 centimètres), qui ne freine absolument plus le bateau. Beaucoup de bateaux de croisière sont du reste équipés avec ce second type de loch, qui donne à la fois la vitesse et la distance parcourue.

Lofer. Dévier la route en allant vers le côté d'où souffle le vent. C'est le contraire d'abattre.

Moustaches. Genre de haubans servant à tenir le bout-dehors latéralement. En général, les moustaches sont en câble d'acier (comme les haubans), mais je préfère avoir des moustaches en chaîne, moins sujettes à la corrosion.

Palan. Ensemble de poulies servant à démultiplier l'effort sur un cordage. La force du palan est considérable. Ainsi, il y a longtemps, l'une des montagnes de Tahiti a été emmenée jusqu'à la baie de Pao-pao sur l'île voisine de Moorea, à l'aide d'un palan multiple que les habitants avaient sculpté dans la coquille des nacres du lagon. Mais ils ont d'abord ceinturé la montagne avec un cordage tressé dans l'écorce des *burao* de la côte Ouest. Et si beaucoup de gens maintenant ne croient pas à cette histoire vraie, c'est peut-être parce qu'ils ont oublié qu'autrefois les hommes croyaient en quelque chose.

Près. On dit qu'un bateau navigue au près quand il remonte le vent à environ 45°, c'est-à-dire le plus *près* possible du lit du vent. Le près « bon plein » est un près moins serré, soit environ 60°. On comprend que le bateau marche mieux au près bon plein qu'au près serré, il bute moins, tosse moins dans la lame, va plus vite. Mais il fait un moins bon cap contre le vent au près bon plein qu'au près serré. Il faut choisir selon l'état de la mer.

Ris (ou bandes de ris). Petits trous percés dans la voile, en bandes horizontales, lesquels trous sont renforcés par des œillets (comme une boutonnière). Des petits bouts de cordages y sont fixés et servent à réduire la toile selon la force du vent. Le *bas ris* est le ris le plus haut, c'est-à-dire celui qui permet de réduire le plus de toile. Courir au bas ris veut donc dire courir sous ler minimum de toile.

Sancir. Chavirer par l'avant cul pardessus tête.

Sous-barde. Les moustaches servent à tenir le bout-dehors latéralement, la sous-barbe sert à tenir le bout-debors de bas en haut. Tout comme les moustaches, la sous-barbe de *Joshua* est en chaîne au lieu de câble d'acier. Beaucoup de bateaux préfèrent une sous-barbe en chaîne, nettement moins sujette que le câble à la corrosion.

Tourmentin. Foc de très petite surface, solide, utilisé dans le mauvais temps. Par ordre de taille, il y a donc : le grand génois, le petit génois, le foc de route, le petit foc, le plus petit foc et enfin le tourmentin. On peut même avoir des tourmentins de différentes tailles, l'un petit, l'autre très petit. A noter que toutes ces voiles (du génois au tourmentin) font partie de ce qu'on appelle les « voiles d'avant », ainsi que la trinquette : c'est-à-dire tout ce qui se trouve sur l'avant du grand mât.

Trinquette. Voile d'avant placée entre la grand-voile et le foc. Les bateaux de petite taille se contentent généralement du foc et évitent la trinquette. Mais pour la croisière, les marins préfèrent souvent ce qu'on appelle un « gréement divisé », c'est-à-dire foc et trinquette, permettant des réglages plus faciles, avec des voiles moins grandes individuellement, donc plus maniables. Bien entendu, les petits dériveurs que vous voyez dans les baies n'ont pas de trinquette, elle serait inutile et gênante, vu la taille de ces bateaux.

Winch. Genre de petits cabestans permettant de tirer sans trop de fatigue sur les écoutes, et aussi de réaliser des réglages très précis. C'est pourquoi on voit des winches même sur des bateaux assez petits. Quand on n'a pas de winch, on se sert d'un palan, mais c'est beaucoup plus long et compliqué.

Wharf. En gros, c'est un quai ou un appontement.

Cet ouvrage a été réalisé par la
SOCIÉTÉ NOUVELLE FIRMIN-DIDOT
Mesnil-sur-l'Estrée
pour le compte des Éditions Arthaud
en novembre 1993

Imprimé en France
Dépôt légal : novembre 1993
N° d'édition : 14850 - N° d'impression : 25499